Vahlens Lernbücher

Hirdina, Grundzüge des Arbeitsrechts

Grundzüge des Arbeitsrechts

von

Prof. Dr. Ralph Hirdina

4., aktualisierte und ergänzte Auflage

Verlag Franz Vahlen München

Prof. Dr. jur. Ralph Hirdina lehrt an der Hochschule Aschaffenburg für angewandte Wissenschaften Fächer des Wirtschaftsrechts, insbesondere auch das
Arbeitsrecht. Prof. Dr. jur. Hirdina ist Volljurist und hat als Rechtsanwalt sowie
später als Jurist der Deutschen Bundesbank mehrjährige Praxiserfahrung
in den verschiedensten Rechtsgebieten gesammelt, bevor er wieder in die
Dienste der Wissenschaft trat.

ISBN 978 3 8006 4831 3

© 2014 Verlag Franz Vahlen GmbH, Wilhelmstr. 9, 80801 München
Satz: Fotosatz Buck
Zweikirchener Str. 7, 84036 Kumhausen
Druck und Bindung: Druckhaus Nomos
In den Lissen 12, 76547 Sinzheim
Gedruckt auf säurefreiem, alterungsbeständigem Papier
(hergestellt aus chlorfrei gebleichtem Zellstoff)

Vorwort

Dieses Buch wendet sich an **Studierende der Rechts- und Wirtschaftswissenschaften an Universitäten und Hochschulen für angewandte Wissenschaften.** Es dient der Vorbereitung auf Arbeitsrechtsklausuren. Der Stellenwert des Arbeitsrechts ist für nahezu alle Berufsbilder, in denen sich Hochschulabsolventen wiederfinden, sehr hoch.

Das Lehrbuch „Grundzüge des Arbeitsrechts" hilft auch **Praktikern**, den Einstieg in das Arbeitsrecht zu finden oder ihre bereits früher erworbenen Arbeitsrechtskenntnisse aufzufrischen und zu aktualisieren.

Dem Leser werden die notwendigen **theoretischen arbeitsrechtlichen Grundlagen kombiniert mit Fallbeispielen** vermittelt. Am Ende der jeweiligen Kapitel sind **Checklisten** eingearbeitet, um sich den Lehrstoff nochmals überblicksmäßig einprägen zu können. Die 4. Auflage legt den Fokus auf eine umfassende, aber dennoch straffe Wissensvermittlung.

Ich wünsche allen Lesern viel Freude beim Arbeiten mit diesem Lehrbuch. **Es wird dringend angeraten, die im Buch genannten Gesetzesbestimmungen im Wortlaut nachzulesen. Erfahrungsgemäß wird dadurch der Lernerfolg erheblich gesteigert.**

Hinweise und Verbesserungsvorschläge aus dem Leserkreis sind mir sehr willkommen. Sie können mich unter folgender Adresse kontaktieren:

Prof. Dr. jur. Ralph Hirdina, Hochschule für angewandte Wissenschaften, Fachhochschule Aschaffenburg, Fakultät Wirtschaft und Recht, Würzburger Str. 45, 63743 Aschaffenburg; E-Mail: ralph.hirdina@h-ab.de.

Obernburg, im März 2014   *Ralph Hirdina*

Inhaltsübersicht

Inhaltsverzeichnis

Abkürzungsverzeichnis

A.A. .... Andere Ansicht
AAG .... Aufwendungsausgleichsgesetz
Abs. .... Absatz
ABS .... Antiblockiersystem
AEntG .... Arbeitnehmer-Entsendegesetz
AEUV .... Vertrag über die Arbeitsweise der Europäischen Union
AG .... Aktiengesellschaft
AGB .... Allgemeine Geschäftsbedingungen
AGG .... Allgemeines Gleichbehandlungsgesetz
AktG .... Aktiengesetz
Alt. .... Alternative
AP .... Arbeitsrechtliche Praxis, Nachschlagewerk des
             Bundesarbeitgerichts
ArbG .... Arbeitsgericht
ArbGG .... Arbeitsgerichtsgesetz
ArbPlSchG .... Arbeitsplatzschutzgesetz
ArbzG .... Arbeitszeitgesetz
Art. .... Artikel
AU .... Arbeitsunfähigkeit
AÜG .... Arbeitnehmerüberlassungsgesetz
AufenthG ..... Aufenthaltsgesetz
AZR .... Aktenzeichen für Revisionen

BAG .... Bundesarbeitsgericht
BAGE .... Bundesarbeitsgerichtsentscheidung
BAG GS ...... Großer Senat des Bundesarbeitsgerichts
BAT .... Bundesangestelltentarifvertrag
BayPVG ...... Bayerisches Personalvertretungsgesetz
BB .... Betriebsberater, Zeitschrift
BBiG .... Berufsbildungsgesetz
BEEG .... Bundeselterngeld- und Elternzeitgesetz
BeschFG ...... Beschäftigungsförderungsgesetz
BetrVG .... Betriebsverfassungsgesetz
BGB .... Bürgerliches Gesetzbuch
BGH .... Bundesgerichtshof
BGHZ .... Entscheidungen des Bundesgerichtshofs in Zivilsachen
Bd. .... Band
BMW .... Bayerische Motorenwerke
BPersVG ..... Bundespersonalvertretungsgesetz
BSG .... Bundessozialgericht
BSGE .... Entscheidungen des Bundessozialgerichts

bspw. . . . . beispielsweise
BT-Drs. . . . . Bundestagsdrucksache
BUrlG . . . . Bundesurlaubsgesetz
BVerfG . . . . Bundesverfassungsgericht
BVerwG . . . . . . Bundesverwaltungsgericht

ca. . . . . circa
CEEP . . . . European Centre of Employers and Enterprises providing
Public Services

DB . . . . Der Betrieb, Zeitschrift
d.h. . . . . das heißt
DM . . . . Deutsche Mark
DStR . . . . Deutsches Steuerrecht

€ . . . . Euro
EBRG . . . . Europäisches Betriebsrätegesetz
EDV . . . . Elektronische Datenverarbeitung
EFZG . . . . Entgeltfortzahlungsgesetz
Einf. v. . . . . Einführung vor
EGB . . . . Europäischer Gewerkschaftsbund
E-Mail . . . . Elektronische Post
EU . . . . Europäische Union
EuGH . . . . Europäischer Gerichtshof
etc. . . . . ecetera
ErfKA . . . . Erfurter Kommentar zum Arbeitsrecht
EStG . . . . Einkommenssteuergesetz
evtl. . . . . eventuell
EWG . . . . Europäische Wirtschaftsgemeinschaft

f. . . . . folgende
ff. . . . . fortfolgende
FH . . . . Fachhochschule

GbR . . . . Gesellschaft bürgerlichen Rechts
gem. . . . . gemäß
GewO . . . . Gewerbeordnung
GG . . . . Grundgesetz
ggf. . . . . gegebenenfalls
GmbH . . . . Gesellschaft mit beschränkter Haftung
GmbHG . . . . . . Gesetz betreffend die Gesellschaften mit beschränkter
Haftung
GVG . . . . Gerichtsverfassungsgesetz

HGB . . . . Handelsgesetzbuch
h.M. . . . . herrschende Meinung

i.d.R. .... in der Regel
i.H.v. .... in Höhe von
InsO .... Insolvenzordnung
i.S.d. .... im Sinne des
i.V.m. .... in Verbindung mit

JArbSchG ..... Jugendarbeitsschutzgesetz

Kfz .... Kraftfahrzeug
KG .... Kommanditgesellschaft
Km/h .... Kilometer pro Stunde
KSchG ...... Kündigungsschutzgesetz

lit. .... litera, Buchstabe
LAG .... Landesarbeitsgericht
LAG-Rp. ...... Landesarbeitsgerichtsreport
LKW .... Lastkraftwagen

max. .... maximal
mind. .... mindestens
MindArbBedG Mindestarbeitsbedingungengesetz
Müko .... Münchener Kommentar zum BGB
MuSchG ...... Mutterschutzgesetz

NachwG ...... Nachweisgesetz
NJW .... Neue Juristische Wochenschrift, Zeitschrift
Nr. .... Nummer
NZA .... Neue Zeitschrift für Arbeits- und Sozialrecht
NZA-RR ...... Neue Zeitschrift für Arbeits- und Sozialrecht/
Rechtsprechungsreport
NStZ .... Neue Zeitschrift für Strafrecht

o.g. .... obengenannt
OHG .... Offene Handelsgesellschaft
OLG .... Oberlandesgericht
OVG .... Oberverwaltungsgericht

PC .... Personal Computer
PflVG .... Pflichtversicherungsgesetz
PflegeZG ..... Pflegezeitgesetz
Pkw .... Personenkraftwagen
RAG .... Reichsarbeitsgericht
RDG .... Rechtsdepesche für das Gesundheitswesen

Rn .... Randnummer

S. . . . . Satz
SE . . . . Societas Europaea
SGB . . . . Sozialgesetzbuch
SGB III . . . . Arbeitsförderung
SGB IV . . . . . . Gemeinsame Vorschriften für die Sozialversicherung
SGB V . . . . Gesetzliche Krankenversicherung
SGB VI . . . . . . Gesetzliche Rentenversicherung
SGB VII . . . . . Gesetzliche Unfallversicherung
SGB IX . . . . . . Rehabilitation und Teilhabe behinderter Menschen
SGB X . . . . Verwaltungsverfahren
SGB XI . . . . . . Soziale Pflegeversicherung
sog. . . . . sogenannte
SozR . . . . Sozialrecht, Loseblattsammlung
SprAuG . . . . . . Sprecherausschussgesetz
StVG . . . . Straßenverkehrsgesetz
StVO . . . . Straßenverkehrsordnung
str. . . . . strittig

TzBfG . . . . Teilzeit- und Befristungsgesetz
TVG . . . . Tarifvertragsgesetz

u. a. . . . . unter anderem
UmwG . . . . Umwandlungsgesetz
UNICE . . . . Union of Industrial and Employers Confederations of
                     Europe
u.s.w. . . . . und so weiter
u. U. . . . . unter Umständen

ver.di . . . . Vereinte Dienstleistungsgewerkschaften
vgl. . . . . Vergleiche
VO . . . . Verordnung
Vorbem. . . . . . . Vorbemerkungen
VVG . . . . Versicherungsvertragsgesetz
VW . . . . Volkswagen
VwVfG . . . . Verwaltungsverfahrensgesetz
VwGO . . . . Verwaltungsgerichtsordnung

z. B. . . . . zum Beispiel
ZfA . . . . Zeitschrift für Arbeitsrecht
ZIP . . . . Zeitschrift für Wirtschaftsrecht
ZPO . . . . Zivilprozessordnung

1. Der Arbeitnehmer

1.1 Bedeutung des Begriffs

Der **Arbeitnehmerbegriff** ist von **zentraler Bedeutung** für die Frage der Anwendbarkeit arbeitsrechtlicher Vorschriften. Das Arbeitsrecht umfasst die Rechtsregeln, die für das Arbeitsverhältnis zwischen Arbeitgeber und Arbeitnehmer gelten. Arbeitsrechtliche Vorschriften können auf ein Arbeitsverhältnis (§ 611 BGB) daher nur angewendet werden, wenn die Arbeitnehmereigenschaft bejaht werden kann. Der Rechtsbegriff des Arbeitnehmers ist weder vertrags- noch tarifdispositiv (Preis, ErfKA, § 611 BGB, Rn 39). Das Arbeitsrecht kompensiert ein durch den Gesetzgeber vermutetes Ungleichgewicht zwischen Arbeitgeber und Arbeitnehmer. Dieser Kompensationsgedanke kann nicht dadurch ausgehebelt werden, dass die Definition der **Schutzbedürftigkeit** zum Nachteil des Unterlegenen von den Vertragsparteien selbst festgelegt wird (Preis, ErfKA, § 611 BGB, Rn 45). Der Arbeitnehmerbegriff ist fester Bestandteil des Arbeitnehmerschutzrechts. Die fehlende freie Wahlmöglichkeit zwischen freiem Dienstvertrag und Arbeitsvertrag ist der Existenz des **zwingenden Arbeitsrechts** immanent. Arbeitsvertrag und Dienstvertrag sind deshalb begrifflich scharf voneinander abzugrenzen. Nur bei einer unfreien bzw. abhängigen Beschäftigung liegt ein Arbeitsverhältnis vor (Preis, ErfKA, § 611 BGB Rn 44).

> **Beispiele für Vorschriften, die auf den Arbeitnehmerbegriff abstellen:**
>
> **§ 1 Abs. 1 EFZG:**
> „Dieses Gesetz regelt die Zahlung des Arbeitsentgelts an gesetzlichen Feiertagen und die Fortzahlung des Arbeitsentgelts im Krankheitsfall an **Arbeitnehmer.**"
>
> **§ 1 Abs. 1 KSchG:**
> „Die Kündigung des Arbeitsverhältnisses gegenüber einem **Arbeitnehmer**, dessen Arbeitsverhältnis in demselben Betrieb oder Unternehmen ohne Unterbrechung länger als sechs Monate bestanden hat, ist rechtsunwirksam, wenn sie sozial ungerechtfertigt ist."
>
> **§ 1 BUrlG:**
> „Jeder **Arbeitnehmer** hat in jedem Kalenderjahr Anspruch auf bezahlten Erholungsurlaub."

1.2 Definition des Arbeitnehmerbegriffs

Es gibt verschiedene **Kriterien**, die zur **Definitionen** des Arbeitnehmerbegriffs herangezogen werden.

So wird der Arbeitnehmer als eine Person verstanden, die aufgrund eines **privatrechtlichen Vertrages** im Dienst eines anderen zur Arbeit verpflichtet ist (Hueck/Nipperdey § 9 II). Erforderlich für ein Arbeitsverhältnis ist, dass der Betreffende, wenn auch nur in einem geringen Umfang, zur Erbringung **weisungsgebundener Arbeit** vertraglich verpflichtet ist (BAG AP BGB § 611 Abhängigkeit Nr. 12).

Teils wird in der **persönlichen Abhängigkeit** des Arbeitnehmers das Hauptmerkmal des Arbeitnehmerbegriffs gesehen (RAG 13, 43; 36, 143). Die persönliche Abhängigkeit und damit die Arbeitnehmereigenschaft sind anzunehmen, wenn statt der freien Tätigkeitsbestimmung die **Einbindung in eine fremde Arbeitsorganisation** vorliegt, die sich im Weisungsrecht des Arbeitgebers bzgl. Inhalt, Durchführung, Zeit, Dauer und Ort der Tätigkeit zeigt (BAG NZA 1995, 622).

Schließlich wird das Kriterium des **Unternehmerrisikos** zur Bestimmung des Arbeitnehmerbegriffs ins Feld geführt (Wank Arbeitnehmer S. 122). Der selbständige Unternehmer tritt typischerweise als Wettbewerber am Markt auf, während der Arbeitnehmer dem Arbeitgeber nur seine Arbeitskraft zur Verfügung stellt (Preis, ErfKA, § 611 BGB, Rn 55).

Da nicht immer zweifelsfrei klar ist, wann eine persönliche Abhängigkeit mit Eingliederung in eine fremde Arbeitsorganisation vorliegt, verneint das BAG teilweise die Möglichkeit, abstrakte, für alle Arbeitsverhältnisse geltende Kriterien aufzustellen. Es sei schlichtweg unmöglich, den Arbeitnehmerbegriff klar zu definieren. Deshalb sei es unvermeidlich, die unselbständige von der selbständigen Arbeit **typologisch** abzugrenzen (BAG AP BGB § 611 Abhängigkeit Nr. 34). Maßgeblich sei das Gesamtbild, da selbst die Weisungsbindung für das Arbeitsverhältnis nicht immer typisch sei (BAG NJW 1984, 1985).

Dass vorgenannte Kriterien nur Hilfestellungen sein können, wenn die Arbeitnehmereigenschaft nicht ohne Weiteres auf der Hand liegt, zeigt das nachfolgende Beispiel.

Beispiel: A hat von B eine Bäckerei-Verkaufsstelle gepachtet. Der Vertrag sieht in seiner Präambel vor, dass A als selbständige Kauffrau die Einzelhandelsverkaufsstelle pachtet und die Produkte von B im eigenen Namen und auf eigene Rechnung vertreibt. Die Höhe des Pachtzinses bemisst sich nach dem Umsatz. Als B den Pachtvertrag fristlos kündigt, wendet A ein, für die Kündigung sei das Kündigungsschutzgesetz zu beachten, da sie in Wahrheit Arbeitnehmerin und nicht Pächterin sei. Dies folge daraus, dass B die Öffnungszeiten des Ladens von 6 Uhr bis 19 Uhr, an Sonnabenden bis 16 Uhr, verbindlich vorgegeben habe (BAG NJW 2001, 1374). B wendet ein, der Rechtsweg zu den Arbeitsgerichten sei nicht gegeben, da A keine Arbeitnehmerin sei. Damit könne sie sich auch nicht auf das Kündigungsschutzgesetz berufen. Das BAG sah für den Streitfall den Rechtsweg zu den Gerichten für Arbeitssachen als eröffnet. Nach § 2 Abs. 1 Nr. 3 lit. b ArbGG sind die Gerichte für Arbeitssachen für bürgerliche Rechtsstreitigkeiten zwischen Arbeitnehmern und Arbeitgebern über das Bestehen oder Nichtbestehen eines Arbeitsverhältnisses zuständig. Nach § 5 Abs. 1 S. 1 ArbGG sind Arbeitnehmer im Sinne des Arbeitsgerichtsgesetzes Arbeiter und Angestellte sowie die zu ihrer Berufsausbildung Beschäftigten. Nach § 5 Abs. 1 S. 2 ArbGG gelten in dieser Hinsicht als Arbeitnehmer ferner solche Personen, die wegen ihrer wirtschaftlichen Unselbständigkeit als arbeitnehmerähnliche Personen anzusehen sind. Vorliegend ist nach Ansicht des BAG nicht auszuschließen, dass A arbeitnehmerähnliche Person ist. Die Arbeitnehmereigenschaft von A ist bei der Frage der Eröffnung des Rechtswegs zu den Arbeitsgerichten relevant, auch bei der Frage der Anwendbarkeit des Kündigungsschutzgesetzes (§ 1 KSchG). Im Falle einer solchen Doppelrelevanz ist nach Ansicht des BAG der Rechtsweg zu den Arbeitsgerichten eröffnet, ohne dass auf § 2 Abs. 3 ArbGG zurückgegriffen werden müsste, da die Frage der Arbeitnehmereigenschaft spätestens bei der Frage der Anwendbarkeit des Kündigungsschutzgesetzes beantwortet werden muss (BAG NZA 2001, 285).

Das Beispiel zeigt, dass die Kriterien „**Persönliche Abhängigkeit**", „**Eingliederung in eine Arbeitsorganisation**" und „**Unternehmerrisiko**" nicht einfach zu handhaben sind, um die Arbeitnehmereigenschaft mit Sicherheit bejahen zu können. Ein Ergebnis muss im Einzelfall unter Zuhilfenahme der Kriterien durch eine **wertende Betrachtung** gefunden werden.

Der Gesetzgeber bleibt bei der Definition des Arbeitnehmerbegriffs eher vage.

Beispiele:

§ 1 Abs. 2 EFZG:

„Arbeitnehmer im Sinne dieses Gesetzes sind Arbeiter und Angestellte sowie die zu ihrer Berufsausbildung Beschäftigten."

§ 2 BUrlG:

„Arbeitnehmer im Sinne des Gesetzes sind Arbeiter und Angestellte sowie die zu ihrer Berufsausbildung Beschäftigten. Als Arbeitnehmer gelten auch Personen, die wegen ihrer wirtschaftlichen Unselbständigkeit als arbeitnehmerähnliche Personen anzusehen sind."

Entscheidend für die Arbeitnehmereigenschaft ist bei einer wertenden Betrachtung vor allem, dass ein Arbeitnehmer im Unterschied zum Selbständigen **fremdbestimmte Arbeit** zu verrichten hat (vgl. § 84 Abs. 1 S. 2 HGB). Zeit, Art und Ort der Arbeitsleistung werden dem Arbeitnehmer vom Arbeitgeber vorgegeben. Im obigen Fall kann man die Arbeitnehmereigenschaft u. U. dann bejahen, wenn die Vorgaben im Pachtvertrag die Pächterin so stark einengen, dass nicht mehr von einer selbst-, sondern von einer fremdbestimmten Tätigkeit auszugehen ist (vgl. hierzu Haager, Die Entwicklung des Franchiserechts in den Jahren 1999, 2000 und 2001, NJW 2002, 1464).

Zur Beantwortung der Frage, ob die Arbeitnehmereigenschaft einer Person bejaht werden kann, wird folgende **Prüfungsreihenfolge** vorgeschlagen (Preis, ErfKA, § 611 BGB, Rn 59):

(1) Fällt das Rechtsverhältnis, aufgrund dessen eine Person tätig wird, überhaupt unter die Gruppe der Dienstverträge? Wenn nicht, da bspw. ein Werkvertrag vorliegt, ist die Arbeitnehmereigenschaft regelmäßig zu verneinen.

(2) Kann der Vertragstyp der Gruppe der Dienstverträge zugeordnet werden, ist anhand der vorhandenen Anhaltspunkte zu bestimmen, ob eine abhän-

gige oder unabhängige Dienstleistung vorliegt. Wer im Wesentlichen seine Tätigkeit und seine Arbeitszeit frei bestimmen kann (§ 84 Abs. 1 S. 2 HGB), ist selbständig. Wer dagegen weder seine Tätigkeit frei gestalten noch seine Arbeitszeit bestimmen kann, ist Arbeitnehmer (BAG NZA 2000, 534).

(3) Schließlich ist zu prüfen, ob die durch einen Werkvertrag oder freien Dienstvertrag verpflichtete Person nicht als arbeitnehmerähnliche Person einzustufen ist, die wie ein Arbeitnehmer schutzwürdig ist.

1.3 Arbeitnehmereigenschaft von Organmitgliedern

Auch für **Organmitglieder** juristischer Personen stellt sich die Frage nach deren Arbeitnehmereigenschaft.

Organmitglieder juristischer Personen sind bspw. der **Vorstand** einer Aktiengesellschaft. Dieser hat die Gesellschaft unter eigener Verantwortung zu leiten und zu vertreten (§§ 76 Abs. 1, 78 Abs. 1 AktG), steht dabei jedoch unter der Kontrolle des Aufsichtsrates (§§ 84 Abs. 3, 111 AktG). Leitungs- und Vertretungsorgan der GmbH sind die **Geschäftsführer** (§§ 6 Abs. 1, 35 Abs. 1 GmbHG). Die Gesellschafter der GmbH sind gegenüber den Geschäftsführern allerdings weisungsbefugt (§ 37 Abs. 1 GmbHG). Wesensmerkmal von Organmitgliedern ist demnach, dass sie auf der einen Seite im Außenverhältnis für die Gesellschaft die Weisungsmacht auf höchster Hierarchiestufe ausüben, auch gegenüber den übrigen Mitarbeitern des Unternehmens, auf der anderen Seite im Innenverhältnis aber in einem gewissen Abhängigkeitsverhältnis zu den Kapitaleignern stehen. Trotz des Abhängigkeitsverhältnisses im Innenverhältnis zählt die herrschende Meinung **Organmitglieder** juristischer Personen **nicht** zu den **Arbeitnehmern**, weil sie in der Gesellschaft die **oberste Weisungsbefugnis** ausüben (Richardi, Münchener Handbuch zum Arbeitsrecht, Bd. 1, § 17 Rn 53 ff.). Diesen Ansatz verfolgen auch die arbeitsrechtlichen Gesetze, indem sie ihren Anwendungsbereich nicht auf Organmitglieder juristischer Personen erstrecken.

Beispiele:

§ 5 Abs. 2 Nr. 1 BetrVG:

„Als Arbeitnehmer im Sinne dieses Gesetzes gelten nicht in Betrieben einer juristischen Person die Mitglieder des Organs, das zur gesetzlichen Vertretung der juristischen Person berufen ist".

Grund hierfür ist, dass das Betriebsverfassungsgesetz die Mitbestimmung der Arbeitnehmer im Betrieb sicherstellen soll, die Organmitglieder einer juristischen Person diese Mitbestimmung jedoch nicht benötigen, da sie selbst oberstes Weisungsorgan sind.

§ 14 Abs. 1 Nr. 1 KSchG:

„Die Vorschriften über den allgemeinen Kündigungsschutz gelten nicht in Betrieben einer juristischen Person für die Mitglieder des Organs, das zur gesetzlichen Vertretung der juristischen Person berufen ist."

Grund hierfür ist, dass die Organmitglieder einer juristischen Person oberstes Management sind und daher als nicht schutzbedürftig angesehen werden.

§ 5 Abs. 1 S. 3 ArbGG:

„Als Arbeitnehmer gelten nicht in Betrieben einer juristischen Person oder einer Personengesamtheit Personen, die kraft Gesetzes, Satzung oder Gesellschaftsvertrags allein oder als Mitglieder des Vertretungsorgans zur Vertretung der juristischen Person oder der Personengesamtheit berufen sind."

Auch ist der **Rechtsweg zu den Arbeitsgerichten** für **Vertretungsorgane** grundsätzlich **nicht** gegeben, kann jedoch aufgrund einer Parteivereinbarung eröffnet werden (§ 2 Abs. 4 ArbGG). Grund hierfür ist, dass Arbeitsgerichte über Arbeitssachen verhandeln, nicht aber über Streitigkeiten zwischen oberstem Management und Unternehmen.

Die Frage, ob Organmitglieder juristischer Personen **sozialversicherungspflichtig** sind, ist von der Frage der **Anwendbarkeit des Arbeitsrechts** strikt zu trennen. Vorstandsmitglieder einer AG sind wie Fremdgeschäftsführer einer GmbH in der Kranken- und Pflegeversicherung jedenfalls dann nicht pflichtversichert, wenn ihr regelmäßiges Arbeitsentgelt die Jahresarbeitsentgeltgrenze nach § 6 SGB V übersteigt. Gegen eine Kranken- und Pflegeversicherungspflicht der Vorstandsmitglieder einer AG spricht grundsätzlich, dass es bei ihnen an einer persönlichen und weisungsmäßigen Abhängigkeit vom Arbeitgeber fehlt. **Vorstandsmitglieder einer AG** sind für ihr Hauptbeschäftigungsverhältnis **nicht** in der Renten- und Arbeitslosenversicherung versicherungspflichtig (§§ 1 S. 4 SGB VI, 27 Abs. 1 Nr. 5 SGB III; vgl. Koch in BeckOK SGB IV § 1, Rn 39). Wegen anderer Beschäftigungen können sie renten- und arbeitslosenversicherungspflichtig sein. Die Versicherungspflicht des **Geschäftsführers einer GmbH** in der Renten- und Arbeitslosenversicherung ist anhand des § 7 Abs. 1 SGB IV zu beurteilen. Es ist danach zu fragen, ob der Geschäftsführer bspw. regelmäßig und im Wesentlichen nur für einen Auftraggeber tätig wird, ob er für Beschäftigte typische Arbeitsleistungen erbringt, insbesondere **Weisungen der Kapitaleigner** unterliegt und in die Arbeitsorganisation des Arbeitgebers eingegliedert ist. Dies ist im Regelfall für einen GmbH-Geschäftsführer zu bejahen, so dass der Geschäftsführer einer GmbH grundsätzlich der Sozialversicherungspflicht unterliegt. Seine Organstellung schließt, wie § 37 Abs. 1 GmbHG zeigt, seine Abhängigkeit gegenüber den Gesellschaftern nicht aus (Müller-Glöge, MüKo BGB, § 611 BGB, Rn 147). Anderes gilt allerdings dann, wenn der Geschäftsführer selbst **mindestens die Hälfte des Stammkapitals** der GmbH hält. Bei einem geringeren Kapitalanteil ist die Sozialversicherungspflicht nur dann zu verneinen, wenn der Geschäftsführer aufgrund seines Kapitalanteils, insbesondere wenn der Anteil eine Sperrminorität gibt, ihn belastende Gesellschafterentscheidungen verhindern kann (Rittweger, BeckOK SGB IV § 7, Rn 10 g).

Die vorgenannten **Organvertreter** sind also **keine Arbeitnehmer** im Sinne des Arbeitsrechts, sie sind aber unter bestimmten Voraussetzungen in einzelnen Sozialversicherungszweigen sozialversicherungspflichtig.

Bei Organmitgliedern ist zwischen der **Bestellung zum Organ** und dem **Anstellungsvertrag** zu differenzieren. Die Bestellung zum Organ ist die Verleihung der „Organeigenschaft" durch die Kapitaleigner. Der der Bestellung zum Organ zugrunde liegende Anstellungsvertrag ist i. d. R. ein **Dienstvertrag** i. S. d.

§ 611 BGB. Die Bestellung zum Organ kann enden, ohne dass zugleich auch das Dienstverhältnis beendet wird. Um dies jedoch zu verhindern, kann der Bestand des Dienstverhältnisses an die Organstellung geknüpft werden.

Beispiel: Eine außerordentlich einberufene GmbH-Gesellschafterversammlung beruft den Geschäftsführer G mit sofortiger Wirkung ab. Pflichtverletzungen sind G nicht vorzuwerfen. Der Gesellschafterversammlung gelang es jedoch, den seit langem umworbenen Manager M für die GmbH zu gewinnen. Das Dienstverhältnis mit G kann nur zum regulären ordentlichen Kündigungstermin gekündigt werden. Die Organstellung von G endet somit früher als das mit ihm geschlossene Dienstverhältnis.

1.4 Arbeitnehmereigenschaft leitender Angestellter

Leitende Angestellte sind Arbeitnehmer. Von den sonstigen Arbeitnehmern eines Unternehmens unterscheiden sie sich, da sie für das Unternehmen in eigener Verantwortung Leitungsfunktionen mit **eigenem erheblichem Entscheidungsspielraum** wahrnehmen. § 5 Abs. 3 S. 2 BetrVG definiert den leitenden Angestellten wie folgt:

Leitender Angestellter ist, wer nach Arbeitsvertrag und Stellung im Unternehmen oder im Betrieb

- zur selbständigen Einstellung und Entlassung von im Betrieb oder in der Betriebsabteilung beschäftigten Arbeitnehmern berechtigt ist oder
- Generalvollmacht oder Prokura hat und die Prokura auch im Verhältnis zum Arbeitgeber nicht unbedeutend ist oder
- regelmäßig sonstige Aufgaben wahrnimmt, die für den Bestand und die Entwicklung des Unternehmens oder eines Betriebs von Bedeutung sind und deren Erfüllung besondere Erfahrungen und Kenntnisse voraussetzt, wenn er dabei entweder die Entscheidungen im Wesentlichen frei von Weisungen trifft oder sie maßgeblich beeinflusst; dies kann auch bei Vorgaben insbesondere auf Grund von Rechtsvorschriften, Plänen oder Richtlinien sowie bei Zusammenarbeit mit anderen leitenden Angestellten gegeben sein.

Beispiel: Der Personalchef P hat das Personalwesen des Unternehmens U eigenverantwortlich zu betreuen und ist zur selbständigen Einstellung und Entlassung von Arbeitnehmern befugt.

Aufgrund ihrer besonderen Stellung sehen zahlreiche Gesetze für leitende Angestellte Spezialregelungen vor. Bspw. findet das Betriebsverfassungsgesetz auf leitende Angestellte keine Anwendung (§ 5 Abs. 3 S. 1 BetrVG). Die **Mitbestimmung leitender Angestellter** in Betrieben mit in der Regel mindestens zehn leitenden Angestellten wird durch das **Sprecherausschussgesetz** geregelt (§§ 1 ff. SprAuG). Die Nähe leitender Angestellter zur Arbeitgeberseite zeigt sich darin, dass sie als ehrenamtliche Richter auf Arbeitgeberseite berufen werden können (§§ 22 Abs. 2 Nr. 2, 37 Abs. 2, 43 Abs. 3 ArbGG). Das Arbeitsgericht besteht aus Berufsrichtern und ehrenamtlichen Richtern (§ 16 Abs. 1 S. 1 ArbGG).

Leitende Angestellte genießen i. d. R. den **allgemeinen Kündigungsschutz** nach dem Kündigungsschutzgesetz. Sie haben allerdings nicht das Recht, Kündigungseinspruch zu erheben (§ 14 Abs. 2 KSchG, § 3 KSchG). Der Kündigungsschutz leitender Angestellter wird durch § 14 Abs. 2 S. 2 KSchG i. V. m. § 9 Abs. 1 S. 2 KSchG dadurch relativiert, dass der Arbeitgeber, sofern der leitende Angestellte die ihm gegenüber ausgesprochene Kündigung vor dem Arbeitsgericht mit Erfolg angegriffen hat, bei Gericht ohne nähere Begründung einen Antrag auf Auflösung des Arbeitsverhältnisses stellen kann. Grund hierfür ist das **besondere Vertrauensverhältnis** zwischen Arbeitgeber und leitendem Angestellten, das bei einer ausgesprochenen, wenn auch unwirksamen Kündigung i. d. R. zerstört ist. Die Auflösung des Arbeitsverhältnisses durch das Gericht ist allerdings mit der Verpflichtung des Arbeitgebers verbunden, an den leitenden Angestellten eine angemessene Abfindung zu bezahlen (§§ 9, 10 KSchG).

Die Vorschriften des **Arbeitszeitgesetzes** finden auf leitende Angestellte **keine Anwendung** (vgl. § 18 Abs. 1 Nr. 1 ArbZG).

Weiterhin ist zu beachten, dass an die Gründe für die fristlose (§ 626 BGB) bzw. an die verhaltensbedingte ordentliche Kündigung (§ 1 Abs. 2 KSchG) leitender Angestellter keine zu hohen Anforderungen gestellt werden dürfen (OLG Köln BB 94, 1150). Denn das Arbeitsverhältnis zwischen Arbeitgeber und leitendem Angestellten ist von **besonderem Vertrauen** geprägt, das leicht erschüttert werden kann.

1.5 Arbeitnehmereigenschaft Scheinselbständiger

Von Scheinselbständigen wird dann gesprochen, wenn Erwerbstätige durch eine entsprechende Vertragsgestaltung wie Selbständige behandelt werden, tatsächlich jedoch wie abhängig Beschäftigte arbeiten. Der Begriff der **Scheinselbständigkeit** umschreibt den Status einer Person als Beschäftigter im Sinne des Sozialrechts, sagt aber noch nichts über den Arbeitnehmerstatus aus. Aus der wirtschaftlichen Abhängigkeit des Beschäftigten kann sich neben der Sozialversicherungspflicht des Scheinselbständigen aber auch sein Arbeitnehmerstatus ergeben (Kortstock/Nipperdey Lexikon Arbeitsrecht, Scheinselbständige). Erfüllen Scheinselbständige den Arbeitnehmerbegriff, gelten für sie die zwingenden Arbeitnehmerschutzvorschriften. Scheinselbständige werden oft für ein Projekt nach Stunden oder pauschal vergütet. Durch die Konstruktion der Scheinselbständigkeit wird bisweilen versucht, **zwingende Arbeitnehmerschutzvorschriften** (bspw. Kündigungsschutz, Entgeltfortzahlung im Krankheitsfall, etc.) und die **Sozialversicherungspflicht** zu umgehen. Selbständig ist nach § 7 Abs. 1 S. 2 SGB IV nicht, wer **weisungsgebunden** und **in die Arbeitsorganisation** des Arbeitgebers **eingebunden** ist. Folgende mehrere **kumuliert** vorliegende Kriterien lassen vermuten, dass der Scheinselbständige Arbeitnehmer ist:

- der Scheinselbständige beschäftigt im Zusammenhang mit seiner Tätigkeit regelmäßig **keinen versicherungspflichtigen Arbeitnehmer** (§ 2 Nr. 9 lit. a SGB VI),

- der Scheinselbständige hat auf Dauer und im Wesentlichen **nur einen** Auftraggeber (§ 2 Nr. 9 lit. b SGB VI),
- er erbringt **arbeitnehmertypische** Arbeitsleistungen,
- sein Handeln ist **kein unternehmerisches**,
- **zuvor** verrichtete er die **gleiche Tätigkeit** in einem **Arbeitnehmerbeschäftigungsverhältnis**.

1.6 Arbeitnehmereigenschaft sonstiger Personen

Arbeitnehmer sind **nicht:**

- Strafgefangene (Gefängnisarbeit erfolgt aufgrund eines öffentlich-rechtlichen Dienstverhältnisses),
- Beamte (Der Beamte hat keinen Arbeitsvertrag. Das Beamtenverhältnis wird durch einen Verwaltungsakt begründet),
- Beauftragte (§§ 662 ff. BGB),
- Werkunternehmer (§ 631 ff. BGB),
- Gesellschafter von Personengesellschaften (vgl. § 706 Abs. 3 BGB),
- Franchisenehmer (Dies setzt allerdings voraus, dass der Franchisevertrag dem Franchisenehmer ausreichend unternehmerische Freiheiten belässt).

Familienangehörige sind nur dann Arbeitnehmer, wenn ein geschlossener Arbeitsvertrag **ernsthaft** durchgeführt wird.

Praktikanten, die **im Rahmen ihres Studiums** ein Praktikum absolvieren, sind **keine Arbeitnehmer**. § 10 Abs. 2 BBiG findet in diesem Falle keine Anwendung (Röller in Küttner, Personalbuch, Praktikant, Rn 1 ff.). Der Praktikant ist aber nur dann nicht als Arbeitnehmer zu qualifizieren, wenn für das Praktikantenverhältnis der **Schüler-** oder **Studentenstatus** maßgebend bleibt. Ist der Praktikant dem Unternehmer gegenüber zur Arbeitsleistung verpflichtet, ist er Arbeitnehmer (Richardi, Münchener Handbuch zum Arbeitsrecht, Bd. 1 § 18, Rn 75).

1.7 Checkliste zum Arbeitnehmerbegriff

- Der **Arbeitnehmerbegriff** ist für die **Anwendbarkeit der Arbeitsgesetze** bedeutsam.
- **Weisungsgebundene** Tätigkeiten und die **Eingliederung in die Arbeitsorganisation** des Weisungsgebers sind Kriterien für die Arbeitnehmereigenschaft, da dann eine **persönliche Abhängigkeit** vorliegt.
- **Vertretungsorgane** (Geschäftsführer, Vorstand) juristischer Personen (GmbH, AG, Genossenschaft) und vertretungsberechtigte Gesellschafter von Personengesamtheiten (GbR, Partnerschaft, OHG, KG) sind **keine Arbeitnehmer**.
- **Leitende Angestellte** und **Scheinselbständige** sind in der Regel **Arbeitnehmer**.
- **Praktikanten** sind **keine Arbeitnehmer**, wenn der Ausbildungszweck für den Arbeitseinsatz im Vordergrund steht.

2. Rechtsfragen im Vorfeld des Abschlusses des Arbeitsvertrages

2.1 Allgemeines zur Vertragsanbahnung

Mit der Aufnahme von **Vertragsverhandlungen** zwischen Arbeitgeber und Arbeitnehmer entsteht nach § 311 Abs. 2 Nr. 1 BGB ein **Schuldverhältnis** mit den Pflichten nach § 241 Abs. 2 BGB (Preis, ErfKA, § 611 BGB, Rn 251). Zwar erwachsen aus diesem Schuldverhältnis keine primären Leistungspflichten, also die Pflicht zur Erbringung der Arbeitsleistung und die Pflicht zur Gehaltszahlung (§ 611 Abs. 1 BGB), sondern nur Sekundärpflichten. **Sekundärpflichten** sind Verhaltenspflichten zur gegenseitigen Sorgfalt und Rücksichtnahme. Im Vertragsanbahnungsverhältnis bestehen wechselseitige Schutzpflichten wie Aufklärungs-, Sorgfalts- und Loyalitätspflichten.

Im Falle der Verletzung von Sekundärpflichten können Schadensersatzansprüche aus § 280 BGB entstehen (Preis, ErfKA, § 611 BGB, Rn 267).

Ein Schuldverhältnis im Vorfeld des Arbeitsvertrages entsteht i. d. **R. nicht**, wenn ein Arbeitnehmer oder Arbeitgeber, ohne von der Gegenseite dazu veranlasst zu sein, Bewerbungs- oder Arbeitsunterlagen zusendet. Gleiches gilt für die bloße **Stellenausschreibung**, die als Aufforderung zur Abgabe von Angeboten zu qualifizieren ist (**invitatio ad offerendum**; vgl. Linck in Schaub, Arbeitsrechtshandbuch, § 25, Rn 3).

Vom vorvertraglichen Schuldverhältnis ist der **Vorvertrag** zu unterscheiden, der die Parteien zum Abschluss des Arbeitsvertrages mit schuldrechtlich bindendem Inhalt verpflichtet. Die Annahme eines Vorvertrages ist nur gerechtfertigt, wenn **besondere Umstände** darauf schließen lassen, dass die Parteien sich schon ausnahmsweise binden wollten, bevor sie alle Punkte abschließend geregelt haben (BGH NJW 1980, 1577, 1578). Ein Vorvertrag liegt vor, wenn es nur noch darum geht, tatsächliche oder rechtliche Hindernisse für die Einstellung zu überwinden (Mitbestimmung des Personalrates bzw. Betriebsrates, Gesundheitsuntersuchung, vgl. hierzu LAG Hamm NZA 2004, 210).

2.2 Folgen des Abbruchs von Vertragsverhandlungen

Der **Abbruch** der Vertragsverhandlungen begründet nur dann eine **Schadensersatzpflicht** nach §§ 280, 311 Abs. 2 Nr. 1, 241 Abs. 2 BGB, wenn der Abbrechende schuldhaft das Vertrauen auf das Zustandekommen des Vertrages erweckt hat, wenn der Arbeitgeber den Arbeitnehmer bspw. veranlasst hat, eine sichere Stelle zu kündigen, da über den Inhalt des abzuschließenden Vertrages weitgehend

Einigkeit bestand und der Abschluss des Arbeitsvertrages nur noch **Formsache** war (BAG 15.05.1974 AP BGB § 276 Verschulden bei Vertragsabschluss Nr. 9). Die Schadenshöhe bei enttäuschtem Vertrauen, wenn also der Vertragsschluss als sicher hingestellt wurde, bemisst sich nach dem Verdienst des gekündigten, nicht des angestrebten Arbeitsplatzes (BAG 15.05.1974 AP BGB § 276 Verschulden bei Vertragsschluss Nr. 9). In diesem Zusammenhang stellt sich die Frage, wie weit die Schadensersatzpflicht des Arbeitgebers reicht. Der Arbeitgeber kann nicht verpflichtet werden, die vom Bewerber aus seinem früheren, bereits gekündigten Arbeitsverhältnis nicht mehr erzielbaren Vergütungen ohne Begrenzung zu ersetzen. Die Schadensersatzpflicht ist im Allgemeinen durch die während der ordentlichen Kündigungsfrist aus dem alten Arbeitsverhältnis erzielbaren Vergütungsansprüche **begrenzt** (Joussen, BeckOK, § 611 BGB Rn 16). Begründet wird dies damit, dass der Arbeitnehmer immer mit einer Kündigung seines Arbeitsverhältnisses rechnen muss. Eine Begrenzung der Schadensersatzpflicht auf die Vergütungsansprüche während der ordentlichen Kündigungsfrist aus dem früheren Arbeitsverhältnis kann im Einzelfall dann aber unangemessen sein, wenn der Arbeitnehmer im alten Arbeitsverhältnis **praktisch unkündbar** war. Genoss der Arbeitnehmer insbesondere aufgrund des Kündigungsschutzgesetzes weitgehend **Bestandsschutz**, kann es geboten sein, dem Arbeitnehmer entsprechend §§ 9, 10 KSchG zusätzlich eine angemessene Entschädigung zuzusprechen (vgl. BAG NJW 2002, 1593).

Bricht hingegen der Arbeitnehmer die Vertragsverhandlungen ab, obwohl der Abschluss des Arbeitsvertrages von ihm als sicher hingestellt wurde, kommen als Schadenspositionen des Arbeitgebers die Kosten für die Durchführung einer neuen Bewerbungsrunde sowie die Kosten für die nicht rechtzeitige Besetzung der ausgeschriebenen Stelle in Betracht. Zu beachten ist aber, dass der Bewerber im Falle des Antritts der Arbeitsstelle das Arbeitsverhältnis im Rahmen der Probezeit meist mit einer Frist von zwei Wochen nach § 622 Abs. 3 BGB hätte kündigen können. Ein **rechtmäßiges Alternativverhalten** des Arbeitnehmers, namentlich seine Eigenkündigung, würde i. d. R. die gleichen Schadensposten zur Folge haben. Damit fehlt es an der für die Schadensersatzpflicht des Arbeitnehmers auslösenden Kausalität (BAG NJW 1981, 2430; Oetker, MüKo BGB § 249 Rn 217).

2.3 Diskriminierungsverbote

Ziel des **Allgemeinen Gleichbehandlungsgesetzes** ist es, **Benachteiligungen** aus Gründen der Rasse, der ethnischen Herkunft, des Geschlechts, der Religion, der Weltanschauung, einer Behinderung, des Alters oder der sexuellen Identität auch schon bei der Einstellung zu **verhindern** oder zu **beseitigen** (vgl. §§ 1, 2 Abs. 1 Nr. 1 AGG). Unter den Begriffen ist im Einzelnen Folgendes zu verstehen:

- **Rasse:** Mit Rasse wird an den verpönten Begriff Rassismus angeknüpft. Eine Benachteiligung wegen der Rasse liegt vor, wenn an die Hautfarbe, Physiognomie oder den Körperbau als Merkmal einer Gruppe angeknüpft wird und deshalb eine ungünstigere Behandlung erfolgt (Roloff, BeckOK, §1 AGG, Rn 1).

- **Ethnische Herkunft:** Der Begriff umfasst als Merkmale einer Gruppe die gemeinsame Sprache, den Dialekt und die Tradition. Ein Anknüpfen an die Staatsangehörigkeit allein ist keine Benachteiligung wegen der ethnischen Herkunft (Roloff, BeckOK, §1 AGG, Rn 3 f.). Wird von einem Bewerber ein Sprachtest verlangt, kann eine Benachteiligung wegen der ethnischen Herkunft vorliegen, wenn die sichere Sprachbeherrschung für die Ausübung der Tätigkeit nicht erforderlich ist (BAG NZA 2011, 1226; LAG Hamm NZA-RR 2009, 13; BAG NZA 2008,1263).

- **Geschlecht:** Es handelt sich um die biologische Zuordnung zum männlichen oder weiblichen Geschlecht (Roloff, BeckOK, §1 AGG, Rn 5).

- **Religion:** Sie ist die den Menschen überschreitende und umfassende, also transzendente Wirklichkeit. Als religiöse Gemeinschaften sind in Deutschland die katholische Kirche, die evangelischen und orthodoxen Kirchen, die islamischen, buddhistischen und hinduistischen Gemeinschaften sowie die jüdische Gemeinschaft anerkannt (Roloff, BeckOK, §1 AGG, Rn 6).

- **Weltanschauung:** Der Begriff erstreckt sich im Gegensatz zur Religion auf innerweltliche, „immanente" Bezüge (BAG NJW 1996, 143, 146). Strittig ist, ob die Anhängerschaft zu Scientology vom Begriff der Weltanschauung umfasst wird. Überwiegend wird dies aber verneint (Roloff, BeckOK, §1 AGG, Rn 6).

- **Behinderung:** Es handelt sich um eine Einschränkung, die insbesondere auf physische, geistige oder psychische Beeinträchtigungen zurückzuführen ist, ein Hindernis für die Teilhabe des Betroffenen am Berufsleben bildet und wahrscheinlich von langer Dauer ist (EuGH NZA 2006, 839, 840). Der Begriff der Behinderung ist nicht gleichzusetzen mit der gesetzlichen Definition in §2 Abs.1 S.1 SGB IX (LAG Düsseldorf 14.5.2008 BeckRS 2009 50443). Behinderungen können daher in allen Formen körperlicher Beeinträchtigungen zum Ausdruck kommen: Suchtkrankheiten, Sehschwächen, Fettleibigkeit oder psychische Erkrankungen. Der unterschiedliche Grad der Behinderung wird von §1 AGG nicht geschützt (Roloff, BeckOK, §1 AGG, Rn 7). Nach anderer Ansicht entspricht der Begriff der Behinderung der gesetzlichen Definition in §2 Abs.1 S.1 SGB IX (BT-Drs. 16/1780, 31; LAG BB 4.12.2008 BeckRS 2011, 67066). Menschen sind demnach behindert, wenn ihre körperliche Funktion, geistige Fähigkeit oder seelische Gesundheit mit hoher Wahrscheinlichkeit länger als sechs Monate von dem für das Lebensalter typischen Zustand abweichen und daher ihre Teilhabe am Leben in der Gesellschaft beeinträchtigt ist.

- **Alter:** Das Merkmal umfasst jede Benachteiligung aufgrund eines höheren oder geringeren Lebensalters (Roloff, BeckOK, §1 AGG, Rn 8).

- **Sexuelle Identität:** Erfasst sind Homosexualität, Transsexualität, Zwischengeschlechtlichkeit, Bisexualität (Roloff, BeckOK, §1 AGG, Rn 9), wobei der Begriff der sexuellen Identität mit dem der sexuellen Ausrichtung gleichzusetzen ist. Wird an den Familienstand angeknüpft, liegt ggf. eine mittelbare Benachteiligung wegen der sexuellen Identität vor.

Die Bedeutung der **Diskriminierungsverbote** für das Arbeitsrecht ergibt sich insbesondere aus § 2 Abs. 1 Nr. 1 bis 3 AGG i. V. m. § 6 AGG. Eine Diskriminierung des Arbeitnehmers aus einem der in § 1 AGG genannten Gründen darf im Rahmen des Einstellungsverfahrens nach § 2 Abs. 1 Nr. 1 AGG nicht erfolgen, auch nicht während des Bestehens oder bei Auflösung eines Arbeitsverhältnisses (vgl. § 2 Abs. 1 Nr. 2 AGG). Eine **Stellenausschreibung** darf gemäß § 11 AGG nicht zu einer Benachteiligung aus einem der in § 1 AGG genannten Gründen führen.

Folge eines Verstoßes gegen das Diskriminierungsverbot aus § 7 Abs. 1 AGG i. V. m. § 1 AGG ist die Verpflichtung des Arbeitgebers nach § 15 Abs. 1 AGG zum Ersatz des **materiellen** und nach § 15 Abs. 2 AGG zum Ersatz des **immateriellen** Schadens. Der Arbeitnehmer muss zur Geltendmachung vorgenannter Ansprüche eine **Ausschlussfrist** von **zwei Monaten** einhalten (§ 15 Abs. 4 AGG). Außerdem ist § 61b Abs. 1 ArbGG zu beachten, wonach eine **Klage auf Entschädigung** nach § 15 AGG innerhalb von **drei Monaten** erhoben werden muss, nachdem der Anspruch schriftlich geltend gemacht worden ist. Ein Anspruch des diskriminierten Bewerbers auf **Begründung eines Beschäftigungsverhältnisses** besteht nach § 15 Abs. 6 AGG **nicht**. Beweist der Arbeitnehmer im Streitfall **Indizien**, die eine Benachteiligung wegen eines in § 1 AGG genannten Grundes vermuten lassen, trägt der Arbeitgeber die Beweislast dafür, dass kein Verstoß gegen das Allgemeine Gleichbehandlungsgesetz vorliegt (vgl. § 22 AGG). Die klagende Partei muss zunächst den vollen Beweis dafür erbringen, dass sie benachteiligt oder belästigt wurde. Das Beweismaß der Kausalität wird über § 22 AGG für den Benachteiligten aber abgesenkt (BAG NZA 2007, 507, 509). Es genügt die überwiegende Wahrscheinlichkeit, dass die bewiesene Benachteiligung ein Diskriminierungsmerkmal nach § 1 AGG erfüllt (Roloff, BeckOK, § 22 AGG, Rn 6).

Rechtfertigungstatbestände für die unterschiedliche Behandlung wegen **beruflicher Anforderungen**, der **Religion** oder **Weltanschauung** und des **Alters** sind in §§ 8, 9, 10 AGG enthalten.

§ 8 Abs. 1 AGG erlaubt eine unterschiedliche Behandlung wegen eines in § 1 AGG genannten Grundes, wenn dieser Grund wegen der Art der auszuübenden Tätigkeit oder der Bedingungen ihrer Ausübung eine **wesentliche** und **entscheidende** Anforderung darstellt, sofern der Zweck **rechtmäßig** und die Anforderung **angemessen** ist.

> **Beispiel:** Unternehmer U sucht ein weibliches Mannequin zur Vorführung der neuen Frühjahrskollektion für Damenbekleidung. In der Ablehnung männlicher Bewerber liegt keine Geschlechtsdiskriminierung, da hier § 8 Abs. 1 AGG einen Rechtfertigungsgrund gibt.

§ 9 Abs. 1 und 2 AGG erlauben eine unterschiedliche Behandlung wegen der **Religion** oder der **Weltanschauung** bei der Beschäftigung durch Religionsgemeinschaften und den ihnen zugeordneten Einrichtungen, wenn eine bestimmte Religion oder Weltanschauung unter Beachtung des Selbstverständnisses der jeweiligen Religionsgemeinschaft oder Vereinigung im Hinblick auf ihr **Selbstbestimmungsrecht** oder nach der Art der Tätigkeit eine gerechtfertigte berufliche Anforderung darstellt.

Beispiel: Die katholische Kirche sucht für einen von ihr betriebenen Kindergarten eine Erzieherin bzw. einen Erzieher. Nach § 9 Abs. 1 und 2 AGG liegt eine Diskriminierung wegen der Religion nicht vor, wenn die katholische Kirche für die Einstellung fordert, dass die Bewerber sich zum christlichen Glauben bekennen und sich mit den Grundsätzen der katholischen Kirche identifizieren (Roloff, BeckOK, § 9 AGG, Rn 2 ff.).

Gemäß § 10 Abs. 1 S. 1 AGG ist eine unterschiedliche Behandlung wegen des **Alters** zulässig, wenn sie **objektiv, angemessen** und durch ein **legitimes Ziel** gerechtfertigt ist.

Beispiel: A ist 50 Jahre alt. Er wollte schon immer Pilot für Langstreckenflüge werden. Er bewirbt sich auf eine Ausschreibung der Lufthansa AG zur Pilotenausbildung. Eine Ablehnung des A wäre nach § 10 Abs. 1 S. 1 und S. 3 Nr. 3 AGG gerechtfertigt, da er für die Ausbildung zu alt ist. Erfordert die Einarbeitungszeit für eine bestimmte Tätigkeit mehrere Jahre, wie etwa bei Piloten, ist es zulässig, ein Höchstalter für den Beschäftigungsbeginn zu bestimmen (Roloff, BeckOK, § 10 AGG, Rn 17).

Ungeachtet der in den §§ 8 bis 10 AGG benannten Gründen ist nach § 5 AGG eine unterschiedliche Behandlung auch zulässig, wenn durch **geeignete** und **angemessene Maßnahmen** bestehende **Nachteile** wegen eines in § 1 AGG genannten Grundes **verhindert** oder **ausgeglichen** werden sollen. Die Verhältnismäßigkeit ist streng zu prüfen, da § 5 AGG durch die Förderung einer Gruppe mit einem Merkmal nach § 1 AGG gleichzeitig die Personen ohne dieses Merkmal benachteiligt oder zurücksetzt (Roloff, BeckOK, § 5 AGG, Rn 4). Ein Fall des § 5 AGG liegt bspw. bei einer bevorzugten Einstellung und Beförderung von Frauen im öffentlichen Dienst bei **gleicher Eignung und Leistung** vor, wenn Frauen dort bislang unterrepräsentiert sind (Roloff, BeckOK § 5 AGG, Rn 5).

Zusammenfassendes Beispiel: Der Hochschulabsolvent S hat es im Unternehmen X in kurzer Zeit weit gebracht. Er ist die rechte Hand des Personalchefs P geworden. Endlich ist es soweit. Er darf die erste Einstellung selbst vornehmen. Es geht um die Besetzung der Stelle „Betreuung der betrieblichen Fortbildung" in der Personalabteilung. Nach Durchsicht der Bewerbungsunterlagen stellt S fest, dass sich drei männliche Kandidaten und vier Kandidatinnen auf die Stelle beworben haben. Aufgrund der Qualifikation ist der männliche Kandidat K am besten geeignet. S lädt K allerdings nicht zu einem Bewerbungsgespräch ein, da sich S lieber mit Damen in der Personalabteilung umgibt. S schickt K die Bewerbungsunterlagen mit einem Anschreiben folgenden Inhalts zurück: „Wir bedanken uns für Ihr Interesse an der Mitarbeit in unserem Unternehmen. Leider konnten wir Sie nicht in die nähere Auswahl einbeziehen, da wir wegen unserer Mitarbeiterstruktur in unserer Personalabteilung an einer Erhöhung des Frauenanteils interessiert sind. Unser Ziel ist es, die Benachteiligung der Frau im Erwerbsleben zu beseitigen. Wir werden daher bei Einstellungen Frauen ohne Rücksicht auf die Qualifikation bevorzugen. Wir bitten um Ihr Verständnis und wünschen Ihnen für Ihren weiteren beruflichen Werdegang alles Gute."

K ist empört. Er verklagt das Unternehmen X auf Einstellung, hilfsweise auf Zahlung einer angemessenen Entschädigung.

Frage:

Wie ist die Rechtslage?

Lösung:

Es liegt eine geschlechtsbezogene Diskriminierung nach § 3 Abs. 1, § 1 AGG gegenüber K vor. Der Anwendungsbereich des Allgemeinen Gleichbehandlungsgesetzes ist nach § 2 Abs. 1 Nr. 1 AGG eröffnet, da die Bewerbung des K im Rahmen des Einstellungsverfahrens wegen seines Geschlechts nicht berücksichtigt wurde.

K kann mit dem Absageschreiben Indizien i. S. d. § 22 AGG beweisen, die eine Geschlechtsdiskriminierung vermuten lassen. X muss nun beweisen, dass die Ablehnung des K nicht wegen seines Geschlechts erfolgte.

Ein Rechtfertigungsgrund nach § 8 Abs. 1 AGG für die Ablehnung wegen der beruflichen Anforderungen der zu besetzenden Stelle ist nicht gegeben. Es ist nicht ersichtlich, warum die zu besetzende Stelle „Betreuung der betrieblichen Fortbildung" nicht mit einem Mann besetzt werden könnte. § 5 AGG ist nicht einschlägig, weil keine Anhaltspunkte dafür vorliegen, dass bestehende Nachteile für Frauen durch die Einstellung einer Frau ausgeglichen werden sollten. Außerdem würde es an der Angemessenheit der Maßnahme i. S. d. § 5 AGG fehlen, weil der männliche Kandidat am geeignetsten war.

Nach § 15 Abs. 6 AGG hat K keinen Anspruch auf Einstellung, sondern einen Anspruch auf angemessene Entschädigung in Geld. Die Höhe der Entschädigung ist u. a. anhand der Schwere der geschlechtsbezogenen Diskriminierung zu bemessen. § 15 Abs. 2 S. 2 AGG sieht für die Höhe des immateriellen Schadens eine Begrenzung der angemessenen Entschädigung auf drei Monatsverdienste nur vor, wenn der Bewerber auch bei benachteiligungsfreier Auswahl nicht eingestellt worden wäre. Da K laut Sachverhalt für die zu besetzende Stelle am besten geeignet gewesen wäre, ist die Begrenzung des Schadensersatzanspruches auf drei Monatsverdienste nicht beachtlich.

2.4 Beschränkungen des Fragerechts

Im Rahmen eines **Vorstellungsgesprächs** möchte der Arbeitgeber möglichst umfassende Informationen über den Bewerber erlangen. Aus den vorvertraglichen Aufklärungspflichten kann sich ergeben, dass der Arbeitnehmer den Arbeitgeber über bestimmte, außergewöhnliche Umstände auch ohne Befragen aufklären muss. So ist bspw. die **Schwerbehinderteneigenschaft unaufgefordert** zu offenbaren, wenn der Behinderte aufgrund seiner Behinderung die Arbeit nicht verrichten kann (Richardi, Münchener Handbuch zum Arbeitsrecht, § 31 Pflichten bei Vertragsanbahnung, Rn 18)

Fragerechtsbeschränkungen werden aus dem **allgemeinen Persönlichkeitsrecht** des Bewerbers abgeleitet. Fragen im Rahmen eines Einstellungsgesprächs oder in Einstellungsfragebögen können auch nach §§ 1, 2 Abs. 1 Nr. 1, 7 AGG unzulässig sein. In diesem Zusammenhang stellt sich ggf. die Frage nach der **Anfechtung** des Arbeitsvertrages gem. §§ 119, 123 BGB, wenn der Arbeitnehmer eine ihm gestellte Frage unvollständig oder unrichtig beantwortet. Ein Anfechtungsrecht nach § 123 Abs. 1 1. Alt. BGB ist nur gegeben, wenn

- die Frage des Arbeitgebers **zulässig** war,
- der Arbeitnehmer die Frage **bewusst falsch** beantwortet hat,
- der Arbeitnehmer erkennen konnte, dass die verschwiegene Tatsache für die Einstellung von **ausschlaggebender Bedeutung** sein konnte,
- die **verschwiegene Tatsache** für die Einstellung ursächlich war.

(vgl. Joussen, BeckOK, § 611 BGB, Rn 108 ff.)

Für die **Zulässigkeit einzelner Fragen** sind folgende grundsätzliche Erwägungen anzustellen:

Greift die Frage unzulässiger Weise in die Privatsphäre des Arbeitnehmers ein?

Ist die Informationsgewinnung für die zu verrichtende Tätigkeit bzw. für das mit ihr verbundene Ansehen unbedingt erforderlich?

(BAG NZA 2003, 265; Kreitner in Küttner, Personalbuch, Auskunftspflichten im Einstellungsgespräch, Rn 1–34).

Im Einzelnen gilt Folgendes:

- **Alkoholerkrankungen** müssen vom Arbeitnehmer nicht ungefragt offenbart werden. Die Frage nach einem erhöhten Alkoholkonsum ist im Allgemeinen wahrheitsgemäß zu beantworten, wenn dadurch die Arbeitsleistung beeinträchtigt werden kann.
- Fragen nach dem **beruflichen Werdegang**, nach Zeugnis- und Prüfungsnoten sind wahrheitsgemäß zu beantworten.
- Die Frage nach der **bisherigen Gehaltshöhe** ist nicht in jedem Falle zulässig, weil dadurch u. U. die Verhandlungsposition des Arbeitnehmers geschwächt wird. Entscheidend ist, dass die bisherige Vergütung für die begehrte Stelle aussagekräftig ist, bspw. Rückschlüsse auf die Qualifikation des Bewerbers zulässt (Kreitner in Küttner, Personalbuch, Auskunftspflichten im Einstellungsgespräch, Rn 26).
- Die Frage nach der **Gewerkschaftszugehörigkeit** ist unzulässig. Die Frage kann aber nach Einstellung zur Ermittlung einer bestimmten Tarifbindung zulässig sein.
- Die Frage nach **Heiratsabsichten** ist unzulässig. Hierin liegt eine mittelbare Diskriminierung wegen der sexuellen Identität nach §§ 1, 3 Abs. 2, § 7 AGG.
- Die Frage nach **früheren Erkrankungen** sind nur beschränkt zulässig. Zulässig ist die Frage insbesondere dann, wenn frühere Erkrankungen für den geplanten Arbeitseinsatz von Bedeutung sind.
- Nach der **Religions- und Parteizugehörigkeit** darf grundsätzlich nicht gefragt werden. Hierin liegt eine Diskriminierung wegen der Religion oder Weltanschauung nach §§ 1, 7 AGG. Ausnahme: konfessionelle Arbeitgeber und

politische Parteien als Arbeitgeber; vgl. hierzu den Rechtfertigungsgrund nach § 9 AGG.

- Die Frage nach der **Schwangerschaft** ist nicht zulässig und stellt regelmäßig eine unzulässige Geschlechtsdiskriminierung nach §§ 1, 2 Abs. 1 Nr. 1, 3 Abs. 1, 7 AGG dar, selbst dann, wenn einer Beschäftigung der Frau von vornherein ein mutterschutzrechtliches Beschäftigungsverbot entgegensteht. Grund hierfür ist, dass die Schwangerschaft nur ein vorübergehender Zustand ist (EuGH NZA 2000, 255).

- Die Frage nach der **Schwerbehinderteneigenschaft** muss wahrheitsgemäß beantwortet werden, wenn der Arbeitgeber sie nach Einstellung mit Blick auf seine Beschäftigungspflicht Schwerbehinderter nach § 71 Abs. 1 SGB IX stellt. Wird die Frage vor Einstellung mit der Zielrichtung gestellt, Schwerbehinderte aus dem Bewerberkreis auszusondern, liegt eine unzulässige Diskriminierung wegen einer Behinderung nach §§ 1, 7 AGG vor.

- Bei der Besetzung einer Vertrauensstellung ist die Frage nach der Zugehörigkeit zu **Scientology** zulässig, wenn man hierin keine unzulässige Diskriminierung wegen der Weltanschauung oder Religion erblickt (§§ 1, 7 AGG).

- Die Frage nach der **Stasimitarbeit** ist zulässig bei einer Beschäftigung im öffentlichen Dienst oder wenn die Stelle absolute Integrität erfordert (BAG NZA 2003, 265).

- Die Frage nach den **Vermögensverhältnissen** ist bei leitenden Angestellten und solchen, denen besonderes Vertrauen entgegengebracht wird (z. B. Kassierer), zulässig.

- Die Frage nach **Vorstrafen** ist zulässig, soweit die zu besetzende Stelle dies erfordert (z. B. wegen Sittlichkeitsdelikten vorbestrafter Erzieher).

- Bestehende **Wettbewerbsverbote** muss der Bewerber von sich aus preisgeben.

(vgl. zum Ganzen: Thüsing, MüKo BGB, AGG, § 11, Rn 15 ff.; Kreitner in Küttner, Personalbuch, Auskunftspflichten im Einstellungsgespräch, Rn 2–34).

2.5 Verletzung von Mitteilungs- und Rücksichtnahmepflichten

Die Verletzung von **Mitteilungspflichten** im Rahmen des Einstellungsverfahrens führt zu einem Schadensersatzanspruch, wenn die Parteien sich nicht hinreichend über die von der Norm abweichenden Leistungsansprüche oder Leistungsmöglichkeiten unterrichten. Anspruchsgrundlage ist §§ 280, 311 Abs. 2 Nr. 1, 241 Abs. 2 BGB. Eine **selbständige Auskunftspflicht** des Arbeitnehmers setzt voraus, dass die fraglichen Umstände dem Arbeitnehmer die Erfüllung der arbeitsvertraglichen Leistungspflicht unmöglich machen oder jedenfalls sonst für den in Betracht kommenden Arbeitsplatz von ausschlaggebender Bedeutung sind (BAG DB 1991, 1934). Bei der Bewerbung bestehen nur begrenzte Auskunftspflichten des Arbeitgebers. Er muss aber eine detaillierte Beschreibung des **Anforderungsprofils der Stelle** vornehmen, insbesondere dann, wenn von der Norm abweichende, überdurchschnittliche Leistungsanforderungen gestellt werden (LAG Hessen NZA 1994, 884; Kreitner in Küttner, Personalbuch, Auskunftspflichten gegenüber Arbeitnehmern, Rn 3).

Beispiele hierfür sind (vgl. Linck in Schaub, § 26, Rn 1 ff.):

- der Arbeitgeber weist nicht auf die **überdurchschnittlichen** Anforderungen der Stelle hin,
- der Arbeitnehmer nimmt eine Stelle an, die für ihn **absolut ungeeignet** ist,
- ein Schwerbehinderter **offenbart seine Schwerbehinderteneigenschaft nicht** und kann aufgrund seiner Schwerbehinderung die Arbeit nach dem Stellenprofil nicht verrichten,
- der Arbeitgeber wird über ein **laufendes Strafverfahren** des Arbeitnehmers nicht unterrichtet, wenn es auf die absolute Integrität des Arbeitnehmers ankommt,
- der Arbeitgeber hat nicht darauf hingewiesen, dass er aufgrund von **Liquiditätsproblemen** die Gehälter nicht bezahlen kann.

Ein Schadensersatzanspruch erwächst auch dann, wenn die **Arbeitspapiere** und Zeugnisse mit Eselsohren, Fettflecken, usw., versehen werden und in **beschädigtem** Zustand dem Arbeitnehmer zurückgeschickt werden. Die Höhe des Schadensersatzanspruches orientiert sich am Wiederbeschaffungsaufwand.

Beide Verhandlungspartner haben über die ihnen im Zusammenhang mit den Vertragsverhandlungen bekannt gewordenen Geheimnisse Stillschweigen zu wahren (z. B. Gesundheitszustand des Arbeitnehmers, Wettbewerbsverhältnisse des Arbeitgebers). Werden **Geheimhaltungspflichten** verletzt, können auch hieraus Schadensersatzpflichten resultieren. Den potentiellen Arbeitgeber trifft aus dem vorvertraglichen Schuldverhältnis eine Rücksichtnahmepflicht, die darauf gerichtet ist, die bisherige Rechtsstellung des Bewerbers nicht zu gefährden. Er muss also auch über die Bewerbung an sich Stillschweigen wahren (vgl. Joussen, BeckOK, BGB, § 611 BGB, Rn 11).

2.6 Ersatz von Vorstellungskosten

Fordert der Arbeitgeber einen Arbeitnehmer zur Vorstellung **auf**, hat er diesem nach §§ 670, 662 BGB ohne Rücksicht darauf, ob später ein Arbeitsvertrag geschlossen wird, die **notwendigen Auslagen** wie Fahrt-, Übernachtungskosten und die Mehraufwendungen für die Verpflegung zu ersetzen (BAG NZA 1989, 468). Allein das Schalten einer Stellenausschreibung in einer Zeitung oder im Internet ist noch nicht als Aufforderung eines konkreten Arbeitnehmers zur Bewerbung zu qualifizieren. Die Ersatzpflicht des Arbeitgebers entsteht erst, wenn er den Arbeitnehmer bspw. zu einem Vorstellungsgespräch einlädt. Die Stellenausschreibung ist rechtlich als invitatio ad offerendum (= Aufforderung zur Abgabe eines Angebots) zu qualifizieren (Joussen, BeckOK, § 611 BGB, Rn 4). Ob die Auslagen **notwendig** waren, hängt u. a. auch von der zu besetzenden Stelle ab. Bei der Besetzung von Führungspositionen sind bspw. Bahnkosten erster Klasse zu ersetzen (LAG Frankfurt/M DB 1981, 1000). In diesem Falle kann auch die Anreise mit dem Flugzeug unter die Erstattungspflicht fallen. Die Kategorie der Unterbringung ist ebenfalls von der ausgeschriebenen Stelle abhängig (Joussen, BeckOK, § 611 BGB, Rn 21, 23).

Ein vom Arbeitnehmer genommener Urlaubstag zur Wahrnehmung des Vorstellungstermins ist vom neuen Arbeitgeber **nicht** zu ersetzen. Im Falle einer bereits erfolgten Kündigung hat der Arbeitnehmer gegen den alten Arbeitgeber aus § 629 BGB einen **Freistellungsanspruch** bei nach § 616 BGB für den alten Arbeitgeber fortbestehender Vergütungspflicht. In der Regel berufen sich Arbeitnehmer bei noch nicht erfolgter Kündigung allerdings nicht auf eine vorübergehende Arbeitsverhinderung i. S. d. § 616 BGB, damit der alte Arbeitgeber von der Stellensuche nichts erfährt. Eine Erstattung des Verdienstausfalls durch den neuen Arbeitgeber scheidet dennoch aus, da der Bewerber die entstehenden Aufwendungen nicht für erforderlich halten durfte, da er das **Risiko beruflicher Veränderungen** zu tragen hat (Joussen, BeckOK, § 611 BGB, Rn 24). Hat der Arbeitnehmer zur Wahrnehmung des Vorstellungstermins Urlaub beantragt und gewährt bekommen, kann er sich nachträglich nicht auf eine vorübergehende Arbeitsverhinderung i. S. d. § 616 BGB oder den Freistellungsanspruch aus § 629 BGB berufen. Die wirksame Urlaubsgewährung führt zu einer wirksamen Freistellung von der Arbeitspflicht.

Will der Arbeitgeber den Anspruch des Arbeitnehmers auf Ersatz der Vorstellungskosten **ausschließen**, muss er dies bei der Aufforderung zur Vorstellung unmissverständlich bekanntgeben. Dies kann bspw. im Einladungsschreiben zum Vorstellungsgespräch erfolgen (LAG Nürnberg 16.8.1966 AP BGB 670 Nr. 12; ArbG Kempten BB 1994, 1504).

Kein Ersatzanspruch besteht, wenn der Arbeitnehmer sich **unaufgefordert** vorstellt, z. B. aufgrund einer Zeitungsanzeige oder einer Vorschlagskarte durch die Bundesagentur für Arbeit oder wenn der Arbeitgeber nur seine Zustimmung zur Vorstellung gibt (Joussen, BeckOK, § 611 BGB, Rn 20). Die Bundesagentur für Arbeit kann nach § 44 SGB III für Arbeitslose und für von Arbeitslosigkeit bedrohte Arbeitnehmer die Vorstellungskosten übernehmen.

2.7 Besonderheiten bei der Einstellung ausländischer Mitarbeiter

Ausländer dürfen eine Beschäftigung nur mit **Genehmigung** der Bundesagentur für Arbeit ausüben (vgl. §§ 18, 39 AufenthG). Regelungen zur Beschäftigung von Ausländern können auch durch das Bundesministerium für Wirtschaft und Arbeit getroffen werden (§ 42 AufenthG). Die Genehmigungspflicht gilt nicht für Arbeitnehmer, die **Freizügigkeit** nach EU-Recht (Art. 45 AEUV, § 1 Abs. 2 Nr. 1 AufenthG) genießen. Eine Sonderregelung gilt für Staatsangehörige der neuen EU-Mitgliedstaaten Bulgarien, Rumänien und Kroatien (§ 39 Abs. 6 AufenthG, § 284 SGB III).

2.8 Checkliste zu Rechtsfragen im Vertragsanbahnungsverhältnis

- Das **Vorstellungsgespräch** begründet ein **vorvertragliches Schuldverhältnis** nach § 311 Abs. 2 Nr. 1 BGB mit **Schutz-, Mitteilungs-, Offenbarungs- und Rücksichtnahmepflichten** des Arbeitgebers und Arbeitnehmers. Im Falle der schuldhaften Pflichtverletzung können Schadensersatzansprüche aus §§ 280, 311 Abs. 2 Nr. 1, 241 Abs. 2 BGB entstehen.

- Die **Ausschreibung** einer Stelle begründet noch kein vorvertragliches Schuldverhältnis. Es handelt sich um eine **invitatio ad offerendum** (= Aufforderung zur Bewerbung).

- Im Vorfeld des Abschlusses des Arbeitsverhältnisses sind nach §§ 1, 2 Abs. 1 Nr. 1, 7 AGG die sich aus dem Allgemeinen Gleichbehandlungsgesetz ergebenden **Diskriminierungsverbote** zu beachten. Zudem sind weitere **Fragerechtsbeschränkungen** zu berücksichtigen. Grenzen des Fragerechts sind insbesondere das Allgemeine Persönlichkeitsrecht des Arbeitnehmers und das Anforderungsprofil der zu besetzenden Stelle.

- **Notwendige Vorstellungskosten** sind nach §§ 670, 662 BGB zu ersetzen. Die Kostenübernahme kann durch einen ausdrücklichen und unmissverständlichen Hinweis des Arbeitgebers im Einladungsschreiben zum Vorstellungsgespräch ausgeschlossen werden.

- Für die Einstellung **ausländischer Arbeitnehmer** gelten die **Besonderheiten** der §§ 18, 39 AufenthG, § 284 SGB III.

3. Der unbefristete Arbeitsvertrag

3.1 Das unbefristete Arbeitsverhältnis als Grundmodell

Der unbefristete Arbeitsvertrag ist vom Gesetzgeber als Regelfall gewünscht. Dies zeigen §§ 14 ff. TzBfG, wonach die Befristung von Arbeitsverhältnissen nur unter **bestimmten Voraussetzungen** zulässig ist. Europäische Vorgaben für die Befristung von Arbeitsverträgen sind in der Richtlinie des Rates der Europäischen Union 1999/70/EG vom 28.06.1999 zu der EGB-UNICE-CEEP-Rahmenvereinbarung über befristete Arbeitsverträge enthalten. Die im Anhang der Richtlinie aufgenommene Rahmenvereinbarung bestimmt in ihrer Präambel:

„Die Unterzeichnerparteien dieser Vereinbarung erkennen an, dass **unbefristete Verträge die übliche Form des Beschäftigungsverhältnisses** zwischen Arbeitgebern und Arbeitnehmern **darstellen** und **weiter darstellen werden**. Sie erkennen auch an, dass befristete Beschäftigungsverträge unter bestimmten Umständen den Beschäftigungsbedürfnissen von Arbeitgebern und Arbeitnehmern entsprechen."

Die meisten Arbeitnehmer haben ein großes Interesse daran, unbefristet beschäftigt zu werden, um ihr Leben auf der Grundlage eines dauernden Arbeitsverhältnisses ausrichten zu können. Die Gründung einer Familie oder der Erwerb einer selbstgenutzten Immobilie gestaltet sich für einen Arbeitnehmer planungssicherer, wenn er in einem unbefristeten Beschäftigungsverhältnis mit Kündigungsschutz steht.

Unbefristete Arbeitsverhältnisse bringen allerdings auch für die Arbeitgeber einige entscheidende Vorteile gegenüber befristeten Arbeitsverträgen. Mit zunehmender Beschäftigungsdauer steigt die **Bindung qualifizierter Arbeitnehmer** an das Unternehmen. Der Betriebsablauf gestaltet sich in der Regel umso reibungsloser, je geringer die Arbeitnehmerfluktuation ist.

§ 620 Abs. 1 BGB geht im Gegensatz zur vorgenannten EU-Richtlinie nach der Gesetzessystematik nicht vom Regelfall des unbefristeten Arbeitsverhältnisses aus. Als Beendigungsgrund für ein Arbeitsverhältnis wird der **Ablauf der Zeit** genannt, für welche das Arbeitsverhältnis eingegangen wurde. § 620 Abs. 2 BGB regelt hingegen den im heutigen Arbeitsleben sozialpolitisch erwünschten Regelfall des unbefristeten Arbeitsverhältnisses (Hesse, BeckOK, § 620 BGB, Normzweck, Rn 1). Nach § 620 Abs. 3 BGB gilt allerdings für Arbeitsverträge, die auf bestimmte Zeit abgeschlossen sind, das **Teilzeit- und Befristungsgesetz**, um der besonderen Schutzbedürftigkeit von Arbeitnehmern, die nur befristet eingestellt werden sollen, Rechnung zu tragen. Freie Dienstverträge können hingegen nach § 620 Abs. 1 BGB uneingeschränkt befristet werden.

Erst in § 620 Abs. 2 BGB wird das unbefristete Arbeitsverhältnis angesprochen, das nach Maßgabe der §§ 621 bis 623 BGB gekündigt werden kann. Für die außerordentliche Kündigung des befristeten und unbefristeten Arbeitsvertrages gilt die Sondervorschrift des § 626 BGB.

3.2 Rechte und Pflichten aus dem Arbeitsverhältnis

Hauptpflichten für den Arbeitgeber aus dem Arbeitsverhältnis sind die **Vergütungspflicht**, der **Aufwendungsersatzanspruch** und die **Beschäftigungspflicht** (Preis, ErfKA, § 611 BGB, Rn 389 ff.).
Die Vergütungspflicht i. S. d. § 611 Abs. 1 BGB ist Hauptpflicht und steht daher im Gegenseitigkeitsverhältnis zur Arbeitspflicht. Die Vergütungshöhe unterliegt grundsätzlich der freien Vereinbarung. Gemäß § 4 Abs. 3 TVG darf jedoch im Falle der Tarifbindung von Arbeitgeber und Arbeitnehmer die vereinbarte Vergütung nicht geringer sein als die tarifliche. Schranken der freien Vereinbarkeit der Vergütungshöhe setzen zudem rechtlich verbindliche Mindestlöhne, die in Form eines gesetzlichen Mindestlohns oder in Form eines durch Rechtsverordnung verbindlich erklärten tariflichen Mindestlohns existieren können, sowie das Verbot der Sittenwidrigkeit und des Wuchers nach § 138 BGB.

Der Arbeitnehmer hat gegen den Arbeitgeber außerdem in analoger Anwendung der §§ 675, 670 BGB einen **Aufwendungsersatzanspruch,** wenn er im Interesse des Arbeitgebers eigenes Vermögen eingesetzt hat (BAG NZA 1996, 883). Vom Aufwendungsersatzanspruch werden i. d. R. Fahrt- und Reisekosten, Arbeitsmittel und Kosten für Arbeitsschutzkleidung erfasst. Der Aufwendungsersatzanspruch ist kein Entgelt für die erbrachte Arbeitsleistung (BAG NZA 1995, 799). Er steht nicht im Gegenseitigkeitsverhältnis zur Arbeitspflicht.

Obwohl § 611 Abs. 1 BGB den Arbeitgeber nicht ausdrücklich verpflichtet, die Dienstleistung des Arbeitnehmers anzunehmen, leitet das BAG eine allgemeine **Beschäftigungspflicht** aus dem Persönlichkeitsrecht des Arbeitnehmers ab (Artt. 1, 2 GG, § 242 BGB; BAG 27.2.1985 AP BGB § 611 Beschäftigungspflicht Nr. 14). Die Beschäftigungspflicht kann jedenfalls bei gekündigten Arbeitsverhältnissen bis zum Ablauf der Kündigungsfrist durch vertragliche Freistellungsvereinbarungen durchbrochen werden (Preis, ErfKA, § 611 BGB, Rn 569). Ungeachtet einer vertraglichen Freistellungsvereinbarung muss der Beschäftigungsanspruch des Arbeitnehmers zurücktreten, wenn überwiegende schützenswerte Interessen des Arbeitgebers einer Beschäftigung des Arbeitnehmers entgegenstehen. Dies ist bspw. der Fall beim Wegfall der Vertrauensgrundlage zwischen Arbeitgeber und Arbeitnehmer, fehlender Einsatzmöglichkeit des Arbeitnehmers, der Gefahr des Geheimnisverrats durch den Arbeitnehmer sowie beim Vorliegen von Gründen, die eine fristlose Kündigung rechtfertigen würden (Preis, ErfKA, § 611 BGB, Rn 563).

Als **Nebenpflichten für den Arbeitgeber** aus dem Arbeitsverhältnis (§§ 242, 241 Abs. 2 BGB) seien insbesondere Schutz- und Aufklärungspflichten genannt, bspw. der Schutz der Persönlichkeit des Arbeitnehmers, Schutz des Arbeitnehmervermögens und Schutz der über den Arbeitnehmer erhobenen Daten.

Hauptpflicht des Arbeitnehmers ist seine Verpflichtung, die **Arbeitsleistung** persönlich, in der richtigen Art, am richtigen Ort und zur richtigen Zeit zu erbringen (Preis, ErfKA, § 611 BGB, Rn 639 ff.)

Als für den **Arbeitnehmer** aus dem Arbeitsverhältnis resultierende **Nebenpflichten** (§§ 242, 241 Abs. 2 BGB) seien die Verschwiegenheitspflicht, das Wettbewerbsverbot und das Verbot der Annahme von Schmiergeldzahlungen genannt (Preis, ErfKA, § 611 BGB, Rn 707 ff.)

3.3 Fälle der Beendigung des unbefristeten Arbeitsverhältnisses

Im Folgenden seien fünf wesentliche **Fallgruppen** der Beendigung eines unbefristeten Arbeitsverhältnisses genannt:

- **Tod des Arbeitnehmers,**
- **Aufhebungsvertrag,**
- **Anfechtung,**
- **Ordentliche Kündigung,**
- **Außerordentliche Kündigung.**

3.3.1 Beendigung des unbefristeten Arbeitsverhältnisses durch den Tod des Arbeitnehmers

Der **Tod des Arbeitnehmers** beendet das Arbeitsverhältnis. § 613 S. 1 BGB bestimmt, dass die Arbeitsleistung nur vom Arbeitnehmer höchstpersönlich erbracht werden kann. Die Verpflichtung des verstorbenen Arbeitnehmers zur Erbringung von Diensten geht somit nicht nach §§ 1922 Abs. 1, 1967 BGB als Nachlassverbindlichkeit auf die Erben über (Preis, ErfKA, § 613 BGB, Rn 5).

Der **Tod des Arbeitgebers** führt hingegen nicht zur Beendigung des Arbeitsverhältnisses, obwohl dies § 613 S. 2 BGB eigentlich nahe legt. § 613 S. 2 BGB regelt, dass der Anspruch auf die Dienste im Zweifel nicht übertragbar ist. Sinn und Zweck des § 613 S. 2 BGB ist, als Ausnahmevorschrift zu § 398 BGB die Abtretbarkeit des Anspruchs auf die Dienste auszuschließen, um den Arbeitnehmer davor zu schützen, dass er sich dem Dienstleistungsanspruch anderer Arbeitgeber, mit denen er keinen Arbeitsvertrag eingegangen ist, ausgesetzt sieht. Beim Tod des Arbeitgebers geht das Arbeitsverhältnis i. d. R. auf die **Erben** über (Preis, ErfKA, § 613 BGB, Rn 11). Die Erben sind an den Arbeitsvertrag gebunden und können ihn gegebenenfalls durch Kündigung beenden.

Da es sich bei § 613 S. 2 BGB um eine Auslegungsregel („im Zweifel") handelt, kann die Übertragbarkeit des Anspruchs auf die Dienste im Einzelfall durchaus gegeben sein. Dies ist insbesondere bei **Zeitarbeit** der Fall (vgl. hierzu das Arbeitnehmerüberlassungsgesetz). Zeitarbeit setzt gerade voraus, dass das Zeitarbeitsunternehmen als Verleiher die Arbeitsleistung der Leiharbeitnehmer gewerbsmäßig an Dritte überlässt (§ 1 AÜG).

3.3.2 Beendigung des unbefristeten Arbeitsverhältnisses durch Aufhebungsvertrag

Ein unbefristetes Arbeitsverhältnis kann ungeachtet eventueller Kündigungsmöglichkeiten durch den Abschluss eines **Aufhebungsvertrages** einvernehmlich beendet werden.

Der Aufhebungsvertrag bedarf nach § 623 BGB der **Schriftform**. Für die Formgültigkeit des Aufhebungsvertrages sind § 126 Abs. 1 und 2 BGB zu beachten. Andernfalls ist er nach § 125 S. 1 BGB mangels Beachtung der gesetzlich vorgeschriebenen Form unwirksam.

Aufhebungsverträge werden häufig gegen Zahlung einer **Abfindung** an den Arbeitnehmer im Zusammenhang mit einem Kündigungsschutzprozess abgeschlossen. Dies ist für Arbeitgeber oft kostengünstiger. Das „Ausfechten" eines Kündigungsschutzverfahrens kann für den Arbeitgeber mit erheblichen Kostenrisiken verbunden sein.

Beispiel: Arbeitgeber B kündigt seinen Arbeitnehmer A am 03.09.13 betriebsbedingt ordentlich zum 31.10.13, da ein starker Rückgang bei den Auftragseingängen zu verzeichnen ist.

A erhebt innerhalb von drei Wochen nach Zugang der Kündigung Kündigungsschutzklage nach § 4 S. 1 KSchG zum zuständigen Arbeitsgericht mit dem Antrag festzustellen, dass die Kündigung sozial ungerechtfertigt ist. A macht geltend, er hätte in einem anderen Betrieb des Unternehmens weiterbeschäftigt werden können (§ 1 Abs. 2 S. 2 Nr. 1 lit. b KSchG). Aus diesem Grunde hatte der vor Ausspruch der Kündigung nach § 102 Abs. 1 S. 1 BetrVG angehörte Betriebsrat innerhalb der Frist des § 102 Abs. 2 S. 1 BetrVG schriftlich widersprochen. Weiterhin macht A geltend, B hätte ihn auch umschulen können (§ 1 Abs. 2 S. 3 KSchG). Schließlich sei die betriebsbedingte ordentliche Kündigung auch deshalb sozial ungerechtfertigt, weil die soziale Auswahl nach § 1 Abs. 3 KSchG nicht rechtmäßig erfolgt sei.

A scheidet bei B mit Ablauf des 31.10.13 aus, bevor das Kündigungsschutzverfahren beendet ist. Aufgrund der Überlastung der Arbeitsgerichte ist mit einer schnellen Erledigung des Kündigungsschutzverfahrens nicht zu rechnen. Sollte A schließlich den Kündigungsschutzrechtsstreit gewinnen und würde im Beispielsfall das Urteil des Arbeitsgerichts Anfang Mai 2014 verkündet, stünde spätestens nach Ablauf der Rechtsmittelfrist (Monatsfrist zur Einlegung des Rechtsmittels der Berufung, § 66 Abs. 1 ArbGG) fest, dass das Arbeitsverhältnis zwischen A und B nicht durch die ordentliche betriebsbedingte Kündigung vom 03.09.13 beendet wurde. A hat vom Zeitpunkt seines Ausscheidens am 31.10.13 bis zum Ablauf der Rechtsmittelfrist nicht gearbeitet, also bis Anfang Juni 2014.

B müsste A nach §§ 615 S. 1, 611 Abs. 1 BGB, obwohl dieser nicht gearbeitet hat, für 7 Monate (November 2013 bis Anfang Juni 2014) das Gehalt nachzahlen, da sich B nach §§ 293 ff. BGB mit der Annahme der Dienste von A in Annahmeverzug befand. Ein wörtliches Angebot von A i. S. d. § 295 BGB zur Erbringung der Arbeitsleistung ist in der Erhebung der Kündigungsschutzklage zu sehen, mit der A zum Ausdruck bringt, dass er bei B weiterhin arbeiten will. Ein Angebot des A zur Erbringung der Arbeitsleistung wäre nach § 296 BGB sogar entbehrlich, da B als Arbeitgeber seinem Arbeitnehmer A einen Arbeitsplatz in Form einer Mitwirkungshandlung zur Verfügung zu stellen hat. Möchte B das mit einer eventuellen Verpflichtung zur Gehaltsnachzahlung verbundene Kostenrisiko sowie das Risiko einer Weiterbeschäftigung von A vermeiden, kann B seinem Arbeitnehmer A anbieten, ihm eine angemessenen Abfindung zu zahlen, sofern er seine Kündigungsschutzklage zurücknimmt und einen Aufhebungsvertrag zur Beendigung des Arbeitsverhältnisses abschließt.

Hinweis: Oft werden im Zusammenhang mit Aufhebungsverträgen rechtsgeschäftliche Abfindungsvereinbarungen getroffen. Diese sind von den gesetzlichen Abfindungsmodellen der §§ 1a, 9, 10 KSchG zu unterscheiden (Vgl. Näheres hierzu in Kapitel 17.6).

3.3.3 Beendigung des unbefristeten Arbeitsverhältnisses durch Anfechtung

Die Regeln über die Anfechtbarkeit von Willenserklärungen, insbesondere §§ 119, 123 BGB, finden auch auf solche Willenserklärungen Anwendung, die zum Abschluss eines Arbeitsverhältnisses geführt haben.

Dies ist allerdings vor dem Hintergrund der **Rückwirkung der Anfechtung** nach § 142 Abs. 1 BGB problematisch. Erfolgt die Anfechtung der auf den Abschluss eines Arbeitsvertrages gerichteten Willenserklärung, gilt das Arbeitsverhältnis nach § 142 Abs. 1 BGB als von Anfang an unwirksam. Hat der Arbeitnehmer bereits gearbeitet, ergäben sich im Falle der Anfechtung über das anwendbare Bereicherungsrecht (§§ 812 ff. BGB) **Rückabwicklungsprobleme**, die der sozialen Schutzbedürftigkeit des Arbeitnehmers widersprechen. Der Arbeitnehmer erhielte keine Entgeltfortzahlung im Krankheitsfall und an Feiertagen (§§ 2 Abs. 1, 3 Abs. 1 EFZG). Auch Urlaubsentgelt nach §§ 1, 11 BUrlG könnte er nicht beanspruchen. Auch wäre es für den Arbeitgeber unbefriedigend, wenn nach erfolgter Anfechtung die sich aus dem Arbeitsvertrag ergebenden, auch über die Beendigung des Arbeitsverhältnisses hinaus fortbestehenden Pflichten, wie bspw. Verschwiegenheitspflichten, nicht gelten würden (vgl. Joussen, BeckOK, § 611 BGB, Rn 128).

Da die in § 142 Abs. 1 BGB angeordnete Rechtsfolge teils zu unerwünschten Ergebnissen führt, lässt die Rechtsprechung nach Beginn des Arbeitsverhältnisses eine Anfechtung nicht mehr mit **ex-tunc-Wirkung** (Unwirksamkeit von Anfang an) zu, sondern nur noch mit **ex-nunc-Wirkung** (Unwirksamkeit ab dem Zeitpunkt des Zugangs der Anfechtungserklärung), nicht aber im Falle der arglistigen Täuschung (BAG NZA 1999, 584, anders BAG NJW 1984, 446). Im Falle der arglistigen Täuschung soll die Anfechtung jedenfalls bis zu dem Zeitpunkt wirken, zu dem das Arbeitsverhältnis außer Funktion gesetzt wurde.

Erfolgt die Anfechtung des Arbeitsvertrages vor Beginn des Arbeitsverhältnisses, muss die Rückwirkung der Anfechtung nicht korrigiert werden, da sich die im Zusammenhang mit der Rückwirkung der Anfechtung aufgezeigten Probleme dann nicht stellen.

Neben der Möglichkeit der Anfechtung der auf den Abschluss des Arbeitsverhältnisses gerichteten Willenserklärung besteht die Möglichkeit der außerordentlichen bzw. ordentlichen Kündigung. Der zur Anfechtung bzw. Kündigung Berechtigte wird das Rechtsinstrument zur Beendigung des Arbeitsverhältnisses wählen, das für ihn **günstiger** ist.

> **Beispiel:** Die Lebensmittelkette Aldi sucht eine zuverlässige Kassiererin. Der Bezirksleiter P führt die Einstellungsgespräche. P fragt die Bewerberin A, ob sie vorbestraft sei. A verneint dies wahrheitswidrig. A ist wegen zweier Fälle der Unterschlagung vorbestraft.
>
> P stellt A namens Aldi als Kassiererin an. Das Arbeitsverhältnis soll am 01.07.13 beginnen. A erhält ein Monatsgehalt von brutto 2 000 € sowie 25 Tage Erholungsurlaub pro Jahr. Nachdem A ein Jahr gearbeitet hat und es bei A zu mehreren Kassenfehlbeträgen gekommen ist, die sich aber nicht aufklären ließen, erfährt P am 26.07.14 von den Vorstrafen der A. P erklärt daraufhin gegenüber A mit Schreiben vom 02.08.14 die Anfechtung wegen Irrtums über eine verkehrswesentliche Eigenschaft einer Person sowie wegen arglistiger Täuschung.
>
> Die Anfechtung nach § 119 Abs. 2 BGB ist zulässig. Ein Irrtum über eine verkehrswesentliche Eigenschaft einer Person liegt vor. Aus den Vorstrafen der A lässt sich ablesen, dass A nicht absolut ehrlich ist. Die absolute Zuverlässigkeit bzw. Ehrlichkeit einer Kassiererin als verkehrswesentliche Eigenschaft einer Person ist für die Ausübung dieses Berufes unerlässlich. Nach § 121 Abs. 1 BGB muss die Anfechtung unverzüglich nach Kenntniserlangung vom Anfechtungsgrund erfolgen. Das BAG konkretisiert den Begriff der Unverzüglichkeit mittels einer Analogie zu § 626 Abs. 2 BGB, so dass für die Anfechtung nach § 119 BGB eine Zwei-Wochenfrist zu wahren ist (BAG NJW 1980, 1302). Die Frist wurde vorliegend eingehalten.
>
> Auch die Anfechtung nach § 123 Abs. 1 1. Alt. BGB ist zulässig. A hat P durch arglistige Täuschung über ihre Zuverlässigkeit bzw. Ehrlichkeit zum Abschluss des Arbeitsvertrages bewegt. Im Falle der arglistigen Täuschung muss die Anfechtung innerhalb eines Jahres nach Entdeckung der Täuschung erfolgen (vgl. § 124 Abs. 1 und 2 BGB). Eine Zwei-Wochenfrist zur Erklärung der Anfechtung über eine Analogie zu § 626 Abs. 2 BGB ist bei der arglistigen Täuschung nicht einzuhalten (BAG NJW 1984, 446, 447).
>
> Nach erfolgter Anfechtung wäre nach § 142 Abs. 1 BGB das zwischen Aldi und A geschlossene Arbeitsverhältnis von Anfang an unwirksam. A müsste nach § 812 Abs. 1 S. 1 1. Alt. BGB das bezogene Gehalt zurückbezahlen. Da eine arglistige Täuschung vorliegt, müsste von einer verschärften Haftung der A nach § 819 Abs. 1, 818 Abs. 4, 292, 987 ff. BGB ausgegangen werden. Urlaubsansprüche hätte A nicht. Auch würden alle Nebenpflichten aus dem Arbeitsverhältnis wie Verschwiegenheitpflichten, etc., nicht gelten. Aldi müsste für die von A geleistete Arbeit nach §§ 812 Abs. 1 S. 1 1. Alt., 818 Abs. 2 BGB Wertersatz leisten. Hier würde sich die Frage stellen, was die Arbeitsleistung von A unter Berücksichtigung des Umstandes, dass sie vorbestraft ist, wert war. Ist das Arbeitsverhältnis in Vollzug gesetzt, wirkt eine Anfechtung wegen Irrtums (§ 119 BGB) nur für die Zukunft. Da der drohende oder täuschende Arbeitnehmer in der Regel nicht schutzwürdig ist, soll der Anfechtung des Arbeitsverhältnisses nach § 123 BGB allerdings Rückwirkung nach § 142

Abs. 1 BGB zukommen (BAG NZA 1999, 584), jedenfalls bis zu dem Zeitpunkt, zu dem das Arbeitsverhältnis außer Funktion gesetzt wurde. Wäre im Beispielsfall A schwanger, wäre sowohl die außerordentliche als auch die ordentliche Kündigung nach § 9 Abs. 1 MuSchG gegenüber A unzulässig. Hier würde sich die Anfechtung des Arbeitsverhältnisses anbieten, da für eine Kündigung nach § 9 Abs. 3 MuSchG die Zustimmung der für den Arbeitsschutz zuständigen obersten Landesbehörde erforderlich wäre.

3.3.4 Beendigung des unbefristeten Arbeitsverhältnisses durch ordentliche Kündigung

Ein **unbefristetes Arbeitsverhältnis** wird in der Regel durch **ordentliche Kündigung** beendet. Dies lässt sich § 620 Abs. 2 BGB entnehmen, der auf das Instrument der ordentlichen Kündigung für die Fälle verweist, in denen die Dauer des Dienstverhältnisses weder bestimmt noch aus der Beschaffenheit oder dem Zweck der Dienste zu entnehmen ist.

§ 620 Abs. 2 BGB nimmt zur Bestimmung der für eine ordentliche Kündigung zu beachtenden Kündigungsfristen auf § 621 BGB und § 622 BGB Bezug. § 621 BGB regelt die Kündigungsfrist für Dienstverhältnisse, die keine Arbeitsverhältnisse i. S. d. § 622 BGB sind. § 622 BGB befasst sich mit den für die ordentliche Kündigung eines Arbeitsverhältnisses zu beachtenden Kündigungsfristen.

Beispiele für Dienstverhältnisse, die keine Arbeitsverhältnisse i. S. d. § 622 BGB sind, sind Dienstverträge mit einem Rechtsanwalt, Kommissionär, Spediteur, Wirtschaftsprüfer, Steuerberater, Dolmetscher, Detektiv, Verwalter für Eigentumswohnungen. Voraussetzung hierbei ist allerdings, dass der zur Dienstleistung Verpflichtete selbst Unternehmer ist oder einen freien Beruf ausübt. Ein **Arbeitsverhältnis i. S. d. § 622 BGB** liegt im Gegensatz hierzu vor, wenn **unselbständige, abhängige Dienstleistungen** erbracht werden. Umstritten ist, ob § 621 BGB für die ordentliche Kündigung von Vorstandsmitgliedern einer Aktiengesellschaft oder von Geschäftsführern einer GmbH gilt. Der BGH hat sich für eine entsprechende Anwendung der Fristen des § 622 BGB für nicht beherrschende Geschäftsführer ausgesprochen (BGHZ 79, 291; BGHZ 91, 217). Vor diesem Hintergrund wird für die Kündigung des Anstellungsverhältnisses von Vorstandsmitgliedern auch eine entsprechende Anwendung des § 622 BGB befürwortet (Hesse, MüKo BGB, § 621 BGB, Rn 11 f.).

Die für die ordentliche Kündigung eines Arbeitsverhältnisses maßgebenden **Kündigungsfristen ergeben** sich aus § 622 BGB.

§ 622 Abs. 1 BGB sieht für die Kündigung des Arbeitsverhältnisses eine **Grundkündigungsfrist** von vier Wochen (28 Tage und nicht ein Monat!) zum Fünfzehnten oder zum Ende eines Kalendermonats vor.

§ 622 Abs. 2 BGB verlängert die **Fristen für die Arbeitgeberkündigung** anknüpfend an die **Dauer des Bestehens** des Arbeitsverhältnisses. Mit **zunehmender Betriebszugehörigkeit** soll der **Bestandsschutz** des Arbeitsverhältnisses erhöht werden (Linck in Ascheid/Preis/Schmidt, Kündigungsrecht, § 622 BGB, Rn 12). Die Nichtberücksichtigung von Beschäftigungszeiten vor der Vollendung des

25. Lebensjahres des Arbeitnehmers verstößt gegen das gemeinschaftsrechtliche Verbot der Diskriminierung (EuGH BeckRS 2010, 90051; BAG BeckRS 2010, 72996, BeckRS 2011, 68566). Die Norm ist daher unanwendbar (EuGH BeckRS 2010, 90051). Im Rahmen des § 622 Abs. 2 BGB findet eine **Zusammenrechnung** rechtlich unterbrochener Arbeitsverhältnisse beim selben Arbeitgeber statt, wenn zwischen den Beschäftigungsverhältnissen ein enger zeitlicher und sachlicher Zusammenhang besteht (Gotthard, BeckOK zum Arbeitsrecht, § 622 BGB, Rn 25).

Haben die Arbeitsvertragsparteien eine **Probezeit** von längstens **sechs Monaten** vereinbart, gilt für beide Seiten nach § 622 Abs. 3 BGB eine verkürzte Kündigungsfrist von **zwei Wochen**. Die Probezeitvereinbarung kann sich aus dem Arbeitsvertrag, aus einer Betriebsvereinbarung oder einem Tarifvertrag ergeben. Den Vertragsparteien bleibt es unbenommen, während der Probezeit längere Kündigungsfristen zu vereinbaren (Müller-Glöge, ErfKA, § 622 BGB, Rn 15).

Gemäß § 622 Abs. 4 BGB haben die **Tarifvertragsparteien** einen umfassenden Spielraum zur Regelung der Kündigungsfristen. Der Regelungsspielraum umfasst die Grundkündigungsfrist des § 622 Abs. 1 BGB, die verlängerten Kündigungsfristen des § 622 Abs. 2 BGB sowie die Kündigungsfrist während einer vereinbarten Probezeit nach § 622 Abs. 3 BGB. Durch den **Tarifvertrag** kann sowohl eine **Verlängerung** als auch eine **Verkürzung** der Kündigungsfristen erfolgen (Gotthard, BeckOK zum Arbeitsrecht, § 622 BGB, Rn 35).

In **Arbeitsverträgen** können gemäß § 622 Abs. 5 BGB die gesetzlichen Kündigungsfristen **nur ausnahmsweise verkürzt** werden. § 622 Abs. 5 S. 1 Nr. 1 BGB erlaubt die Verkürzung der Grundkündigungsfrist nur für **Aushilfsarbeitsverhältnisse** in den ersten drei Monaten. Maßgebender Zeitpunkt für die Frage, ob die im Arbeitsvertrag vereinbarte verkürzte Grundkündigungsfrist zum Zuge kommt, ist der Zugang der Kündigung. Geht die Kündigung nach Ablauf der ersten drei Monate des Bestehens des Aushilfsarbeitsverhältnisses zu, ist die vertraglich vereinbarte verkürzte Kündigungsfrist nicht mehr maßgebend (Gotthard, BeckOK, § 622 BGB, Rn 54, 57). § 622 Abs. 5 S. 1 Nr. 2 BGB räumt **Kleinunternehmern** die Möglichkeit ein, im Arbeitsvertrag von der Grundkündigungsfrist des § 622 Abs. 1 BGB abzuweichen, wobei die Kündigungsfrist **von vier Wochen nicht unterschritten** werden darf. Da § 622 Abs. 5 S. 1 Nr. 2 BGB auf § 622 Abs. 2 BGB nicht Bezug nimmt, besteht die **Vertragsdispositivität der Kleinunternehmer** allein darin, von § 622 Abs. 1 BGB **abweichende Kündigungstermine** festzulegen (vgl. Linck in Ascheid/Preis/Schmidt, § 622 BGB, Rn 160).

§ 622 Abs. 6 BGB enthält das **Verbot**, für die Kündigung des Arbeitsverhältnisses durch den Arbeitnehmer **längere Fristen** zu vereinbaren als für die Kündigung durch den Arbeitgeber. Das Verbot gilt für **einzelvertragliche** und **tarifliche** Vereinbarungen (Müller-Glöge, ErfKA, § 622 BGB, Rn 43). Rechtsfolge eines Verstoßes gegen § 622 Abs. 6 BGB ist, dass sich der Arbeitgeber an die längere, für die Arbeitnehmerkündigung vorgesehene Frist halten muss. Dies folgt aus einer Analogie zu § 89 Abs. 2 S. 2 HGB (BAG NZA 2005, 1176).

Eine **verspätet ausgesprochene Kündigung**, die nicht die gesetzliche Frist wahrt, führt nicht zu ihrer Unwirksamkeit. Die nicht fristgemäß ausgesprochene

Kündigung wirkt nach § 140 BGB zum nächst möglichen Termin (Gotthardt, BeckOK, § 622 BGB, Rn 19).

Die **ordentliche Kündigung** eines Arbeitsverhältnisses erfordert im Grundsatz **keinen Kündigungsgrund**. Dies zeigt ein Vergleich des § 622 BGB mit § 626 BGB.

Die ordentliche Kündigung muss allerdings durch einen **personen-, verhaltens- oder betriebsbedingten Grund** gerechtfertigt sein (§ 1 Abs. 1 und 2 KSchG), wenn das **Kündigungsschutzgesetz** anwendbar ist (vgl. Kapitel 12.3). Im Falle der Anwendbarkeit des Kündigungsschutzgesetzes nach §§ 1 Abs. 1, 23 Abs. 1 S. 3 KSchG genügt es also nicht mehr, bei der ordentlichen Kündigung nur die Kündigungsfristen einzuhalten. Die **Anwendbarkeit** des Kündigungsschutzgesetzes ist gegeben, wenn der Arbeitnehmer in demselben Betrieb oder Unternehmen ohne Unterbrechung **länger als sechs Monate** gearbeitet hat (§ 1 Abs. 1 KSchG) und wenn im Betrieb in der Regel **mehr als zehn Arbeitnehmer** ausschließlich der zu ihrer Berufsausbildung Beschäftigten beschäftigt werden (§ 23 Abs. 1 S. 3 KSchG).

Die ordentliche Kündigung muss nach § 623 BGB **schriftlich** erfolgen. Die Schriftform kann nicht durch elektronische Form (§ 126a BGB) ersetzt werden (§ 623 BGB). Fehlt die Schriftform, ist die Kündigung nach § 125 S. 1 BGB unwirksam.

Vor Ausspruch der ordentlichen Kündigung ist nach § 102 Abs. 1 S. 1 BetrVG der **Betriebsrat** zwingend **zu hören**, sofern ein solcher besteht. Anhörung bedeutet nicht, dass der Betriebsrat der Kündigung für ihre Wirksamkeit zustimmen müsste. Der Arbeitgeber muss sich aber mit den Argumenten des Betriebsrates für und wider die Kündigung auseinandersetzen. Der Betriebsrat hat Bedenken gegen die ordentliche Kündigung nach § 102 Abs. 2 S. 1 BetrVG innerhalb einer Woche nach Aufforderung durch den Arbeitgeber mitzuteilen.

Beispiel: Der Elektromeister E beschäftigt zwei Elektriker A 1 und A 2. Ein Betriebsrat besteht nicht. Die Errichtung eines Betriebsrates setzt nach § 1 BetrVG voraus, dass im Betrieb in der Regel mindestens fünf ständig wahlberechtigte Arbeitnehmer beschäftigt sind, von denen drei wählbar sind. Nach § 7 BetrVG sind alle Arbeitnehmer wahlberechtigt, die das 18. Lebensjahr vollendet haben. Wählbar sind alle Wahlberechtigten, die sechs Monate dem Betrieb angehören (vgl. § 8 Abs. 1 BetrVG).

Obwohl die Auftragslage bei E gut ist, entschließt er sich, den Elektriker A 2 zu kündigen. A 2 ist seit drei Jahren bei E beschäftigt.

E kann A 2 unter Beachtung einer Kündigungsfrist von einem Monat zum Ende eines Kalendermonats schriftlich kündigen (vgl. § 622 Abs. 2 Nr. 1 KSchG). A 2 fällt nicht in den Schutzbereich des Kündigungsschutzes, da E nicht mehr als zehn Arbeitnehmer beschäftigt (§ 23 Abs. 1 S. 3 KSchG). Da ein Betriebsrat nicht besteht, entfällt das Erfordernis des § 102 Abs. 1 S. 1 BetrVG, den Betriebsrat vor Ausspruch der Kündigung anzuhören.

Abwandlung: Wie wäre es, wenn E elf Elektriker beschäftigen würde, ein Betriebsrat bestünde und E den Elektriker A 2 kündigen wollte, obwohl die Auftragslage gut ist?

Die für die ordentliche Kündigung zu beachtende Kündigungsfrist ist wiederum § 622 Abs. 2 Nr. 1 BGB zu entnehmen.

Vor der schriftlich auszusprechenden (§ 623 BGB) Kündigung ist der Betriebsrat nach § 102 Abs. 1 S. 1 BetrVG anzuhören. Die Anhörung des Betriebsrates genügt. Dieser muss der Kündigung nicht zustimmen.

Die Anwendbarkeit des Kündigungsschutzgesetzes ergibt sich aus §§ 1 Abs. 1, 23 Abs. 1 S. 3 KSchG. Die ordentliche Kündigung wäre nach § 1 Abs. 2 KSchG sozial ungerechtfertigt, da sie nicht durch einen personen-, verhaltens- oder betriebsbedingten Kündigungsgrund gerechtfertigt ist. In der Person von A 2 liegende Gründe (bspw. Qualifikation, Krankheit), im Verhalten von A 2 liegende Gründe (bspw. häufiges Zu-Spät-Kommen) oder betriebsbedingte Gründe (dauerhafter Auftragsrückgang) können hier zur sozialen Rechtfertigung der Kündigung nicht herangezogen werden. Die fehlende soziale Rechtfertigung der ordentlichen Kündigung führt allerdings nur dann zur Unwirksamkeit der Kündigung aus diesem Grund, wenn A 2 innerhalb von drei Wochen nach Zugang der Kündigung Klage beim Arbeitsgericht auf Feststellung erhebt, dass das Arbeitsverhältnis durch die Kündigung nicht aufgelöst ist (vgl. § 4 S. 1, § 7 KSchG).

3.3.5 Beendigung des unbefristeten Arbeitsverhältnisses durch außerordentliche Kündigung

§ 626 BGB gibt sowohl dem Arbeitnehmer als auch dem Arbeitgeber das Recht, das Arbeitsverhältnis ohne Beachtung einer Kündigungsfrist aus **wichtigem Grund** zu kündigen (vgl. Kapitel 13).

Ein wichtiger Grund liegt vor, wenn dem Kündigenden unter Berücksichtigung aller Umstände des Einzelfalles und unter Abwägung der Interessen beider Vertragsteile die **Fortsetzung des Arbeitsverhältnisses** bis zum Ablauf der Kündigungsfrist oder bis zur vereinbarten Beendigung des Arbeitsverhältnisses (gemeint ist die Beendigung durch Befristung) **nicht zugemutet** werden kann.

Die fristlose Kündigung muss nach § 623 BGB **schriftlich** erfolgen. Ansonsten ist sie nach § 125 S. 1 BGB unwirksam.

Vor Ausspruch der außerordentlichen Kündigung ist nach § 102 Abs. 1 S. 1 BetrVG der Betriebsrat zu hören, sofern ein solcher besteht. Die erforderliche Betriebsratsanhörung verlängert die für den Ausspruch der außerordentlichen Kündigung zu beachtende Zwei-Wochen-Frist (§ 626 Abs. 2 BGB) nicht (Thüsing in Richardi, Betriebsverfassungsgesetz, § 102 BetrVG, Rn 104).

Beispiel: Der in der Personalabteilung der Großbank B seit zehn Jahren beschäftigte Angestellte A bucht am 02.09. vom Gehaltsauszahlungskonto der Bank 50 000 € auf sein Konto, da er für eine Woche einen Überbrückungskredit benötigt, diesen mangels freier Sicherheiten aber nicht erhalten hat.

Ein Kollege von A, der Angestellte C, bemerkt die Manipulation des A und spricht diesen auf den Vorfall an. A bittet C, den Vorfall der Geschäftsleitung nicht anzuzeigen und versichert diesem, er werde nach einer Woche die 50 000 € auf das Gehaltsauszahlungskonto zurückbuchen. Dies geschieht schließlich auch, als es

A doch noch gelang, ein Darlehen zu erhalten, da sein Bruder bereit war, sich für ihn zu verbürgen.

Nach der erfolgten Rückbuchung zeigt C den Vorfall der Geschäftsleitung am 16.09. an, da er befürchtet, die Manipulation werde im Rahmen der Jahresabschlussrevision aufgedeckt. Die Geschäftsleitung teilt am 18.09. daraufhin dem Betriebsrat mit, sie gedenke, A fristlos zu kündigen. Dem Betriebsrat werden neben den persönlichen Daten des A eine Schilderung des Vorgangs und die entsprechenden Buchungsbelege zugeleitet. Der Betriebsrat teilt der Geschäftsleitung am 19.09. mit, er habe gegen die außerordentliche Kündigung des A nichts einzuwenden. Am 24.09. wird A ein Kündigungsschreiben ausgehändigt, in dem es heißt:

„Wegen des Ihnen bekannten Vorfalls vom 02.09. kündigen wir sie hiermit fristlos."

Nach dem einschlägigen Tarifvertrag gilt nach einer zehnjährigen Beschäftigungsdauer eine ordentliche Kündigungsfrist von neun Monaten zum Ende eines Kalendermonats. Mit Tarifvertrag können von § 622 Abs. 1 bis 3 BGB abweichende Kündigungsfristen vereinbart werden (vgl. § 622 Abs. 4 BGB).

Frage:

Ist die gegenüber A ausgesprochene Kündigung wirksam?

Lösung:

Im vorliegenden Fall ist die gegenüber A ausgesprochene fristlose Kündigung wirksam.

Die nach § 623 BGB erforderliche Schriftform wurde gewahrt.

Der Betriebsrat wurde nach § 102 Abs. 1 S. 1 BetrVG ordnungsgemäß angehört.

Ein wichtiger Grund liegt auch vor, da von einer Untreuehandlung des A auszugehen ist, die es der Bank B unzumutbar macht, A bis zum Ablauf der ordentlichen Kündigungsfrist (neun Monate zum Ende eines Kalendermonats) weiterzubeschäftigen. Das Vertrauensverhältnis zwischen der Bank B und A ist nach dem Vorfall zerstört. Vor diesem Hintergrund war auch eine vorherige Abmahnung nach § 314 Abs. 2 BGB entbehrlich. A könnte nach § 13 Abs. 1 S. 2 KSchG i. V. m. § 4 S. 1 KSchG innerhalb von drei Wochen nach Zugang der außerordentlichen Kündigung diese vor dem Arbeitsgericht mit einer Kündigungsschutzklage angreifen und daraufhin überprüfen lassen, ob ein wichtiger Grund i. S. d. § 626 Abs. 1 BGB vorliegt oder nicht.

Hinweis: C könnte von der Geschäftsleitung wegen verspäteter Anzeige des Vorfalls jedenfalls abgemahnt werden. Aus dem Arbeitsvertrag ergeben sich für den Arbeitnehmer Loyalitätspflichten gegenüber dem Arbeitgeber (§ 241 Abs. 2 BGB). Die Loyalitätspflicht des C gegenüber der Großbank B gebietet es, Manipulationen von Kollegen der Geschäftsleitung unverzüglich anzuzeigen. Nur mit einer unverzüglichen Anzeige kann verhindert werden, dass A den umgebuchten Geldbetrag von seinem Konto „abräumt".

3.4 Checkliste zum unbefristeten Arbeitsverhältnis

- Das **unbefristete Arbeitsverhältnis** ist aus Arbeitnehmerschutzgründen vom Gesetzgeber als **Regelfall** gewünscht, da die Befristung eines Arbeitsverhältnisses den Sondervorschriften nach §§ 14 ff. TzBfG unterliegt.
- Das unbefristete Arbeitsverhältnis endet automatisch durch den **Tod des Arbeitnehmers**, nicht aber durch den Tod des Arbeitgebers.
- Im Zusammenhang mit der Beendigung des Arbeitsverhältnisses durch **Aufhebungsvertrag**, ggf. gegen Zahlung einer Abfindung, sind §§ 158 ff. SGB III zu beachten (Vgl. hierzu Kapitel 18.5). Der Aufhebungsvertrag bedarf der Schriftform nach § 623 BGB.
- Das unbefristete Arbeitsverhältnis wird durch **ordentliche** oder **außerordentliche Kündigung** beendet.
- Für die **ordentliche Kündigung** sind **Kündigungsfristen** einzuhalten (§ 622 BGB). Wird eine Kündigung mit einer **zu kurzen Kündigungsfrist** ausgesprochen, wirkt sie automatisch zum richtigen Zeitpunkt (§ 140 BGB). Ist das Kündigungsschutzgesetz nach §§ 1 Abs. 1, 23 Abs. 1 S. 3 KSchG anwendbar, muss die ordentliche Kündigung **sozial gerechtfertigt** sein. **Vor Ausspruch** der ordentlichen Kündigung ist nach § 102 Abs. 1 S. 1 BetrVG der **Betriebsrat zu hören**. Die Kündigung bedarf nach § 623 BGB der **Schriftform**. Alle Unwirksamkeitsgründe, mit Ausnahme der Schriftform, sind innerhalb einer Frist von **drei Wochen** nach Zugang der schriftlichen Kündigung gemäß §§ 4 S. 1, 7 KSchG mit einer Kündigungsschutzklage geltend zu machen.
- Für die **außerordentliche Kündigung** ist ein **wichtiger Grund** erforderlich, der die Fortsetzung des Arbeitsverhältnisses bis zum Ablauf der ordentlichen Kündigung oder bis zum vereinbarten Ende unzumutbar macht (§ 626 BGB). Für den Ausspruch der außerordentlichen Kündigung gilt eine **Ausschlussfrist** von **zwei Wochen** (§ 626 Abs. 2 BGB). **Vor Ausspruch** der außerordentlichen Kündigung ist der **Betriebsrat** nach § 102 Abs. 1 S. 1 BetrVG **anzuhören**. Die **Schriftform** ist nach § 623 BGB zu wahren. Alle Unwirksamkeitsgründe, mit Ausnahme der Schriftform, sind innerhalb einer Frist von **drei Wochen** nach § 13 Abs. 1 S. 2, § 4 S. 1 KSchG mit einer Kündigungsschutzklage geltend zu machen. Ansonsten greift die Folge des § 7 KSchG.

4. Das Befristungs- und Teilzeitrecht

4.1 Der befristete Arbeitsvertrag als Ausnahmefall

Die **Befristung** von Arbeitsverhältnissen ist in §§ 14 ff. TzBfG unter **strenge Zulässigkeitsvoraussetzungen** gestellt. Gesetzgeber und Rechtsprechung stehen der Befristung von Arbeitsverhältnissen kritisch gegenüber, weil die Befristung für den Arbeitnehmer den Verlust des Arbeitsverhältnisses durch bloßen Zeitablauf zur Folge hat. Hinzu kommt, dass die „geschickte" Befristung eines Arbeitsverhältnisses zu einer Umgehung des Kündigungsschutzes nach dem Kündigungsschutzgesetz führen würde. Dies ist insbesondere dann der Fall, wenn mehrere befristete Arbeitsverträge mit einer Einzellaufzeit von maximal sechs Monaten (§ 1 Abs. 1 KSchG: Der Kündigungsschutz greift erst bei einer Beschäftigung von mehr als sechs Monaten) hintereinander geschaltet werden (sog. **Kettenarbeitsverträge**). Dem hat das BAG schon vor Erlass des Gesetzes über Teilzeitarbeit und befristete Arbeitsverträge Einhalt geboten, indem für die Befristung eines Arbeitsverhältnisses ein sachlicher Grund gefordert wurde (BAG NZA 1988, 734; BAG NZA 1992, 883). Die Befristungsmöglichkeit mit Sachgrund hat der Gesetzgeber in § 14 Abs. 1 TzBfG aufgenommen.

> **Beispiel** für die Problematik der **Umgehung des Kündigungsschutzes** nach dem Kündigungsschutzgesetz durch Befristungsabreden:
>
> Die Studentin S arbeitet während ihres Studiums bei der Lufthansa AG halbtags beim Check-In. Die Lufthansa AG möchte S nicht unbefristet beschäftigen, um sie bei einem Rückgang der Flugbuchungen ohne Kündigung des Arbeitsverhältnisses möglichst einfach freisetzen zu können. Die Lufthansa AG scheut aus eigener Erfahrung die langwierigen Kündigungsschutzprozesse, in deren Rahmen sie bislang bei betriebsbedingten Kündigungen vor dem Arbeitsgericht stets genau darlegen musste, ob Buchungsrückgänge ordentliche Kündigungen der Check-In-Mitarbeiter zwangsläufig bedingen oder ob die gekündigten Arbeitnehmer nicht auf anderen Arbeitsplätzen bei der Lufthansa AG eingesetzt werden können (vgl. § 1 Abs. 2 S. 2 Nr. 1 lit. b KSchG). Die Lufthansa AG beschäftigt S daher mit einem exakt für sechs Monate befristeten Arbeitsvertrag. Nachdem der erste Arbeitsvertrag ausgelaufen ist, schließt die Lufthansa AG mit S wenige Tage später erneut einen für sechs Monate befristeten Arbeitsvertrag. Nach dem Auslaufen der zweiten Befristung wird S kein neuer Arbeitsvertrag angeboten, da die Lufthansa AG an der Arbeitsleistung von S derzeit keinen Bedarf mehr hat. Wäre S von der Lufthansa AG von Anfang an unbefristet beschäftigt worden, käme S nach §§ 1 Abs. 1, 23 Abs. 1 S. 3 KSchG in den Genuss des Kündigungsschutzes. Voraussetzung für die Anwendbarkeit des Kündigungsschutzgesetzes ist, dass das Arbeitsverhältnis ohne Unterbrechung länger als sechs Monate bestanden hat und dass in dem

Unternehmen mehr als zehn Arbeitnehmer ausschließlich der Auszubildenden regelmäßig beschäftigt werden.

Der Kündigungsschutz nach dem Kündigungsschutzgesetz wird umgangen, wenn der Arbeitgeber, der mehr als zehn Arbeitnehmer beschäftigt, das Arbeitsverhältnis mit dem Arbeitnehmer, wie hier mit S, mehrmals mit bis zu max. sechs Monaten befristet. Man spricht in diesem Fall von einem Kettenarbeitsverhältnis. Um der Umgehung des Kündigungsschutzes entgegenzuwirken, forderte das BAG für die Zulässigkeit einer Befristung einen sachlichen Grund (bspw.: Vertretung für die Dauer eines Beschäftigungsverbotes wegen Mutterschutzes oder für die Dauer der Elternzeit nach § 15 BEEG; vorübergehende Aushilfe oder Vertretung BAG NZA 1992, 883). Stellte der Arbeitnehmer bei mehreren Befristungen die Wirksamkeit der Befristung des Arbeitsverhältnisses in Frage, prüfte die Rechtsprechung nur die wirksame Befristung des zuletzt abgeschlossenen Vertrages (BAG NZA 1988, 734). Grund hierfür ist folgender: Blieben die vorhergehenden Befristungen vom Arbeitnehmer unbeanstandet, hat er diese akzeptiert. Außerdem wurde das Arbeitsverhältnis durch die neue Befristung auf eine neue Grundlage gestellt (so die Rechtsprechung auch heute: BAG NZA 2005, 357).

Die Neuregelung der Zulässigkeit befristeter Arbeitsverhältnisse hebt nicht mehr auf die Umgehung des allgemeinen oder besonderen Kündigungsschutzes ab. Das Befristungsrecht ist **eigenständig**. Befristungs- und Kündigungsschutzrecht sind somit gesondert zu betrachten (Müller-Glöge, ErfKA, § 14 TzBfG, Rn 7). Dies lässt sich daran ablesen, dass auch für Befristungen von weniger als sechs Monaten ein Sachgrund nach § 14 Abs. 1 TzBfG erforderlich ist, wenn eine Befristung nach § 14 Abs. 2 TzBfG nicht mehr möglich ist. Die Gefahr der Umgehung des allgemeinen Kündigungsschutzes ist bei einer Befristung von weniger als sechs Monaten gerade nicht gegeben, da der allgemeine Kündigungsschutz nach § 1 Abs. 1 KSchG fordert, dass das Arbeitsverhältnis länger als sechs Monate bestanden hat.

§ 21 TzBfG stellt Arbeitsverträge, die unter einer **auflösenden Bedingung** geschlossen wurden, befristeten Arbeitsverträgen gleich. Damit wird eine Umgehung der Vorschriften über die Zulässigkeit von Befristungen verhindert. Da § 21 TzBfG nur § 14 Abs. 1 TzBfG, nicht aber § 14 Abs. 2 und Abs. 3 TzBfG für entsprechend anwendbar erklärt, ist die Vereinbarung einer auflösenden Bedingung im Arbeitsvertrag **ausschließlich mit Sachgrund** zulässig.

Beispiel: Arbeitgeber B schließt mit Arbeitnehmer A einen unbefristeten Arbeitsvertrag, der unter folgender auflösender Bedingung steht: Sobald der Arbeitnehmer C, den A vertreten soll, wieder gesund wird, gilt das Arbeitsverhältnis mit A als aufgelöst. Die auflösende Bedingung (§ 158 Abs. 2 BGB) ist nach §§ 21, 14 Abs. 1 S. 2 Nr. 3 TzBfG gerechtfertigt, da A zur Vertretung des C angestellt wurde.

4.2 Voraussetzungen einer zulässigen Befristung

Das Teilzeit- und Befristungsgesetz differenziert hinsichtlich der Zulässigkeit der Befristung eines Arbeitsverhältnisses zwischen drei Fällen:

- Befristung **mit Sachgrund** nach § 14 Abs. 1 TzBfG,
- Befristung **ohne Sachgrund** nach § 14 Abs. 2 und Abs. 2a TzBfG,
- Befristung nach § 14 Abs. 3 TzBfG von Arbeitsverhältnissen mit Arbeitnehmern, die das **52. Lebensjahr** vollendet haben.

4.2.1 Befristung mit Sachgrund

§ 14 Abs. 1 S. 1 TzBfG bestimmt, dass die Befristung eines Arbeitsverhältnisses zulässig ist, wenn sie durch einen **sachlichen Grund** gerechtfertigt ist.

An sachlichen Gründen nennt das Gesetz in § 14 Abs. 1 S. 2 Nr. 1 bis 8 TzBfG die folgenden:

- **Nr. 1: Nur vorübergehender betrieblicher Bedarf** an der Arbeitsleistung.

  Beispiel: Die Deutsche Bank AG benötigt für die Euro-Bargeld-Einführung im Zeitraum vom 01.10.01 bis 31.03.02 zusätzliche Arbeitskräfte. Die Umstellung von DM-Bargeld auf Euro-Bargeld verursacht einen vorübergehenden zusätzlichen Bedarf an Arbeitskräften. Beachte: Der Sachgrund des nur vorübergehenden betrieblichen Bedarfs an der Arbeitsleistung ist nicht gegeben, wenn der Arbeitgeber eine Arbeitskraft zunächst nur befristet einstellt, weil er nicht weiß, wie sich die Auftragslage in Zukunft entwickelt. Würde man hier einen nur vorübergehenden Bedarf an der Arbeitsleistung bejahen, käme es zu einer Verlagerung des unternehmerischen Risikos der u. U. negativen Entwicklung des Betriebsergebnisses durch eine schlechte Auftragslage auf die Arbeitnehmerschaft. Zeitlich begrenzte Projekte können Sachgrund nach Nr. 1 sein, nicht aber Dauer- oder Pflichtaufgaben des Arbeitgebers (BAG NZA 2008, 467; Müller-Glöge, ErfKA, § 14 TzBfG, Rn 23 ff.).

- **Nr. 2: Befristung im Anschluss an eine Ausbildung oder ein Studium**, um den Übergang des Arbeitnehmers in eine Anschlussbeschäftigung zu erleichtern.

  Beispiele:

  Beispiel 1: Der Fachhochschulabsolvent F hat während seines Studiums bei der Bank B als Aushilfe im Schalterdienst gearbeitet. Nach Abschluss des Studiums könnte die Bank B den Absolventen F nicht mehr ohne Sachgrund nach § 14 Abs. 2 TzBfG beschäftigen, weil eine „Zuvor-Beschäftigung" i. S. d. § 14 Abs. 2 S. 2 TzBfG vorliegt. Die befristete Beschäftigung von Hochschulabsolventen, die bereits während ihres Studiums beschäftigt wurden, ist aber nach § 14 Abs. 1 S. 2 Nr. 2 TzBfG möglich.

  Beispiel 2: Der Auszubildende A hat bei der Bank B seine Berufsausbildung mit dem Abschluss des Bankkaufmanns erfolgreich durchlaufen. Die Bank B sieht sich nicht in der Lage, A nach seiner Berufsausbildung in ein unbefristetes Arbeitsverhältnis zu übernehmen. Grund hierfür ist ein massiver Stellenabbau bei

B infolge eines dramatischen Gewinneinbruchs. Die Anschlussbeschäftigung des A bei B könnte befristet werden, um A später eventuell ein unbefristetes Arbeitsverhältnis anzubieten (Müller-Glöge, ErfKA, § 14 TzBfG, Rn 29). Auszubildende können im Anschluss an ein Berufsausbildungsverhältnis aber in einem ohne Sachgrund befristeten Arbeitsverhältnis von max. zwei Jahren beschäftigt werden, da ein Berufsausbildungsverhältnis kein Arbeitsverhältnis i.S.d. § 14 Abs. 2 S. 2 TzBfG ist (BAG NZA 2012, 255). Bedeutung hat die Sachgrundbefristung nach § 14 Abs. 1 S. 2 Nr. 2 TzBfG bei der Anschlussbeschäftigung von Azubis vor allem dann, wenn die Befristung länger als zwei Jahre dauern soll. Hinweis: Wird der Auszubildende im Anschluss an das Ausbildungsverhältnis auch nur einen Tag ohne Befristungsabrede weiterbeschäftigt, hat er nach § 24 BBiG ein unbefristetes Arbeitsverhältnis.

- **Nr. 3: Vertretung eines anderen Arbeitnehmers.**

  Beispiel: Die Arbeitnehmerin A ist schwanger. Sie darf nach § 3 Abs. 2 MuschG in den letzten sechs Wochen vor der Entbindung und nach § 6 Abs. 1 S. 1 MuSchG bis zum Ablauf von acht Wochen nach der Entbindung nicht beschäftigt werden. A beabsichtigt bis zur Vollendung des dritten Lebensjahres ihres Kindes nach § 15 BEEG Elternzeit zu beanspruchen. Der Arbeitgeber kann eine Ersatzkraft für A befristet beschäftigen (BAG NZA 2005, 469; Müller-Glöge, ErfKA, § 14 TzBfG, Rn 34; vgl. auch § 21 Abs. 1 BEEG).

- **Nr. 4: Rechtfertigung der Befristung durch die Eigenart der Arbeitsleistung.**

  Beispiel: Der Zeitungsverleger B möchte A als Redakteur beschäftigen. Sowohl A als auch B sind Träger des Grundrechts der Pressefreiheit aus Art. 5 Abs. 1 S. 2 GG. B kann das Arbeitsverhältnis mit A befristen, weil es die Redakteursarbeit mit sich bringen kann, dass die politische Tendenz des Redakteurs nicht in allen Punkten mit der politischen Ausrichtung des Presseorgans konform geht. Das Befristungsrecht akzeptiert das Interesse des Zeitungsverlegers, Redakteure nur befristet zu beschäftigen, um die gewünschte politische Tendenz des Blattes zu sichern (BVerfGE 2000, 653; BAG 11.12.1991 AP BGB § 620 Befristeter Arbeitsvertrag Nr. 144). Auch die befristete Beschäftigung von Künstlern, Trainern und Sportlern kann durch die Eigenart der Arbeitsleistung gerechtfertigt sein (Müller-Glöge, ErfKA, § 14 TzBfG, Rn 44 ff.).

- **Nr. 5: Befristung zur Erprobung.**

  Beispiel: Ein Probearbeitsverhältnis kann entweder von Anfang an unbefristet mit einer verkürzten Kündigungsfrist während der Probezeit (§ 622 Abs. 3 BGB) oder aber befristet zur Erprobung abgeschlossen werden. Die beiden Modelle unterscheiden sich in folgenden Punkten: Wird von Anfang an ein unbefristetes Arbeitsverhältnis geschlossen, muss nach Ablauf der Probezeit kein neuer Arbeitsvertrag geschlossen werden. Während der Probezeit von max. sechs Monaten (§ 622 Abs. 3 BGB) kann das Arbeitsverhältnis von beiden Seiten mit einer Frist von zwei Wochen gekündigt werden. Während der Probezeit gilt das Kündigungsschutzgesetz noch nicht, da dieses nur anwendbar ist, wenn das Arbeitsverhältnis ohne Unterbrechung länger als sechs Monate bestanden hat (§ 1 Abs. 1 KSchG). Wird im Gegensatz hierzu zunächst ein befristetes

Probearbeitsverhältnis geschlossen, muss nach Ablauf der Probezeit ein neues Arbeitsverhältnis geschlossen werden, wenn von beiden Seiten ein Interesse an einer Fortführung des Arbeitsverhältnisses besteht. Wird zunächst ein befristetes Probearbeitsverhältnis geschlossen, stellt sich die Frage, wie lange die Probezeit sein darf. In § 622 Abs. 3 BGB hat der Gesetzgeber zum Ausdruck gebracht, dass er i. d. R. eine Probezeit von max. sechs Monaten für ausreichend erachtet (Müller-Glöge, ErfKA, § 14 TzBfG, Rn 49).

- **Nr. 6: Befristung wegen in der Person des Arbeitnehmers liegender Gründe.**

  Beispiel: Der Student S arbeitet bei der Linde AG immer während der Semesterferien. Während der Vorlesungszeit möchte S bei der Linde AG nicht arbeiten, da er sein Studium in der Regelstudienzeit beenden will (BAG 4.4.1990 AP BGB § 620 Befristeter Arbeitsvertrag Nr. 136). Weitere Beispiele für die Befristung wegen in der Person des Arbeitnehmers liegender Gründe sind die befristete Aufenthaltserlaubnis des Arbeitnehmers, eine Beschäftigung des Arbeitnehmers zur Ausbildung, die Beschäftigung bis zur Ruhestandsaltersgrenze, ausdrücklicher Wunsch des Arbeitnehmers zur befristeten Beschäftigung (vgl. Müller-Glöge, ErfKA, § 14 TzBfG, Rn 51 ff.).

- **Nr. 7: Befristung im öffentlichen Dienst entsprechend der haushaltsrechtlichen Vorgaben.**

  Beispiel: Im Staatshaushalt werden Mittel zur befristeten Beschäftigung von Lehrkräften ausgewiesen. Die Voraussetzungen der Nr. 7 liegen nicht vor, wenn die Haushaltsmittel nur allgemein für die Beschäftigung von Arbeitnehmern im Rahmen von befristeten Arbeitsverhältnissen bereitgestellt werden (BAG NZA 2008, 880) oder dem befristet beschäftigten Arbeitnehmer überwiegend Daueraufgaben des öffentlich-rechtlichen Arbeitgebers übertragen werden (BAG NZA 2007, 332; BAG NZA 2007, 871). Die Rechtsvorschriften, mit denen die Haushaltsmittel ausgebracht werden, müssen selbst die inhaltlichen Anforderungen für die im Rahmen der befristeten Arbeitsverhältnisse auszuübenden Tätigkeiten oder die Bedingungen, unter denen sie auszuführen sind, enthalten (BAG NZA 2010, 633).

- **Nr. 8: Befristung aufgrund eines gerichtlichen Vergleichs.**

  Beispiel: Der Arbeitgeber B hat den Arbeitnehmer A ordentlich betriebsbedingt gekündigt (vgl. § 1 Abs. 2 KSchG). A hat innerhalb der Drei-Wochen-Frist des § 4 S. 1 KSchG Kündigungsschutzklage erhoben. A und B streiten über die Frage, ob A betriebsbedingt gekündigt werden konnte. Im Gütetermin (§ 54 Abs. 1 ArbGG) schließen A und B folgenden gerichtlichen Vergleich (§ 794 Abs. 1 Nr. 1 ZPO): „A nimmt die Kündigungsschutzklage zurück und akzeptiert die betriebsbedingte Kündigung seines Arbeitsverhältnisses. Im Gegenzug verpflichtet sich B, den Arbeitnehmer A nach Beendigung des betriebsbedingt gekündigten Arbeitsverhältnisses aufgrund eines befristeten Arbeitsverhältnisses für ein halbes Jahr weiterzubeschäftigen". Der Abschluss des befristeten Arbeitsverhältnisses gibt A die Möglichkeit, während der Befristung eine neue Stelle zu suchen (Müller-Glöge, ErfKA, § 14 TzBfG, Rn 75 ff.).

Andere als die vorgenannten Befristungsgründe können die Befristung des Arbeitsverhältnisses sachlich rechtfertigen, wie sich aus dem Wort **„insbesondere"** ergibt (vgl. § 14 Abs. 1 S. 2 TzBfG). Die Aufzählung der sachlichen Befristungsgründe ist nicht abschließend. Dennoch bleiben neben den gesetzlich aufgeführten Befristungsgründen nur wenige Sachverhalte, die eine Befristung zu rechtfertigen vermögen. Ein Beispiel ist die weitere Befristung eines Arbeitsverhältnisses mit einem Betriebsrat, um die Kontinuität der Betriebsratsarbeit zu sichern (BAG NZA 2002, 986).

Ob ein sachlicher Befristungsgrund vorliegt, ist nach den Verhältnissen zum **Zeitpunkt des Vertragsschlusses** zu beurteilen (BAG NZA 2006, 37; BAG NZA 2006, 154).

4.2.2 Befristung ohne Sachgrund

In § 14 Abs. 2 TzBfG sieht das Gesetz eine weitere Möglichkeit vor, Arbeitsverhältnisse zu befristen. Es handelt sich hierbei um eine Befristung **ohne Sachgrund**.

Die Befristung ohne Sachgrund ist bis zur Dauer von **zwei Jahren** zulässig. Bis zur Gesamtdauer von zwei Jahren ist auch die **höchstens dreimalige Verlängerung** eines befristeten Arbeitsverhältnisses zulässig. Die gesetzliche Höchstdauer der Befristung von zwei Jahren kann folglich in maximal vier Befristungen unterteilt werden, wobei Voraussetzung ist, dass sich die Befristungen **unmittelbar aneinander anschließen**, also keine Unterbrechung der Beschäftigung zwischen den einzelnen Befristungen gegeben ist. Dass eine Unterbrechung der Beschäftigung für eine weitere Befristung ohne Sachgrund auch innerhalb der Zwei-Jahresfrist schädlich wäre, ergibt sich aus § 14 Abs. 2 S. 2 TzBfG, wonach eine Befristung ohne Sachgrund nicht mehr möglich ist, wenn mit demselben Arbeitgeber bereits **zuvor** ein befristetes oder unbefristetes Arbeitsverhältnis bestanden hat. Als Unterbrechungszeitraum genügen einzelne Tage, bspw. gesetzliche Feiertage. Nach früher herrschender Meinung sollte jedes irgendwann in der Vergangenheit liegende Arbeitsverhältnis ein **„bereits-zuvor-Arbeitsverhältnis"** i. S. v. § 14 Abs. 2 S. 2 TzBfG sein (Müller-Glöge, ErfKA, § 14 TzBfG, Rn 98). Das BAG sieht eine „Zuvor-Beschäftigung" i. S. d. § 14 Abs. 2 S. 2 TzBfG als nicht mehr gegeben, wenn das frühere Arbeitsverhältnis mehr als **drei Jahre** zurückliegt. Die zeitliche Beschränkung des Verbots der Vorbeschäftigung erfordere eine im Wege der Rechtsfortbildung vorzunehmende Konkretisierung. Der an die Dauer der regelmäßigen Verjährungsfrist des § 195 BGB angelehnte Zeitraum von drei Jahren zwischen dem Ende des vorangegangenen und dem Beginn des sachgrundlos befristeten Arbeitsverhältnisses erscheine geeignet, erforderlich und angemessen, um einerseits dem mit § 14 Abs. 2 S. 2 TzBfG verfolgten Zweck der Missbrauchsverhinderung von „Befristungsketten" und andererseits dem Gedanken einer nicht schutzzwecküberschießenden und damit unverhältnismäßigen Einschränkung der Berufsfreiheit des Arbeitnehmers Rechnung zu tragen (BAG NZA 2011, 905; Müller-Glöge, ErfKA, § 14 TzBfG, Rn 99).

Das frühere Rechtsverhältnis der „Zuvor-Beschäftigung" muss ein **Arbeitsverhältnis** gewesen sein (BAG NZA 2006, 154). Ein früheres Berufsausbildungsverhältnis ist kein Arbeitsverhältnis i.S.d. §14 Abs.2 S.2 TzBfG (BAG NZA 2012, 255). Auch die frühere Beschäftigung als Praktikant, Volontär oder Umschüler ist unschädlich, wenn die Vordienstzeit in keinem Arbeitsverhältnis erbracht wurde (BAG NZA 2006, 154; Müller-Glöge, ErfKA, §14 TzBfG, Rn 94).

Unter **Verlängerung** i.S.d. §14 Abs.2 S.1 TzBfG ist die einvernehmliche Abänderung des Endtermins zu verstehen. Der sonstige Vertragsinhalt muss **unberührt** bleiben (BAG NZA 2008, 883). Wird bspw. anlässlich der Verlängerung ein im Ausgangsvertrag vorbehaltenes Kündigungsrecht nach §15 Abs.3 TzBfG aufgehoben, liegt keine Verlängerung i.S.d. §14 Abs.2 S.1 TzBfG vor, sondern ein Neuabschluss eines Arbeitsvertrages (BAG NZA 2008, 883). Ebenso ist von einem Neuabschluss und nicht von einer Verlängerung auszugehen, wenn die Parteien eine andere Wochenarbeitszeit vereinbaren, ohne dass der Arbeitnehmer auf diese Änderung einen Rechtsanspruch hatte (BAG NZA 2008, 701). Wird das befristete Arbeitsverhältnis nicht verlängert, sondern ein neues befristetes begründet, findet §14 Abs.2 S.2 TzBfG mit der Folge des §16 TzBfG Anwendung (BAG NZA 2005, 923).

Die entscheidenden **Unterschiede** zwischen der Befristung mit Sachgrund nach §14 Abs.1 TzBfG und ohne Sachgrund nach §14 Abs.2 TzBfG sind, dass

- eine Befristung **ohne Sachgrund** dann nicht mehr erfolgen kann, wenn der Arbeitgeber den Arbeitnehmer bereits zuvor befristet oder unbefristet beschäftigt hat,
- eine Befristung **mit Sachgrund** beliebige Male erfolgen kann und nicht der Höchstbefristungsdauer von zwei Jahren unterliegt. Bei mehrmaliger Befristung des Arbeitsverhältnisses mit Sachgrund **steigen** die **Anforderungen** an den Sachgrund **nicht**. Für Befristungen mit Sachgrund besteht kein Verbot von Kettenarbeitsverhältnissen (BAG NZA 2012, 1351; EuGH NZA 2012, 135).

Soll das Arbeitsverhältnis ohne Sachgrund befristet werden, muss der Arbeitgeber recherchieren, ob er diesen früher irgendwann befristet oder unbefristet beschäftigt hat. Insbesondere Großunternehmen mit einer hohen Mitarbeiterzahl sind gehalten, einen entsprechenden Überblick zu wahren.

> **Beispiel:** Die Allianz SE möchte A ab 15.09.13 ohne Sachgrund befristet für ein Jahr beschäftigen. Der Personalabteilung, die mit A schließlich den befristeten Arbeitsvertrag abschließt, ist es entgangen, dass A bereits im Jahre 2011 bei der Allianz SE für acht Monate befristet beschäftigt war. Die Befristung ohne Sachgrund ist daher nach §14 Abs.2 S.2 TzBfG unwirksam mit der in §16 S.1 TzBfG angeordneten Folge, dass A bei der Allianz SE unbefristet beschäftigt ist. Eine Befristung mit Sachgrund wäre, sofern ein sachlicher Rechtfertigungsgrund vorgelegen hätte, möglich gewesen, da das Verbot einer Befristung im Falle der vorherigen Beschäftigung nur für die Befristung ohne Sachgrund, nicht aber für die Befristung mit Sachgrund gilt (vgl. §14 Abs.2 S.2 TzBfG, der auf §14 Abs.2 S.1 TzBfG verweist, also auf die Befristung ohne Sachgrund).

Die höchstens **dreimalige Verlängerungsmöglichkeit** für Befristungen ohne Sachgrund oder die Höchstdauer der **Befristung von zwei Jahren** kann **durch**

Tarifvertrag abweichend festgesetzt werden (vgl. § 14 Abs. 2 S. 3 TzBfG). Aus der Gesetzesbegründung ergibt sich, dass das sprachlich nicht eindeutige „oder" in § 14 Abs. 2 S. 3 TzBfG als „und/oder" zu lesen ist (Müller-Glöge, ErfKA, § 14 TzBfG, Rn 101). Nicht tarifgebundene Arbeitgeber, also solche, die keinem Arbeitgeberverband angehören oder selbst keinen Tarifvertrag geschlossen haben (§ 3 Abs. 1 TVG), und nicht tarifgebundene Arbeitnehmer, also solche, die keiner Gewerkschaft angehören, können im Geltungsbereich eines Tarifvertrages die Anwendung der tariflichen Regelung, die die Zahl der zulässigen Befristungen und/oder die Gesamthöchstdauer der Befristungen von § 14 Abs. 2 S. 1 TzBfG abweichend festsetzt, im Arbeitsvertrag vereinbaren.

> **Beispiel:** Im Tarifvertrag für das private Bankgewerbe hat der Arbeitgeberverband der Privatbanken mit der zuständigen Gewerkschaft vereinbart, dass abweichend von § 14 Abs. 2 S. 1 TzBfG die Höchstdauer der Befristungsmöglichkeit nicht zwei Jahre, sondern drei Jahre beträgt. Die Privatbank P, die nicht im Arbeitgeberverband organisiert ist, kann mit dem Angestellten A die Anwendung der tariflichen Regelung vereinbaren und damit eine Befristung ohne Sachgrund für drei Jahre vornehmen.

§ 14 Abs. 2a TzBfG erleichtert die Befristung von Arbeitsverhältnissen **ohne Sachgrund bei Unternehmensgründungen.** Die zulässige Befristungsdauer wird in den **ersten vier Jahren** nach Unternehmensgründung auf vier Jahre verlängert. Maßgebender Zeitpunkt für die Gründung des Unternehmens ist nach § 14 Abs. 2a S. 3 TzBfG die Aufnahme der Erwerbstätigkeit. Innerhalb des Vier-Jahreszeitraums ist die mehrmalige Verlängerung eines befristeten Arbeitsverhältnisses zulässig. Wie im Falle des § 14 Abs. 2 S. 1 TzBfG besteht die Befristungsmöglichkeit ohne Sachgrund bei Unternehmensgründung nicht, wenn der Arbeitnehmer zuvor beim selben Arbeitgeber befristet oder unbefristet beschäftigt war (§ 14 Abs. 2a S. 4 TzBfG). Bei einer Unternehmensgründung ist die Befristungsmöglichkeit erheblich **flexibilisiert.** § 14 Abs. 2a TzBfG erlaubt neu gegründeten Unternehmen bis zum Ablauf des vierten Jahres ihres Bestehens den Abschluss befristeter Arbeitsverhältnisse ohne Sachgrund mit einer Dauer von vier Jahren. Die Privilegierung wirkt damit bis zum Ablauf des achten Jahres nach Unternehmensgründung (Preis, NZA 2004, 197; Müller-Glöge, ErfKA, § 14 TzBfG, Rn 105; a. A. Bader NZA 2004, 65, 76, der eine Privilegierung nur bis zum Ablauf des vierjährigen Bestehens des Unternehmens annimmt).

Für die befristete Beschäftigung von **wissenschaftlichem und künstlerischem Personal** mit Ausnahme der Hochschullehrer an staatlichen Hochschulen und Forschungseinrichtungen gelten die Besonderheiten des **Wissenschaftszeitvertragsgesetzes.**

4.2.3 Befristung von Arbeitsverhältnissen älterer Arbeitnehmer

§ 14 Abs. 3 TzBfG sieht eine erleichterte Befristungsmöglichkeit von Arbeitsverhältnissen mit Arbeitnehmern vor, die das **52. Lebensjahr** vollendet haben. Damit soll älteren Arbeitnehmern nicht die Chance verbaut werden, dass sie bis zu ihrer Pensionierung zumindest noch aufgrund befristeter Arbeitsverhältnisse beschäftigt werden. § 14 Abs. 3 TzBfG ist mit Blick auf das nach §§ 1, 7 AGG bestehende Verbot der **Altersdiskriminierung** als kritisch anzusehen (EuGH NZA 2005, 1345; BAG NZA 2006, 1162). Die Ungleichbehandlung älterer Arbeitnehmer wegen des Alters bei der Befristung könnte nach § 10 AGG allenfalls dann erlaubt sein, wenn sie objektiv und angemessen und im Rahmen des nationalen Rechts durch ein legitimes Ziel gerechtfertigt ist. Hierzu zählen bspw. Ziele aus den Bereichen der Beschäftigungspolitik und des Arbeitsmarktes (Müller-Glöge, ErfKA, § 14 TzBfG, Rn 110a).

Nach § 14 Abs. 3 S. 1 TzBfG ist die Befristung eines Arbeitsvertrages mit einem Arbeitnehmer, der das 52. Lebensjahr vollendet hat, ohne Sachgrund bis zur Dauer von **fünf Jahren** zulässig, wenn der Arbeitnehmer unmittelbar vor Beginn des befristeten Arbeitsverhältnisses mindestens vier Monate beschäftigungslos i. S. d. § 138 Abs. 1 Nr. 1 SGB III gewesen ist, Transferkurzarbeitergeld bezogen oder an einer öffentlich geförderten Beschäftigungsmaßnahme nach dem SGB II oder SGB III teilgenommen hat. Im Rahmen der Befristungsdauer von fünf Jahren ist die **mehrfache Verlängerung** des Arbeitsvertrages zulässig.

4.2.4 Schriftform der Befristungsabrede

Die Befristung eines Arbeitsvertrages ist nach § 14 Abs. 4 TzBfG nur wirksam, wenn sie schriftlich erfolgt. Der gesetzlichen Formvorschrift ist Genüge getan, wenn die **Befristungsabrede schriftlich** vorgenommen wird, also die Vertragsklausel, die die Befristungsdauer regelt (BAG NZA 2008, 108). Der gesamte Arbeitsvertrag muss nicht schriftlich abgefasst werden. Dies gilt auch für die Angabe des Befristungsgrundes, wenn eine Befristung mit Sachgrund erfolgt. Arbeitnehmer, die nicht nur zur vorübergehenden Aushilfe von höchstens einem Monat eingestellt werden, haben spätestens **einen Monat** nach dem vereinbarten Beginn des Arbeitsverhältnisses einen Anspruch auf **schriftliche Niederlegung** der wesentlichen Vertragsbedingungen (§§ 1, 2 NachwG). Bei befristeten Arbeitsverhältnissen ist in der Niederschrift nach § 2 Abs. 1 S. 2 Nr. 3 NachwG die vorhersehbare Dauer des Arbeitsverhältnisses anzugeben.

Es dürfte eher unwahrscheinlich sein, dass nur die Vereinbarung über die Befristung schriftlich abgefasst wird, die übrigen Bestimmungen des Arbeitsvertrages aber mündlich. Wird ein mündlicher Arbeitsvertrag abgeschlossen, der nur für eine bestimmte Zeit gelten soll, wird meist vergessen, wenigstens die Befristungsabrede schriftlich zu fassen. Folge ist nach § 16 S. 1 TzBfG, dass ein unbefristetes Arbeitsverhältnis besteht. Wird die fehlende Schriftform später nachgeholt, kommt ein nachträglich wirksam befristetes Arbeitsverhältnis, das das unbefristete ersetzt, nur zustande, wenn ein entsprechender Parteiwille erkennbar ist (BAG NZA 2008, 108). Regelmäßig ist davon auszugehen, dass die Parteien keine Vertragsänderung herbeiführen, sondern nur das zuvor mündlich Vereinbarte festhalten wollten (BAG NZA 2008, 108). Hat der Arbeitgeber allerdings durch sein vor der Arbeitsaufnahme des Arbeitnehmers liegendes Verhalten nicht hinreichend verdeutlicht, dass er den Abschluss des befristeten Arbeitsvertrages von der Einhaltung des Schriftformgebotes des § 14 Abs. 4

TzBfG abhängig machen will, wird mit der **tatsächlichen Arbeitsaufnahme** des Arbeitnehmers nach §16 TzBfG ein **unbefristetes Arbeitsverhältnis** begründet (BAG NZA 2005, 575; BAG NZA 2008, 108).

4.3 Zusammenfassung der Gründe für eine unwirksame Befristung

Die **Unwirksamkeit** der Befristung eines Arbeitsvertrages kann sich insbesondere aus folgenden Gründen ergeben:

- Es wird zur Befristung nach §14 Abs.1 TzBfG ein **Sachgrund** herangezogen, der die Befristung **nicht zu rechtfertigen** vermag.

- Die Befristung **ohne Sachgrund** nach §14 Abs.2 TzBfG wird **über den gesetzlich zulässigen Zeitrahmen** von **zwei Jahren** hinaus vorgenommen bzw. die Befristung wird **mehr als dreimal** verlängert bzw. der Arbeitnehmer, der befristet beschäftigt werden soll, war **zuvor (innerhalb von 3 Jahren)** beim gleichen Arbeitgeber bereits befristet oder unbefristet beschäftigt. Im Zusammenhang mit der Verlängerung des befristeten Arbeitsvertrages wird, abgesehen von der Änderung des Endtermins des Arbeitsverhältnisses, eine weitere **Vertragsinhaltsänderung** vorgenommen. In diesem Fall liegt keine Verlängerung i.S.d. §14 Abs.2 S.2 TzBfG vor.

- Das Arbeitsverhältnis mit einem **52-jährigen** Arbeitnehmer wird ohne Sachgrund für **mehr als fünf Jahre** nach §14 Abs.3 TzBfG befristet abgeschlossen und/oder die in §14 Abs.3 TzBfG näher bezeichneten Tatbestandsvoraussetzungen liegen **nicht** vor.

- Die Vereinbarung über die Befristung wurde entgegen §14 Abs.4 TzBfG **vor Arbeitsaufnahme nicht schriftlich** vorgenommen.

4.4 Rechtsfolge einer unwirksamen Befristung

Rechtsfolge einer unwirksamen Befristung ist nach §16 S.1 TzBfG ein **unbefristetes Arbeitsverhältnis**. Will sich der Arbeitnehmer auf die Unwirksamkeit der Befristung berufen, muss er innerhalb von **drei Wochen nach dem vereinbarten Ende** des befristeten Arbeitsvertrages **Klage** beim Arbeitsgericht **auf Feststellung** erheben, dass das Arbeitsverhältnis auf Grund der Befristung nicht beendet ist. Wahrt der Arbeitnehmer diese Frist nicht, kann er die Unwirksamkeit der Befristung nicht mehr mit dem Argument angreifen, es bestehe ein unbefristetes Arbeitsverhältnis (§§17 S.1, 16 S.1 TzBfG).

Beispiel: A wurde vom Arbeitgeber B für sechs Monate befristet beschäftigt, und zwar vom 01.01.14 bis 30.06.14. Will A geltend machen, die Befristung sei unwirksam, so muss er innerhalb der sich an den 30.06.14 anschließenden drei Wochen beim Arbeitsgericht eine entsprechende Feststellungsklage erheben.

Wird das Arbeitsverhältnis nach dem vereinbarten Ende **fortgesetzt**, beginnt die Frist von drei Wochen zur Geltendmachung der Unwirksamkeit der Befristung mit dem **Zugang der schriftlichen Erklärung** des Arbeitgebers, dass das Arbeitsverhältnis aufgrund der Befristung beendet sei (vgl. § 17 S. 3 TzBfG). § 17 S. 3 TzBfG hat seinen Anwendungsbereich vor allem in dem Fall, dass das Arbeitsverhältnis nach dem vereinbarten Ende **ohne Wissen des Arbeitgebers** fortgesetzt wird. Hier muss der Arbeitgeber, sobald er von der Fortsetzung des Arbeitsverhältnisses erfährt, reagieren und die Beendigung des Arbeitsverhältnisses aufgrund der Befristung erklären. § 15 Abs. 5 TzBfG regelt hingegen den Fall, dass das Arbeitsverhältnis **mit Wissen des Arbeitgebers** nach dem vereinbarten Ende fortgesetzt wird. In diesem Falle entsteht ein unbefristetes Arbeitsverhältnis. Es besteht keine Veranlassung mehr für eine Befristungsschutzklage (Müller-Glöge, ErfKA, § 15 TzBfG, Rn 35).

> **Beispiel:** Beispiel wie oben. A arbeitet ohne Wissen des B nach dem 30.06.14 weiter. Als B davon am 12.07.14 erfährt, erklärt er gegenüber A mit Schreiben vom gleichen Tage, bei A am 13.07.14 zugegangen, dass das Arbeitsverhältnis aufgrund der Befristung beendet sei. Die Frist von drei Wochen zur Geltendmachung der Unwirksamkeit der Befristung beginnt hier am 14.07.14 (§§ 17 Satz 3 TzBfG, § 187 Abs. 1 BGB) und nicht bereits mit dem vereinbarten Ende des Arbeitsverhältnisses. Arbeitet A hingegen mit Wissen des B nach dem 30.06.14 weiter, entsteht zwischen A und B nach § 15 Abs. 5 TzBfG ein unbefristetes Arbeitsverhältnis.

4.5 Ordentliche Kündigungsfrist für unwirksam befristete Arbeitsverhältnisse

Rechtsfolge einer unwirksamen Befristung ist nach § 16 S. 1 TzBfG ein unbefristetes Arbeitsverhältnis. Für die **ordentliche Kündigung** eines Arbeitsverhältnisses, das wegen einer unwirksamen Befristung ein unbefristetes ist, ist zur Bestimmung der Kündigungsfrist nicht nur § 622 BGB, sondern auch § 16 S. 1 2. Halbsatz und § 16 S. 2 TzBfG heranzuziehen. Nach § 16 S. 1 2. Halbsatz TzBfG kann das Arbeitsverhältnis vom Arbeitgeber **frühestens zum vereinbarten Ende** ordentlich gekündigt werden, sofern die **ordentliche Kündigung nach § 15 Abs. 3 TzBfG** nicht zu einem früheren Zeitpunkt ausgesprochen werden kann. § 16 S. 1 2. Halbsatz TzBfG regelt nur die Kündigungsmöglichkeit durch den Arbeitgeber, **nicht** die durch den Arbeitnehmer, so dass für die Kündigung durch den Arbeitnehmer die allgemeinen Regeln gelten.

Unter ihren jeweiligen Voraussetzungen finden die Regeln des **allgemeinen** und **besonderen** Kündigungsschutzrechts Anwendung.

> **Beispiel:** Arbeitgeber B schließt mit A schriftlich einen für drei Jahre befristeten Arbeitsvertrag. Der Vertrag wird am 01.01.10 geschlossen und soll bis zum 31.12.12 laufen. Als Sachgrund für die Befristung wird angegeben, es sei zum heutigen Zeitpunkt nicht vorhersehbar, ob die Auftragslage in den nächsten Jahren noch so gut ist wie heute. Daher sei der betriebliche Bedarf an der Arbeitsleistung des A

nur ein vorübergehender. Die Zulässigkeit der ordentlichen Kündigung ist weder im Arbeitsvertrag noch im einschlägigen Tarifvertrag vorgesehen. Nachdem A am 02.04.10 gegenüber B Zweifel an der Wirksamkeit der Befristung geäußert hat, holt B bei seinem Rechtsanwalt Rechtsrat ein. Dieser weist ihn darauf hin, dass der Befristungsgrund des § 14 Abs. 1 S. 2 Nr. 1 TzBfG nicht gegeben ist, da mit der Unsicherheit über die künftige Auftragslage ein nur vorübergehender betrieblicher Bedarf nicht begründet werden kann. Ansonsten würde das vom Arbeitgeber zu tragende Risiko einer künftig eventuell schlechteren Auftragslage auf den Arbeitnehmer verlagert. Eine Befristung ohne Sachgrund nach § 14 Abs. 2 S. 1 TzBfG war wegen Überschreitens der zulässigen Befristungsdauer nicht möglich. Die Befristung ist daher unwirksam mit der Folge, dass nach § 16 S. 1 TzBfG ein unbefristetes Arbeitsverhältnis besteht, das ordentlich gekündigt werden kann. Nach § 622 Abs. 1 BGB könnte das unbefristete Arbeitsverhältnis mit A, sofern es noch keine zwei Jahre bestand, mit einer Frist von vier Wochen zum Fünfzehnten oder zum Ende eines Kalendermonats gekündigt werden. Zu beachten ist allerdings hier § 16 S. 1 2. Halbsatz TzBfG, wonach das Arbeitsverhältnis mit A frühestens zum vereinbarten Ende, also zum 31.12.12, ordentlich gekündigt werden kann.

Würde im vorliegenden Fall der einschlägige Tarifvertrag oder der Arbeitsvertrag nach § 15 Abs. 3 TzBfG vorsehen, dass befristete Arbeitsverhältnisse ordentlich gekündigt werden können, könnte das unbefristete Arbeitsverhältnis mit A bei unwirksamer Befristung nach § 16 S. 1 2. Halbsatz TzBfG vor dem vereinbarten Ende mit einer ordentlichen Kündigungsfrist von vier Wochen zum Monatsende gekündigt werden. Sofern die Anwendbarkeit des Kündigungsschutzgesetzes nach §§ 1 Abs. 1, 23 Abs. 1 S. 3 KSchG gegeben ist, ist die Kündigung auf ihre Sozialwidrigkeit zu prüfen (§ 1 Abs. 1 KSchG).

Ist die Befristung nur wegen **fehlender Schriftform** (§ 14 Abs. 4 TzBfG) unwirksam, kann das Arbeitsverhältnis nach § 16 S. 2 TzBfG auch **vor dem vereinbarten Ende** ordentlich gekündigt werden, **unabhängig davon**, ob die Zulässigkeit der ordentlichen Kündigung des befristeten Arbeitsverhältnisses im Arbeits- oder einschlägigen Tarifvertrag vorgesehen ist (Müller-Glöge, ErfKA, § 16 TzBfG, Rn 2; BAG NZA 2009, 1260). Da das Gesetz nur schriftliche Befristungen akzeptiert, ist es konsequent, mündliche Befristungen schlichtweg zu ignorieren und davon auszugehen, von Anfang an sei ein unbefristetes Arbeitsverhältnis geschlossen worden, das mit den regulären Kündigungsfristen ordentlich kündbar ist.

4.6 Die Kündigung befristeter Arbeitsverhältnisse

4.6.1 Ordentliche Kündigung

Das befristete Arbeitsverhältnis endet **automatisch** mit dem Ablauf der Zeit, für die es eingegangen ist (§ 620 Abs. 1 BGB, § 15 Abs. 1 TzBfG). Ein **zweckbefristeter** Arbeitsvertrag endet nach § 15 Abs. 2 TzBfG automatisch, ohne dass es einer Kündigung bedarf, mit Erreichung des Zwecks, frühestens zwei Wochen nach

Zugang der schriftlichen Unterrichtung des Arbeitnehmers durch den Arbeitgeber über den Zeitpunkt der Zweckerreichung.

Im Gegensatz zum unbefristeten Arbeitsverhältnis ist die ordentliche Kündigung nach § 622 BGB daher nicht die Regel zur Beendigung eines befristeten Arbeitsverhältnisses. Ein befristetes Arbeitsverhältnis unterliegt jedoch dann der **ordentlichen Kündigung**, wenn dies **im Arbeitsvertrag oder im einschlägigen Tarifvertrag** vereinbart ist (§ 15 Abs. 3 TzBfG). Die **Kündigungsfrist** für die ordentliche Kündigung eines befristeten Arbeitsverhältnisses ist wie beim unbefristeten Arbeitsverhältnis § 622 BGB bzw. dem einschlägigen Tarifvertrag bzw. der arbeitsvertraglichen Vereinbarung (Grenzen: § 622 Abs. 5 und 6 BGB!) zu entnehmen. Unterliegt ein befristetes Arbeitsverhältnis der ordentlichen Kündigung, endet es trotzdem zum vereinbarten Ende, es sei denn, es wird vorher gekündigt. Auch für die Kündigung eines befristeten Arbeitsverhältnisses ist zu beachten, dass ggf. das **Kündigungsschutzgesetz** gilt. Dies ist nach §§ 1 Abs. 1, 23 Abs. 1 S. 3 KSchG der Fall, wenn das Arbeitsverhältnis zum Zeitpunkt der Kündigung länger als sechs Monate bestanden hat und wenn der Arbeitgeber regelmäßig mehr als zehn Arbeitnehmer beschäftigt.

Beispiel: A hat mit B, der 100 Arbeitnehmer beschäftigt, ein für ein Jahr befristetes Arbeitsverhältnis vom 01.01.13 bis 31.12.13 geschlossen. Im einschlägigen Tarifvertrag ist geregelt, dass die ordentliche Kündigung befristeter Arbeitsverhältnisse mit einer Kündigungsfrist von vier Wochen zum Ende eines Kalendermonats zulässig ist. B kündigt A mit am 30.07.13 zugegangenem Schreiben zum 31.08.13 wegen andauernden Auftragsmangels, nachdem er zuvor den Betriebsrat angehört hat.

Das Arbeitsverhältnis endet automatisch mit Ablauf des 31.12.13. Die vor dem 31.12.13 ausgesprochene ordentliche Kündigung ist jedoch nach § 15 Abs. 3 TzBfG i. V. m. § 622 Abs. 4 BGB zulässig. Die für die Wirksamkeit der Kündigung erforderliche Schriftform wurde gewahrt (§ 125 S. 1 BGB i. V. m. § 623 BGB). Da A bei B zum Zeitpunkt des Ausspruchs der ordentlichen Kündigung mehr als sechs Monate beschäftigt war und B mehr als zehn Arbeitnehmer regelmäßig beschäftigt, findet das Kündigungsschutzgesetz nach §§ 1 Abs. 1, 23 Abs. 1 S. 3 KSchG Anwendung. Die ordentliche Kündigung gegenüber A ist nur wirksam, wenn sie sozial gerechtfertigt ist (§ 1 Abs. 1 KSchG). Die soziale Rechtfertigung kann hier nach § 1 Abs. 2 KSchG ggf. in dringenden betrieblichen Erfordernissen liegen, die einer Weiterbeschäftigung des Arbeitnehmers entgegenstehen. Die nach § 102 Abs. 1 S. 1 BetrVG erforderliche Betriebsratsanhörung ist erfolgt. Will A geltend machen, dass die ordentliche Kündigung sozial ungerechtfertigt ist, muss er nach § 4 S. 1 KSchG innerhalb von drei Wochen nach Zugang der Kündigung Klage beim Arbeitsgericht auf Feststellung erheben, dass das Arbeitsverhältnis durch die Kündigung nicht aufgelöst ist. Im vorliegenden Fall wäre aufgrund der Dauer eines Arbeitsgerichtsverfahrens zwar nicht zu erwarten, dass eine gerichtliche Klärung der Frage der Sozialwidrigkeit der ordentlichen Kündigung vor Ablauf des vereinbarten Endes des Arbeitsverhältnisses, also vor dem 31.12.13, erfolgen würde. Würde A den Kündigungsschutzprozess aber gewinnen und hätte er vom 01.09.13 bis 31.12.13 bei B nicht gearbeitet, müsste B ihm, da B sich nach § 615 S. 1 BGB i. V. m. §§ 293 ff. BGB im Verzug mit der Annahme der Arbeitsleistung des A befand, den Arbeitslohn für diesen Zeitraum bezahlen.

4.6.2 Außerordentliche Kündigung

Die **außerordentliche Kündigung** eines befristeten Arbeitsverhältnisses nach § 626 BGB ist möglich, obwohl dies im Teilzeit- und Befristungsgesetz nicht ausdrücklich geregelt ist. § 314 Abs. 1 BGB bestimmt, dass **jedes Dauerschuldverhältnis** aus wichtigem Grund gekündigt werden kann. Voraussetzung für eine außerordentliche Kündigung ist nach § 626 Abs. 1 BGB, dass ein wichtiger Kündigungsgrund vorliegt, aufgrund dessen unter Berücksichtigung aller Umstände des Einzelfalles und unter Abwägung der Interessen beider Vertragsteile dem Kündigenden die Fortsetzung des Arbeitsverhältnisses bis zum Ablauf der Kündigungsfrist oder bis zur vereinbarten Beendigung des Arbeitsverhältnisses nicht zumutbar ist (Müller-Glöge, ErfKA, § 15 TzBfG, Rn 10).

Beispiel: A ist bei B, der 100 Mitarbeiter beschäftigt, vom 01.01.13 bis 31.12.13 befristet als Kassierer angestellt. Im einschlägigen Tarifvertrag ist vereinbart, dass befristete Arbeitsverhältnisse mit einer Kündigungsfrist von vier Wochen zum Monatsende ordentlich gekündigt werden können. A unterschlägt am 16.07.13 Bargeld in Höhe von 5 000 €. B erfährt von dem Vorfall noch am gleichen Tag und hört den Betriebsrat zwecks Ausspruchs einer außerordentlichen Kündigung an. Nachdem der Betriebsrat gegen die außerordentliche Kündigung keine Bedenken geäußert hat, spricht B am 19.07.13 gegenüber A die außerordentliche fristlose Kündigung schriftlich aus.

Das befristete Arbeitsverhältnis kann, sofern ein wichtiger Grund i. S. d. § 626 Abs. 1 BGB vorliegt, fristlos gekündigt werden. Für die Frage, ob ein wichtiger Grund vorliegt, ist hier nicht zu überlegen, ob B die Weiterbeschäftigung des A bis zum vereinbarten Ende, also bis zum 31.12.13 zumutbar wäre. Zu überlegen ist, ob die Weiterbeschäftigung des A bis zum Ablauf der ordentlichen Kündigungsfrist zumutbar wäre, da der einschlägige Tarifvertrag die Möglichkeit der ordentlichen Kündigung befristeter Arbeitsverhältnisse vorsieht. Bei gedachtem Ausspruch einer ordentlichen Kündigung unmittelbar nach der Unterschlagung wäre diese mit Ablauf des 31.08.13 wirksam. Ein wichtiger Grund i. S. d. § 626 Abs. 1 BGB läge nicht vor, wenn es B trotz der Unterschlagung zumutbar wäre, A bis zum 31.08.13 weiterzubeschäftigen. Dies dürfte jedoch in Anbetracht des zerstörten Vertrauensverhältnisses zu verneinen sein. Vor diesem Hintergrund dürfte auch eine vorherige Abmahnung nach § 314 Abs. 2 BGB entbehrlich sein. Die nach § 102 Abs. 1 S. 1 BetrVG erforderliche Betriebsratsanhörung ist erfolgt. Die Kündigung wurde, wie von § 623 BGB gefordert, schriftlich ausgesprochen.

Will A geltend machen, es liege kein wichtiger Grund i. S. d. § 626 Abs. 1 BGB vor, müsste er nach § 13 Abs. 1 S. 2 i. V. m. § 4 S. 1 KSchG innerhalb von drei Wochen nach Zugang der Kündigung Klage auf Feststellung erheben, dass das Arbeitsverhältnis durch die Kündigung nicht aufgelöst ist.

4.7 Checkliste zum befristeten Arbeitsvertrag

- Die Befristung eines Arbeitsverhältnisses **mit Sachgrund** ist in § 14 Abs. 1 TzBfG geregelt. In diesem Falle gilt **keine zeitliche und zahlenmäßige Begrenzung** der Befristung. Wird derselbe Befristungsgrund mehrmals hintereinander zur Befristung eines Arbeitsverhältnisses herangezogen, **steigen** mit jeder Befristung die **Anforderungen** an den Befristungsgrund **nicht**.
- Nach § 14 Abs. 2 TzBfG ist eine Befristung **ohne Sachgrund** für eine maximale Befristungsdauer von **zwei Jahren** zulässig. Innerhalb dieser Befristungsdauer sind **maximal drei Verlängerungen** möglich. **Unterbrechungen** der Beschäftigung und **Vertragsinhaltsänderungen** sind **verlängerungsschädlich**.
- Bei **Unternehmensneugründungen** sind Befristungen ohne Sachgrund nach § 14 Abs. 2a TzBfG bis zur Dauer von vier Jahren zulässig. Mehrfache Verlängerungen sind bis zur Höchstdauer von **vier Jahren** zulässig. Diese Privilegierung gilt in den ersten vier Jahren nach der Gründung des Unternehmens, auch wenn die Befristung erst gegen Ende des Privilegierungszeitraums von vier Jahren nach Unternehmensgründung erfolgt (str.).
- Befristungen ohne Sachgrund sind nach § 14 Abs. 2 S. 2, § 14 Abs. 2a S. 4 TzBfG im Falle einer **Vorbeschäftigung** nicht möglich. Eine „Zuvor-Beschäftigung" i. S. d. § 14 Abs. 2 S. 2 TzBfG liegt nach Ansicht des BAG nicht vor, wenn das frühere Arbeitsverhältnis **mehr als drei Jahre** zurückliegt.
- Die Befristung von Arbeitsverhältnissen mit Arbeitnehmern, die das **52. Lebensjahr** vollendet haben, ist unter den Voraussetzungen des § 14 Abs. 3 TzBfG für maximal **fünf Jahre** zulässig, mit Blick auf eine mögliche **Altersdiskriminierung** aber als kritisch anzusehen.
- Die **Befristungsabrede** bedarf nach § 14 Abs. 4 TzBfG der **Schriftform**.
- Die **rechtsunwirksame Befristung** führt nach § 16 S. 1 TzBfG zu einem **unbefristeten Arbeitsverhältnis**.
- Für die Geltendmachung einer rechtsunwirksamen Befristung gilt nach § 17 S. 1 TzBfG eine **dreiwöchige Ausschlussfrist**.
- Ein wirksam befristetes Arbeitsverhältnis unterliegt nur unter den Voraussetzungen des **§ 15 Abs. 3 TzBfG** der **ordentlichen Kündigung**. Die **außerordentliche Kündigung** ist auch ohne entsprechende Vereinbarung im Arbeits- oder Tarifvertrag möglich. Unter den jeweiligen Voraussetzungen sind die allgemeinen und besonderen Kündigungsschutzvorschriften zu beachten.
- Für die ordentliche Arbeitgeberkündigung eines unwirksam befristeten Arbeitsverhältnisses ist die **Sonderkündigungsfristbestimmung** des § 16 S. 1 2. Halbsatz und § 16 S. 2 TzBfG zu beachten.

4.8 Das Teilzeitarbeitsverhältnis

Der Arbeitgeber hat seinen Arbeitnehmern, auch in leitenden Positionen, Teilzeitarbeit zu ermöglichen. §6 TzBfG hat lediglich Klarstellungsfunktion. Ansprüche auf Reduzierung der Arbeitszeit ergeben sich aus gesonderten Normen wie §8 Abs. 4 TzBfG, §15 Abs. 6 und 7 BEEG und §81 Abs. 5 S. 3 SGB IX.

Nach §2 Abs. 1 S. 1 TzBfG ist ein Arbeitnehmer teilzeitbeschäftigt, wenn seine regelmäßige Wochenarbeitszeit **kürzer** ist als die eines **vergleichbaren** vollzeitbeschäftigten Arbeitnehmers.

§8 Abs. 1 TzBfG gibt einem Arbeitnehmer, dessen Arbeitsverhältnis **länger als sechs Monate** bestanden hat, einen Anspruch auf Verringerung der vertraglich vereinbarten Arbeitszeit. Weitere Voraussetzung ist nach §8 Abs. 7 TzBfG, dass der Arbeitgeber, unabhängig von der Anzahl der Personen in Berufsbildung, in der Regel **mehr als 15 Arbeitnehmer** beschäftigt. Der Arbeitgeber muss der Verringerung der Arbeitszeit zustimmen und ihre Verteilung entsprechend den Wünschen des Arbeitnehmers festlegen, soweit **betriebliche Gründe nicht entgegenstehen** (§8 Abs. 4 S. 1 TzBfG). Ein betrieblicher Grund, die Verringerung der Arbeitszeit zu verweigern, liegt nach §8 Abs. 4 S. 2 TzBfG insbesondere vor, wenn die Verringerung der Arbeitszeit die Organisation, den Arbeitsablauf oder die Sicherheit im Betrieb wesentlich beeinträchtigt oder unverhältnismäßige Kosten verursacht. Das BAG nimmt im Zusammenhang mit dem Anspruch auf Teilzeit folgende **Drei-Stufen-Prüfung** vor (BAG NZA 2003, 1392).

> **Drei-Stufen-Prüfung:**
>
> 1. Stufe: Liegt ein betriebliches Organisationskonzept des Arbeitgebers vor und welche Arbeitszeitregelung hält der Arbeitgeber daher für erforderlich?
>
> 2. Stufe: Steht die Arbeitszeitregelung dem Arbeitszeitverlangen des Arbeitnehmers entgegen? Ist es dem Arbeitgeber zumutbar, betriebliche Abläufe zu ändern?
>
> 3. Stufe: Kann das Arbeitszeitverlangen des Arbeitnehmers nicht mit dem organisatorischen Konzept in Einklang gebracht werden, ist eine Interessenabwägung vorzunehmen.

Nach §8 Abs. 5 S. 1 TzBfG hat der Arbeitgeber die Entscheidung über die Verringerung der Arbeitszeit und ihre Verteilung dem Arbeitnehmer spätestens einen Monat vor dem gewünschten Beginn der Verringerung schriftlich mitzuteilen. Haben sich Arbeitgeber und Arbeitnehmer **nicht** über die Verringerung der Arbeitszeit **geeinigt** und hat der Arbeitgeber die Arbeitszeitverringerung **nicht** spätestens einen Monat vor deren gewünschtem Beginn **schriftlich abgelehnt**, verringert sich die Arbeitszeit in dem vom Arbeitnehmer gewünschten Umfang **automatisch** (§8 Abs. 5 S. 2 TzBfG). Eine **erneute Verringerung** der Arbeitszeit kann nach §8 Abs. 6 TzBfG frühestens nach Ablauf von **zwei Jahren** der letzten Entscheidung über den Teilzeitantrag verlangt werden.

Beispiel (LAG Köln NZA-RR 2006, 343):

Arbeitnehmerin A ist seit zwölf Jahren bei der Raiffeisenbank R beschäftigt. Sie hat bis zum 07.02.10 Elternzeit in Anspruch genommen. Für ihr Kind steht bis 14.00 Uhr ein Kindergartenplatz zur Verfügung. Im einschlägigen Tarifvertrag ist folgende Regelung zu finden: „Umwandlungswünschen der Arbeitnehmer hinsichtlich ihres Arbeitszeitvolumens ist Rechnung zu tragen, sofern die arbeitsorganisatorischen Gegebenheiten sowie die personelle Situation dies zulassen." R beschäftigt regelmäßig mehr als 15 Arbeitnehmer. A, die im Mitarbeitervertreterpool tätig ist, stellte nach Beendigung der Elternzeit einen Antrag, zukünftig in Teilzeit mit der Hälfte der Arbeitszeit beschäftigt zu werden. R lehnte dies mit einem Hinweis auf ihr Organisationskonzept ab, das dem Teilzeitbegehren entgegenstehe. Ihr Organisationskonzept basiere auf dem Prinzip „ein Kunde – ein Mitarbeiter".

Die Voraussetzungen für einen Teilzeitanspruch sind nach § 8 Abs. 1 und Abs. 7 TzBfG grundsätzlich gegeben. Nach § 8 Abs. 2 TzBfG muss der Arbeitnehmer die Verringerung seiner Arbeitszeit und den Umfang der Verringerung spätestens drei Monate vor deren Beginn geltend machen. Dabei soll er die gewünschte Verteilung der Arbeitszeit angeben. Soweit betriebliche Gründe nicht entgegenstehen, hat der Arbeitgeber nach § 8 Abs. 4 S. 1 TzBfG der Verringerung der Arbeitszeit zuzustimmen und ihre Verteilung entsprechend den Wünschen des Arbeitnehmers festzulegen. Ob für die Ablehnung des Teilzeitbegehrens nach § 8 Abs. 4 S. 2 TzBfG hinreichend betriebliche Gründe vorliegen, ist anhand einer dreistufigen Prüfungsreihenfolge zu klären. In der ersten Stufe ist festzustellen, ob überhaupt und wenn ja welches betriebliche Organisationskonzept der vom Arbeitgeber als erforderlich angesehenen Arbeitszeitregelung zugrunde liegt. Die Darlegungslast dafür, dass das Organisationskonzept die Arbeitszeitregelung bedingt, liegt beim Arbeitgeber. In der zweiten Stufe ist zu prüfen, inwieweit die Arbeitszeitregelung dem Arbeitszeitverlangen des Arbeitnehmers tatsächlich entgegensteht. Dabei ist auch der Frage nachzugehen, ob dem Arbeitgeber Änderungen von betrieblichen Abläufen und des Personaleinsatzes zumutbar sind. In einer dritten Stufe ist das Gewicht der entgegenstehenden betrieblichen Gründe zu prüfen. Nach § 8 Abs. 4 S. 3 TzBfG können die Ablehnungsgründe durch Tarifvertrag geregelt werden. Nach der gesetzlichen Regelung des § 8 Abs. 4 S. 2 TzBfG müssen die entgegenstehenden betrieblichen Gründe wesentlich sein. Im vorliegenden Fall ist, auch nach den tarifvertraglichen Vorgaben gemäß § 8 Abs. 4 S. 3 TzBfG, zu prüfen, ob dem Teilzeitbegehren der A betriebliche Gründe entgegenstehen. R kann im vorliegenden Fall nicht darlegen, dass ihr Organisationskonzept die Zuordnung eines Mitarbeiters zu einem festen Kundenstamm und die Erreichbarkeit des Mitarbeiters jederzeit erfordere. Selbst wenn das Prinzip „ein Kunde – ein Mitarbeiter" als Organisationskonzept anerkannt wird, wäre es dem Arbeitgeber zumutbar, die betrieblichen Abläufe zu ändern. Jedenfalls scheitert die Anerkennung des betrieblichen Bedürfnisses auf der dritten Prüfebene im Rahmen der Interessenabwägung. Da A im Vertreterpool beschäftigt ist, ist nicht nachvollziehbar, wie mit ihr das Organisationskonzept wegen ihres Wechseleinsatzes verwirklicht werden sollte. Der Anspruch der A auf Teilzeitarbeit ist daher begründet.

4.9 Checkliste zum Teilzeitanspruch

- Die grundsätzlichen Voraussetzungen für den **Teilzeitanspruch** (Beschäftigungszeit **länger als sechs Monate**; Beschäftigung von in der Regel **mehr als 15 Arbeitnehmern**) müssen gegeben sein (vgl. § 8 Abs. 1 und Abs. 7 TzBfG).
- Die **Antragsfrist von drei Monaten** nach § 8 Abs. 2 TzBfG ist zu beachten.
- Grundsätzlich hat der Arbeitgeber nach § 8 Abs. 4 S. 1 TzBfG dem Antrag des Arbeitnehmers auf Verringerung der Arbeitszeit und ihrer Verteilung auf die Wochentage **zuzustimmen,** soweit nicht **betriebliche Gründe entgegenstehen.**
- Das Entgegenstehen betrieblicher Gründe ist anhand einer **Drei-Stufen-Prüfung** durchzuführen: **1. Stufe:** Liegt ein Organisationskonzept vor? **2. Stufe:** Steht das Arbeitszeitverlangen des Arbeitnehmers dem Organisationskonzept auch nach zumutbaren Änderungen des Betriebsablaufs bzw. des Personaleinsatzes entgegen? **3. Stufe:** Sind die entgegenstehenden betrieblichen Gründe gewichtig?

5. Entgeltfortzahlung an Feiertagen und im Krankheitsfall

5.1 Systematische Einordnung der Entgeltfortzahlung

Der Arbeitsvertrag ist ein **gegenseitiger Vertrag**. Der Arbeitgeber schuldet nach § 611 BGB die Zahlung der vereinbarten **Vergütung**, der Arbeitnehmer die Erbringung der vertraglich vereinbarten **Arbeitsleistung**. Wird die geschuldete Arbeitsleistung jedoch nicht erbracht, unabhängig davon, ob der Arbeitnehmer sein Unvermögen zur Erbringung der Arbeitsleistung zu vertreten hat oder nicht, besteht nach § 326 Abs. 1 S. 1 1. Halbsatz BGB i.V.m. § 275 Abs. 1 BGB kein Anspruch auf den Arbeitslohn (Grundsatz: **Ohne Arbeit kein Lohn**). Da versäumte Arbeitszeit grundsätzlich nicht nachholbar ist, greift für die versäumte Arbeitszeit das Recht der Unmöglichkeit (§ 275 Abs. 1 BGB).

> **Beispiel:** A arbeitet bei der Bank B. Es gilt die 38,5-Stunden-Woche, so dass die tägliche Arbeitszeit 7 Stunden und 42 Minuten beträgt. Kernzeit mit Anwesenheitspflicht für alle Mitarbeiter besteht von 09.00 Uhr bis 16.00 Uhr. Die Mittagspause beträgt eine halbe Stunde. Erkrankt A für eine Woche, kann die versäumte Arbeitszeit von 38,5 Stunden nicht mehr nachgeholt werden. A würde, wenn es das Entgeltfortzahlungsgesetz nicht gäbe, für die Woche der Arbeitsunfähigkeit infolge Krankheit nach § 326 Abs. 1 S. 1 1. Halbsatz i.V.m. § 275 Abs. 1 BGB kein Gehalt bekommen.
>
> Im Falle des Zu-Spät-Kommens zur Arbeit ist folgendermaßen zu differenzieren: Kommt A regelmäßig um 07.30 Uhr zur Arbeit, an einem Tag jedoch erst um 08.15 Uhr, ist die versäumte Arbeitszeit nachholbar, da A keine Kernzeitverletzung begangen hat. Anwesenheitspflicht besteht nur während der Kernzeit. Kommt A hingegen erst um 10.00 Uhr zur Arbeit, hat er an dem besagten Tag eine Stunde der Kernzeit versäumt. Die Kernarbeitszeit ist nicht nachholbar, so dass für die versäumte Stunde nach § 326 Abs. 1 S. 1 1. Halbsatz BGB i.V.m. § 275 Abs. 1 BGB kein Gehalt zu zahlen ist.

Das Gesetz über die Zahlung des Arbeitsentgelts an Feiertagen und im Krankheitsfall **durchbricht** den Grundsatz „Ohne Arbeit kein Lohn", indem der **Arbeitgeber** nach § 2 Abs. 1 EFZG an Feiertagen und nach § 3 Abs. 1 S. 1 EFZG im Krankheitsfall zur Entgeltfortzahlung **verpflichtet** wird. § 326 Abs. 1 BGB wird verdrängt (Müller-Glöge, MüKo BGB, § 3 EFZG, Rn 3). Das Entgeltfortzahlungsgesetz gilt nach § 1 Abs. 2 EFZG für Arbeiter und Angestellte sowie die zu ihrer Berufsausbildung Beschäftigten.

5.2 Entgeltfortzahlung an Feiertagen

Für Arbeitszeit, die infolge eines gesetzlichen Feiertages ausfällt, hat der Arbeitgeber dem Arbeitnehmer das Arbeitsentgelt zu zahlen, das er ohne den Arbeitsausfall erhalten hätte (§ 2 Abs. 1 EFZG). Die **gesetzlichen Feiertage** sind in den einzelnen Bundesländern zum Teil unterschiedlich geregelt.

§ 2 Abs. 2 EFZG enthält eine **Spezialregelung** für die **Kurzarbeit**. Die Arbeitszeit, die an einem gesetzlichen Feiertag gleichzeitig infolge von Kurzarbeit ausfällt und für die an anderen Tagen als an den gesetzlichen Feiertagen Kurzarbeitergeld geleistet wird, gilt als infolge eines gesetzlichen Feiertages ausgefallen. Der Arbeitgeber hat während der Kurzarbeitsphase nur ein Feiertagsentgelt in Höhe des Kurzarbeitergeldes zu leisten, nicht in Höhe der entgangenen Arbeitsvergütung (Müller-Glöge, Müko BGB, § 2 EFZG, Rn 32).

Exkurs zur Kurzarbeit:

Der Arbeitgeber benötigt für die **Einführung von Kurzarbeit** eine **Rechtsgrundlage**, da der Arbeitnehmer während des Arbeitsverhältnisses einen Anspruch auf Beschäftigung und volle Gehaltszahlung hat (§ 611 BGB). Als Rechtsgrundlagen zur Einführung von Kurzarbeit kommen in Betracht:

- **§ 19 KSchG**: Der Arbeitgeber ist nach § 17 KSchG verpflichtet, der **Agentur für Arbeit Massenentlassungen anzuzeigen**. Vom Zeitpunkt der Anzeige an werden die Entlassungen vor Ablauf eines Monats nur mit Zustimmung der Agentur für Arbeit wirksam (§ 18 Abs. 1 KSchG). Im Einzelfall kann die Agentur für Arbeit bestimmen, dass die Entlassungen nicht vor Ablauf von längstens zwei Monaten nach Eingang der Anzeige wirksam werden (§ 18 Abs. 2 KSchG). Ist der Arbeitgeber jedoch nicht in der Lage, die zu entlassenden Arbeitnehmer noch für einen bzw. zwei Monate voll zu beschäftigen, kann die Bundesagentur für Arbeit Kurzarbeit zulassen (vgl. § 19 Abs. 1 KSchG).

- **Tarifvertragliche Regelungen** sehen oft Kurzarbeitsklauseln vor. Umstritten ist, ob es sich hierbei um **Betriebsnormen** i. S. d. § 3 Abs. 2 TVG handelt, die auch gegenüber Arbeitnehmern wirken, die nicht gewerkschaftlich organisiert sind, wenn der Arbeitgeber tarifgebunden ist. Nach anderer Auffassung handelt es sich bei tariflichen Kurzarbeitsklauseln um **Inhaltsnormen**, die nur für tarifgebundene Arbeitnehmer nach §§ 4 Abs. 1, 3 Abs. 1 TVG gelten (vgl. zum Meinungsstreit Franzen, ErfKA, § 1 TVG, Rn 47).

- Kurzarbeit kann aufgrund einer **Betriebsvereinbarung** nach § 87 Abs. 1 Nr. 3 BetrVG vorgesehen werden. Liegt die Zustimmung des Betriebsrates vor, kann Kurzarbeit auch ohne das Einverständnis aller Arbeitnehmer eingeführt werden (Kiel in Ascheid/Preis/Schmidt, Kündigungsrecht, § 1 KSchG, Rn 575)

- Kurzarbeit kann auf eine entsprechende **Individualvereinbarung** im Arbeitsvertrag gestützt werden, sofern eine solche getroffen wurde. Befasst sich der einschlägige Tarifvertrag mit der Frage der Kurzarbeit, kann eine Regelung im Arbeitsvertrag hierzu nicht mehr getroffen werden (anders im

Falle des § 4 Abs. 3 TVG). Dies würde auch für die nicht tarifgebundenen Arbeitnehmer gelten, wenn man Kurzarbeitsklauseln als Betriebsnormen begreift (vgl. oben).

- Enthält weder der einschlägige Tarifvertrag, noch eine Betriebsvereinbarung, noch der Arbeitsvertrag eine Kurzarbeitsklausel, bleibt für den Arbeitgeber nur die Möglichkeit, die Verringerung der Arbeitszeit bei gleichzeitiger Verringerung des Arbeitsentgelts durch eine **betriebsbedingte Änderungskündigung** (§ 2 KSchG) herbeizuführen.

Der Arbeitnehmer hat während des Kurzarbeitszeitraums i. d. R. längstens für sechs Monate einen Anspruch auf Zahlung von **Kurzarbeitergeld**, dessen Höhe 60 % bzw. 67 % der Nettoentgeltdifferenz zwischen dem pauschalierten Nettoentgelt aus dem Soll-Entgelt und dem pauschalierten Nettoentgelt aus dem Ist-Entgelt entspricht (§§ 105, 106 SGB III).

§ 2 Abs. 3 EFZG enthält eine Regelung zum **Ausschluss** des Anspruchs auf Entgeltfortzahlung an Feiertagen. Arbeitnehmer, die am letzten Tag vor oder am ersten Arbeitstag nach Feiertagen **unentschuldigt** der Arbeit fernbleiben, haben keinen Anspruch auf Bezahlung der Vergütung für diese Feiertage. Die Norm dient Präventivzwecken. Der drohende Verlust eines erheblichen Vergütungsanspruchs soll Arbeitnehmer von einer Arbeitspflichtverletzung abhalten (Müller-Glöge, MüKO BGB, § 2 EFZG, Rn 34). Sofern der Arbeitnehmer darauf hinweisen kann, für ihn habe am besagten Tag keine Arbeitspflicht bestanden (Krankheit, Urlaub, Arbeitskampf), ist die Voraussetzung des unentschuldigten Fehlens am maßgebenden individuellen Arbeitstag nicht gegeben (Reinhard, ErfKA, § 2 EFZG, Rn 23).

> **Beispiel:** Arbeitnehmer A ist am 04.10. arbeitsunfähig krank. A hat es versäumt, seiner gesetzlichen Pflicht aus § 5 Abs. 1 S. 1 EFZG nachzukommen und seine Arbeitsunfähigkeit seinem Arbeitgeber unverzüglich anzuzeigen. A erscheint am 05.10 wieder zur Arbeit. Hier ist A, da es sich beim 03.10. um einen gesetzlichen Feiertag, den Tag der deutschen Einheit, handelt, am Tag nach dem gesetzlichen Feiertag von der Arbeit unentschuldigt ferngeblieben. Fraglich ist, ob A nach § 2 Abs. 3 EFZG seinen Anspruch auf Entgeltfortzahlung für den 03.10. verloren hat. Dies wird überwiegend damit verneint, dass A im Krankheitsfall objektiv berechtigt war, der Arbeit fernzubleiben, auch wenn er die Anzeigepflicht aus § 5 Abs. 1 S. 1 EFZG verletzt hat (Dörner/Reinhard, ErfKA, § 2 EFZG, Rn 24). Anders verhielte es sich, wenn A am 04.10. nur keine Lust gehabt hätte, seine Arbeitsstelle aufzusuchen.

Die **Höhe des Anspruchs auf Entgeltfortzahlung** an Feiertagen entspricht nach § 2 Abs. 1 EFZG dem Arbeitsentgelt, das der Arbeitnehmer ohne den Arbeitsausfall erhalten hätte. Der Arbeitsausfall an einem Feiertag besteht i. d. R. aus der auf einen Arbeitstag entfallenden Durchschnittsarbeitszeit (sog. Entgeltausfallprinzip). Bei einem variablen Entgelt ist festzustellen, wie viel Arbeitszeit an dem Feiertag ausgefallen ist und mit welchem Betrag die ausgefallenen Stunden zu vergüten sind (Reinhard, ErfKA, § 2 EFZG, Rn 14).

5.3 Entgeltfortzahlung im Krankheitsfall

5.3.1 Anspruchsvoraussetzungen

§ 3 Abs. 1 EFZG befasst sich mit dem Anspruch des Arbeitnehmers auf Entgeltfortzahlung im **Krankheitsfall**. Voraussetzung für den Anspruch ist, dass

- der Arbeitnehmer **durch Arbeitsunfähigkeit infolge Krankheit** an seiner Arbeitsleistung verhindert wird und
- die Arbeitsunfähigkeit infolge Krankheit vom Arbeitnehmer **nicht verschuldet** ist.

Liegen diese Voraussetzungen vor, hat der Arbeitnehmer einen Anspruch auf Entgeltfortzahlung für **sechs Wochen** (§ 3 Abs. 1 S. 1 EFZG). Der Anspruch entsteht nach § 3 Abs. 3 EFZG allerdings erst nach **vierwöchiger** ununterbrochener Dauer des Arbeitsverhältnisses. Eine tatsächliche Beschäftigung während der **Wartezeit** ist nicht erforderlich (BAG NZA 1999, 1273). Der **rechtliche Bestand** des Arbeitsverhältnisses genügt. Das dem Arbeitsverhältnis vorangehende Ausbildungsverhältnis ist bei der Berechnung der Wartezeit anzurechnen (BAG NZA 2004, 205).

5.3.2 Arbeitsunfähigkeit infolge Krankheit

Wie sich aus der Formulierung des § 3 Abs. 1 S. 1 EFZG **„Arbeitsunfähigkeit infolge Krankheit"** ergibt, besteht ein **Unterschied** zwischen Krankheit und Arbeitsunfähigkeit. Nicht jede Krankheit führt zur Arbeitsunfähigkeit (Müller-Glöge, MüKo BGB, § 3 EFZG, Rn 4). Der Begriff der Arbeitsunfähigkeit wird sowohl im Arbeits- als auch im Sozialversicherungsrecht bei der Krankenversicherung verwendet (§ 3 EFZG, § 44 SGB V). Krankheitsbedingte Arbeitsunfähigkeit ist gegeben, wenn der Arbeitnehmer infolge Krankheit seine **vertraglich geschuldete Tätigkeit objektiv nicht ausüben kann oder objektiv nicht ausüben sollte**, weil die **Heilung** nach ärztlicher Prognose **verhindert oder verzögert** wird (BAG NZA 1985, 562; Müller-Glöge, MüKo BGB, § 3 EFZG, Rn 6).

> **Beispiel:** Der Arbeitnehmer A hat sich am Fuß eine leichte Prellung zugezogen. Arbeitet A auf dem Bau und kann er wegen der Prellung die Bauarbeiten nicht mehr verrichten, ist er arbeitsunfähig krank. Arbeitet A hingegen im Call-Center einer Bank mit überwiegend sitzender Tätigkeit, kann es sein, dass die leichte Prellung am Fuß nicht zur Arbeitsunfähigkeit des A führt. Es ist Aufgabe des behandelnden Arztes zu klären, ob die diagnostizierte Krankheit die Arbeitsunfähigkeit des Arbeitnehmers zur Folge hat (Müller-Glöge, MüKo zum BGB, § 3 EFZG, Rn 6).

Arbeitsunfähigkeit infolge Krankheit ist auch nicht ohne Weiteres im Falle von **ambulanten Behandlungen** oder **Arztbesuchen** gegeben. Hier liegt i. d. R. eine **persönliche Arbeitsverhinderung** i. S. d. § 616 S. 1 BGB vor. Etwas anderes gilt nur, wenn der Arbeitnehmer während des Arztbesuchs oder der ambulanten Behandlung bereits arbeitsunfähig war (BAG NZA 1990, 567).

Aus der Wendung „Arbeitsunfähigkeit infolge Krankheit" ist zu entnehmen, dass die Krankheit die **alleinige Ursache** für die Arbeitsunfähigkeit sein muss, um den Anspruch des Arbeitnehmers aus § 3 Abs. 1 S. 1 EFZG auszulösen. Treten neben die Krankheit weitere Ursachen für den Arbeitsausfall, ist der Anspruch auf Entgeltfortzahlung aus § 3 Abs. 1 S. 1 EFZG **nicht** gegeben (BAG NZA 2007, 384; Müller-Glöge, MüKo BGB, § 3 EFZG, Rn 14).

> **Beispiel:** Der Arbeitnehmer A nimmt an einem organisierten Streik teil, der vom 02.05. bis 15.05. dauert. Infolge des Streiks liegt die Produktion im Betrieb B still. A erkrankt am 04.05 und 05.05. an Brechdurchfall. A hat hier keinen Anspruch auf Entgeltfortzahlung aus § 3 Abs. 1 S. 1 EFZG, da die Krankheit nicht alleinige Ursache für den Arbeitsausfall am 04.05. und 05.05. ist. Weitere Ursache für den Arbeitsausfall ist die Streikteilnahme von A. Durch den organisierten Streik wird das Arbeitsverhältnis von A suspendiert (BAG NZA 2005, 1402).

Erkrankt der Arbeitnehmer während des Urlaubs, ist § 9 BUrlG zu beachten, wonach die Tage der Arbeitsunfähigkeit während des Urlaubs nicht auf den Jahresurlaub angerechnet werden. Eine **Erkrankung während des Urlaubs** führt zur **Urlaubsunterbrechung**. Die in § 9 BUrlG vorgesehene Urlaubsunterbrechung führt schließlich dazu, dass die Arbeitsunfähigkeit alleinige Ursache für den Arbeitsausfall ist, und nicht auch der Urlaub.

5.3.3 Vom Arbeitnehmer verschuldete Arbeitsunfähigkeit

Der Arbeitgeber muss die Entgeltfortzahlung im Krankheitsfall nicht leisten, wenn der Arbeitnehmer die Krankheit **verschuldet** hat (vgl. § 3 Abs. 1 S. 1 EFZG). Im Einzelfall ist nicht immer einfach zu bestimmen, wann der Arbeitnehmer seine Krankheit selbst verschuldet hat. Das BAG sieht ein Verschulden dann als gegeben an, wenn ein **gröblicher Verstoß gegen das von einem verständigen Menschen im eigenen Interesse zu erwartende Verhalten** vorliegt, dessen Folgen auf den Arbeitgeber abzuwälzen unbillig wäre (BAG NZA 1987, 452; BAG NJW 1988, 2323). Aus der Wendung „gröblicher Verstoß" ist zu erkennen, dass das Verschulden i. S. d. § 3 Abs. 1 S. 1 EFZG nicht vorschnell bejaht werden darf, sondern im jeweiligen Einzelfall genau zu prüfen ist. Es wird auch von einem **Verschulden gegen sich selbst** gesprochen. Leichtsinniges Verhalten erfüllt den Tatbestand nicht, sondern nur ein besonders leichtfertiges oder vorsätzliches Verhalten (Reinhard, ErfKA, § 3 EFZG, Rn 23).

> **Beispiel:** Arbeitnehmer A erkrankt an Grippe. Er hat sich bei seiner Ehefrau angesteckt. Der Arbeitgeber des A meint, A wäre nicht krank und damit nicht arbeitsunfähig geworden, wenn er die Nächte während der Erkrankung der Ehefrau nicht im gleichen Zimmer wie diese geschlafen hätte. Damit habe A seine Grippeerkrankung verschuldet. Hier liegt kein Verschulden des A i. S. d. § 3 Abs. 1 S. 1 EFZG vor. Es kann A nicht zum Vorwurf gemacht werden, dass er im gleichen Zimmer wie seine an Grippe erkrankte Ehefrau geschlafen hat. Hätte A hingegen nach einem Herzinfarkt entgegen einem ärztlichen Verbot weiter geraucht und würde er deshalb erneut einen Herzinfarkt erleiden, wäre das Verschulden i. S. d.

§ 3 Abs. 1 S. 1 EFZG zu bejahen, da von einem verständigen Menschen, der bereits einen Herzinfarkt erlitten hat und dem der Arzt die ernsten gesundheitlichen Gefahren des Weiterrauchens dargelegt hat, erwartet werden kann, dass er das Rauchen einstellt.

Unfälle, aus denen die Arbeitsunfähigkeit des Arbeitnehmers resultiert, sind nur dann verschuldet i. S. d. § 3 Abs. 1 S. 1 EFZG, wenn sie vorsätzlich oder grob fahrlässig herbeigeführt wurden. Wer im Straßenverkehr aufgrund stark überhöhter Geschwindigkeit einen Unfall erleidet und arbeitsunfähig erkrankt, handelt schuldhaft i. S. d. § 3 Abs. 1 S. 1 EFZG (BAG AP HGB § 63 Nr. 28). Gleiches gilt im Falle des Nichtanlegens des Sicherheitsgurtes (BAG NJW 1982, 1013).

Beispiel: Arbeitnehmer A nimmt an einer Geburtstagsfeier teil und trinkt dort eine Flasche Wein. Zur Heimfahrt benutzt A seinen eigenen Pkw. Infolge seiner Alkoholisierung kommt A bei der Fahrt nach Hause von der Fahrbahn ab und erleidet einen Beckenbruch. A kann hier keine Entgeltfortzahlung von seinem Arbeitgeber nach § 3 Abs. 1 S. 1 EFZG verlangen, da er die Arbeitsunfähigkeit grob fahrlässig herbeigeführt hat. Jedem verständigen Menschen leuchtet es ein, dass nach dem Genuss von einer Flasche Wein ein sicheres Führen des Pkw nicht mehr möglich ist. A kann jedoch ein grobes Verschulden gegen sich selbst nur dann vorgeworfen werden, wenn er aufgrund seines Alkoholisierungsgrades überhaupt noch steuerungsfähig war oder wenn er noch in nüchternem Zustand damit rechnen musste, dass er sich im Zustand erheblicher Alkoholisierung für eine Heimfahrt mit seinem PKW entscheidet (BAG NJW 1988, 2323).

Sportunfälle, aus denen Arbeitsunfähigkeit resultiert, sind nur dann verschuldet i. S. d. § 3 Abs. 1 S. 1 EFZG, wenn

- eine **gefährliche Sportart** vorliegt oder
- sich der Arbeitnehmer **über seine Kräfte hinaus** sportlich betätigt oder
- der Arbeitnehmer **in besonders grober Weise und leichtsinnig** gegen **anerkannte Regeln des Sports** verstößt (Müller-Glöge, MüKo BGB, § 3 EFZG, Rn 26).

Beispiel für eine besonders gefährliche Sportart: Verschulden wurde für Verletzungen bejaht, die aus Kickboxen resultieren (ArbG Hagen, NZA 90, 311). Beim Amateurboxen, Drachenfliegen und Motorradfahren davongetragene Verletzungen werden von der Rechtsprechung tendenziell als vom Arbeitnehmer nicht verschuldet angesehen. Auch das Inline-Skating wurde von der Rechtsprechung als nicht gefährliche Sportart eingestuft (LAG Saarland NZA-RR 2003, 568). Vor diesem Hintergrund wird teilweise gefordert, die Unterscheidung zwischen gefährlichen und nicht gefährlichen Sportarten aufzugeben (Reinhard, ErfKA, § 3 EFZG, Rn 26).

Beispiel für die Überschreitung der körperlichen Leistungsfähigkeit: Der Arbeitnehmer A leidet an starkem Übergewicht. Aufgrund einer Wette mit einem Freund nimmt A an einem Marathonlauf teil. Nach zehn Kilometer zurückgelegter

Wegstrecke bricht A völlig erschöpft zusammen. A muss sich einer vierwöchigen Krankenhausbehandlung unterziehen. A hat im Beispiel seine Arbeitsunfähigkeit selbst verschuldet, da er grob fahrlässig seine körperliche Leistungsfähigkeit überschritten hat.

Beispiel für einen groben/leichtsinnigen Verstoß gegen anerkannte Regeln des Sports: Der Arbeitnehmer A möchte eine Fahrt im Tiefschnee genießen. Er verlässt unter Missachtung der am Rande der Skipiste aufgestellten Warntafeln „Piste verlassen verboten – Lawinengefahr" die Skipiste. A wird von einer Lawine erfasst. A kann gerettet werden. Infolge der erlittenen Unterkühlung ist A für fünf Wochen arbeitsunfähig krank. Der Arbeitgeber des A ist hier nicht verpflichtet, Entgeltfortzahlung zu leisten, da A seine Arbeitsunfähigkeit selbst verschuldet hat.

Suchtkrankheiten wie bspw. **Alkoholabhängigkeit, Tabletten-** und **Drogensucht** sind als Krankheiten anzusehen, die zur Arbeitsunfähigkeit führen können. Sie sind aber nicht ohne Weiteres selbstverschuldet (Reinhard, ErfKA, §3 EFZG, Rn 27). Das BAG ging im Falle des Alkoholmissbrauchs/der Alkoholabhängigkeit zunächst stets von einem Verschulden i.S.d. §3 Abs.1 S.1 EFZG aus (BAG AP §1 LohnFG Nr.26). Das BAG ist von diesem Standpunkt inzwischen abgerückt und sieht eine verschuldete Alkoholabhängigkeit nur als gegeben an, wenn der Arbeitnehmer aus nicht nachvollziehbaren Gründen alkoholabhängig wird (BAG AP §1 LohnFG Nr.52). Ein Verschulden ist nach dem BAG allerdings zu bejahen, wenn sich der alkoholabhängige Arbeitnehmer einer **Entziehungskur** unterzogen hat und dadurch abstinent, anschließend aber **rückfällig** geworden ist (BAG NZA 1992, 69). Dies wird jedoch bestritten, da es keinen Erfahrungssatz gebe, der bei einem Rückfall ein Eigenverschulden rechtfertige (Reinhard, ErfKA, §3 EFZG, Rn 27).

Beispiel: Der Arbeitnehmer A verlangt Entgeltfortzahlung für den 27.12, 28.12 und 02.01., da er an diesen Tagen krank war. Er hatte eine Arbeitsunfähigkeitsbescheinigung vorgelegt. Der Arbeitgeber B des A hatte mit dem Betriebsrat eine Betriebsvereinbarung geschlossen, dass in der Weihnachtswoche (27.12. bis einschließlich 31.12.) nicht gearbeitet wird. In die Weihnachtswoche der sog. „Betriebsruhe" fallen der 27. und 28.12. B verweigert die Entgeltfortzahlung für die o.g. Tage mit dem Argument, A sei an den besagten Tagen krank gewesen, weil er nach einer Alkoholentziehungskur rückfällig geworden sei.

Frage:

Hat A gegen B einen Anspruch auf Entgeltfortzahlung für den 27.12, 28.12. und 02.01.?

Lösung:

A könnte gegen B aus § 3 Abs.1 S.1 EFZG einen Anspruch auf Entgeltfortzahlung für den 27.12. und 28.12. haben. Zwischen Krankheit und Arbeitsausfall muss ein ausschließliches Kausalitätsverhältnis vorliegen. Die krankheitsbedingte Arbeitsunfähigkeit muss die alleinige Ursache für den Arbeitsausfall sein (vgl. § 3 Abs.1 S.1 EFZG: „infolge"). Dies ist für den 27.12. und 28.12. nicht der Fall. An beiden Tagen bestand auch für die gesunden Arbeitnehmer wegen der Betriebsruhe keine Arbeitpflicht. Die Betriebsvereinbarung ist auf der Grundlage des § 87 Abs. 1 Nr. 3 BetrVG wirksam geschlossen. § 77 Abs. 3 S. 1 BetrVG steht der Regelung einer Betriebsruhe in einer Betriebsvereinbarung nicht entgegen. Erhält der Arbeitnehmer während der Betriebsruhe das Arbeitsentgelt nach § 611 Abs. 1 BGB bezahlt, können ihm die ausfallenden Arbeitsstunden im Arbeitszeitkonto ins Soll gestellt werden (BAG AP EFZG § 4 Nr. 67). Ein Entgeltfortzahlungsanspruch aus § 3 Abs. 1 S. 1 EFZG besteht im vorliegenden Fall nicht für den 27.12. und 28.12., da auch die Betriebsruhe Ursache für den Arbeitsausfall ist. A könnte gegen B aus § 3 Abs. 1 S. 1 EFZG einen Anspruch auf Entgeltfortzahlung für den 02.01. haben. Am 02.01. ist die Arbeitsunfähigkeit des A infolge Krankheit alleinige Ursache des Arbeitsausfalls. Alkoholismus ist als Krankheit anzusehen. Fraglich ist, ob A die Arbeitsunfähigkeit selbst verschuldet hat. Das Verschulden i. S. d. § 3 Abs. 1 S. 1 EFZG wird definiert als gröblicher Verstoß gegen das von einem verständigen Menschen im eigenen Interesse zu erwartende Verhalten. Die Beweislast für das Verschulden des Arbeitnehmers an seiner Erkrankung liegt beim Arbeitgeber, da das Verschulden zum Ausschluss des Anspruches führt (Reinhard, ErfKA, § 3 EFZG, Rn 32). Nach Ansicht des BAG gibt es keinen wissenschaftlichen Erfahrungssatz, dass Alkoholabhängigkeit i. d. R. selbst verschuldet ist (vgl. BAG AP § 1 LohnFG Nr. 52). Anders verhält es sich allerdings, wenn sich der alkoholabhängige Arbeitnehmer einer stationären Entziehungskur unterzogen hat und anschließend längere Zeit abstinent blieb. In solch einem Fall ist die Rückfälligkeit i. d. R. selbst verschuldet. Der Arbeitgeber muss somit auch für den 02.01. keine Entgeltfortzahlung leisten, weil A seine Erkrankung verschuldet hat (a. A. vertretbar).

5.3.4 Dauer der Entgeltfortzahlung

Die **Dauer der Entgeltfortzahlung** beträgt nach § 3 Abs. 1 S. 1 EFZG **sechs Wochen** für **jede Erkrankung**. Dies sind 42 Kalendertage. Die **Wartezeit** des § 3 Abs. 3 EFZG ist auf den Zeitraum von sechs Wochen **nicht** anzurechnen (BAG NZA 1999, 1273). Es ist nach der Art der Erkrankung zu differenzieren. Erkrankt ein Arbeitnehmer an Grippe und dann an einer Lebensmittelvergiftung, sind die Krankheiten für den sechswöchigen Entgeltfortzahlungszeitraum streng auseinanderzuhalten, da dieser für jede Erkrankung gesondert läuft. Es empfiehlt sich im Zusammenhang mit der Frage, ob der Entgeltfortzahlungszeitraum ausgeschöpft ist, mit Kalendertagen zu rechnen und nicht mit Wochen, um Fehlerquellen zu vermeiden.

Beispiel: Arbeitnehmer A ist bei B beschäftigt. A hat ein Bandscheibenleiden und wird von seinem Hausarzt von Montag bis einschließlich Freitag krankgeschrieben. Da sich aus dem ärztlichen Attest eine Arbeitsunfähigkeit nur für 5 Kalendertage ergibt, wäre es falsch, von dem Entgeltfortzahlungszeitraum von 6 Wochen wegen der für das Bandscheibenleiden geleisteten Entgeltfortzahlung eine Woche abzuziehen. Für die Frage, wie lange A für weitere Ausfälle wegen des Bandscheibenleidens gegen B noch einen Anspruch auf Entgeltfortzahlung hat, sind von 42 Kalendertagen 5 Kalendertage abzuziehen, so dass der verbleibende Entgeltfortzahlungszeitraum für weitere Fehltage wegen des Bandscheibenleidens noch 37 Kalendertage beträgt, also 5 Wochen und 2 Tage.

Andererseits ist zu beachten, dass zu den 42 Kalendertagen alle Sonn- und Feiertage rechnen (Reinhard, ErfKA, § 3 EFZG, Rn 34) sowie die arbeitsfreien Tage aufgrund eines Schichtenplans oder wegen Freizeitausgleichs. Dem **Sechs-Wochenzeitraum** entsprechen also **42 Kalendertage**, unabhängig davon, welche Tage in diesem Zeitraum als Arbeitstage angefallen sind. Ruht das Arbeitsverhältnis bei Beginn der Arbeitsunfähigkeit, bleibt der Anspruchszeitraum für die Entgeltfortzahlung unberührt, da während der Ruhenszeit (z. B. Elternzeit) die wechselseitigen Rechte und Pflichten entfallen (Reinhard, ErfKA, § 3 EFZG, Rn 34).

Nach § 3 Abs. 1 S. 2 EFZG hat ein Arbeitnehmer für einen **weiteren Zeitraum von höchstens sechs Wochen** einen Anspruch auf Entgeltfortzahlung im Krankheitsfall, wenn er infolge **derselben Krankheit** erneut arbeitsunfähig wird und wenn

- er vor der erneuten Arbeitsunfähigkeit mindestens **sechs Monate** nicht infolge derselben Krankheit arbeitsunfähig war (§ 3 Abs. 1 S. 2 Nr. 1 EFZG) oder
- seit Beginn der ersten Arbeitsunfähigkeit infolge derselben Krankheit eine Frist von **zwölf Monaten** abgelaufen ist (§ 3 Abs. 1 S. 2 Nr. 2 EFZG).

Eine erneute Arbeitsunfähigkeit infolge derselben Krankheit liegt vor, wenn die Krankheit, auf der die frühere Arbeitsunfähigkeit beruhte, in der Zeit zwischen dem Ende der vorausgegangenen und dem Beginn der neuen Arbeitsunfähigkeit medizinisch nicht vollständig ausgeheilt war, sondern als **Grundleiden** weiter bestand, so dass die neue Erkrankung nur eine Fortsetzung der früheren Erkrankung ist (BAG NZA 1985, 501). Die Krankheitssymptome müssen nicht identisch sein. Es können unterschiedliche Krankheitsbilder auftreten (BAG NZA 1985, 501). Mehrere **gleichzeitig auftretende oder sich überlappende Erkrankungen** lösen, unabhängig vom Grund der Erkrankung, nur einmal einen Entgeltfortzahlungsanspruch für 42 Kalendertage aus (BAG AP § 1 LohnFG Nr. 48). Es gilt der Grundsatz der **Einheitlichkeit des Verhinderungsfalles** (Reinhard, ErfKA, § 3 EFZG, Rn 43).

Beispiel für § 3 Abs. 1 S. 2 Nr. 1 EFZG: Arbeitnehmer A hat ein Bandscheibenleiden. A hat, wenn er infolge des Bandscheibenleidens arbeitsunfähig erkrankt, nach § 3 Abs. 1 S. 1 EFZG einen Anspruch gegen seinen Arbeitgeber auf Entgeltfortzahlung für sechs Wochen, also 42 Kalendertage. Ist dieser Entgeltfortzahlungszeitraum ausgeschöpft, hat A gegen seinen Arbeitgeber erst dann wieder einen Anspruch auf Entgeltfortzahlung wegen Arbeitsunfähigkeit infolge des Bandscheibenleidens für einen weiteren Zeitraum von höchstens sechs Wochen, wenn er nach der Erschöpfung des ersten Entgeltfortzahlungszeitraums mindestens sechs Monate nicht wegen des Bandscheibenleidens arbeitsunfähig erkrankt war. Unschädlich ist es, wenn A während des Zeitraums von sechs Monaten wegen einer anderen Krankheit arbeitsunfähig wird.

In den nachfolgenden Übersichten ist das Bandscheibenleiden als **Krankheit 1** bezeichnet. Bei der **Krankheit 2** handelt es sich um eine andere Erkrankung, die mit dem Bandscheibenleiden nicht im Zusammenhang steht.

Übersicht zu § 3 Abs. 1 S. 2 Nr. 1 EFZG:

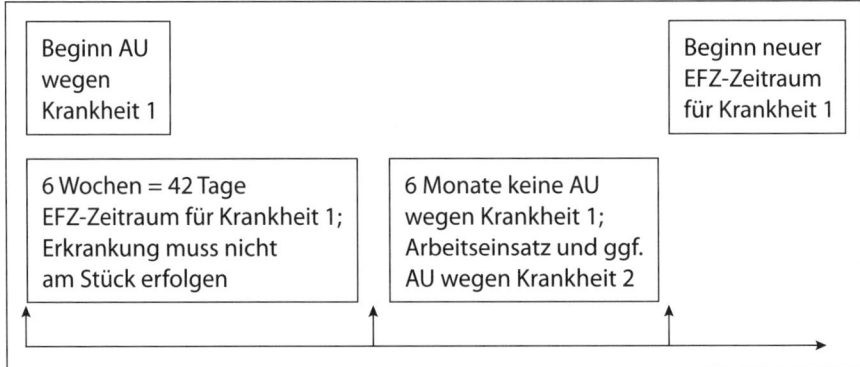

Beginn AU wegen Krankheit 1		Beginn neuer EFZ-Zeitraum für Krankheit 1
6 Wochen = 42 Tage EFZ-Zeitraum für Krankheit 1; Erkrankung muss nicht am Stück erfolgen	6 Monate keine AU wegen Krankheit 1; Arbeitseinsatz und ggf. AU wegen Krankheit 2	

Beispiel für § 3 Abs. 1 S. 2 Nr. 2 EFZG: Arbeitnehmer A hat ein Bandscheibenleiden. A hat, wenn er infolge des Bandscheibenleidens erkrankt, nach § 3 Abs. 1 S. 1 EFZG einen Anspruch auf Entgeltfortzahlung für 42 Kalendertage. Ist der Entgeltfortzahlungszeitraum von sechs Wochen erschöpft, hat A gegen seinen Arbeitgeber erst dann wieder einen Anspruch auf Entgeltfortzahlung wegen Arbeitsunfähigkeit infolge des Bandscheibenleidens, wenn seit Beginn der ersten Arbeitsunfähigkeit infolge derselben Krankheit eine Frist von zwölf Monaten abgelaufen ist. § 3 Abs. 1 S. 2 Nr. 2 EFZG eröffnet nach der Ausschöpfung des ersten Entgeltfortzahlungszeitraums von sechs Wochen einen weiteren Entgeltfortzahlungszeitraum von höchstens sechs Wochen, wenn seit der ersten Erkrankung des ersten Entgeltfortzahlungszeitraums, der inzwischen ausgeschöpft ist, zwölf Monate liegen und der Arbeitnehmer nach der Ausschöpfung des ersten Entgeltfortzahlungszeitraums nicht mindestens sechs Monate nicht infolge derselben Arbeitsunfähigkeit arbeitsunfähig war. Beginnt die wiederholte Erkrankung im Laufe des Zwölf-Monatszeitraums und dauert sie bis in den 13. Monat hinein, hat der Arbeitnehmer nur Anspruch auf Krankengeld nach § 44 SGB V. Die erneute Arbeitsunfähigkeit muss nach Ablauf der Jahresfrist auftreten, nicht andauern (Müller-Glöge, MüKo zum BGB, § 3 EFZG, Rn 72, str.). Der Zwölf-Monatszeitraum wird unterbrochen und beginnt neu zu laufen, wenn der Arbeitnehmer aufgrund des Grundleidens erst nach Ablauf von sechs Monaten erneut arbeitsunfähig wird (BAG NZA 1988, 365).

Übersicht zu § 3 Abs. 1 S. 2 Nr. 2 EFZG:

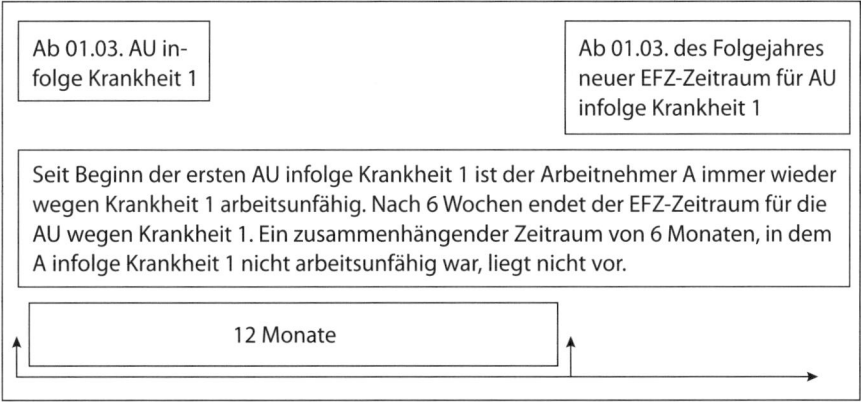

Der Arbeitgeber hat ein Interesse daran, mehrere Erkrankungen als ein und dieselbe Krankheit zu qualifizieren. Denn handelt es sich um dieselben Krankheiten, kann eine **Addition der Fehltage** erfolgen, um den Entgeltfortzahlungszeitraum von sechs Wochen möglichst zu beenden. Hat der Arbeitgeber sechs Wochen Entgeltfortzahlung infolge derselben Krankheit geleistet und liegt kein Fall des § 3 Abs. 1 S. 2 Nr. 1 oder Nr. 2 EFZG vor, wird also kein neuer Entgeltfortzahlungszeitraum eröffnet, hat die gesetzliche Krankenkasse **Krankengeld** nach §§ 44 ff. SGB V zu leisten, das 70 % des erzielten regelmäßigen Arbeitsentgelts beträgt (§ 47 Abs. 1 SGB V). Nach § 48 Abs. 1 SGB V erhalten Versicherte von der Krankenkasse Krankengeld ohne zeitliche Begrenzung, für den Fall der Arbeitsunfähigkeit wegen derselben Krankheit jedoch für längstens 78 Wochen innerhalb von je drei Jahren, gerechnet vom Tage des Beginns der Arbeitsunfähigkeit an. Da die vom Arbeitnehmer nach § 5 Abs. 1 S. 2 EFZG ab dem vierten Krankheitstag vorzulegende **ärztliche Arbeitsunfähigkeitsbescheinigung keine Angaben über die Art der Erkrankung** enthält, sondern nur über die voraussichtliche Dauer der Arbeitsunfähigkeit, ist die Beweisführung für den Arbeitgeber, dass es sich bei mehreren Erkrankungen um dieselbe Krankheit handelt, nicht möglich. Der **Arbeitnehmer** muss deshalb darlegen, dass es sich um **keine Fortsetzungserkrankung** handelt. Hierzu hat er seinen Arzt von der ärztlichen Schweigepflicht zu entbinden (Dörner/Reinhard, ErfKA, § 3 EFZG, Rn 44). Die Krankenkassen sind nach § 69 Abs. 4 SGB X befugt, einem Arbeitgeber mitzuteilen, ob die erneute Arbeitsunfähigkeit des Arbeitnehmers auf derselben Krankheit beruht oder nicht.

5.3.5 Anzeige- und Nachweispflichten

Der **Arbeitnehmer** ist nach § 5 Abs. 1 S. 1 EFZG verpflichtet, dem Arbeitgeber die Arbeitsunfähigkeit und deren voraussichtliche Dauer **unverzüglich mitzuteilen**. Nicht anzuzeigen ist die Art der Erkrankung. Eine Legaldefinition des Begriffs „unverzüglich" beinhaltet § 121 S. 1 BGB. Der Arbeitnehmer darf demnach die Anzeige der Arbeitsunfähigkeit und deren voraussichtliche Dauer nicht schuldhaft verzögern (BAG NZA 1990, 433). Das erfordert im Regelfall eine telefonische Nachricht zu Beginn der betrieblichen Arbeitszeit, jedenfalls im Laufe des ersten Arbeitstages (Reinhard, ErfKA, §5 EFZG Rn 6). Verletzt der Arbeitnehmer die Anzeigepflicht aus §5 Abs.1 S.1 EFZG, kann der Arbeitgeber gegebenenfalls im Wiederholungsfalle, nachdem er einen zeitnahen vorherigen Verstoß des Arbeitnehmers bereits **abgemahnt** hatte, eine ordentliche bzw. eine außerordentliche Kündigung des Arbeitsverhältnisses aussprechen. Sind dem Arbeitgeber durch die Verletzung der Anzeigepflicht Schäden entstanden, ist der Arbeitnehmer ggf. zum Schadensersatz verpflichtet.

Von der Verpflichtung zur unverzüglichen Anzeige der Arbeitsunfähigkeit und deren voraussichtlichen Dauer nach §5 Abs.1 S.1 EFZG ist die Verpflichtung des Arbeitnehmers nach §5 Abs.1 S.2 EFZG zu **unterscheiden**, dem Arbeitgeber eine **ärztliche Arbeitsunfähigkeitsbescheinigung vorzulegen**. Die ärztliche Arbeitsunfähigkeitsbescheinigung ist dem Arbeitgeber, sofern die Arbeitsunfähigkeit **länger als drei Tage** dauert, spätestens am darauffolgenden Arbeitstag vorzulegen. Gemeint ist der **vierte Kalendertag**. §5 Abs.1 S.3 EFZG gibt dem Arbeitgeber das Recht, die ärztliche Arbeitsunfähigkeitsbescheinigung **früher** zu verlangen. Im Arbeitsvertrag kann bspw. vereinbart werden, dass der Arbeitnehmer die ärztliche Arbeitsunfähigkeitsbescheinigung bereits am **ersten Krankheitstag** vorlegen muss (BAG NZA 1998, 369). Die Forderung nach Vorlage einer Arbeitsunfähigkeitsbescheinigung am ersten Krankheitstag setzt keinen Sachverhalt voraus, der Anlass für die Annahme eines rechtsmissbräuchlichen Verhaltens gibt, und ist nicht an die Wahrung billigen Ermessens gebunden (LAG Köln BeckRS 2011, 78217).

Der Arbeitnehmer erbringt den **Beweis für seine Arbeitsunfähigkeit** durch die Vorlage einer entsprechenden **ärztlichen Arbeitsunfähigkeitsbescheinigung**. Der Arbeitgeber kann jedoch den Beweiswert der Arbeitsunfähigkeitsbescheinigung erschüttern, indem er ein Verhalten des Arbeitnehmers beweisen kann, das gegen dessen Arbeitsunfähigkeit spricht. **Zweifel an der Arbeitsunfähigkeit** des Arbeitnehmers können sich ergeben, wenn der Arbeitnehmer die Arbeitsunfähigkeit ankündigt, er für den Fall der Nichtgewährung von Urlaub mit Arbeitsunfähigkeit droht, während der Arbeitsunfähigkeit Schwarzarbeit verrichtet oder ganztägig zur Errichtung eines Eigenheims arbeitet (vgl. Müller-Glöge, MüKo BGB, §3 EFZG, Rn 79 f.). Der Beweiswert einer Arbeitsunfähigkeitsbescheinigung ist jedoch nicht schon dann erschüttert, wenn der erkrankte Arbeitnehmer zu Hause nicht angetroffen wird. Die gesetzliche Arbeitsunfähigkeitsbescheinigung ist das Beweismittel, mit dem der Arbeitnehmer seine Arbeitsunfähigkeit und ihre Dauer nachweist (BAG NZA 1998, 369). Die Arbeitsunfähigkeitsbescheinigung hat daher im Rahmen der richterlichen Beweiswürdigung nach §286 Abs.1 ZPO einen hohen Beweiswert (Reinhard, ErfKA, §5 EFZG, Rn 14).

Hat der Arbeitgeber begründete Zweifel an der Arbeitsunfähigkeit seines Arbeitnehmers, kann er den **medizinischen Dienst der Krankenversicherung** nach §275 Abs.1 Nr.3 b SGB V einschalten und eine gutachtliche Stellungnahme über die Arbeitsunfähigkeit beantragen (Müller-Glöge, MüKo zum Arbeitsrecht, §3 EFZG, Rn 79).

Beispiel: A spricht beim Personalchef P vor und bittet diesen, ihm dieses Jahr einen zusammenhängenden Urlaub von vier Wochen zu gewähren, da er die Absicht hat, nach Australien zu fliegen. P verweigert dies mit dem Hinweis auf die gute Auftragslage. A entgegnet daraufhin, wenn es eben nicht auf diesem Wege gehe, vier Wochen Urlaub zu bekommen, werde er sich etwas anderes einfallen lassen. Er fliege auf jeden Fall nach Australien. P gewährt A am 15.09. ab 01.11. zwei Wochen Urlaub. Am 15.10. erhält P eine Arbeitsunfähigkeitsbescheinigung von A über dessen Arbeitsunfähigkeit vom 15.10. bis 31.10. Ab 01.11. hat A Urlaub. Hier ist der Beweiswert der Arbeitsunfähigkeitsbescheinigung ggf. erschüttert. P muss jedoch beweisen können, dass A zu ihm gesagt hat, er werde schon andere Wege finden, um vier Wochen freizubekommen. Auch kann P den Beweiswert der Arbeitsunfähigkeit erschüttern, wenn er nachweisen kann, dass A während des gesamten Arbeitsunfähigkeitszeitraums zu Hause nicht anzutreffen war, weil A nach Australien geflogen ist (Reinhard, ErfKA, § 5 EFZG, Rn 14).

§ 5 Abs. 2 EFZG befasst sich mit der Frage, was der Arbeitnehmer zu veranlassen hat, wenn er sich **zu Beginn der Arbeitsunfähigkeit im Ausland** aufhält. Die Arbeitsunfähigkeit kann bspw. während einer Geschäftsreise im Ausland auftreten oder während des Urlaubs, der durch die Arbeitsunfähigkeit nach § 9 BUrlG unterbrochen wird. § 5 Abs. 2 S. 1 EFZG verpflichtet den Arbeitnehmer, dem Arbeitgeber die Arbeitsunfähigkeit, deren voraussichtliche Dauer und die Adresse am Aufenthaltsort in der schnellstmöglichen Art der Übermittlung mitzuteilen. Der Arbeitgeber soll gemäß Art. 18 V der EWG-VO Nr. 574/72 die Möglichkeit haben, den arbeitsunfähigen Arbeitnehmer vor Ort von einem Arzt seines Vertrauens untersuchen zu lassen. Zudem ist der Arbeitnehmer nach § 5 Abs. 2 S. 3 EFZG verpflichtet, wenn er Mitglied einer gesetzlichen Krankenkasse ist, dieser die Arbeitsunfähigkeit und deren voraussichtliche Dauer unverzüglich anzuzeigen. Damit übernimmt der im Ausland erkrankte Arbeitnehmer die Mitteilungspflicht gegenüber der gesetzlichen Krankenkasse, die für eine Inlandserkrankung der Arzt hat. Auch die **Rückkehr in das Inland** ist nach § 5 Abs. 2 S. 7 EFZG unverzüglich anzuzeigen.

§ 5 Abs. 2 EFZG regelt nicht die Frage, ob der Arbeitnehmer, wenn die Arbeitsunfähigkeit im Ausland auftritt, verpflichtet ist, eine Arbeitsunfähigkeitsbescheinigung vorzulegen. Nach richtiger Ansicht **verschärft** § 5 Abs. 2 EFZG nur die **Anzeigenpflichten** des § 5 Abs. 1 EFZG, ohne auf das Erfordernis einer Arbeitsunfähigkeitsbescheinigung verzichten zu wollen. Die von einem ausländischen Arzt ausgestellte Arbeitsunfähigkeitsbescheinigung hat grds. denselben Beweiswert wie die eines inländischen Arztes. Der Beweiswert der von einem ausländischen Arzt ausgestellten Arbeitsunfähigkeitsbescheinigung kann vom Arbeitgeber allerdings erschüttert werden, indem er einen Nachweis erbringt, dass der Arbeitnehmer missbräuchlich oder betrügerisch eine festgestellte Arbeitsunfähigkeit gemeldet hat, ohne krank gewesen zu sein (Müller-Glöge, MüKo zum BGB, § 3 EFZG, Rn 83). An den Nachweis einer betrügerischen oder rechtsmissbräuchlichen Inanspruchnahme von Entgeltfortzahlung durch einen im Ausland erkrankten Arbeitnehmer dürfen allerdings keine zu hohen Anforderungen gestellt werden (Paletta Schlussurteil LAG Baden-Württemberg NZA-RR 2000, 514).

5.3.6 Höhe der Entgeltfortzahlung

Nach § 4 Abs. 1 EFZG ist das Arbeitsentgelt fortzuzahlen, das dem Arbeitnehmer für die für ihn **maßgebende regelmäßige Arbeitszeit** zusteht. Der Arbeitnehmer soll also das bekommen, was er erhalten würde, wenn er nicht arbeitsunfähig erkrankt wäre. Die Berechnung der Entgeltfortzahlung bereitet bei einem fixen Monatsentgelt keine Schwierigkeiten. Eine betriebliche Regelung zur flexiblen Verteilung der Arbeitszeit, nach der die sich in der Phase der verkürzten Arbeitszeit ergebende Zeitschuld nur durch tatsächliche Arbeitsleistung, nicht aber bei krankheitsbedingter Arbeitsunfähigkeit in der Phase der verlängerten Arbeitszeit ausgeglichen wird, verstößt gegen das **Lohnausfallprinzip** des § 4 Abs. 1 EFZG (BAG NZA 2002, 683; Müller-Glöge, MüKo BGB, § 4 EFZG, Rn 3).

§ 4 Abs. 1a EFZG stellt ausdrücklich klar, dass zum fortzuzahlenden Arbeitsentgelt das zusätzlich für **Überstunden** gezahlte Arbeitsentgelt und Leistungen für Aufwendungen des Arbeitnehmers, die ihm während der Arbeitsunfähigkeit nicht entstehen, **nicht** gehören. **Schwankt** die Arbeitszeit, sind zur Bestimmung der regelmäßigen Arbeitszeit i. S. d. § 4 Abs. 1 EFZG die in den **vergangenen zwölf Monaten durchschnittlich geleisteten Arbeitsstunden** heranzuziehen (BAG NZA 2002, 439). **Erschwerniszulagen, Gefahrenzulagen** und **Leistungszulagen** sind auch bei Arbeitsunfähigkeit fortzuzahlen (Müller-Glöge, MüKo BGB, § 4 EFZG, Rn 12). Auch **vermögenswirksame Leistungen** sind fortzuentrichten (BAG DB 2003, 1395).

> **Beispiel:** A ist bei B angestellt. Er ist vom 05.04. bis 10.04. arbeitsunfähig erkrankt. Laut Arbeitsvertrag beträgt die regelmäßige Arbeitszeit 38,5 Stunden pro Woche. Das monatliche Bruttogehalt beträgt 2 500 €. A hat im Monat vor der Erkrankung im Schnitt pro Tag eine Überstunde gemacht. Überstunden werden laut Arbeitsvertrag mit 20 € pro Stunde entlohnt. Zudem hat A laut Arbeitsvertrag einen Anspruch auf Ersatz der ihm entstehenden Aufwendungen, die ihm durch die Nutzung seines privaten Pkw zu betrieblichen Zwecken entstehen, i. H. v. 30 Cent pro gefahrenem Kilometer. A hat seine Arbeitsunfähigkeit unverzüglich angezeigt und eine ärztliche Arbeitsunfähigkeitsbescheinigung vorgelegt. A hat nach § 3 Abs. 1 S. 1 EFZG einen Anspruch auf Entgeltfortzahlung für die Zeit vom 05.04. bis 10.04. Die Höhe des fortzuzahlenden Entgelts bemisst sich nach § 4 Abs. 1 EFZG nach dem Entgelt, das A im Zeitraum der Arbeitsunfähigkeit erhalten hätte. Zu beachten ist jedoch, dass nach § 4 Abs. 1a EFZG die vor dem Zeitraum der Arbeitsunfähigkeit geleisteten Überstunden nicht als regelmäßige Arbeitszeit anzusehen und daher bei der Berechnung der Höhe der Entgeltfortzahlung nicht zu berücksichtigen sind. Bei der Berechnung der Höhe der Entgeltfortzahlung sind Aufwendungen des A für gefahrene Kilometer nicht in Ansatz zu bringen, da die Kilometerpauschale nur für tatsächlich entstandene Aufwendungen zu entrichten ist und während des Zeitraums der Arbeitsunfähigkeit Aufwendungen im Zusammenhang mit der Nutzung des Privat-Pkw für betriebliche Zwecke gerade nicht entstehen.

Erhält der Arbeitnehmer eine auf das Ergebnis der Arbeit abgestellte Vergütung, ist nach § 4 Abs. 1 S. 2 EFZG der vom Arbeitnehmer in der für ihn maßgebenden regelmäßigen Arbeitszeit **erzielbare Durchschnittsverdienst** der Berechnung zugrunde zu legen. Neben dem Leistungslohn im engeren Sinne (**Akkord- und Prämienlohn**) sind auch Vergütungsbestandteile wie **Provisionen, Tantiemen** und **Prämien** erfasst (Müller-Glöge, MüKo BGB, § 4 EFZG, Rn 21).

Nach § 4 Abs. 4 EFZG kann durch **Tarifvertrag** eine von § 4 Abs. 1, 1a und 3 EFZG **abweichende Berechnungsgrundlage** festgelegt werden. Die abweichende Tarifnorm kann alle den Geldfaktor bestimmenden Elemente betreffen. Tarifliche Zuschläge wie Nachtarbeitszuschläge können von der Entgeltfortzahlung ausgenommen werden. Die tarifliche Regelungsmöglichkeit betrifft auch den Zeitfaktor. Tarifliche Regelungen können also auch Bestimmungen über die Modalitäten von Zeitgutschriften auf einem Arbeitszeitkonto im Krankheitsfall enthalten (Müller-Glöge, MüKo BGB, § 4 EFZG, Rn 29, 30). Abgesehen von § 4 Abs. 4 EFZG kann von den **zwingenden Vorschriften des Entgeltfortzahlungsgesetzes** nicht zuungunsten der Arbeitnehmer abgewichen werden (§ 12 EFZG). Eine Abweichung von den zwingenden Bestimmungen über die Wartezeit, die Dauer der Entgeltfortzahlung und die Mehrfacherkrankung ist auch im Tarifvertrag zuungunsten des Arbeitnehmers nicht möglich (Müller-Glöge, MüKo BGB, § 12 EFZG, Rn 2 ff.).

> **Beispiel:** Im Tarifvertrag kann geregelt werden, dass zur Berechnung der Höhe der Entgeltfortzahlung nicht auf den vom jeweiligen Arbeitnehmer regelmäßig erzielten Akkordlohn abzustellen ist, sondern auf den Durchschnittsakkord aller Arbeitnehmer.
>
> Unzulässig wäre eine Regelung im Tarifvertrag, wonach von dem auf der Basis der regelmäßigen Arbeitszeit errechneten Entgeltfortzahlungsanspruch ein pauschaler Abschlag i. H. v. 20 % vorzunehmen ist.

5.3.7 Kürzung von Sondervergütungen

§ 4a EFZG erlaubt es, für die Zeit der Arbeitsunfähigkeit **Sondervergütungen** zu **kürzen**. Die Norm enthält selbst keine Rechtsgrundlage zur Kürzung einer Sondervergütung. Die Kürzung muss sich auf eine **Vereinbarung** stützen lassen. Sondervergütungen sind vom Arbeitgeber zusätzlich zum laufenden Arbeitsentgelt erbrachte Leistungen. **Beispiele für Sondervergütungen** sind **Anwesenheitsprämien, Weihnachtsgratifikationen** sowie **Jahressonderzahlungen**. Die Kürzung von Sondervergütungen ist allerdings der Höhe nach beschränkt. Nach § 4a S. 2 EFZG darf für jeden Tag der Arbeitsunfähigkeit infolge Krankheit **ein Viertel des Arbeitsentgelts, das im Jahresdurchschnitt auf einen Arbeitstag entfällt**, gekürzt werden. Gewährt der Arbeitgeber verschiedene Sondervergütungen, kann für jede einzelne Sondervergütung eine Kürzungsmöglichkeit vorgesehen werden (Müller-Glöge, MüKo BGB, § 4a EFZG, Rn 17).

Keine Kürzungsmöglichkeit besteht, sofern es sich bei der Leistung des Arbeitgebers nicht um eine Sondervergütung handelt. **Sonn- und Feiertagszuschläge** sind **keine** Sondervergütungen (BAG NZA-RR 2009, 580). **Weihnachtsgratifikationen**, die in der betrieblichen Praxis verschiedene Bezeichnungen haben wie Jahresabschlussprämie, Jahresabschlusszahlung, Jahressonderleistung,

Weihnachtsgeld oder 13. Monatsgehalt, sind kein laufendes Entgelt, sondern Sondervergütung nach § 4a EFZG und damit **kürzungsfähig**, wenn die Leistung vergangene, gegenwärtige und künftige Betriebstreue belohnen will. Nur wenn die Leistung aufgespartes Entgelt für geleistete Arbeit ist und ohne weitere Voraussetzung gezahlt wird, kommt eine Kürzung nicht in Betracht (Reinhard, ErfKA, § 4a EFZG, Rn 8).

> **Beispiel:** Arbeitnehmer A ist bei der Allianz SE beschäftigt. Der einschlägige Tarifvertrag sieht vor, dass A ein 13. Monatsgehalt mit echtem Entgeltcharakter für erbrachte Arbeitsleistung bekommt. Zudem wird laut Tarifvertrag eine jährliche Anwesenheitsprämie in Höhe von pauschal 1 000 € gewährt, die wegen jeden Fehltages um 25 Euro gekürzt werden kann. Eine Kürzung des 13. Monatsgehalts für krankheitsbedingte Fehltage kann nicht vereinbart werden, da es sich hierbei nicht um eine Sondervergütung i.S.d. § 4a EFZG handelt, sondern um echtes Entgelt für erbrachte Arbeitsleistung. Im jeweiligen Einzelfall ist zu prüfen, ob mit der Bezeichnung einer Zahlung als 13. Monatsgehalt auch wirklich eine Zahlung mit echtem Entgeltcharakter und nicht eine Sondervergütung gemeint ist. Eine Regelung zur Kürzung der Anwesenheitsprämie kann hingegen für Zeiten der Arbeitsunfähigkeit infolge Krankheit vorgenommen werden. Eine Anwesenheitsprämie soll den Anreiz erzeugen, die Zahl der berechtigten oder unberechtigten Fehltage im Bezugszeitraum möglichst gering zu halten (Müller-Glöge, MüKo BGB, § 4a EFZG, Rn 8). Eine Kürzung einer Sondervergütung ist nach § 4a S. 2 EFZG höchstens um ein Viertel des Arbeitsentgelts zulässig, das im Jahresdurchschnitt auf einen Arbeitstag entfällt. Verdient A im Jahresdurchschnitt pro Arbeitstag 160 € brutto, so könnte eine Kürzung der Anwesenheitsprämie i.H.v. 1 000 € pro Krankheitstag max. 40 € betragen.
>
> § 4a EFZG spricht von „Vereinbarung". Damit kann sowohl eine Vereinbarung im Arbeitsvertrag (BAG NZA 1996, 133), eine Betriebsvereinbarung (BAG NZA 1995, 266) oder eine Regelung in einem Tarifvertrag (BAG NZA 1996, 31) gemeint sein. Ist jedoch eine Zahlung der Anwesenheitsprämie wie hier im Tarifvertrag vorgesehen, kann eine Kürzung der Sondervergütung grds. nicht im Arbeitsvertrag oder in einer Betriebsvereinbarung vorgenommen werden. Dies ergibt sich aus § 4 Abs. 3 TVG, wonach von einer tarifvertraglichen Regelung abweichende Abmachungen nur zulässig sind, soweit dies der Tarifvertrag selbst gestattet oder soweit eine Änderung der Regelungen zugunsten des Arbeitnehmers erfolgt. Im vorliegenden Fall wäre eine andere Kürzungsmöglichkeit im Arbeitsvertrag oder in einer Betriebsvereinbarung nur zulässig, wenn sie A besser stellt als die tarifliche.

5.3.8 Forderungsübergang bei Dritthaftung

§ 6 Abs. 1 EFZG sieht vor, dass gesetzliche **Schadensersatzansprüche des Arbeitnehmers wegen des Verdienstausfalls gegen einen Dritten**, die im Zusammenhang mit der Herbeiführung der Arbeitsunfähigkeit stehen, **von Gesetzes wegen** insoweit auf den Arbeitgeber **übergehen**, als dieser Entgeltfortzahlung nach § 3 Abs. 1 EFZG geleistet hat und darauf entfallende Beiträge zur Bundesagentur für Arbeit, Arbeitgeberanteile an Beiträgen zur Sozialversicherung und zur Pflegeversicherung sowie zu Einrichtungen der zusätzlichen Alters- und Hinterbliebenenversorgung abgeführt hat.

Schadensersatzansprüche i. S. d. § 6 Abs. 1 EFZG sind insbesondere Forderungen aus **unerlaubter Handlung** (§ 823 Abs. 1 BGB, § 823 Abs. 2 BGB i. V. m. einem Schutzgesetz und § 826 BGB), aber auch Ansprüche aus **Gefährdungshaftung** (bspw. § 7 StVG). Der Arbeitnehmer muss dem Arbeitgeber gemäß § 6 Abs. 2 EFZG unverzüglich die **Angaben** machen, die dieser zur Geltendmachung des Schadensersatzanspruchs benötigt.

> **Beispiel:** Arbeitnehmer A wird in einen Verkehrsunfall verwickelt, den B dadurch verschuldet hat, dass er eine Rechts-Vor-Links-Regelung missachtet hat. A erleidet erhebliche Verletzungen und muss für fünf Wochen im Krankenhaus stationär behandelt werden. Der Arbeitgeber von A leistet für die fünf Wochen der Arbeitsunfähigkeit des A Entgeltfortzahlung nach § 3 Abs. 1 S. 1 EFZG sowie die auf das Arbeitsentgelt entfallenden Arbeitgeberanteile zur gesetzlichen Kranken-, Renten-, Pflege- und Arbeitslosenversicherung. A hat gegen B einen Anspruch auf Ersatz der durch den Unfall erlittenen Schäden aus § 823 Abs. 1 BGB, § 823 Abs. 2 BGB i. V. m. § 8 Abs. 1 S. 1 StVO als Schutzgesetz sowie aus § 7 Abs. 1 StVG. Diese Ansprüche kann A auch gegenüber der Kfz-Haftpflichtversicherung des B nach § 115 Abs. 1 Nr. 1 VVG i. V. m. §§ 1, 3a Nr. 1 PflVG geltend machen. Die gesetzlichen Schadensersatzansprüche gehen auf den Arbeitgeber von A insoweit über, als dieser Entgeltfortzahlung nach § 3 Abs. 1 S. 1 EFZG geleistet und die darauf entfallenden, vom Arbeitgeber zu tragenden Sozialversicherungsbeiträge abgeführt hat. A muss seinem Arbeitgeber nach § 6 Abs. 2 EFZG Name und Adresse des Unfallverursachers mitteilen sowie dessen Kfz-Haftpflichtversicherung benennen.

Der **gesetzliche Forderungsübergang** nach § 6 Abs. 1 EFZG ist in folgenden Fällen **nicht** gegeben:

* **Bei der Beteiligung von Familienangehörigen**, die mit dem Geschädigten in häuslicher Gemeinschaft leben: Nach § 86 Abs. 3 VVG gehen Ansprüche des Versicherungsnehmers auf Ersatz des Schadens gegen in häuslicher Gemeinschaft lebende Personen auf den Versicherer nicht über, sofern die Person den Schaden nicht vorsätzlich verursacht hat. Gleiches sieht § 116 Abs. 6 SGB X für den Übergang von Schadensersatzansprüchen des Geschädigten gegen einen Familienangehörigen auf den Sozialversicherungsträger oder den Träger der Sozialhilfe vor. Obwohl § 6 EFZG ausdrücklich keinen Ausschluss des Übergangs gesetzlicher Ansprüche des Arbeitnehmers gegen einen Familienangehörigen auf den Arbeitgeber vorsieht, wendet die Rechtsprechung den in § 86 Abs. 3 VVG und § 116 Abs. 6 SGB X enthaltenen Gedanken auf § 6 EFZG entsprechend an (BGH NJW 1976, 1208). Grund hierfür ist, dass allein der Geschädigte entscheiden soll, ob er gegen seinen Familienangehörigen Schadensersatzansprüche geltend machen oder **zwecks Erhaltung des Familienfriedens** darauf verzichten will. Dies wäre bei einem gesetzlichen Forderungsübergang nicht mehr gewährleistet.

* **Bei der Beteiligung von Arbeitskollegen:** Ist die Arbeitsunfähigkeit auf einen Unfall zurückzuführen, den ein im Betrieb tätiger Arbeitskollege durch eine

betriebliche Tätigkeit verursacht hat, ist nach § 105 Abs. 1 SGB VII dessen Verpflichtung zum Ersatz des **Personenschadens** ausgeschlossen, es sei denn, der Schaden wurde vorsätzlich oder bei einem Wegeunfall nach § 8 Abs. 2 Nr. 1–4 SGB VII herbeigeführt. Ist die Ersatzpflicht des Arbeitskollegen ausgeschlossen, kann ein Schadensersatzanspruch auf den Arbeitgeber nicht übergehen.

> **Beispiel:** Der Arbeitnehmer A verletzt seinen Arbeitskollegen B beim gemeinsamen Aufstellen eines Baugerüsts fahrlässig. A haftet nicht für die von B erlittenen Personenschäden. Der durch einen Arbeitsunfall Verletzte erhält nach §§ 45 ff. SGB VII Verletztengeld aus der gesetzlichen Unfallversicherung. Hinweis: Verursacht der Arbeitgeber beim Arbeitnehmer einen Personenschaden, ist ein Schadenersatzanspruch nach § 104 Abs. 1 SGB VII nur gegeben, wenn der Arbeitgeber den Personenschaden vorsätzlich oder auf einem nach § 8 Abs. 2 Nr. 1–4 SGB VII versicherten Weg herbeigeführt hat. Ein Forderungsübergang nach § 6 Abs. 1 EFZG scheidet schon mangels Dritthaftung aus.

5.3.9 Leistungsverweigerungsrechte des Arbeitgebers

§ 7 Abs. 1 EFZG gibt dem Arbeitgeber das Recht, **die Fortzahlung** des Arbeitsentgelts **zu verweigern,**

- **solange** der Arbeitnehmer die von ihm nach § 5 Abs. 1 EFZG vorzulegende **ärztliche Bescheinigung** nicht vorgelegt oder den ihm nach § 5 Abs. 2 EFZG obliegenden Verpflichtungen nicht nachkommt. Hierbei handelt es sich um ein zeitlich **vorübergehendes Leistungsverweigerungsrecht**, wie sich aus dem Wort **„solange"** ergibt. Holt der Arbeitnehmer die Krankmeldung aus dem Ausland nach bzw. legt er die ärztliche Arbeitsunfähigkeitsbescheinigung vor, ist der Arbeitgeber verpflichtet, Entgeltfortzahlung **von Beginn der Arbeitsunfähigkeit an** zu leisten. Zu beachten ist, dass die Nichtanzeige der Arbeitsunfähigkeit bei Erkrankung im Inland kein Leistungsverweigerungsrecht gibt, da § 7 Abs. 1 Nr. 1 EFZG auf die Mitteilungspflicht über die Erkrankung nach § 5 Abs. 1 S. 1 EFZG keinen Bezug nimmt (Müller-Glöge, MüKo BGB, § 7 EFZG, Rn 5).

- wenn der Arbeitnehmer den **Übergang eines Schadensersatzanspruchs** gegen einen Dritten auf den Arbeitgeber **verhindert.** Hierbei handelt es sich um ein **dauerndes und endgültiges Leistungsverweigerungsrecht.** Der Arbeitgeber erhält ein dauerhaftes Leistungsverweigerungsrecht, wenn der Arbeitnehmer endgültig über seine Ersatzforderung verfügt hat und damit den Ausgleich zwischen Arbeitgeber und Schädiger rechtlich verhindert. Das Leistungsverweigerungsrecht ist aber nur ein vorläufiges, wenn der Arbeitnehmer seine Verpflichtungen nach § 6 Abs. 2 EFZG verspätet erfüllt (Reinhard, ErfKA, § 7 EFZG, Rn 13).

Das **Leistungsverweigerungsrecht** besteht nach § 7 Abs. 2 EFZG allerdings **nicht,** wenn der Arbeitnehmer die Verletzung der ihm obliegenden Verpflichtungen, die in § 7 Abs. 1 EFZG erwähnt sind, **nicht zu vertreten** hat.

Beispiel: A ist bei B angestellt. Am 03.09. wird A in einen von V verschuldeten Verkehrsunfall verwickelt. Hierbei erleidet A einen Beckenbruch. A ist infolge der durch den Verkehrsunfall erlittenen Verletzungen zehn Wochen arbeitsunfähig erkrankt. B hat an A Entgeltfortzahlung für die Dauer von sechs Wochen nach § 3 Abs. 1 S. 1 EFZG geleistet. A hat B, wie von § 6 Abs. 2 EFZG gefordert, die erforderlichen Angaben gemacht, damit B den auf ihn nach § 6 Abs. 1 EFZG von Gesetzes wegen übergegangenen Schadensersatzanspruch gegen V und dessen Kfz-Haftpflichtversicherung geltend machen kann. A schließt nach seiner Genesung mit V und dessen Haftpflichtversicherung einen Abfindungsvergleich (§ 779 BGB), der vorsieht, dass A eine Einmalzahlung i.H.v. 10 000 € erhält und damit sämtliche künftig eventuell aus dem Schadensfall noch herrührenden Ansprüche abgegolten sind. Nachdem A wieder sieben Monate gearbeitet hat, erkrankt er erneut wegen Beckenbeschwerden, die mit dem Verkehrsunfall zusammenhängen. B muss hier erneut Entgeltfortzahlung nach § 3 Abs. 1 S. 1 EFZG leisten, da A mindestens sechs Monate nicht infolge derselben Krankheit arbeitsunfähig war (vgl. § 3 Abs. 1 S. 2 Nr. 1 EFZG). B könnte allerdings nach § 7 Abs. 1 Nr. 2 EFZG ein Leistungsverweigerungsrecht haben, wenn A durch den Abschluss des Abfindungsvergleichs verhindert hat, dass auf B der Schadensersatzanspruch des A gegen V und dessen Kfz-Haftpflichtversicherung wegen der erneuten Entgeltfortzahlungspflicht nach § 6 Abs. 1 EFZG übergeht. Der von A geschlossene Abfindungsvergleich steht dem Übergang von Schadensersatzansprüchen auf B nach § 6 Abs. 1 EFZG entgegen. Das endgültige Leistungsverweigerungsrecht des B aus § 7 Abs. 1 Nr. 2 EFZG setzt allerdings Verschulden des A nach § 7 Abs. 2 EFZG voraus. B könnte die Entgeltfortzahlung für einen weiteren Entgeltfortzahlungszeitraum von sechs Wochen nur verweigern, wenn im Abschluss des Abfindungsvergleichs durch A ein schuldhaftes Verhindern des Übergangs von Schadensersatzansprüchen auf B zu sehen ist. Das BAG hat im Zusammenhang mit dieser Frage ausgeführt: „Wird ein Arbeiter durch Verschulden eines Dritten arbeitsunfähig krank und schließt er mit der Haftpflichtversicherung des Dritten einen Abfindungsvergleich, der sämtliche aus dem Schadensfall herrührenden Ansprüche betrifft, muss er sich dieses Rechtsgeschäft gegenüber seinem Arbeitgeber jedenfalls dann zurechnen lassen, wenn er bei Abschluss des Vergleichs damit rechnen muss, dass sich noch Folgen aus dem Schadensfall in Gestalt weiterer Erkrankungen einstellen werden, die einen Lohnfortzahlungsanspruch gegen den Arbeitgeber entstehen lassen" (BAG NZA 1989, 306). Im vorliegenden Fall musste A damit rechnen, dass bei einem erlittenen Beckenbruch erneut Gesundheitsprobleme auftreten können, die zu einer erneuten Arbeitsunfähigkeit führen. Verschulden des A i.S.d. § 7 Abs. 2 EFZG liegt somit vor. B hat ein endgültiges Leistungsverweigerungsrecht nach § 7 Abs. 1 Nr. 2 EFZG.

5.3.10 Entgeltfortzahlung im Falle der Beendigung des Arbeitsverhältnisses

Ein Anspruch auf Entgeltfortzahlung **besteht nur**, wenn ein **wirksames Arbeitsverhältnis** vorliegt. Ein wirksames Arbeitsverhältnis setzt einen rechtswirksamen Arbeitsvertrag voraus. Vorgenannter Grundsatz wird bestätigt durch § 8 Abs. 2 EFZG, der den Anspruch auf Entgeltfortzahlung im Krankheitsfall grundsätzlich mit Beendigung des Arbeitsverhältnisses entfallen lässt (Müller-Glöge, MüKo BGB, §8 EFZG, Rn 1, 4).

Insbesondere **folgende Ausnahmen** sind zu beachten:

Der Anspruch auf Entgeltfortzahlung kann **über die Beendigung des Arbeitsverhältnisses bis zu einer Höchstdauer von sechs Wochen hinaus** fortbestehen,

- wenn der Arbeitgeber das Arbeitsverhältnis **aus Anlass der Arbeitsunfähigkeit** kündigt (§8 Abs. 1 S. 1 EFZG) oder

- wenn **der Arbeitnehmer** das Arbeitsverhältnis aus einem vom Arbeitgeber zu vertretenden Grund **außerordentlich** nach §626 BGB kündigt (§8 Abs. 1 S. 2 EFZG).

Der Arbeitgeber kündigt **aus Anlass der Arbeitsunfähigkeit** i. S. d. §8 Abs. 1 S. 1 EFZG, wenn die Arbeitsunfähigkeit **wesentliche Bedingung** für die Kündigung ist (BAG NZA 2002, 899). Da sich bei einem wirksamen Arbeitsverhältnis der Entgeltfortzahlungsanspruch aus §3 Abs. 1 S. 1 EFZG ergibt, hat §8 Abs. 1 S. 1 EFZG einen **engen Anwendungsbereich**. Die Norm hat Bedeutung **bei außerordentlichen fristlosen** Arbeitgeberkündigungen, bei **Kündigungen in der Probezeit** und bei **sehr kurzen tarifvertraglichen Kündigungsfristen** (Müller-Glöge, MüKo BGB, §8 EFZG, Rn 6). Führt eine Kündigung aus Anlass der Arbeitsunfähigkeit zu einer Beendigung des Arbeitsverhältnisses noch innerhalb der Wartezeit des §3 Abs. 3 EFZG, besteht kein Anspruch auf Entgeltfortzahlung während der nicht erfüllten Wartezeit (BAG NZA 1999, 1273).

5.4 Checkliste zur Entgeltfortzahlung an Feiertagen und im Krankheitsfall

- Das Entgeltfortzahlungsgesetz gilt für **Arbeitnehmer** und die zu ihrer **Berufsbildung Beschäftigten** (§1 Abs. 2 EFZG).

- Entgeltfortzahlung an Feiertagen und im Krankheitsfall ist nur zu leisten, wenn der Feiertag oder die Arbeitsunfähigkeit **alleinige Ursache** für den Arbeitsausfall war **(Monokausalität)**.

- **Unentschuldigtes Fernbleiben** lässt den Feiertagslohn unter den Voraussetzungen des §2 Abs. 3 EFZG entfallen.

- **Nicht jede Krankheit** führt zwingend zur **Arbeitsunfähigkeit**.

- Der Arbeitnehmer hat die Arbeitsunfähigkeit verschuldet (§3 Abs. 1 S. 1 EFZG), wenn **grobes Verschulden gegen sich selbst** bejaht werden kann.

- Die Entgeltfortzahlungspflicht im Krankheitsfall besteht nur für **sechs Wochen = 42 Kalendertage** (§3 Abs. 1 S. 1 EFZG). §3 Abs. 1 S. 2 Nr. 1 EFZG eröffnet einen weiteren Entgeltfortzahlungszeitraum **von höchstens sechs Wochen**, wenn mindestens **sechs Monate keine Arbeitsunfähigkeit infolge derselben Krankheit** (= Grundleiden) vorlag. §3 Abs. 1 S. 2 Nr. 2 EFZG eröffnet einen erneuten Entgeltfortzahlungszeitraum **von höchstens sechs Wochen** nach Ablauf einer Rahmenfrist von **zwölf Monaten** seit dem Beginn der ersten

Arbeitsunfähigkeit. Die Rahmenfrist von zwölf Monaten wird unterbrochen und beginnt neu zu laufen, wenn der Arbeitnehmer aufgrund des Grundleidens erst nach Ablauf von sechs Monaten erneut erkrankt (BAG NZA 1988, 365).

- § 4 EFZG regelt die Höhe des fortzuzahlenden Entgelts. **Überstunden** gehören **nicht** dazu, auch nicht Aufwandsentschädigungen, die während der Arbeitsunfähigkeit nicht entstehen.

- Auf der Grundlage einer Vereinbarung im weitesten Sinne kann eine **Kürzung von Sondervergütungen** anlässlich der Arbeitsunfähigkeit im Rahmen des § 4a KSchG erfolgen. Sondervergütungen sind zusätzlich zum Arbeitsentgelt erbrachte Leistungen wie **Anwesenheitsprämien, Weihnachtsgratifikationen** und **Jahressonderzahlungen.**

- **Anzeige- und Nachweispflichten** des Arbeitnehmers ergeben sich aus § 5 EFZG. Die Arbeitsunfähigkeit und ihre voraussichtliche Dauer sind **unverzüglich** anzuzeigen (§ 5 Abs. 1 S. 1 EFZG). Die Arbeitsunfähigkeitsbescheinigung ist am **vierten Krankheitstag** vorzulegen, sofern der Arbeitgeber sie nicht früher verlangt (§ 5 Abs. 1 S. 2 u. 3 EFZG).

- Ist ein **Dritter** Verursacher der Arbeitsunfähigkeit des Arbeitnehmers, **gehen Schadensersatzansprüche** des Arbeitnehmers gegen den Dritten auf den Arbeitgeber insoweit **über**, als er Entgeltfortzahlung leistet (§ 6 Abs. 1 EFZG).

- **§ 7 Abs. 1 Nr. 1 EFZG** gibt dem Arbeitgeber ein **vorübergehendes Leistungsverweigerungsrecht**, bis die in Nr. 1 genannten Verpflichtungen erfüllt sind. **§ 7 Abs. 1 Nr. 2 EFZG** gibt ein **endgültiges Leistungsverweigerungsrecht**, wenn der Arbeitnehmer den Übergang des Schadensersatzanspruchs gegen den Dritten auf den Arbeitgeber endgültig verhindert.

- § 8 Abs. 1 EFZGG sichert dem Arbeitnehmer den Entgeltfortzahlungsanspruch **über die Beendigung des Arbeitsverhältnisses hinaus**, wenn der Arbeitgeber **aus Anlass der Arbeitsunfähigkeit** kündigt oder der Arbeitnehmer aus wichtigem Grund ohne Einhaltung einer Kündigungsfrist kündigen kann.

- Abgesehen von § 4 Abs. 4 EFZGG kann vom Entgeltfortzahlungsgesetz nicht **zuungunsten des Arbeitnehmers** abgewichen werden (§ 12 EFZG).

6. Der Erholungsurlaub

6.1 Anspruch auf bezahlten Erholungsurlaub

Nach § 1 BUrlG hat jeder Arbeitnehmer sowie die zu ihrer Berufsausbildung Beschäftigten in jedem Kalenderjahr Anspruch auf **bezahlten Erholungsurlaub**. **Arbeitnehmer** sind auch **Teilzeitbeschäftigte, Aushilfskräfte, geringfügig Beschäftigte, in Ferienarbeit** und **in Nebentätigkeit Beschäftigte** (Gallner, ErfKA, § 1 BUrlG, Rn 15 ff.). Der Erholungsurlaub ist von sonstigen Beurlaubungen, bspw. solchen aus persönlichen Gründen (Stellensuche nach § 629 BGB, Eheschließung § 616 BGB), zu unterscheiden. Auch die Elternzeit nach § 15 BEEG und Freistellungen nach §§ 2, 3 PflegeZG sind vom Erholungsurlaub abzugrenzen (Gallner, ErfKA, § 1 BUrlG, Rn 9 ff.). Erholungsurlaub ist ein durch das Bundesurlaubsgesetz begründeter Anspruch des Arbeitnehmers gegen den Arbeitgeber, von den durch den Arbeitsvertrag entstehenden Arbeitspflichten befreit zu werden (Freistellungsanspruch), ohne dass die Pflicht zur Zahlung des Arbeitsentgelts aus § 611 BGB berührt wird (BAG, NZA 2009, 538; BAG, NZA 2012, 326).

Während der **Elternzeit** kann der Arbeitgeber nach § 17 Abs. 1 BEEG den Erholungsurlaub, der dem Arbeitnehmer für das Urlaubsjahr aus dem Arbeitsverhältnis zusteht, für jeden vollen Kalendermonat, für den der Arbeitnehmer Elternzeit nimmt, um ein Zwölftel **kürzen**. Die Kürzungsvorschrift ist erforderlich, da das Arbeitsverhältnis des Arbeitnehmers während der Elternzeit weiterbesteht und damit auch der Urlaubsanspruch weiterläuft. Die Inanspruchnahme von Elternzeit führt lediglich dazu, dass die beiderseitigen Hauptpflichten (Erbringung der Arbeitsleistung, Zahlung der Vergütung) aus dem Arbeitsverhältnis ruhen.

Das Bundesurlaubsgesetz enthält die **„Mindesturlaubsbedingungen"**. Abweichungen von diesen Bestimmungen können zugunsten des Arbeitnehmers durchaus vereinbart werden wie bspw. die Verlängerung des gesetzlichen Mindesturlaubs bzw. die Gewährung von **Urlaubsgeld** (= Sondervergütung) neben dem **Urlaubsentgelt** nach § 11 BurlG. Das Urlaubsentgelt sichert den Anspruch des Arbeitnehmers auf Vergütungsfortzahlung nach § 611 BGB während des Erholungsurlaubs.

Aus § 13 BUrlG ergibt sich, dass von den Bestimmungen des BUrlG in Tarifverträgen auch zuungunsten des Arbeitnehmers abgewichen werden kann. Dies gilt allerdings **nicht** für die Bestimmungen der §§ 1, 2, 3 Abs. 1 BUrlG, also für die Grundsätze, dass jeder Arbeitnehmer Anspruch auf **mindestens 24 Werktage** bezahlten Erholungsurlaub pro Kalenderjahr hat. Als Werktage gelten hierbei auch Samstage. Das Gesetz geht von einer **Sechs-Tage-Arbeitswoche** aus. Der Mindesturlaub beträgt bei einer **Fünf-Tage-Woche** nur **20 Werktage** (24:6 = X:5).

Schwerbehinderte haben nach § 125 SGB IX grundsätzlich einen Anspruch auf bezahlten zusätzlichen Urlaub von fünf Arbeitstagen im Urlaubsjahr. Der Zusatzurlaub für Jugendliche staffelt sich nach § 19 Abs. 2 JArbSchG entsprechend ihrem Alter.

6.2 Anspruch auf den vollen gesetzlichen Urlaub

Nach § 4 BUrlG wird der **volle Urlaubsanspruch** erstmalig nach **sechsmonatigem Bestehen** des Arbeitsverhältnisses (= Wartezeit) erworben. Hierbei ist zu berücksichtigen, dass nach § 1 BUrlG **Urlaubsjahr das Kalenderjahr** ist. Die **Wartezeit** muss allerdings **nicht** in einem Kalenderjahr erfüllt werden (Gallner, ErfKA, § 1 BUrlG, Rn 19). Für den Erwerb des vollen gesetzlichen Mindesturlaubsanspruchs kommt es nicht darauf an, ob der Arbeitnehmer tatsächlich gearbeitet hat, also bspw. arbeitsunfähig krank war (Dörner, ErfKA § 1 BUrlG, Rn 19). Hat das Arbeitsverhältnis sechs Monate bestanden, hat der Arbeitnehmer grundsätzlich bei einer Fünf-Tage-Woche 20 Tage Erholungsurlaub, es sei denn, aus § 5 Abs. 1 lit. c BUrlG ergibt sich, dass nur ein Anspruch auf Teilurlaub besteht. Der Arbeitnehmer muss die Wartezeit in einem fortbestehenden Arbeitsverhältnis **nur einmal** erfüllen. In der Folgezeit entsteht sein jährlicher Mindesturlaubsanspruch immer zu Beginn des Urlaubsjahres am 1. Januar (BAG NZA 2003, 1111).

> **Beispiel:** Der Arbeitnehmer A hat ein Arbeitsverhältnis ab 01.09.13. Mit Ablauf des 28.02.14 wurde der volle Urlaubsanspruch für das Kalenderjahr 2014 erworben. Scheidet der Arbeitnehmer A am 31.08.14 aus, hat er wegen Erfüllung der Wartezeit nach § 4 BUrlG bei einer Fünf-Tage-Woche gegen seinen Arbeitgeber für das Jahr 2014 einen Urlaubsanspruch i. H. v. 20 Tagen. Sofern A bis zu seinem Ausscheiden mit Ablauf des 31.08.14 für 2014 noch keinen Urlaub bekommen hat, steht ihm nach § 7 Abs. 4 BUrlG ein Abfindungsanspruch für 20 Werktage bei einer Fünf-Tage-Woche zu (vgl. § 3 Abs. 1 BUrlG). A erhält mehr Urlaub, als ihm nach dem Prinzip des Teilurlaubsanspruches (8/12 von 20 Werktagen bei einer Fünf-Tage-Woche=13,33 Werktage) zustünde (§ 5 Abs. 1 BUrlG: 1/12 des Jahresurlaubs für jeden vollen Monat des Bestehens des Arbeitsverhältnisses). § 5 Abs. 1 BUrlG ist für das Jahr 2014 nicht anwendbar, da keiner der Buchstaben a bis c einschlägig ist.

> Zu beachten ist, dass die Fallkonstellation dann unproblematisch ist, wenn Arbeitnehmer mehr als den gesetzlichen Mindesturlaub haben. Geht man davon aus, dass der Arbeitnehmer A nach dem einschlägigen Tarifvertrag 30 Tage Urlaub pro Kalenderjahr hat und dass nach dem Tarifvertrag im Falle der Beendigung des Arbeitsverhältnisses ein Urlaubsanspruch von 1/12 für jeden vollen Monat des Bestehens des Arbeitsverhältnisses gewährt wird, mindestens jedoch der gesetzliche Mindesturlaub, würde dies Folgendes bedeuten:

> A hat den vollen Urlaubsmindestanspruch nach §§ 3, 4 BUrlG erworben, d. h. 24 Werktage, was 20 Arbeitstagen bei einer Fünf-Tage-Woche entspricht. Hat A noch keinen Urlaub im Jahr 2014 erhalten, wären nach dem Tarifvertrag 8/12 von 30 Arbeitstagen abzugelten, d. h. 20 Arbeitstage. Auch nach dem Bundesurlaubsgesetz wären hier 20 Urlaubstage an Mindesturlaub abzugelten.

6.3 Anspruch auf Teilurlaub

Ist die **Wartezeit** des §4 BUrlG **im Kalenderjahr nicht erfüllt** (§5 Abs. 1 lit. a BUrlG) oder **scheidet der Arbeitnehmer vor erfüllter Wartezeit** aus dem Arbeitsverhältnis aus (§5 Abs. 1 lit. b BUrlG), besteht nicht der volle Urlaubsanspruch, aber ein Anspruch auf **Teilurlaub**. Der Teilurlaub aus §5 Abs. 1 lit. c BurlG entsteht erst, wenn ein Beendigungstatbestand (Kündigung, Aufhebungsvertrag) gegeben ist. Ausscheiden i. S. d. §5 Abs. 1 lit. b BUrlG bedeutet nicht das tatsächliche Ausscheiden, sondern die rechtliche Beendigung des Arbeitsverhältnisses.

Nach §5 Abs. 1 lit. c BUrlG hat der Arbeitnehmer auch dann einen Anspruch auf **Teilurlaub**, wenn er **nach erfüllter Wartezeit in der ersten Hälfte eines Kalenderjahres** aus dem Arbeitsverhältnis ausscheidet. Der Arbeitnehmer hat, sofern ein Anspruch auf Teilurlaub besteht, für **jeden vollen Monat** des Bestehens des Arbeitsverhältnisses Anspruch auf **ein Zwölftel** des Jahresurlaubs.

Nach §5 Abs. 2 BUrlG sind **Bruchteile** von Urlaubstagen, die mindestens einen halben Tag ergeben, auf volle Urlaubstage **aufzurunden**. Bruchteile von weniger als einem halben Tag sind zu gewähren und nicht auf null abzurunden (BAG NZA 1989, 756).

> **Beispiel zu §5 Abs. 1 lit. a BUrlG:** A trat am 01.09.13 seine neue Stelle an. Das Urlaubsjahr 2013 endete mit Ablauf des 31.12.13. A erwarb im Kalenderjahr 2013 wegen Nichterfüllung der Wartezeit, die erst mit Ablauf des Februar 14 endete, keinen vollen Urlaubsanspruch für das Jahr 2013. Somit hat A für 2013 einen Teilurlaubsanspruch in Höhe von 4/12 von 20 Arbeitstagen bei einer Fünf-Tage-Woche, also 6,66 Urlaubstage, die nach §5 Abs. 2 BUrlG auf 7 Urlaubstage aufzurunden sind. Erhielt A den Teilurlaub im Kalenderjahr 2013 aus den in §7 Abs. 1 BUrlG genannten Verweigerungsgründen (dringende betriebliche Belange, Urlaubswünsche anderer Arbeitnehmer) nicht gewährt, wird der Teilurlaub von 7 Werktagen nach §7 Abs. 3 S. 2 BUrlG in das neue Kalenderjahr 2014 übertragen. Der Teilurlaubsanspruch aus §5 Abs. 1 lit. a BUrlG kann auch auf Verlangen des Arbeitnehmers auf das Folgejahr übertragen werden (§7 Abs. 3 S. 4 BUrlG). Die Übertragungsvorschrift des §7 Abs. 3 S. 4 BUrlG ist für den Arbeitnehmer vorteilhaft. Denn der Teilurlaub nach §5 Abs. 1 lit. a BUrlG muss im Falle der Übertragung nach §7 Abs. 3 S. 4 BUrlG nicht bis zum Ablauf des 31.03 des Folgejahres genommen werden (Gallner, ErfKA, §7 BUrlG, Rn 63).

> **Beispiel zu §5 Abs. 1 lit. b BUrlG:** A schloss mit B ab 01.03.13 einen unbefristeten Arbeitsvertrag. A scheidet mit Ablauf des 31.07.13 aus dem Arbeitsverhältnis durch Eigenkündigung aus. A scheidet hier vor erfüllter Wartezeit aus. A hat Anspruch auf 5/12 von 20 Arbeitstagen bei einer Fünf-Tage-Woche, also auf 8,33 Urlaubstage. Da der Bruchteil von 0,33 nicht mindestens einen halben Tag ergibt, kann eine Aufrundung nach §5 Abs. 2 BUrlG nicht vorgenommen werden. Der Bruchteil von 0,33 Tagen ist durch eine stundenweise Urlaubsgewährung abzugelten (BAG NZA 1989, 756).

Beispiel zu § 5 Abs. 1 lit. c BUrlG: A schloss mit B einen Arbeitsvertrag, beginnend ab 01.09.13. Mit Ablauf des 28.02.14 endete die Wartezeit nach § 4 BUrlG, so dass A für das Jahr 2014 eigentlich den vollen Urlaubsanspruch nach § 3 Abs. 1 BUrlG erwirbt. Scheidet A aber bis spätestens 30.06.14 aus dem Arbeitsverhältnis aus, hat er nach § 5 Abs. 1 lit. c BUrlG nur einen Teilurlaubsanspruch.

Für das Jahr 2013 entstand nach § 5 Abs. 1 lit. a BUrlG ein Teilurlaubsanspruch in Höhe von 4/12 von 20 Arbeitstagen bei einer Fünf-Tage-Woche, also 6,66 Urlaubstage, nach § 5 Abs. 2 BUrlG gerundet auf 7 Urlaubstage, die nach § 7 Abs. 3 S. 4 BUrlG auf Verlangen des Arbeitnehmers auf das Urlaubsjahr 2014 übertragen werden konnten. Der auf das nächste Urlaubsjahr übertragene Teilurlaubsanspruch aus § 5 Abs. 1 lit. a BUrlG muss nicht vor dem 31.03.14 genommen werden. § 7 Abs. 3 S. 3 BUrlG findet auf § 7 Abs. 3 S. 4 BUrlG keine Anwendung. Ist die Übertragung des Teilurlaubs nach § 5 Abs. 1 lit. a BUrlG nicht auf Verlangen des Arbeitnehmers nach § 7 Abs. 3 S. 4 BUrlG erfolgt, sondern unter den Voraussetzungen des § 7 Abs. 3 S. 2 BUrlG (dringende betriebliche oder in der Person des Arbeitnehmers liegende Gründe), geht der Teilurlaub kraft Gesetzes nur auf das erste Quartal des Folgejahres über (Gallner, ErfKA, § 7 BUrlG, Rn 63).

Für das Kalenderjahr 2014 besteht, sofern A bspw. mit Ablauf des 31.05.14 ausscheidet, ein Teilurlaubsanspruch in Höhe von 5/12 von 20 Urlaubstagen bei einer Fünf-Tage-Woche, also 8,33 Arbeitstage. Erhielt A für das Kalenderjahr 2014 aber bereits mehr als 8,33 Arbeitstage Urlaub, kann das zu viel gezahlte Urlaubsentgelt nach § 5 Abs. 3 BUrlG nicht zurückgefordert werden.

6.4 Verhältnis von gesetzlichem Mindesturlaub und Tarifurlaub

Tarifliche Urlaubsansprüche sind häufig höher als der gesetzliche Mindesturlaub von 20 Arbeitstagen bei einer Fünf-Tage-Woche nach § 3 BUrlG. Nach den einschlägigen Tarifverträgen wird oft ein Urlaubsanspruch von 30 Arbeitstagen pro Kalenderjahr gewährt. Im Tarifvertrag darf die Dauer des Urlaubs von bestimmten Tatbeständen wie der Betriebszugehörigkeit, der tatsächlichen Beschäftigung oder dem Lebensalter, sofern für die Altersanknüpfung ein Rechtfertigungsgrund nach § 10 AGG vorliegt, abhängig gemacht werden. Voraussetzung ist allerdings, dass die Dauer des **gesetzlichen Mindesturlaubs** dabei **nicht unterschritten** wird (Gallner, ErfKA, § 13 BUrlG, Rn 9). Sieht ein Tarifvertrag vor, dass der zu Beginn des Jahres oder nach Ablauf der Wartezeit entstandene Urlaub im Falle des Ausscheidens in der zweiten Jahreshälfte gezwölftelt wird, ist die Regelung unwirksam, wenn dabei die Mindesturlaubsdauer unterschritten wird (BAG NZA 2001, 663).

Die **Tarifvertragsparteien** können eine **Verkürzung oder eine Verlängerung der Wartezeit** vorsehen. Eine Ausdehnung der Wartezeit auf zwölf Monate wäre allerdings mit § 13 Abs. 1 S. 1, § 1 BUrlG nicht vereinbar, da ein im ganzen Jahr arbeitender Arbeitnehmer keinen vollen Urlaubsanspruch erwerben würde (Dörner, ErfKA, § 13 BUrlG, Rn 10). **§ 5 Abs. 1 lit. a und b BUrlG** betreffen **nicht den Mindesturlaub** nach § 3 Abs. 1 BUrlG. Sie unterliegen daher **nicht der Unabdingbarkeit** nach § 13 Abs. 1 S. 1, § 1 BUrlG und können sowohl zugunsten als auch zu Lasten des Arbeitnehmers abgeändert werden (BAG 15.12.1983 AP BUrlG § 13 Nr. 14; BAG 25.10.1984 AP BUrlG § 13 Nr. 17). **§ 5 Abs. 1 lit. c BUrlG** befasst sich hingegen mit dem Tatbestand des gekürzten Vollurlaubs und unterliegt daher der **Unabdingbarkeitsbestimmung** des § 13 Abs. 1 S. 1 BUrlG (BAG NZA 1999, 80). Teilurlaub nach § 5 Abs. 1 lit. a und b BUrlG kann daher, sofern sich Bruchteile von Urlaubstagen ergeben, abweichend von § 5 Abs. 2 BUrlG durch eine tarifvertragliche Bestimmung abgerundet werden. Dies gilt nicht für den gekürzten Vollurlaub nach § 5 Abs. 1 lit. c BUrlG (Gallner, ErfKA, § 13 BUrlG, Rn 11). Haben die Tarifvertragsparteien eine unwirksame Regelung getroffen oder einen Bereich überhaupt nicht geregelt, finden für den tarifvertraglichen Urlaub die Regelungen des Bundesurlaubsgesetzes Anwendung (BAG NZA 2001, 268; Gallner, ErfKA, § 13 BUrlG, Rn 7).

Beispiel: Arbeitnehmer A ist bei der Bank B seit 01.01.13 beschäftigt. Laut Arbeitsvertrag beträgt die Probezeit sechs Monate. Während der Probezeit besteht eine erleichterte ordentliche Kündigungsmöglichkeit mit einer Kündigungsfrist von zwei Wochen (§ 622 Abs. 3 BGB). Der einschlägige Tarifvertrag sieht für A bei einer Fünf-Tage-Woche einen Urlaubsanspruch pro Kalenderjahr von 30 Arbeitstagen vor. Weiterhin ist dort bestimmt, dass im Falle der Beendigung eines Arbeitsverhältnisses im Laufe des Urlaubsjahrs der zu gewährende bzw. abzugeltende Urlaub nach dem Zwölftelprinzip zu berechnen ist, wobei nach Erfüllung der Wartezeit der Mindesturlaub nach dem Bundesurlaubsgesetz nicht unterschritten werden darf. Hinweis: Tarifliche Vereinbarungen über die Verkürzung bzw. Verlängerung der Wartezeit wären zulässig.

Nach bestandener Probezeit kündigt A das Arbeitsverhältnis mit Schreiben vom 25.08.13 zum 30.09.13 fristgemäß nach § 622 Abs. 1 BGB. A arbeitet bei der Bank B bis zum 30.09.13, ohne einen Tag Urlaub genommen zu haben. A fragt sich, ob er nach § 7 Abs. 4 BUrlG Abgeltung von 30 Urlaubstagen verlangen kann.

Ein Abgeltungsanspruch steht A für 30 Arbeitstage nicht zu, da der einschlägige Tarifvertrag ausdrücklich das Zwölftelprinzip anordnet. Somit soll für den tarifvertraglichen Urlaub das Prinzip des § 4 BUrlG nicht gelten, wonach nach sechsmonatigem Bestehen des Arbeitsverhältnisses der volle Urlaubsanspruch erworben wird. Dabei darf allerdings der gesetzliche Mindesturlaub nach § 3 BUrlG nicht unterschritten werden. Für die Frage, wie viele Urlaubstage abzugelten sind, ist folgendermaßen zu verfahren:

Die abzugeltenden Urlaubstage sind nach dem Zwölftelprinzip zu ermitteln, also nach den Vorgaben der tarifvertraglichen Regelung. Anschließend ist zu prüfen, ob die Zwölftelmethode dazu führt, dass der gesetzliche Mindesturlaub unterschritten wird. Bei Anwendung der Zwölftelmethode stehen A, da er bei der Bank B neun Monate gearbeitet hat, 22,5 Urlaubstage zu (9/12 x 30 Tage). Da der Tarifvertrag keine Regelung dazu enthält, wie mit Bruchteilen von Urlaubstagen zu verfahren ist, ist die Lücke mit § 5 Abs. 2 BUrlG zu füllen. Damit stünde A ein Abgeltungsanspruch für 23 Urlaubstage zu. Damit wird der gesetzliche Mindesturlaubsanspruch nicht unterschritten. Da A die Wartezeit erfüllt hat, hat er nach § 4 BUrlG den vollen gesetzlichen Mindesturlaubsanspruch von 20 Tagen bei einer Fünf-Tage-Woche erworben.

6.5 Urlaub für Teilzeitbeschäftigte

Teilzeitbeschäftigte sind Arbeitnehmer und haben daher nach §1 BUrlG einen **Anspruch auf bezahlten Erholungsurlaub.** Dies gilt insbesondere auch für **Minijobber** (§8 Abs. 1 Nr. 1 SGB IV: geringfügig entlohnte Beschäftigung), die i. d. R. in Teilzeit arbeiten. Im Falle der Teilzeitbeschäftigung berechnet sich die Urlaubsdauer wie folgt:

Ist der Arbeitnehmer **an allen fünf Werktagen** der Arbeitswoche tätig, ist die Zahl der Urlaubstage die gleiche wie bei Vollzeitbeschäftigung, also 20 (Teilzeit-)Arbeitstage pro Jahr bei einer Fünf-Tage-Woche.

Arbeitet der Teilzeitbeschäftigte **nicht an allen Werktagen** der Arbeitswoche, ist folgende Berechnung vorzunehmen:

In einer Sechs-Tage-Woche bestehen 312 Arbeitstage (52 Wochen x 6 Arbeitstage). In einer Fünf-Tage-Woche bestehen 260 Arbeitstage (52 Wochen x 5 Arbeitstage) pro Kalenderjahr (Gallner, ErfKA, §3 BUrlG, Rn 8).

Der Jahresurlaub des Teilzeitbeschäftigten beträgt:

Gesetzliche oder tarifliche Urlaubsdauer **dividiert durch** Jahreswerktage (312 Tage bzw. 260 Tage) **multipliziert mit** der Anzahl der Tage, an denen für den Teilzeitbeschäftigten eine Arbeitspflicht besteht.

> **Beispiel:** A ist bei B als Teilzeitkraft an drei Tagen pro Woche halbtags beschäftigt. Im Betrieb des B gilt eine Fünf-Tage-Woche, so dass von 260 Werktagen pro Jahr auszugehen ist (52 Wochen x 5 Tage). Der Jahresurlaub beträgt laut Arbeitsvertrag 28 Werktage bei einer Tätigkeit an fünf Tagen pro Woche. Die im Arbeitsvertrag getroffene Regelung ist wirksam, da sie A durch die Erhöhung der Urlaubstage begünstigt (vgl. § 13 Abs. 1 S. 3 BUrlG). Zur Berechnung des Jahresurlaubs des A ist noch die Anzahl der Tage zu ermitteln, an denen er pro Kalenderjahr zur Arbeit verpflichtet ist. Es handelt sich um 156 Tage (52 Wochen x 3 Tage). Der Jahresurlaub des A berechnet sich wie folgt: Jahresurlaub = 28 : 260 x 156 = 16, 8 Urlaubstage, aufgerundet 17 Urlaubstage.

6.6 Ausschluss von Doppelansprüchen

Im Falle eines **Arbeitsplatzwechsels** sind die dem Arbeitnehmer durch den früheren Arbeitgeber gewährten Urlaubstage nach §6 Abs. 1 BUrlG **voll anzurechnen.** Mit dieser Regelung soll verhindert werden, dass der Arbeitnehmer, der das Arbeitsverhältnis wechselt, für ein Urlaubsjahr **zweimal für denselben Zeitraum** Urlaub erhält (BT-Drs. IV/785). §6 Abs. 1 BUrlG setzt einen **Arbeitgeberwechsel** voraus. Bestehen zwei Arbeitsverhältnisse nebeneinander (Doppelarbeitsverhältnis), gilt die Beschränkung des §6 Abs. 1 BUrlG nicht (BAG 19.6.1959 AP BGB §611 Nr. 1 Doppelarbeitsverhältnis). Die Voraussetzung des Arbeitgeberwechsels ist auch nicht im Falle des Betriebsübergangs nach §613a BGB gegeben (Gallner, ErfKA, §6 BUrlG, Rn 2). Das Anrechnungsrecht aus §6 Abs. 1 BUrlG steht **nur dem neuen Arbeitgeber** zu.

§ 6 Abs. 1 BUrlG erfasst nur den Fall, dass der Arbeitnehmer für den Zeitraum des Kalenderjahres, in dem ein neues Arbeitsverhältnis begründet wird, vom vorherigen Arbeitgeber bereits **gesetzlichen Urlaub** erhalten hat. Soweit der frühere Arbeitgeber freiwillig mehr Urlaub als den gesetzlichen gewährt hat, wird das Entstehen eines Anspruchs beim neuen Arbeitgeber nicht gehindert (Gallner, ErfKA, § 6 BUrlG, Rn 2). § 6 Abs. 1 BUrlG gilt auch nicht, wenn in zwei aufeinanderfolgenden Arbeitsverhältnissen zwei Teilurlaubsansprüche entstehen.

> **Beispiel:** Arbeitnehmer A arbeitet seit 01.01.13 bei der Bank B. Er scheidet nach neunmonatiger Beschäftigungszeit bei der Bank B aus, da er einen Arbeitsvertrag beim Finanzdienstleister F unterschrieben hat. Der tarifvertragliche Jahresurlaub beträgt bei einer Fünf-Tage-Woche 30 Arbeitstage bei der Bank B. Der einschlägige Tarifvertrag sieht vor, dass für jeden Beschäftigungsmonat ein Zwölftel des Jahresurlaubs gewährt wird, sofern dadurch der Mindesturlaub nicht unterschritten wird. A erhielt 25 Urlaubstage von der Bank B bereits gewährt. Der neue Arbeitsvertrag mit dem Finanzdienstleister F ab 01.10.13 sieht für A einen Jahresurlaubsanspruch von 24 Arbeitstagen bei einer Fünf-Tage-Woche vor. Der Finanzdienstleister F kann für den Zeitraum vom 01.10.13 bis 31.12.13 die Urlaubsgewährung nicht mit dem Argument bzw. einem Hinweis auf § 6 Abs. 1 BUrlG verweigern, A habe bei B bereits die im zweiten Arbeitsverhältnis vorgesehenen 24 Urlaubstage voll erhalten. Ansonsten wären die Arbeitnehmer schlecht gestellt, die im alten Arbeitsverhältnis im Vergleich zum nachfolgenden Arbeitsverhältnis hohe Urlaubsansprüche hatten. Der Umstand des hohen Urlaubsanspruchs aus dem alten Arbeitsverhältnis soll dem neuen Arbeitgeber nicht zu Gute kommen. Den Ausschluss von Doppelansprüchen kann F nur in Bezug auf den gesetzlichen Mindesturlaub von 20 Tagen bei einer Fünf-Tage-Woche geltend machen.

§ 6 Abs. 1 BUrlG hindert das Entstehen eines gesetzlichen Urlaubsanspruchs im neuen Arbeitsverhältnis **nicht**, wenn der Arbeitnehmer den Urlaub im alten Arbeitsverhältnis nicht genommen hat oder dieser nicht abgegolten wurde (§ 7 Abs. 4 BUrlG). Nur der **erfüllte** Abgeltungsanspruch **hindert das Entstehen eines neuen Urlaubsanspruchs** im neuen Arbeitsverhältnis (Gallner, ErfKA, § 6 BUrlG, Rn 3). Der Arbeitnehmer ist aber nicht gehindert, den Abgeltungsanspruch gegenüber dem alten Arbeitgeber geltend zu machen. Der alte Arbeitgeber kann den Arbeitnehmer insofern nicht auf einen Urlaubsanspruch im neuen Arbeitsverhältnis verweisen (BAG 25.11.1982 AP BUrlG § 6 Nr. 3). Ein **Ausgleich zwischen den Arbeitgebern** findet weder für gewährte Urlaubstage noch für eine gewährte Urlaubsabgeltung statt (Gallner, ErfKA, § 6 BUrlG, Rn 3).

6.7 Zeitpunkt der Urlaubsgewährung

Der Urlaub wird **durch den Arbeitgeber** festgelegt. Die **Urlaubswünsche** des Arbeitnehmers sind nach § 7 Abs. 1 BUrlG bei der zeitlichen Festlegung des Urlaubs allerdings **zu berücksichtigen**, es sei denn, dass ihrer Berücksichtigung dringende betriebliche Belange oder Urlaubswünsche anderer Arbeitnehmer, die unter sozialen Gesichtspunkten den Vorrang verdienen, entgegenstehen, wie bspw. Urlaubswünsche von Arbeitnehmern mit schulpflichtigen Kindern. Die Arbeitnehmer äußern ihre Urlaubswünsche i. d. R. dadurch, dass sie diese am Anfang des Jahres in eine Urlaubsliste eintragen oder Urlaubsanträge stellen (Gallner, ErfKA, §7 BUrlG, Rn 16).

Der Urlaubswunsch eines Arbeitnehmers kann nach §7 Abs. 1 S. 1 BUrlG aus dringenden betrieblichen Belangen zurückgewiesen werden. Solche Belange liegen bei Störungen des Betriebsablaufs vor, weil Mitarbeiter fehlen oder der Arbeitnehmer im Saisongeschäft (Weihnachten, Schlussverkauf) benötigt wird (Gallner, ErfKA, §7 BUrlG, Rn 18).

In manchen Betrieben wird bisweilen Betriebsurlaub angeordnet. Beim Betriebsurlaub erteilt der Arbeitgeber der gesamten Belegschaft einheitlich Urlaub. Grundsätzlich ist es rechtlich nicht zu beanstanden, wenn der Arbeitgeber den Urlaub für die gesamte Belegschaft einheitlich festsetzt. Dennoch sind auch bei der zeitlichen Festlegung des Betriebsurlaubs die Interessen der Arbeitnehmer ausreichend zu berücksichtigen. So wäre es unter Umständen unbillig, wenn der Betriebsurlaub, für den alle Urlaubstage aufzuwenden sind, jedes Jahr in die Wintermonate gelegt wird.

Bei der Aufstellung allgemeiner Urlaubsgrundsätze und des Urlaubsplans hat der Betriebsrat ein Mitbestimmungsrecht nach §87 Abs. 1 Nr. 5 BetrVG. Meint der Arbeitnehmer, sein Arbeitgeber berücksichtige zu Unrecht seine Urlaubswünsche nicht, hat er dennoch kein Recht zur Selbstbeurlaubung. Der Arbeitnehmer muss die Festlegung seines Urlaubs entsprechend seinen Wünschen einklagen (bspw. mit einer einstweiligen Verfügung nach §§935, 940 ZPO). Besteht ein Betriebsrat, ist der Arbeitnehmer gehalten, nach §87 Abs. 1 Nr. 5 BetrVG den Betriebsrat einzuschalten. Kommt eine Einigung zwischen Arbeitgeber und Betriebsrat bei der Festlegung des Urlaubs für den Arbeitnehmer nicht zustande, entscheidet die Einigungsstelle nach §76 Abs. 5 BetrVG. Der Arbeitnehmer hat kein Recht zur Selbstbeurlaubung. Die Selbstbeurlaubung ist eine Vertragsverletzung und kann die Kündigung des Arbeitsverhältnisses rechtfertigen (BAG NZA 2000, 1332).

> **Beispiel:** Arbeitnehmer A, ledig und 35 Jahre alt, ist bei B seit fünf Jahren beschäftigt. Im Unternehmen des B arbeiten 50 Arbeitnehmer. Seit dem ersten Beschäftigungsjahr bittet A den B, ihm um die Weihnachtszeit drei Wochen Urlaub zu gewähren, da er einmal um diese Zeit für drei Wochen nach Südafrika fliegen will, um mit seinem dort lebenden Bruder Weihnachten feiern zu können. B hat den Wunsch des A stets mit dem Argument zurückgewiesen, dass in der Abteilung des A nur noch C und D eingesetzt sind, die jeweils zwei schulpflichtige Kinder haben und daher um Weihnachten immer zwei Wochen Urlaub gewährt bekommen. Da die Abteilung mit mindestens einer Kraft besetzt sein müsse, könne A um diese Zeit keinen Urlaub bekommen. A müsse C und D bei der Berücksichtigung der Urlaubswünsche den Vortritt lassen, da er ledig und kinderlos sei. Im sechsten Beschäftigungsjahr beantragt A, wie bislang jedes Jahr, drei Wochen Urlaub um die Weihnachtszeit. Der Antrag des A wird wieder abgelehnt. Die Geduld des A ist

nun erschöpft. Er bucht einen Flug nach Johannesburg und teilt B einen Monat vor seinem Abflug mit, er werde dieses Jahr ab 23.12. für drei Wochen nicht zur Arbeit erscheinen, da er dieses Jahr definitiv nach Südafrika fliege. Am 23.12. erscheint A nicht zur Arbeit. Nach Anhörung des Betriebsrates zur außerordentlichen Kündigung, zu der der Betriebsrat noch am 23.12. seine Zustimmung verweigert hat, spricht A mit Schreiben vom 27.12., das in den Briefkasten des A am 28.12. geworfen wurde, die fristlose Kündigung aus. Am 15.01. erscheint A wieder zur Arbeit. B fordert A auf, den Betrieb nach der Räumung seines Schreibtischs umgehend zu verlassen, da A schließlich fristlos gekündigt sei. A erhebt noch am 15.01. Kündigungsschutzklage zum zuständigen Arbeitsgericht mit dem Antrag festzustellen, dass sein Arbeitsverhältnis mit B nicht durch die fristlose Kündigung vom 27.12., zugegangen am 28.12., aufgelöst ist.

Frage:

Ist die gegenüber A ausgesprochene fristlose Kündigung wirksam?

Lösung:

Die gegenüber A mit Schreiben vom 27.12. ausgesprochene Kündigung ist wirksam, wenn

- A die Klagefrist des § 13 Abs. 1 S. 2 KSchG i. V. m. § 4 S. 1 KSchG zur Überprüfung der Rechtsunwirksamkeit der außerordentlichen Kündigung hat verstreichen lassen,

oder bei Einhaltung der Klagefrist:

- eventuelle Formvorschriften für die Kündigung gewahrt wurden,

- die nach § 102 Abs. 1 S. 1 BetrVG erforderliche Betriebsratsanhörung erfolgt ist,

- die Frist des § 626 Abs. 2 BGB zum Ausspruch der außerordentlichen Kündigung gewahrt ist,

- ein wichtiger Grund zur Kündigung i. S. d. § 626 Abs. 1 BGB vorliegt.

Die Frage der Rechtsunwirksamkeit der außerordentlichen Kündigung muss nicht mehr erörtert werden, wenn die Frist des § 13 Abs. 1 S. 2 KSchG i. V. m. § 4 S. 1 KSchG abgelaufen ist. Die Drei-Wochenfrist beginnt mit Zugang der schriftlichen Kündigung zu laufen.

Das Kündigungsschreiben ging A am 28.12. zu, da es an diesem Tag in den Machtbereich des A gelangt ist (§ 130 BGB). Mit dem Einwurf des Kündigungsschreibens in den Briefkasten des A hatte dieser die Möglichkeit, vom Inhalt des Schreibens Kenntnis zu nehmen. Etwas anderes ergibt sich hier nicht aus dem Umstand, dass B die Kündigung gegenüber A bewusst zu dessen Urlaubsabwesenheit ausgesprochen hat. Zwar kann in solch einem Fall über §§ 241 Abs. 2, 242 BGB der Zugang des Kündigungsschreibens ausnahmsweise verneint werden (BAG NJW 1981, 1470; a. A. BAG NJW 1989, 606, BAG NJW 1989, 2213). Dies verbietet sich hier aber deshalb, weil B dem A mitgeteilt hat, dass er ihn kündigen werde, wenn A seine Ankündigung in die Tat umsetzen werde. A musste also damit rechnen, dass ihm während seiner Urlaubsabwesenheit ein Kündigungsschreiben zugeht. Da A noch am 15.01. Kündigungsschutzklage erhoben hat, ist die Drei-Wochen-Frist des § 13 Abs. 1 S. 2 KSchG i. V. m. § 4 S. 1 KSchG jedoch gewahrt. Die Wirksamkeit der Kündigung wird somit nicht nach § 13 Abs. 1 S. 2 KSchG i. V. m. § 7 KSchG von Gesetzes wegen fingiert.

Die mit Schreiben vom 27.12. ausgesprochene Kündigung ist nicht nach § 125 Abs. 1 S. 1 BGB i. V. m. § 623 BGB formunwirksam, da B die erforderliche Schriftform gewahrt hat.

Die nach § 102 Abs. 1 S. 1 BetrVG erforderliche Betriebsratsanhörung ist erfolgt. Erforderlich ist, dass dem Betriebsrat alle für die Kündigung erheblichen Umstände/Gründe mitgeteilt werden, damit dieser sich eine zutreffende Meinung zur Kündigung bilden kann (§ 102 Abs. 1 S. 2 BetrVG). Voraussetzung für die Wirksamkeit der Kündigung ist nicht, dass der Betriebsrat der Kündigung zustimmt. Die Anhörung genügt.

Die Frist des § 626 Abs. 2 BGB zum Ausspruch der außerordentlichen Kündigung müsste gewahrt sein. Die Frist beträgt zwei Wochen ab dem Zeitpunkt, in dem der Kündigungsberechtigte von den für die Kündigung maßgebenden Tatsachen Kenntnis erlangt. Die Frist ist gewahrt, wenn man auf den 23.12. abstellt, den ersten Tag der tatsächlichen, nicht der bloß angekündigten Selbstbeurlaubung. B hat im vorliegenden Fall nicht wegen der angekündigten, sondern wegen der tatsächlichen Selbstbeurlaubung gekündigt.

Die tatsächliche Selbstbeurlaubung müsste einen wichtigen Kündigungsgrund i. S. d. § 626 Abs. 1 BGB darstellen. Nach § 626 Abs. 1 BGB ist ein wichtiger Kündigungsgrund gegeben, wenn Tatsachen vorliegen, aufgrund derer dem Kündigenden unter Berücksichtigung aller Umstände des Einzelfalles und unter Abwägung der Interessen beider Vertragsteile die Fortsetzung des Arbeitsverhältnisses bis zum Ablauf der ordentlichen Kündigungsfrist nicht zugemutet werden kann. Zur Klärung der Frage, ob ein wichtiger Grund vorliegt, sind alle Umstände des Einzelfalles zu berücksichtigen. Zudem ist eine umfassende Interessensabwägung vorzunehmen. Vorliegend ist zu untersuchen, ob dem Urlaubswunsch des A Urlaubswünsche anderer Arbeitnehmer entgegenstanden, die unter sozialen Gesichtspunkten den Vorrang verdienen. Neben A arbeiten nur noch C und D in der gleichen Abteilung. Diese haben jeweils zwei schulpflichtige Kinder, so dass ihre Urlaubswünsche um die Weihnachtszeit grundsätzlich vorrangig sind (Gallner, ErfKA, § 7 BUrlG, Rn 19). Hier ist aber zu beachten, dass der Urlaubswunsch des A nun bereits im sechsten Jahr abgelehnt wird. C oder D wäre es durchaus zumutbar, ein Jahr keinen Urlaub um die Weihnachtszeit zu nehmen, zumal sie an den Weihnachtsfeiertagen ohnehin nicht arbeiten und ihren Urlaub nicht jedes Mal in den Weihnachtsschulferien nehmen müssen. Im sechsten Beschäftigungsjahr konnte unter Beachtung aller Umstände der Urlaubswunsch des A mit dem Hinweis, C und D wollen Urlaub nehmen, nicht mehr zurückgewiesen werden. B hat daher den Wunsch des A nach der zeitlichen Lage seines Urlaubs zu Unrecht nicht beachtet. Dies berechtigt A aber nicht zur Selbstbeurlaubung. Dennoch liegt kein außerordentlicher Kündigungsgrund i. S. d. § 626 Abs. 1 BGB vor, da es B trotz der Selbstbeurlaubung durchaus zumutbar gewesen wäre, A bis zum Ablauf der ordentlichen Kündigungsfrist weiterzubeschäftigen. Die Zumutbarkeit ist gegeben, weil B den Urlaubswunsch des A zu Unrecht zurückgewiesen hat und die ordentliche Kündigungsfrist hier nach § 622 Abs. 2 Nr. 2 BGB nur zwei Monate zum Ende eines Kalendermonats beträgt. Die außerordentliche Kündigung ist unwirksam, weil ein wichtiger Grund i. S. d. § 626 Abs. 1 BGB nicht gegeben ist (a. A. vertretbar). Bejahte man einen wichtigen Grund, wäre das Erfordernis einer vorherigen Abmahnung des Fehlverhaltens nach § 314 Abs. 2 BGB zu prüfen.

Die unwirksame außerordentliche Kündigung könnte nach § 140 BGB in eine wirksame ordentliche Kündigung umgedeutet werden. In Frage kommt hier eine verhaltensbedingte ordentliche Kündigung wegen tatsächlicher Selbstbeurlaubung (BAG NZA 2000, 1332). Eine Umdeutung ist jedoch nur möglich, wenn die ordentliche Kündigung wirksam wäre. Hier ist die ordentliche Kündigung schon deshalb unwirksam, weil B den Betriebsrat nur zu einer außerordentlichen, nicht aber auch hilfsweise (für den Fall der Unwirksamkeit der außerordentlichen Kündigung) zu einer ordentlichen Kündigung nach § 102 Abs. 1 S. 1 BetrVG angehört hat. Eine fehlende Abmahnung, die i. d. R. Wirksamkeitsvoraussetzung für eine verhaltensbedingte Kündigung ist, könnte vorliegend auch zur Unwirksamkeit der ordentlichen Kündigung führen.

6.8 Zweck des Urlaubs

In § 1 BUrlG kommt klar zum Ausdruck, dass der Urlaub der **Erholung** dienen soll. Auch in § 7 Abs. 2 BUrlG wird der Erholungszweck des Urlaubs wieder aufgegriffen. Hiernach ist der Urlaub **zusammenhängend** zu gewähren. Nur so ist die Erreichung des Erholungszwecks sichergestellt. Wird der Urlaub, jedenfalls in einem gewissen Umfang, nicht zusammenhängend gewährt, stellt sich für den Arbeitnehmer der vom Gesetz intendierte Erholungszweck nicht ein. Ob dies tatsächlich der Fall ist, kann mit guten Gründen bezweifelt werden, da Kurzurlauben ein gewisser Erholungszweck auch nicht abzusprechen sein dürfte. Zudem ist zu beachten: Für den Urlaubsanspruch ist es nicht Voraussetzung, dass der Arbeitnehmer erholungsbedürftig ist. Für den Arbeitnehmer gibt es auch keine Pflicht, sich während des Urlaubs zu erholen (Düwell, Münchner Handbuch Arbeitsrecht, § 78 Zweck des Erholungsurlaubs, Rn 4). Hiergegen wird eingewendet, dass, auch unter Beachtung der Möglichkeit einer abweichenden Vereinbarung gemäß § 13 Abs. 1 S. 3 BUrlG, die **Gewährung einzelner Urlaubstage** mit § 7 Abs. 2 S. 1 BUrlG **nicht zu vereinbaren** ist und dazu führt, dass der Urlaub des Arbeitnehmers nicht ordnungsgemäß erfüllt wird. Der Arbeitnehmer könnte den Urlaub nochmals verlangen (Gallner, ErfKA, § 7 BUrlG, Rn 26). Das **Leitbild der zusammenhängenden Urlaubsgewährung** bedeutet aber, dass der Arbeitnehmer grundsätzlich keinen Anspruch darauf hat, dass sein Wunsch auf Gewährung einzelner Urlaubstage berücksichtigt wird.

Beispiel: Der Arbeitnehmer A ist bei B beschäftigt. A tritt an B mit dem Wunsch heran, ihm am Freitag, den 31.05., Urlaub zu gewähren. Am Donnerstag, den 30.05., ist Feiertag (Fronleichnam). A möchte mit seiner Familie ein verlängertes Wochenende in Südtirol verbringen.

Nach dem Leitbild des § 7 Abs. 2 BUrlG dürfte/müsste B den Wunsch des A eigentlich zurückweisen. In der Praxis ist eine solche Urlaubsgewährung aber durchaus üblich und entspricht oft sogar dem Interesse von Arbeitnehmer und Arbeitgeber.

Zu beachten ist, dass die **Gewährung halber Urlaubstage keine wirksame Erfüllung** des Urlaubsanspruchs des Arbeitnehmers darstellt. Selbst wenn der Arbeitnehmer um einen halben Tag Urlaub gebeten hat und der Arbeitgeber diesem Wunsch nachkommt, ist dies keine wirksame Urlaubsgewährung. Der Arbeitnehmer kann darauf bestehen, dass ihm der halbe Tag Urlaub auf seinen Urlaubsanspruch nicht angerechnet wird (BAG 29.7.1965 AP BUrlG § 7 Nr. 1).

Beispiel: Arbeitnehmer A ist seit drei Jahren bei B beschäftigt. B hat A wirksam zum 31.03. ordentlich betriebsbedingt gekündigt. A bittet B, ihm am 14.02. einen halben Tag Urlaub zu geben, da er ein Vorstellungsgespräch hat. B entspricht dem Wunsch des A und zieht von seinem Urlaubsanspruch einen halben Tag Urlaub ab. Im März möchte A vor Ausscheiden aus seinem Arbeitsverhältnis noch seinen Resturlaub nehmen. Diesem Wunsch entspricht B. A besteht darauf, dass ihm auch noch der halbe Tag vom 14.02. an Urlaub gewährt wird. B verweigert dies.

B hat A am 14.02. zwar einen halben Tag frei gegeben. Er darf den halben Tag jedoch nicht vom Urlaubsanspruch des A abziehen, da Urlaub der Erholung dienen soll und daher eine Freistellung von der Arbeit für einen halben Tag keine wirksame Erfüllung des Urlaubsanspruchs darstellt, es sei denn der Arbeitgeber schuldet Bruchteile von Urlaubstagen (Gallner, ErfKA, § 7 BUrlG, Rn 26). Der Umstand, dass A selbst einen halben Tag Urlaub für den 14.02. beantragt hat, ist unerheblich. A hatte gegen B nach § 629 BGB einen Anspruch auf Freistellung von der Arbeit am 14.02. zur Wahrnehmung des Vorstellungsgesprächs. A hat gegen B für den halben Tag nach § 616 BGB sogar einen Anspruch auf Lohnfortzahlung, da er aufgrund eines in seiner Person liegenden Grundes (Stellensuche) ohne sein Verschulden für eine verhältnismäßig nicht erhebliche Zeit nicht in der Lage war, seiner Arbeitspflicht nachzukommen.

Abwandlung des Beispiels: Hätte A für den 14.02 einen halben Tag Urlaub beantragt und von B gewährt bekommen, um bspw. Einkäufe zu erledigen, wäre folgendermaßen zu entscheiden: Die Urlaubsgewährung für einen halben Tag ist unwirksam, da die Aufteilung des Urlaubs in halbe Tage dem Erholungszweck widerspricht. B dürfte den halben Tag vom Urlaubsanspruch des A nicht abziehen. § 616 BGB greift vorliegend nicht, da die Erledigung von Einkäufen keinen persönlichen Arbeitsverhinderungsgrund darstellt. Der halbe freie Tag am 14.02. wäre als unbezahlte Freistellung von der Arbeit zu werten.

6.9 Widerruf erteilten Urlaubs

Der wirksame **Widerruf** eines einmal erteilten Urlaubs durch den Arbeitgeber ist grundsätzlich nicht möglich, da der Arbeitgeber an seine Freistellungserklärung gebunden ist. Ein Widerruf aus ungeschriebenen urlaubsrechtlichen Gründen scheidet aus (BAG NZA 2001, 100; Gallner, ErfKA, § 7 BUrlG, Rn 27). Die **gegenseitige Rücksichtspflicht** aus dem Arbeitsvertrag nach § 241 Abs. 2 BGB kann für jede der Parteien dazu führen, dass sie verpflichtet ist, einer Aufhebung des einmal erteilten Urlaubs zuzustimmen.

Der Arbeitnehmer kann in **unvorhersehbaren Notfällen** aufgrund einer sich aus dem Arbeitsvertrag für ihn ergebenden Rücksichtspflicht oder nach den Grundsätzen der **Störung der Geschäftsgrundlage** nach § 313 BGB aus dem Urlaub in Ausnahmefällen zurückgerufen werden (umstritten, vgl. Nachweis bei Gallner, ErfKA, § 7 BUrlG, Rn 27).

Eine zwischen Arbeitgeber und Arbeitnehmer getroffene Vereinbarung, in der sich der Arbeitnehmer verpflichtet, den Urlaub abzubrechen und die Arbeit wieder aufzunehmen, verstößt allerdings gegen zwingende Grundsätze des Bundesurlaubsgesetzes (§ 13 Abs. 1 S. 3 BUrlG) und ist daher unwirksam. Dies gilt insbesondere dann, wenn der Arbeitnehmer trotz der Urlaubsgewährung ständig damit rechnen muss, zur Arbeit zurückgerufen zu werden. Der Erholungszweck des Urlaubs wäre vereitelt.

Beispiel (BAG NJW 2001, 460 ff.): Arbeitnehmer A ist bei B als Software-Entwickler beschäftigt. Er erhielt im gesamten Juni 2013 Urlaub bewilligt. A sollte vor seinem Urlaubsantritt eine AIP-Dokumentation für einen wichtigen Kunden fertig stellen. A schaffte es nicht, die Dokumentation vor seinem Urlaub zu erstellen. A ging nach Urlaubserteilung durch B trotzdem in Urlaub. B sieht sich vor diesem Hintergrund gezwungen, die Arbeiten fremd zu vergeben, da A der einzige Mitarbeiter ist, der wegen der erforderlichen Kenntnis der einzusetzenden Programmiersprache die Erstellung der AIP-Dokumentation hätte durchführen können. B fordert von A Ersatz der dadurch entstandenen zusätzlichen Aufwendungen i. H. v. 8 000 €. B trägt vor, er habe A Urlaub nur aufgrund seiner Zusage gewährt, dass er bei betrieblichen Schwierigkeiten mit den von ihm zuletzt bearbeiteten Aufträgen auf Anforderung seinen Urlaub abbreche und seine Arbeit wieder aufnehme. Dies habe A nicht getan.

Frage:

Besteht der Schadensersatzanspruch des B gegen A?

Lösung:

Ein Schadensersatzanspruch des B gegen A aus §§ 280 Abs. 1, 241 Abs. 2 BGB i. V. m. § 611 BGB auf Zahlung von 8 000 € besteht nur, wenn A seinen Urlaub trotz ursprünglicher Gewährung nicht hätte antreten dürfen und in seinem Fernbleiben eine vorsätzliche Arbeitsverweigerung liegt. Eine vorsätzliche Arbeitsverweigerung liegt hier aber nicht vor, da A aufgrund des wirksam gewährten Urlaubs von der Arbeit freigestellt war. Nach § 1 BUrlG schuldet der Arbeitgeber dem Arbeitnehmer Erholungsurlaub. Zur Erfüllung dieses Anspruchs hat er den Arbeitnehmer von der Arbeit freizustellen. Dem Arbeitnehmer ist es uneingeschränkt zu ermöglichen, an Stelle der geschuldeten Arbeitsleistung die ihm aufgrund des Urlaubsanspruchs zustehende Freizeit selbstbestimmt zu nutzen. Das ist dann nicht gewährleistet, wenn der Arbeitnehmer trotz der Freistellung ständig damit rechnen muss, zur Arbeit zurückgerufen zu werden. Eine derartige Arbeitsbereitschaft lässt sich mit der Gewährung des gesetzlichen Erholungsurlaubs nicht vereinbaren. Eine entsprechende Vereinbarung zwischen Arbeitnehmer und Arbeitgeber ist wegen Verstoßes gegen § 13 Abs. 1 S. 3 BUrlG unwirksam. Eine entsprechende Klausel im Formulararbeitsvertrag wäre nach § 307 Abs. 2 Nr. 1 BGB unwirksam.

Gemäß § 310 Abs. 4 BGB findet AGB-Recht auf Arbeitsverträge Anwendung, wobei die Besonderheiten im Arbeitsrecht angemessen zu beachten sind. Schadensersatzansprüche sind nicht gegeben, da A Urlaub bewilligt worden war. Der Widerruf eines bereits erteilten Urlaubs setzt eine Fallkonstellation voraus, bei der die Arbeitskraft eines bestimmten Arbeitnehmers für einen bestimmten Zeitraum, z. B. zur Verhinderung des Zusammenbruchs des Unternehmens, benötigt würde und das Festhalten an der Urlaubsgewährung unzumutbar wäre (Gallner, ErfKA, § 7 BUrlG, Rn 27). Eine solche Fallkonstellation liegt hier nicht vor.

Soweit Arbeitnehmer in der Praxis einem Rückruf folgen und den Urlaub abbrechen, geschieht dies i. d. R. freiwillig und im Einvernehmen mit dem Arbeitgeber.

Erfolgt ein **wirksamer Rückruf**, ist der Arbeitgeber allerdings verpflichtet, die dem Arbeitnehmer aufgrund des Widerrufs **entstandenen Kosten zu erstatten**. Inwieweit der Arbeitgeber auch die Kosten naher Familienangehöriger zu erstatten hat, ist von Einzelfall zu Einzelfall zu entscheiden. Bei einem Familienurlaub wird es der Familie i. d. R. nicht zumutbar sein, den Urlaub allein ohne den Zurückgerufenen weiter am Urlaubsort zu verbringen. Anders dürfte zu entscheiden sein, wenn der Arbeitgeber den Arbeitnehmer nur für wenige Tage zurückruft. Die Kostenerstattungspflicht kann sich aus einer im Zusammenhang mit dem Rückruf getroffenen Abrede ergeben. Ansonsten ist § 670 BGB als Anspruchsgrundlage heranzuziehen.

Beispiel: B betreibt in Aschaffenburg ein Statikbüro. A ist bei B als Statiker beschäftigt. Das Statikbüro arbeitet an den statischen Planungen für ein Großbauprojekt in Frankfurt am Main. A befindet sich Anfang Juni für zwei Wochen mit seiner Frau und seinen beiden noch nicht schulpflichtigen Kindern auf Mallorca im Erholungsurlaub. In der ersten Urlaubswoche wird A von B angerufen, da es bei der Bauausführung zu statischen Problemen kommt. A hat das Projekt im Ingenieurbüro bearbeitet. Die komplexen statischen Fragestellungen lassen sich am Telefon nicht ausräumen. B ruft A aus dem Urlaub zurück, damit die Baustelle nicht zum Erliegen kommt. Dies würde erhebliche Bauverzögerungskosten nach sich ziehen. A fliegt von Mallorca für zwei Tage zurück nach Deutschland, um die statischen Fragen auszuräumen. Die A entstandenen Flugkosten, etc., sind ihm von B nach § 670 BGB zu ersetzen. Könnten die statischen Fragen nicht innerhalb von zwei Tagen ausgeräumt werden, müsste A also seinen Urlaub ganz abbrechen, wäre es der Familie des A u. U. nicht zumutbar, alleine auf Mallorca zurückzubleiben. B hätte dann auch die für die Familie wegen des Urlaubsabbrechens entstehenden Kosten A zu erstatten.

6.10 Urlaubsübertragung

Nach § 7 Abs. 3 S. 1 BUrlG ist der Urlaub **im laufenden Kalenderjahr** zu nehmen und zu gewähren. Mit dem Ende des Urlaubsjahres, das mit dem Kalenderjahr identisch ist, **erlischt** der Urlaub **automatisch**. Dies ist nur dann nicht der Fall, wenn die Übertragungsvoraussetzungen des § 7 Abs. 3 S. 2 bzw. 4 BUrlG vorliegen, also **dringende betriebliche** oder **in der Person des Arbeitnehmers liegende Gründe** die Übertragung des Urlaubs auf das nächste Jahr rechtfertigen oder der **Teilurlaub nach § 5 Abs. 1 lit. a BUrlG** auf Verlangen des Arbeitnehmers übertragen wird.

Dringende betriebliche Gründe i. S. d. § 7 Abs. 3 S. 2 BUrlG, die die Übertragung von Urlaub auf das Folgejahr rechtfertigen, sind bspw. dringende Projektabschlussarbeiten, erhöhter vorübergehender Arbeitskräftebedarf sowie Krankheitsfälle anderer Arbeitnehmer.

Ein in der Person des Arbeitnehmers liegender Grund i. S. d. § 7 Abs. 3 S. 2 BUrlG, der die Übertragung von Urlaub auf das Folgejahr rechtfertigt, ist insbesondere die Erkrankung des Arbeitnehmers gegen Jahresende, die einer Urlaubsgewährung wegen § 9 BUrlG entgegensteht (BAG NZA 1996, 594).

Der nach § 7 Abs. 3 S. 2 BUrlG übertragene Urlaub muss in den **ersten drei Monaten** des folgenden Kalenderjahres gewährt und genommen werden (§ 7 Abs. 3 S. 3 BUrlG). Der nach **§ 7 Abs. 3 S. 4 BUrlG** übertragene **Teilurlaub** kann im Zusammenhang mit dem Urlaub des **folgenden Kalenderjahres** gewährt und genommen werden, um dem Arbeitnehmer eine längere zusammenhängende Freizeit zu gewähren. Die Grenze des 31.3. des Folgejahres nach § 7 Abs. 3 S. 3 BUrlG gilt in diesem Falle nicht (Gallner, ErfKA, § 7 BUrlG, Rn 63).

Sofern die Voraussetzungen für die Übertragung von Erholungsurlaub auf das neue Urlaubsjahr nach § 7 Abs. 3 S. 2 BUrlG vorliegen, erfolgt die Übertragung grundsätzlich automatisch, also unabhängig davon, ob die Übertragung vom Arbeitnehmer eingefordert wird (BAG NZA 1988, 245; BAG NZA 1989, 426). In Tarifverträgen kann jedoch vorgesehen werden, dass die Übertragung alten Urlaubs auf das neue Urlaubsjahr nur erfolgt, wenn der Arbeitnehmer die Übertragung geltend macht (BAG NZA 1987, 389). Wird der Urlaub aus dem alten Jahr auf das neue Urlaubsjahr übertragen, muss der übertragene Urlaub in Form von Freizeit bis zum 31.3 des Folgejahres gewährt und genommen werden. Hat der Arbeitgeber seinem Arbeitnehmer rechtzeitig verlangten Urlaub **verweigert** und erlischt dieser am 31.03. des Folgejahres, wandelt sich der im Verzugszeitraum verfallene Urlaubsanspruch in einen auf Gewährung von **Ersatzurlaub** als Naturalrestitution gerichteten Schadensersatzanspruch um (§§ 280, 249, 275, 286 Abs. 2 Nr. 3 BGB; BAG BeckRS 2013, 71433).

> **Beispiel:** Der bei B beschäftigte Arbeitnehmer A erkrankt vom 05.10.13 bis zum 31.12.13. Ihm stehen pro Kalenderjahr laut Arbeitsvertrag 26 Arbeitstage Erholungsurlaub zu. Vor dem 05.10.13 hatte A noch keinen Erholungsurlaub genommen. A sollte seinen gesamten Urlaub ab 15.10.13 nehmen. Aufgrund der Erkrankung kann A seinen Urlaub nicht nehmen (§ 9 BUrlG). Der Urlaub wird, da das alte Urlaubsjahr mit dem 31.12. abgelaufen ist, automatisch auf das Folgejahr übertragen. A muss die 26 Urlaubstage aus dem alten Jahr nun bis zum 31.03. des Folgejahres nehmen, damit sie nicht verfallen. Beantragt A seinen alten Urlaub nicht so rechtzeitig, dass er noch vor Ablauf des 31.03.14 genommen werden kann, verfällt er, ohne dass ein Ersatzanspruch entsteht. Kann B den alten Urlaub A bis zum 31.03.14 wegen betrieblicher Gründe nicht voll gewähren, können A und B vereinbaren, dass der

alte Urlaub bzw. ein Teil davon auf den Zeitraum nach dem 31.03. des Folgejahres hinaus übertragen wird. In der Rechtsprechung wird z.T. eine Verlängerung des Urlaubsübertragungszeitraums auch durch Einzelvertrag zugelassen (LAG Hessen, NZA-RR 1996, 82), da dies den Arbeitnehmer begünstigt (§ 13 Abs. 1 S. 3 BUrlG). Der alte Urlaub verfällt auch dann nicht ersatzlos mit Ablauf des 31.03.14, wenn A den noch offenen Urlaubsanspruch i.H.v. 26 Tagen aus dem alten Jahr rechtzeitig vor dem 31.03.14 bei B eingefordert, B diesen aber verweigert hat. Hat der Arbeitnehmer den alten Urlaub beim Arbeitgeber so rechtzeitig eingefordert, dass der Urlaub bis zum Ablauf des 31.03. des Folgejahres hätte genommen werden können und verweigert der Arbeitgeber den alten Urlaub rechtswidrig und schuldhaft, kommt er mit der Urlaubsgewährung in Schuldnerverzug nach §§ 280, 286 BGB (schuldhafte Nichtleistung trotz Fälligkeit und Mahnung). Während des Verzugs haftet der Schuldner, hier also der Arbeitgeber, auch für Zufall (§ 287 S. 2 BGB), also dafür, dass der alte Urlaub des A mit Ablauf des 31.03.14 verfällt. Die schuldhafte und rechtswidrige Nichtgewährung des alten Urlaubs stellt seitens des Arbeitgebers eine schuldhafte Pflichtverletzung aus dem Arbeitsverhältnis i.S.d. § 280 Abs. 1 BGB dar, die zur Schadensersatzpflicht des Arbeitgebers führt. Der Umfang der Schadensersatzpflicht ist § 249 S. 1 BGB zu entnehmen. Hiernach ist der Arbeitnehmer so zu stellen, als wäre der alte Urlaub nicht verfallen.

§ 17 Abs. 2 BEEG enthält eine **Sonderregelung zur Urlaubsübertragung** für den Fall der Inanspruchnahme von **Elternzeit**. Hat der Arbeitnehmer den ihm zustehenden Urlaub vor dem Beginn der Elternzeit nicht oder nicht vollständig erhalten, hat der Arbeitgeber den Resturlaub nach der Elternzeit im laufenden oder im nächsten Urlaubsjahr zu gewähren. Die Elternzeit dauert nach § 15 Abs. 2 S. 1 BEEG bis zur Vollendung des **dritten Lebensjahres** eines Kindes. Endet das Arbeitsverhältnis während der Elternzeit oder setzt der Arbeitnehmer im Anschluss an die Elternzeit das Arbeitsverhältnis nicht fort, hat der Arbeitgeber den noch nicht gewährten Urlaub nach § 17 Abs. 3 BEEG abzugelten.

Beispiel: A war seit 2008 im Krankenhaus Aschaffenburg als Operationsschwester angestellt. Im Februar 2012 wurde A schwanger. Daraufhin wurde von der zuständigen Aufsichtsbehörde (§ 20 Abs. 1 MuSchG) der Einsatz der A als Operationsschwester mit Schreiben vom 30.03.12 untersagt. Das Krankenhaus Aschaffenburg händigte der A noch am 29.03.12 ein Schreiben mit dem Inhalt aus, dass A mit Wirkung vom 01.04.12 wegen der Anordnung der Aufsichtsbehörde bezahlt von der Arbeit freigestellt werde, da das Krankenhaus ihr keine andere zumutbare Arbeit anbieten könne (vgl. die Beschäftigungsverbote nach §§ 3, 4 MuSchG). Nach der Entbindung Anfang November 2012 nahm A im Anschluss an den Mutterschutz Elternzeit. Zum 30.06.13 wurde das Arbeitsverhältnis einvernehmlich beendet, da für A feststand, sie wolle sich voll und ganz ihrem Kind widmen, und mittlerweile auch geheiratet hatte. Für das Jahr 2012 sind noch 15 Tage Urlaub offen. A verlangt Abgeltung in Geld. Die Verwaltung des Krankenhauses Aschaffenburg meint, A müsse sich den Urlaub auf die Zeit der Arbeitsfreistellung anrechnen lassen.

Frage:

Wie ist die Rechtslage?

Lösung:

Anspruchsgrundlage zur Abgeltung der noch offenen 15 Tage Urlaub aus dem Jahr 2012 ist § 17 Abs. 3 BEEG i. V. m. § 1 BUrlG.

A hat zunächst nach §§ 3 Abs. 2, 6 Abs. 1 S. 1 MuSchG Mutterschutz genossen. Mütter dürfen nach den vorgenannten Vorschriften sechs Wochen vor der Entbindung und acht Wochen nach der Entbindung nicht beschäftigt werden. Ein in der Person der A liegender Grund (Entbindung Anfang November 2012) rechtfertigt die Übertragung der aus dem Jahr 2012 noch offenen 15 Urlaubstage auf das Jahr 2013 nach § 7 Abs. 3 S. 2 BUrlG. Ein weiterer Übertragungstatbestand ist in § 17 Abs. 2 BEEG geregelt. Im unmittelbaren Anschluss an den Mutterschutz beanspruchte A Elternzeit nach § 15 BEEG, so dass die noch offenen 15 Urlaubstage aus dem Jahr 2012 nach § 17 Abs. 2 BEEG entgegen der Regel des § 7 Abs. 3 S. 3 BUrlG nicht mit Ablauf des 31.03.13 verfallen sind.

Ein Urlaubsabgeltungsanspruch nach § 17 Abs. 3 BEEG wegen der Beendigung des Arbeitsverhältnisses während der Elternzeit besteht hier, wenn der Urlaubsanspruch in Höhe der im Streit stehenden 15 Tage nicht durch Erfüllung nach § 362 Abs. 1 BGB erloschen war. Der Anspruch der A auf die 15 Urlaubstage ist erloschen, wenn die Arbeitsfreistellung ab 01.04.12 als Urlaubsgewährung seitens des Arbeitgebers zu verstehen ist. Zur Klärung dieser Frage ist das Schreiben des Krankenhauses Aschaffenburg vom 29.03.12 an A nach § 133 BGB auszulegen. Im Schreiben erfolgte keine Festlegung des Beginns und des Endes des Urlaubs. Auch wurde auf die noch offenen Urlaubstage nicht Bezug genommen. Eine Selbstbeurlaubung durch den Arbeitnehmer ist unzulässig und daher zu Lasten der A nicht anzunehmen. Der Abgeltungsanspruch besteht daher, da von Arbeitgeberseite keine ausdrückliche Freistellungserklärung zur Urlaubsgewährung abgegeben wurde (Gallner, ErfKA, § 7 BUrlG, Rn 10 f.).

6.11 Urlaubsabgeltung

§ 7 Abs. 4 BUrlG sieht für den gesetzlichen Urlaubsanspruch einen **Abgeltungsanspruch** vor, wenn der Urlaub **wegen der Beendigung des Arbeitsverhältnisses** ganz oder teilweise nicht mehr genommen werden kann. Nur in dem in § 7 Abs. 4 BUrlG genannten Fall ist die **Mindesturlaubsabgeltung** zulässig, da Mindesturlaub grundsätzlich nicht mit Geld abgegolten werden soll, um den mit dem Urlaub verfolgten Erholungszweck nicht zu gefährden. Während des Bestehens des Arbeitsverhältnisses gilt demnach ein **gesetzliches Verbot der Mindesturlaubsabgeltung** i. S. d. § 134 BGB, das eine entsprechende Abgeltungsvereinbarung unwirksam sein lässt. Unter das gesetzliche Verbot der Urlaubsabgeltung fällt **nicht** der über den gesetzlichen Urlaubsanspruch hinausgehende **Tarifurlaub**. Mit dem Abgeltungsverbot während des Bestehens des Arbeitsverhältnisses will der Gesetzgeber sicherstellen, dass der gesetzliche Mindesturlaub auch tatsächlich gewährt und genommen wird (§ 7 Abs. 3 S. 1 BUrlG). Jeder **darüber hinausgehende vertragliche** oder **tarifvertragliche Urlaubsanspruch** kann daher abgegolten werden.

Beispiel: A ist bei der BMW AG als Ingenieur beschäftigt. Laut Tarifvertrag stehen A pro Kalenderjahr 30 Arbeitstage Erholungsurlaub zu. Der Tarifvertrag enthält keine Regelung zur Urlaubsabgeltung. Da bei der BMW AG im Jahre 2013 eine außerordentlich gute Auftragslage besteht, unterbreitet der Vorstand den Ingenieuren das Angebot, den über den gesetzlichen Mindesturlaub (20 Arbeitstage bei einer Fünf-Tage-Woche) hinausgehenden Tarifurlaub, also 10 Arbeitstage, abzugelten. A nimmt das Angebot an. Die Abgeltungsvereinbarung ist wirksam. § 134 BGB ist nicht einschlägig, da ein gesetzliches Abgeltungsverbot nur für den gesetzlichen Mindesturlaub nach § 3 BUrlG gilt (vgl. § 13 BUrlG).

Wurde der Urlaub im Falle seiner Übertragung in das Folgejahr auch im Übertragungszeitraum nicht in Form von Freizeit genommen, ist der nicht genommene Urlaub grundsätzlich in Form von Geld abzugelten. Anderes gilt aber, wenn das Arbeitsverhältnis noch nicht beendet wurde und der Arbeitgeber **Ersatzurlaub als Naturalrestitution** unter dem Gesichtspunkt des **Verzugsschadens** schuldet (BAG BeckRS 2013, 71433). Mit der Aufgabe der Surrogationstheorie durch das BAG, wonach der Urlaubsabgeltungsanspruch Surrogat des Urlaubs in Form von Freizeit ist und damit beide Ansprüche mit Ablauf des 31.03. des Folgejahres untergehen (§ 7 Abs. 3 S. 3 BUrlG), sind jetzt der **Urlaubsabgeltungsanspruch in Form von Geld** und der **Urlaubsanspruch in Form von Freizeit getrennt** zu betrachten. Nur der Urlaubsanspruch in Form von Freizeit erlischt mit Ablauf des Übertragungszeitraums, nicht der Urlaubsabgeltungsanspruch (EuGH NZA, 2009, 135; BAG NZA 2009, 538; BAG NZA 2012, 1087). Denn die Regelung des § 7 Abs. 3 S. 3 BUrlG soll einer nicht gewollten Urlaubshortung entgegenwirken. Dieser Gesichtspunkt passt nicht zum Urlaubsabgeltungsanspruch, so dass kein Grund dafür besteht, diesen mit Ablauf des Übertragungszeitraums verfallen zu lassen (BAG NZA 2012, 1087, 1088). Die **gesetzliche Urlaubsabgeltung** nach § 7 Abs. 4 BUrlG kann aber nur verlangt werden, wenn das Arbeitsverhältnis **beendet** wurde. Der Aspekt, ob der Arbeitnehmer überhaupt in der Lage war, den Urlaub bis zum Ablauf des Übertragungszeitraums zu nehmen, bspw. bei andauernder Erkrankung, spielt für den Urlaubsabgeltungsanspruch im Falle der Beendigung des Arbeitsverhältnisses keine Rolle (BAG NZA 2012, 1087).

Beispiel: A ist beim Schreiner B seit drei Jahren beschäftigt. B ist nicht tarifgebunden. Im Arbeitsvertrag wird für den Urlaub auf das Bundesurlaubsgesetz verwiesen. A hat daher nach § 3 BUrlG einen Mindesturlaub von 20 Arbeitstagen bei einer Fünf-Tage-Arbeitswoche. A sollte seinen Jahresurlaub im November 13 nehmen. Seit 01.11.13 ist A arbeitsunfähig krank. A hat sich einen komplizierten Kniebruch zugezogen. Die Arbeitsunfähigkeit dauert schließlich bis zum 30.04.14. Der Urlaubsanspruch des A von 20 Tagen aus dem Jahr 13 wurde automatisch nach § 7 Abs. 3 S. 2 BUrlG auf das neue Urlaubsjahr 14 übertragen. Die Übertragung ist durch die Arbeitsunfähigkeit des A, die nach § 9 BUrlG einer Urlaubsgewährung entgegensteht, gerechtfertigt. Es handelt sich um einen in der Person des Arbeitnehmers liegenden Grund i. S. d. § 7 Abs. 3 S. 2 BUrlG. Mit Ablauf des 31.03.14 ist der Urlaubsanspruch des A aus dem Kalenderjahr 13 eigentlich ersatzlos verfallen, da eine Übertragung des Urlaubs in das neue Jahr längstens bis zum 31.03. des Folgejahres möglich ist. Bis dahin war A aber nicht in der Lage, den alten

Urlaub zu nehmen. Nach der nun zu befolgenden Rechtsprechung erlischt der Urlaubsanspruch nicht, wenn der Arbeitnehmer während des gesamten Bezugszeitraums oder eines Teils davon krankgeschrieben war und tatsächlich nicht die Möglichkeit hatte, den Mindesturlaubsanspruch auszuüben (EuGH NZA 2009, 135, BAG NZA 2009, 538). Der Arbeitnehmer soll in jedem Falle in den Genuss des Mindesturlaubsanspruchs kommen. Da keine Beendigung des Arbeitsverhältnisses als Voraussetzung für den Urlaubsabgeltungsanspruch nach § 7 Abs. 4 BUrlG vorliegt, hat A den Mindesturlaub i. H. v. 20 Tagen aus dem Jahr 2013 noch immer. Er tritt nach Gesundung in den 15 Monaten nach dem Ende des Urlaubsjahres 2013 zu dem Anspruch aus dem laufenden Urlaubsjahr hinzu (BAG NZA 2012, 1216).

6.12 Urlaubsentgelt und Urlaubsgeld

Urlaubsentgelt und **Urlaubsgeld** sind **strikt auseinanderzuhalten**. Das Urlaubsentgelt ist in § 11 BUrlG geregelt. Urlaubsentgelt ist hiernach das während des Erholungsurlaubs vom Arbeitgeber zu zahlende Arbeitsentgelt. § 11 BUrlG ist selbst **keine Anspruchsgrundlage**, sondern **nur Berechnungsgrundlage** (§ 11 Abs. 1 BUrlG) und Fälligkeitsbestimmung (§ 11 Abs. 2 BUrlG). Die Norm sichert dem Arbeitnehmer für die Dauer seines Erholungsurlaubs den Anspruch auf die nach § 611 BGB i. V. m. dem Vertrag oder Tarifvertrag geschuldete Vergütung (BAG NZA 2002, 1041). § 1 BUrlG beschreibt die Rechtsfolge, die § 11 BUrlG sichert und die auch **gemeinschaftsrechtlich geboten** ist (Gallner, ErfKA, § 11 BUrlG, Rn 1, EuGH NZA 2006, 481).

Beim **Urlaubsgeld** handelt es sich hingegen um eine **Sondervergütung** des Arbeitgebers, die aufgrund einer entsprechenden tarifvertraglichen oder einzelvertraglichen Regelung gewährt wird (BAG NZA 2001, 24). Rechtsgrundlage für die Zahlung von Urlaubsgeld kann auch eine Betriebsvereinbarung sein. Zum Teil wird auch der Begriff Urlaubsgratifikation verwendet (Gallner, ErfKA, § 11 BUrlG, Rn 28). Mit dem **Urlaubsgeld** bezweckt der Arbeitgeber eine **Bezuschussung** der dem Arbeitnehmer entstehenden Ausgaben während des Erholungsurlaubs.

Nach § 11 Abs. 1 BUrlG bemisst sich die Höhe des Urlaubsentgelts nach dem **durchschnittlichen Arbeitsverdienst**, das der Arbeitnehmer in den **letzten dreizehn Wochen** vor dem Beginn des Urlaubs erhalten hat, mit Ausnahme des zusätzlich für Überstunden gezahlten Arbeitsverdienstes. Allerdings finden sich in Tarifverträgen oder für den Arbeitnehmer günstigeren Einzelvereinbarungen andere Referenzabschnitte, bspw. drei Monate (Gallner, ErfKA, § 11 BUrlG, Rn 15). Im 13-Wochen-Berechnungszeitraum sind alle Tage zu berücksichtigen, an denen der Arbeitnehmer in der Woche regelmäßig zur Arbeit verpflichtet ist. Auch Feiertage und bezahlte Krankheitstage sind zu berücksichtigen (BAG 24.11.1992 AP BUrlG § 11 Nr. 34). Unter dem Begriff des **Arbeitsverdienstes** i. S. d. § 11 Abs. 1 S. 1 BUrlG ist die **gesamte Vergütung** einschließlich eventueller Zulagen wie **Nacht-**, **Schmutz-** oder **Bereitschaftsdienstzulagen** zu verstehen (BAG NZA 1988, 852; BAG NZA 2001, 449; BAG NZA 2001, 625). Provisionszahlungen sind Arbeitsverdienst und fließen daher in die Berechnungsgrundlage ein (BAG

NZA 2001, 153). Beim Akkordlohn ist auf den tatsächlich erzielten Akkordlohn abzustellen. **Überstundenvergütungen** fließen in die Berechnungsgrundlage **nicht** ein (§ 11 Abs. 1 BUrlG). Verdienstkürzungen, die im Berechnungszeitraum infolge von Kurzarbeit, Arbeitsausfällen oder unverschuldeter Arbeitssäumnis eintreten, bleiben für die Berechnung des Urlaubsentgelts außer Betracht. Zum Arbeitsentgelt gehörende Sachbezüge, die während des Urlaubs nicht weitergewährt werden, sind nach § 11 Abs. 1 S. 4 BUrlG für die Dauer des Urlaubs angemessen in bar abzugelten, bspw. eine kostenfrei gewährte Verpflegung des Arbeitnehmers.

Das **Urlaubsentgelt** ist nach § 11 Abs. 2 BUrlG **vor Antritt** des Urlaubs auszuzahlen. Es handelt sich hierbei um eine Fälligkeitsregel. In der Praxis wird meist das monatlich auszuzahlende Gehalt fortbezahlt. Der weiter bezahlte monatliche Bezug ist dann als Vorschuss auf das Urlaubsentgelt oder als Nachzahlung zu qualifizieren.

> **Beispiel** (BAG NJW 2001, 1813): Die Oberärztin O und ihr Arbeitgeber A streiten über die Höhe des Urlaubsentgelts. Das monatliche Bruttogehalt von O beträgt 4 000 €. Im schriftlichen Arbeitsvertrag ist die regelmäßige wöchentliche Arbeitszeit mit 38,5 Stunden vereinbart. Zudem ist geregelt, dass die ärztlichen Bereitschaftsdienste pauschal mit 125 € pro Dienst vergütet werden. Monatlich wird O regelmäßig zu fünf bis sieben Bereitschaftsdiensten von je acht Stunden herangezogen. Aufgrund einer mündlichen Vereinbarung hat O beim Einsatz von Ärzten im Praktikum auch Hintergrunddienste (= Rufbereitschaft) zu leisten. Für die Rufbereitschaft ist ein Entgelt von 50 € pro Dienst vereinbart. A weigert sich, die für die Bereitschafts- und Hintergrunddienste gezahlte Vergütung in die Berechnung des Urlaubsentgelts einzubeziehen, da es sich um Überstunden i. S. d. § 11 Abs. 1 S. 1 BUrlG handle. O ist anderer Auffassung.
>
> O hat mit ihrer Ansicht, die für die Bereitschafts- und Hintergrunddienste zu zahlende Vergütung sei in die Berechnung des Urlaubsentgelts einzubeziehen, Recht. Bereitschafts- und Hintergrunddienste sind keine Überstunden. Überstunden liegen vor, wenn der Arbeitnehmer über die für sein Beschäftigungsverhältnis geltende regelmäßige Arbeitszeit hinaus arbeitet. Bereitschafts- und Hintergrunddienste sind nicht als Verlängerung der regelmäßig zu leistenden Arbeitszeit anzusehen. Der Arbeitnehmer erbringt mit Bereitschafts- und Hintergrunddiensten eine andere, zusätzliche Leistung, indem er während der Bereitschaftszeiten dem Arbeitgeber auf Abruf zur Verfügung steht. Das Entgelt für die Bereitschaftsdienste und die Rufbereitschaft ist daher in die Berechnungsgrundlage einzubeziehen.

Die **Höhe des Urlaubsgeldes** bemisst sich, wenn überhaupt ein solches nach dem einschlägigen Arbeits- oder Tarifvertrag oder einer Betriebsvereinbarung zu gewähren ist, nach der **jeweiligen Vereinbarung**. Die Gewährung des Urlaubsgeldes setzt regelmäßig voraus, dass der Arbeitgeber dem Arbeitnehmer im Urlaubsjahr auch Urlaub gewähren kann (vgl. BAG NZA 1996, 1204; BAG NZA 1998, 666). Dies ist bspw. im Falle der andauernden Arbeitsunfähigkeit des Arbeitnehmers wegen § 9 BUrlG nicht zu bejahen. Gleiches gilt für die in Anspruch genommene Elternzeit nach § 15 BEEG, da der Arbeitgeber nach § 17

Abs. 1 BEEG berechtigt ist, den Erholungsurlaub des Arbeitnehmers für jeden vollen Kalendermonat, für den der Arbeitnehmer Elternzeit nimmt, um ein Zwölftel zu kürzen. Grund für die **Koppelung** der Gewährung von **Urlaubs-geld** mit der tatsächlichen **Gewährung von Urlaub** ist, dass das Urlaubsgeld die Bezuschussung von Urlaubsaufwendungen bezweckt. Urlaubsaufwendungen fallen beim Arbeitnehmer aber nicht an, wenn ihm gar kein Urlaub gewährt werden kann. Allerdings steht es den Arbeitsvertrags- bzw. Tarifvertragspar-teien oder Betriebspartnern frei, das zusätzliche Urlaubsgeld so auszugestalten, dass darauf unabhängig vom gewährten Urlaub ein Anspruch besteht (Gallner, ErfKA, § 11 BUrlG, Rn 29).

6.13 Überzahlter Urlaub

Unter **überzahltem Urlaub** kann zweierlei verstanden werden:

Zum einen kann damit gemeint sein, dass aufgrund einer **fehlerhaften Berech-nung zu viel Urlaubsentgelt** ausbezahlt wurde. Zu viel ausbezahltes Urlaubs-entgelt kann vom Arbeitgeber unter den Voraussetzungen der §§ 812 ff. BGB zurückgefordert werden, da seitens des Arbeitgebers eine Geldleistung ohne Rechtsgrund erfolgt ist.

Zum anderen kann unter überzahltem Urlaub gemeint sein, dass der Arbeit-nehmer **zu viele Urlaubstage** erhalten hat. In diesem Falle ist ein Anspruch des Arbeitgebers auf Rückzahlung des Urlaubsentgeltes nach §§ 812 ff. BGB nicht gegeben, wenn man die vom Arbeitgeber, wenn auch irrtümlich, im Zu-sammenhang mit der Urlaubsgewährung abgegebene Freistellungserklärung als Rechtsgrund für die Zahlung des Urlaubsentgelts ansieht. Nach anderer Ansicht hat der Arbeitnehmer einen Teil des Urlaubs ohne Rechtsgrund erhal-ten, wenn mehr Urlaub gewährt wurde, als ihm zusteht. Die vom Arbeitgeber gewährte Freistellung von den Arbeitsverpflichtungen erweist sich nachträglich als nicht urlaubsrechtliche Freistellung, für die eine Zahlung von Urlaubsentgelt nicht in Betracht kommt. Denn die Anordnung in § 1 BUrlG i. V. m. § 3 Abs. 1 BUrlG auf Gewährung bezahlten Erholungsurlaubs setzt voraus, dass eine ur-laubsrechtliche Freistellung rechtmäßig erfolgt ist (BAG 23.04.1996 AP TVG § 1 Nr. 140). Entsprechend ist der Anspruch des Arbeitnehmers auf Urlaubsentgelt verringert (Gallner, ErfKA, § 5 BUrlG, Rn 18).

Beispiel: Dem Arbeitnehmer A stehen laut Arbeitsvertrag pro Kalenderjahr 26 Arbeitstage Erholungsurlaub zu. Im Jahr 12 wurden A von seinem Arbeitgeber versehentlich 28 Arbeitstage Erholungsurlaub gewährt.

Der Arbeitgeber kann in diesem Fall das für die zwei zu viel gewährten Urlaubs-tage gezahlte Urlaubsentgelt nach § 812 Abs. 1 S. 1 1. Alt. BGB über die Leistungs-kondiktion zurückfordern. Nach anderer Ansicht ist der Anspruch nicht gegeben.

Im Falle des § 5 Abs. 1 lit. c BUrlG könnte der Arbeitgeber die Urlaubsgewährung und Geldleistung nach §§ 812 ff. BGB kondizieren, wenn der Arbeitnehmer in der ersten Hälfte eines Kalenderjahres aus dem Arbeitsverhältnis ausscheidet und mehr Urlaub bzw. Urlaubsentgelt erhalten hat, als ihm nach §5 Abs.1 lit.c BUrlG zusteht. §5 Abs.3 BUrlG spricht für diesen Fall ausdrücklich ein **Rückforderungsverbot** für zu viel gezahltes Urlaubsentgelt aus (Gallner, ErfKA, §5 BUrlG, Rn 19).

6.14 Erwerbstätigkeit während des Urlaubs

Während des Urlaubs darf der Arbeitnehmer keine dem Urlaubszweck **widersprechende Erwerbstätigkeit** leisten (vgl. §8 BUrlG).

Der Arbeitnehmer soll seine Arbeitskraft während seines Erholungsurlaubs nicht anderweitig vermarkten. Dem Erwerbstätigkeitsverbot des §8 BUrlG unterfallen nur solche Tätigkeiten, die für eine **Gegenleistung in Geld oder Sachwerten** versprochen werden. Gefälligkeitstätigkeiten aufgrund familienrechtlicher oder öffentlich-rechtlicher Verpflichtung gegen eine Aufwandsentschädigung sind hingegen erlaubt. Vom Erwerbstätigkeitsverbot werden solche Nebentätigkeiten nicht berührt, die der Arbeitnehmer auch ohne Urlaub verrichtet oder verrichten könnte (Gallner, ErfKA, §8 BUrlG, Rn 2). Welcher **Umfang an Nebentätigkeiten** verrichtet werden könnte, beurteilt sich insbesondere nach dem **Arbeitszeitgesetz.**

Nach §3 ArbZG darf die werktägliche Arbeitszeit der Arbeitnehmer acht Stunden nicht übersteigen. Die werktägliche Arbeitszeit kann auf bis zu zehn Stunden nur verlängert werden, wenn innerhalb von sechs Kalendermonaten oder innerhalb von 24 Wochen im Durchschnitt acht Stunden werktäglich nicht überschritten werden. Das Erwerbstätigkeitsverbot des §8 BUrlG während des Erholungsurlaubs stünde bspw. der Nebentätigkeit einer Halbtagskraft (Beschäftigung als Halbtagskraft mit vier Stunden pro Arbeitstag) während des Erholungsurlaubs mit einem Umfang von weiteren vier Stunden nicht entgegen, da der gesetzliche Rahmen des §3 ArbZG von acht Stunden werktäglicher Arbeitszeit gewahrt wäre.

Die Betonung bei §8 BUrlG ist auf das **Erwerbstätigkeitsverbot** zu legen. So darf der Arbeitnehmer während seines Erholungsurlaubs durchaus eine anstrengende Urlaubsreise unternehmen oder in Eigenarbeit sein Einfamilienhaus errichten.

Rechtsfolge eines Verstoßes gegen das Erwerbstätigkeitsverbot ist ein **Unterlassungsanspruch** des Arbeitgebers, der auch im Wege der einstweiligen Verfügung nach §§935, 940 ZPO durchsetzbar ist. Das **einstweilige Verfügungsverfahren** dürfte sich in der Regel anbieten, da das Hauptsacheverfahren nicht kurzfristig anberaumt wird und damit der Unterlassungsanspruch im Hauptsacheverfahren vor Beendigung des Erholungsurlaubs nicht durchzusetzen sein wird. Ein Verstoß gegen das Erwerbstätigkeitsverbot während des Urlaubs hat aber **nicht** zur Folge, dass der Urlaubsanspruch bzw. der Urlaubsentgeltsanspruch entfällt. Auch der mit einem Dritten entgegen §8 BUrlG abgeschlossene Arbeitsvertrag ist wirksam (BAG NJW 1988, 2757; Gallner, ErfKA, § 8 BUrlG, Rn 3 f.). Ansonsten hätte der Arbeitnehmer gegen den Dritten keine Vergütungsansprüche.

6.15 Checkliste zum Urlaubsrecht

- Das Bundesurlaubsgesetz befasst sich mit dem **Mindesturlaub**. Die Vorschriften über den Mindesturlaub sind nach § 13 Abs. 1 BUrlG zwingend.
- Die Vorschriften des Bundesurlaubsgesetzes sind auf den zusätzlichen Tarifurlaub **entsprechend anzuwenden**, wenn der Tarifvertrag nichts anderes vorsieht.
- Urlaubsjahr ist das **Kalenderjahr**.
- Der **volle Mindesturlaubsanspruch** wird gemäß § 4 BUrlG nach Ablauf einer **sechsmonatigen Wartezeit** erworben. Es ist nicht entscheidend, ob der Arbeitnehmer während der Wartezeit tatsächlich gearbeitet hat oder nicht. Die Wartezeit muss **nicht im gleichen Kalenderjahr** erfüllt werden. Die Wartezeit muss in einem fortdauernden Arbeitsverhältnis **nur einmal** erfüllt werden.
- Der Mindesturlaubsanspruch beträgt nach § 3 BUrlG bei einer **Fünf-Tage-Woche 20 Arbeitstage**. Für **Teilzeitbeschäftigte** ist der Mindesturlaubsanspruch entsprechend ihres Beschäftigungsumfangs **umzurechnen**.
- Bei **§ 5 Abs. 1 lit. a und b BUrlG** handelt es sich um **echte Teilurlaubsansprüche**, die in Tarifverträgen nach § 13 Abs. 1 S. 1 BUrlG modifiziert werden können. Bei **§ 5 Abs. 1 lit. c BUrlG** handelt es sich um einen **reduzierten Vollurlaubsanspruch**, der der Disposition der Tarifvertragsparteien nach § 13 Abs. 1 S. 1 BUrlG **nicht** unterliegt.
- Eine **Urlaubsübertragung** in das nächste Kalenderjahr ist nach § 7 Abs. 3 S. 2 BUrlG nur aus **dringenden betrieblichen** oder **in der Person des Arbeitnehmers liegenden Gründen** statthaft. Die Urlaubsübertragung erfolgt automatisch ohne entsprechende Übertragungsakte. Der übertragene Urlaub muss nach § 7 Abs. 3 S. 3 BUrlG bis **zum 31.03. des Folgejahres** gewährt und genommen werden. Befindet sich der Arbeitgeber im bestehenden Arbeitsverhältnis mit der Urlaubsgewährung im **Schuldnerverzug**, erhält der Arbeitnehmer für den verfallenen Urlaub nach §§ 280, 286 BGB einen entsprechenden Ersatzurlaub im Rahmen des Schadensersatzes.
- Die Übertragung eines Teilurlaubsanspruchs aus **§ 5 Abs. 1 lit. a BUrlG** ist **auf Verlangen** des Arbeitnehmers jederzeit möglich. Der übertragene Teilurlaubsanspruch nach § 5 Abs. 1 lit. a BUrlG muss **nicht** bis zum Ablauf des 31.03. des Folgejahres gewährt und genommen werden.
- Der Anspruch auf bezahlten **Mindesterholungsurlaub erlischt nicht** bei Ablauf des Übertragungszeitraums, wenn der Arbeitnehmer **während des gesamten Bezugszeitraums oder eines Teils davon krankgeschrieben war** und tatsächlich nicht die Möglichkeit hatte, den Mindesturlaubsanspruch auszuüben. § 7 Abs. 3 S. 3 BUrlG ist unionskonform so auszulegen, dass gesetzliche Urlaubsansprüche vor Ablauf eines Zeitraums von 15 Monaten

nach dem Ende des Urlaubsjahres nicht erlöschen, wenn der Arbeitnehmer aus gesundheitlichen Gründen an der Arbeitsleistung gehindert war. Sie gehen jedoch mit Ablauf des 31.03. des zweiten Folgejahres unter (BAG NZA 2012, 1216, 1221)

- Ein **Urlaubsabgeltungsanspruch** nach § 7 Abs. 4 BUrlG besteht nur, wenn der Urlaub **wegen der Beendigung des Arbeitsverhältnisses** ganz oder teilweise nicht mehr gewährt werden kann. Für den Urlaubsabgeltungsanspruch spielt es **keine Rolle**, ob der ausgeschiedene Arbeitnehmer tatsächlich in der Lage war, den Urlaub zu nehmen oder nicht.

- **Mindesturlaub** kann **während eines bestehenden Arbeitsverhältnisses nicht** abgegolten werden, Tarifurlaub hingegen schon.

- **Doppelurlaubsansprüche** werden im Falle des Arbeitgeberwechsels durch § 6 Abs. 1 BUrlG vermieden. **Nur der neue Arbeitgeber** kann sich auf § 6 Abs. 1 BUrlG berufen. Ein **Ausgleich** zwischen den Arbeitgebern wegen Urlaubsgewährungen an den Arbeitnehmer findet **nicht** statt.

- Die Ausübung einer **Erwerbstätigkeit** während des Erholungsurlaubs ist nach § 8 BUrlG **nicht** zulässig. Im Falle eines Verstoßes bleibt der Anspruch auf das Urlaubsentgelt (§§ 1, 11 BUrlG i. V. m. § 611 BGB) erhalten.

- Eine **Erkrankung** während des Urlaubs **unterbricht** nach § 9 BUrlG den Urlaub.

7. Verzug des Arbeitgebers mit der Annahme der Arbeitsleistung

7.1 Bedeutung des § 615 S. 1 BGB

Der Arbeitgeber ist **Gläubiger** der vom Arbeitnehmer nach § 611 Abs. 1 BGB geschuldeten Arbeitsleistung. Nimmt der Arbeitgeber die vom Arbeitnehmer angebotene Arbeitsleistung nicht an, liegt ein **Annahmeverzug** des Arbeitgebers nach §§ 293 ff. BGB vor. Während des Annahmeverzugs des Arbeitgebers hat der Arbeitnehmer nach §§ 615 S. 1, 611 BGB weiterhin einen **Anspruch auf Entgeltzahlung** aus § 611 Abs. 1 BGB, obwohl er nicht gearbeitet hat. § 615 S. 1 BGB stellt zudem ausdrücklich klar, dass der Arbeitnehmer **nicht** einmal zur **Nachleistung** der während des Annahmeverzugs des Arbeitgebers nicht erbrachten Arbeitsleistung verpflichtet ist („ohne zur Nachleistung verpflichtet zu sein"). § 615 S. 1 BGB ist selbst keine Anspruchsgrundlage (Preis, ErfKA, § 615 BGB, Rn 1). Die Norm hält im Falle des Annahmeverzugs des Arbeitgebers den Anspruch des Arbeitnehmers auf Entgeltzahlung aus § 611 Abs. 1 BGB aufrecht. § 615 S. 1 BGB durchbricht den Grundsatz „**Ohne Arbeit kein Lohn**".

Der Grundsatz „Ohne Arbeit kein Lohn" ergibt sich aus folgender Überlegung: In der Regel ist versäumte Arbeitszeit nicht nachholbar, da die Arbeitsleistung regelmäßig eine **Fixschuld** darstellt. Dies gilt jedenfalls für versäumte Kernarbeitszeit, nicht jedoch für die Gleitarbeitszeit, die dem Arbeitnehmer gerade ein gewisses Maß an Flexibilität bei der Arbeitszeitgestaltung geben soll. Auf versäumte Arbeitszeit ist § 275 Abs. 1 BGB anzuwenden, der dann so zu lesen ist, dass die Erbringung versäumter Arbeitszeit unmöglich geworden ist und der Arbeitgeber keinen Anspruch auf die Dienste mehr hat. § 326 Abs. 1 S. 1 1. Halbsatz BGB befasst sich mit der Frage, was mit dem Gegenleistungsanspruch geschieht. Im Falle der Unmöglichkeit der Leistung entfällt der Anspruch auf die Gegenleistung. §§ 275 Abs. 1, § 326 Abs. 1 S. 1 1. Halbsatz BGB enthalten demnach den Grundsatz „Ohne Arbeit kein Lohn".

Dieser Grundsatz wird für den Fall des Annahmeverzugs des Arbeitgebers von §§ 615 S. 1, 293 ff. BGB durchbrochen. Zwar schließen sich nach der Rechtsprechung Unmöglichkeit und Annahmeverzug gegenseitig aus (BAG 18.8.1961 AP BGB § 615 Nr. 20), so dass wegen des Fixschuldcharakters der Arbeitsleistung im Falle des Versäumens der Arbeitszeit ein Annahmeverzug des Arbeitgebers zugleich nicht denkbar wäre. Das BAG versteht unter Annahmeverzug das Unterbleiben der Arbeitsleistung, das durch die Verweigerung der Annahme der vom Arbeitnehmer angebotenen Arbeitsleistung entsteht. Unmöglichkeit sei nur für den Fall gegeben, dass, unterstellt der Arbeitgeber sei zur Annahme der Arbeitsleistung bereit gewesen, die Arbeitsleistung dem Arbeitnehmer unmöglich ist (BAG 24.11.1960 AP BGB § 615 Nr. 18). Das Versäumen der Arbeitszeit, wäre die Arbeitsleistung im Falle der Entgegennahme durch den Arbeitgeber für den Arbeitnehmer möglich, schließt demnach den Annahmeverzug nicht aus. §§ 615 S. 1 BGB erfasst nicht nur die Kernarbeitszeit. Liegt Annahmeverzug des Arbeitgebers vor, ist davon auszugehen, dass sich der Annahmeverzug auf die werktäglich im Schnitt nach dem Arbeitsvertrag zu erbringende Arbeitszeit erstreckt. § 615 BGB ist **dispositiv**. Durch eine entsprechende Vereinbarung, bspw. im Arbeits- oder Tarifvertrag, könnte geregelt werden, dass im Falle des Annahmeverzugs eine Lohnzahlung nur geleistet wird, wenn die Arbeitsleistung nachgeholt wird. Die Abdingbarkeit der Norm findet aber dort ihre **Grenzen**, wo der Arbeitgeber generell das ihn treffende Arbeitsentgeltrisiko auf den Arbeitnehmer verlagern will. Aufgrund des **hohen Gerechtigkeitsgehalts** des § 615 BGB bestehen **erhebliche Bedenken** gegen eine **formularmäßige Abdingung** der Norm mit Blick auf §§ 305 ff. BGB (Preis, ErfKA, § 615 BGB, Rn 8).

7.2 Voraussetzungen des Annahmeverzugs

Voraussetzungen des Verzugs des Arbeitgebers mit der Annahme der Arbeitsleistung des Arbeitnehmers sind

- ein **erfüllbares rechtswirksames** Arbeitsverhältnis,
- ein **Angebot des Arbeitnehmers** zur Erbringung der Arbeitsleistung gegenüber dem Arbeitgeber,
- **Imstande sein** des Arbeitnehmers zur Erbringung der Arbeitsleistung,
- **Nichtannahme** der angebotenen Arbeitsleistung durch den Arbeitgeber.

(Preis, ErfKA, § 615 BGB, Rn 9 ff.).

7.2.1 Erfüllbares rechtswirksames Arbeitsverhältnis

Verzug mit der Annahme der Arbeitsleistung i. S. d. §§ 293 ff. BGB setzt voraus, dass ein **rechtswirksamer Arbeitsvertrag** zwischen Arbeitgeber und Arbeitnehmer besteht. Nur dann ergibt sich aus dem rechtswirksamen Arbeitsvertrag die Obliegenheit bzw. Verpflichtung des Arbeitgebers, die angebotene Arbeitsleistung auch anzunehmen. Besonderheiten ergeben sich beim **fehlerhaften Arbeitsverhältnis**, bei dem der Arbeitsvertrag unwirksam ist, der unwirksame Arbeitsvertrag aber faktisch durch die Eingliederung des Arbeitnehmers in den Betrieb in Vollzug gesetzt ist. Entgegen der Voraussetzung des erfüllbaren rechtswirksamen Arbeitsverhältnisses kann der Arbeitgeber auch beim fehlerhaften Arbeitsverhältnis in Annahmeverzug geraten, wenn er sich nicht auf die Unwirksamkeit des Arbeitsverhältnisses beruft und sich nicht mit einseitiger Erklärung für die Zukunft vom fehlerhaften Arbeitsverhältnis löst (Preis, ErfKA, § 615 BGB, Rn 9).

7.2.2 Angebot des Arbeitnehmers zur Erbringung der Arbeitsleistung

Gemäß § 294 BGB muss dem Arbeitgeber die Leistung im **ungekündigten Arbeitsverhältnis** so, wie sie zu bewirken ist, **tatsächlich** angeboten werden. Dies bedeutet, dass der Arbeitnehmer seine Arbeitsstelle aufsuchen und dort zu erkennen geben muss, dass er seine Arbeit verrichten will. Grundsätzlich ist der Betrieb der Erfüllungsort. Der Arbeitnehmer muss sich daher zu Dienstbeginn am Arbeitsplatz einfinden. Er trägt das Wegerisiko.

Für das **gekündigte Arbeitsverhältnis** ist Folgendes zu beachten:

Ein tatsächliches Angebot der Arbeitsleistung i. S. d. § 294 BGB muss nach §§ 295, 296 BGB aber **nicht** erfolgen, wenn der Arbeitgeber dem Arbeitnehmer erklärt hat, dass er die Arbeitsleistung des Arbeitnehmers nicht annehmen werde oder wenn der Arbeitgeber eine zur Erbringung der Arbeitsleistung erforderliche Mitwirkungshandlung unterlässt, wie bspw. die Bereitstellung der Arbeitsräume oder der Arbeitsmittel. In der **außerordentlichen und ordentlichen Kündigung** ist die **Erklärung des Arbeitgebers** enthalten, er **nehme** die Arbeitsleistung sofort (außerordentliche Kündigung) bzw. nach Ablauf der Kündigungsfrist (ordentliche Kündigung) **nicht mehr entgegen** (Preis, ErfKA, § 615 BGB, Rn 44 ff. u. 55 ff.). Ein **wörtliches Angebot** des Arbeitnehmers zur Erbringung der Arbeitsleistung liegt in der Regel in der **Erhebung der Kündigungsschutzklage** (vgl. § 4 S. 1 KSchG). Mit der Kündigungsschutzklage bringt der Arbeitnehmer zum Ausdruck, dass er die Kündigung für unwirksam hält und daher zur Erbringung der Arbeitsleistung zur Verfügung steht (BAG 26.8.1971 AP BGB § 615 Nr. 26). Das BAG hält ein wörtliches Angebot zur Erbringung der Arbeitsleistung seitens des Arbeitnehmers nach § 296 S. 1 BGB für **entbehrlich**, da der Arbeitgeber die Pflicht habe, dem Arbeitnehmer einen **funktionsfähigen Arbeitsplatz als kalendarisch bestimmte Mitwirkungshandlung zur Verfügung zu stellen** und **Arbeit zuzuweisen** (BAG NZA 1985, 119; BAG NZA 1985, 778).

> **Beispiel:** Der Arbeitnehmer A ist seit drei Jahren bei der Deutsche Bank AG als Devisenhändler beschäftigt. Im Februar 13 erkrankt A für zwei Wochen. Er versäumt es, am ersten Krankheitstag, wie von § 5 Abs. 1 S. 1 EFZG gefordert, seine Arbeitsunfähigkeit dem Arbeitgeber unverzüglich anzuzeigen. Der Personalchef P mahnt A daraufhin wegen des Vorfalls schriftlich ab. Das Abmahnungsschreiben lautet auszugsweise wie folgt:
>
> „Aus der von Ihnen übersandten ärztlichen Arbeitsunfähigkeitsbescheinigung ergibt sich, dass Ihr erster Tag der Arbeitsunfähigkeit der 19.02.13 war. Nach § 5 Abs. 1 S. 1 EFZG sind Sie verpflichtet, die Arbeitsunfähigkeit und deren voraussichtliche Dauer dem Arbeitgeber unverzüglich mitzuteilen. Dieser Verpflichtung sind Sie nicht nachgekommen. Wir möchten Sie auf diesem Wege daran erinnern, dass die unverzügliche Anzeige der Arbeitsunfähigkeit in jedem Falle, insbesondere in Ihrer Funktion als Devisenhändler, unverzichtbar ist. Nur so ist sichergestellt, dass im Falle Ihres krankheitsbedingten Ausfalls für eine entsprechende Ersatzkraft und damit für den reibungslosen Devisenhandel unseres Hauses gesorgt werden kann. Ihr Versäumnis ist sicherlich als einmaliger Vorfall anzusehen. Sollte sich wider Erwarten der Vorfall wiederholen, sehen wir uns gezwungen, zu anderen Maßnahmen, ggf. auch zur Kündigung des Arbeitsverhältnisses, zu greifen."

Im April 13 erkrankt A erneut, diesmal für drei Wochen. A versäumt es erneut, seine Arbeitsunfähigkeit unverzüglich anzuzeigen. Er holt die Anzeige aber noch am gleichen Tag im Laufe des Vormittags nach. Der Personalchef P der Deutsche Bank AG spricht aufgrund des Vorfalls mit Schreiben vom 19.04.13, zugegangen bei A am 20.04.13, die ordentliche Kündigung des Arbeitsverhältnisses zum 30.09.13 aus. Der Betriebsrat wurde vor Ausspruch der Kündigung nach § 102 Abs. 1 S. 1 BetrVG ordnungsgemäß angehört.

A erhebt, vertreten durch seinen Rechtsanwalt R, am 30.04.13 Kündigungsschutzklage zum zuständigen Arbeitsgericht mit dem Antrag festzustellen, dass das zwischen ihm und der Deutsche Bank AG bestehende Arbeitsverhältnis nicht durch die ordentliche Kündigung vom 19.04.13 aufgelöst wurde. A arbeitet noch bis zum 30.09.13 bei der Deutsche Bank AG. Ab 01.10.13 hat sich A arbeitslos gemeldet und wartet auf seinen Arbeitsgerichtsprozess, der schließlich am 05.11.13 nach erfolgloser Güteverhandlung (§ 54 ArbGG) stattfindet.

Das Arbeitsgericht stellt mit Urteil vom 12.11.13 fest, dass die gegenüber A mit Schreiben vom 19.04.13 ausgesprochene Kündigung unwirksam ist und damit das Arbeitsverhältnis nicht aufgelöst hat. Als Begründung gibt das Gericht an, dass das Fehlverhalten des A nach einer entsprechenden Abmahnung zwar grundsätzlich eine verhaltensbedingte Kündigung nach § 1 Abs. 2 KSchG zu rechtfertigen vermag, nicht jedoch im konkreten Fall, da die Deutsche Bank AG nicht in für das Gericht zufriedenstellender Weise darlegen konnte, dass das Fehlverhalten des A zu einer Beeinträchtigung des Devisenhandels geführt hat. Die Deutsche Bank AG lässt das Urteil rechtskräftig werden. Ab 13.11.13 nimmt A nach Rücksprache mit dem Personalchef P seine Arbeit wieder auf.

Im vorliegenden Fall befand sich die Deutsche Bank AG vom 01.10.13 bis einschließlich 12.11.13 mit der Annahme der Arbeitsleitung des A nach §§ 293 ff. BGB im Annahmeverzug, so dass an A für diesen Zeitraum, obwohl er nicht gearbeitet hat, das Gehalt nach §§ 615 S. 1, 611 Abs. 1 BGB zu zahlen ist.

Ein tatsächliches Angebot der Arbeitsleistung nach § 294 BGB seitens des A war nicht erforderlich. Es genügte jedenfalls ein wörtliches Angebot nach § 295 S. 1 BGB, da die Deutsche Bank AG mit der ordentlichen Kündigung erklärt hat, sie nehme ab 01.10.13 die Arbeitsleistung des A nicht mehr an. Das wörtliche Angebot des A zur Erbringung der Arbeitsleistung ist in der Erhebung der Kündigungsschutzklage zu sehen. Schließlich ist ein wörtliches Angebot des A zur Erbringung der Arbeitsleistung gar nicht erforderlich, da die Deutsche Bank AG verpflichtet war, A einen funktionsfähigen Arbeitsplatz zur Verfügung zu stellen, was als kalenderzeitmäßig bestimmte Mitwirkungshandlung i. S. d. § 296 BGB zu qualifizieren ist (BAG NZA 2005, 1348).

Hinweis: Insbesondere im Falle der außerordentlichen Kündigung des Arbeitsverhältnisses macht es einen Unterschied, ob man den Annahmeverzug des Arbeitgebers mit § 295 BGB (Wörtliches Angebot) oder mit § 296 BGB (Überflüssiges Angebot) begründet. Wäre A im vorliegenden Fall mit Schreiben vom 19.04.13 fristlos gekündigt worden und hätte er ab 20.04.13 nicht mehr gearbeitet, stellt sich die Frage des Annahmeverzugs für den Zeitraum 20.04.13 bis einschließlich 12.11.13. Da A erst am 30.04.13 Kündigungsschutzklage erhoben hat, hätte er die Deutsche Bank AG über ein wörtliches Angebot nach § 295 BGB erst mit Erhebung der Kündigungsschutzklage in Annahmeverzug gesetzt. Für den Zeitraum 20.04.13 bis 30.04.13 bestünde der Anspruch aus §§ 615 S. 1, 611 Abs. 1 BGB auf Gehaltsfortzahlung nicht. Ein Annahmeverzug für den Zeitraum 20.04.13 bis 30.04.13 lässt sich nur über § 296 BGB begründen, also damit, dass bereits ab 20.04.13 Annahmeverzug vorlag, da die Deutsche Bank wegen des verlorenen Arbeitsgerichtsprozesses ab 20.04.13 verpflichtet war, A einen funktionsfähigen Arbeitsplatz zuzuweisen.

Für den Arbeitgeber besteht insbesondere im Zusammenhang mit **Kündigungsschutzprozessen** die Gefahr, dass er zur Gehaltszahlung nach §§ 611 Abs. 1, 615 S. 1 BGB verpflichtet ist, obwohl der Arbeitnehmer nicht gearbeitet hat. Dies kann der Arbeitgeber vermeiden, indem der Anspruch des Arbeitnehmers aus §§ 611 Abs. 1, 615 S. 1 BGB ausgeschlossen wird (vgl. oben) oder der Arbeitnehmer bis zum Abschluss des Kündigungsschutzverfahrens weiterbeschäftigt wird.

7.2.3 Imstande sein zur Erbringung der Arbeitsleistung, Betriebsrisiko

Der Arbeitgeber kommt nicht in Annahmeverzug, wenn der Arbeitnehmer **nicht leistungswillig** und **nicht leistungsbereit** ist (BAG NZA 1999, 377). Gleiches gilt, wenn der Arbeitnehmer die Arbeitsleistung aus **tatsächlichen oder rechtlichen Gründen** nicht erbringen kann. Ein **tatsächliches** Leistungshindernis liegt vor, wenn der Arbeitnehmer die angebotene Arbeitsleistung gar nicht erbringen kann, weil er arbeitsunfähig erkrankt ist (vgl. LAG Hamm NZA-RR 1996, 281).

Die Frage, ob ein tatsächliches Leistungshindernis vorliegt, ist nicht immer leicht zu beantworten, insbesondere dann, wenn ein Leistungshindernis aufgrund eines **Betriebsrisikos** eintritt, bei dem nicht eindeutig feststeht, ob das Betriebsrisiko vom Arbeitgeber zu tragen ist oder nicht. § 615 S. 3 BGB ordnet für den Fall, dass der Arbeitgeber das Risiko des Arbeitsausfalls trägt, die entsprechende Anwendbarkeit von § 615 Sätze 1 und 2 BGB an.

> **Beispiel:** Der Arbeitnehmer A ist bei B in der Fahrzeugendmontage beschäftigt. Der Betrieb des B wird bestreikt. A ist nicht in der Gewerkschaft organisiert. Er möchte daher trotz des Streiks arbeiten und bietet B seine Arbeitsleistung an. B kann A aber aufgrund des Streiks nicht beschäftigen. Fraglich ist hier, ob B durch das Arbeitsangebot des A in Annahmeverzug kommt und daher zur Fortzahlung des Entgelts nach §§ 611 Abs. 1, 615 S. 1 BGB verpflichtet ist. Die Beantwortung der Frage hängt davon ab, wem das Arbeitskampfrisiko auferlegt wird, also das Risiko, dass arbeitswillige Arbeitnehmer aufgrund eines Streiks nicht beschäftigt werden können. Legt man hier das Arbeitskampfrisiko B auf, bestünde der Anspruch aus §§ 611 Abs. 1, 615 S. 1 BGB. Legt man hingegen das Arbeitskampfrisiko A auf, besteht kein Annahmeverzug und damit auch nicht der Anspruch aus §§ 611 Abs. 1, 615 S. 1 BGB. Vom Betriebs- und Wirtschaftsrisiko, das grundsätzlich der Arbeitgeber zu tragen hat, ist das Arbeitskampfrisiko zu unterscheiden. Die Frage, ob das Risiko, dass arbeitswillige Arbeitnehmer aufgrund eines Streiks nicht zum Einsatz kommen können, der Arbeitnehmerschaft oder aber dem Arbeitgeber aufzuerlegen ist, muss mit Blick auf die Wahrung der Kampfparität zwischen den Tarifvertragsparteien beantwortet werden. Eine undifferenzierte Handhabung des

Arbeitskampfrisikos würde dazu führen, dass das Kräftegleichgewicht zwischen Arbeitnehmer- und Arbeitgeberseite in der tarifpolitischen Auseinandersetzung nicht gewährleistet wäre. Hier hat A das Arbeitskampfrisiko zu tragen, da er der Sphäre der Arbeitnehmerschaft, von der der Streik ausgeht, zuzurechnen ist und für B wegen des Streiks die Fortführung des Betriebs wirtschaftlich sinnlos ist.

Für den vorliegenden Fall ist zudem zu beachten: Wird ein Unternehmen bestreikt und ist infolgedessen die Arbeitsleistung in diesem Unternehmen nicht mehr möglich, kann der Arbeitgeber entweder die arbeitswilligen Arbeitnehmer aussperren, was zu einer Suspendierung ihrer Arbeitsverhältnisse führt. Der Arbeitgeber kann aber auch den Weg wählen und die Vergütungszahlung für alle Arbeitnehmer, also auch für die arbeitswilligen, verweigern (BAG NJW 1995, 477). In diesem Falle liegt eine Betriebsstilllegung vor, die zur Suspendierung der Arbeitsverhältnisse der Arbeitnehmer führt. Wird also ein Betrieb ganz oder teilweise bestreikt, so verlieren die arbeitswilligen Arbeitnehmer im Falle der Betriebsstilllegung durch den Arbeitgeber grundsätzlich ihren Vergütungsanspruch. Sind die beiderseitigen Rechte und Pflichten aus dem Arbeitsverhältnis während des Streiks suspendiert, ist der Arbeitgeber zur Annahme der Arbeitsleistung nicht verpflichtet.

Abwandlung des Beispiels: Der Betrieb des B wird nicht bestreikt, aber ein Zulieferer des B, so dass B für die Fahrzeugmontage keine Teile mehr geliefert bekommt. Der Streik beim Zulieferer Z hat die Fernwirkung, dass auch der Betrieb des B „lahmgelegt" wird (sog. Fernwirkungen von Arbeitskämpfen). Hier legt das BAG das Arbeitskampfrisiko der Arbeitnehmerschaft auf, wenn ansonsten die Kampfparität gefährdet wäre (BAG 22.12.1980 AP GG Art. 9 Arbeitskampf Nr. 70; Preis, ErfKA, § 615 BGB, Rn 125). Mit der Bestreikung von Schlüsselindustrien könnten weitere Wirtschaftszweige ausgeschaltet werden, ohne dass die Arbeitnehmerseite das damit verbunden Kostenrisiko zu tragen hätte. Auch hier käme B also nicht in Annahmeverzug, wenn A als arbeitswilliger Arbeitnehmer seine Arbeitsleistung anböte. Mit Blick auf die Kampfparität wird man aber einen tarifpolitischen Zusammenhang zwischen der Bestreikung von Z und dem Unternehmen des B fordern müssen, wenn man hier das Arbeitskampfrisiko der Arbeitnehmerschaft auferlegen will (vgl. Näheres zum Arbeitskampfrecht in Kapitel 21).

Rechtliche Leistungshindernisse liegen beispielsweise vor, wenn ein ausländischer Arbeitnehmer (kein EU-Angehöriger) seine Arbeitsleistung anbietet, er aber gar nicht mehr beschäftigt werden darf, weil er keine Arbeitserlaubnis hat (§§ 4, 39 AufenthG) oder wenn ein Berufskraftfahrer seine Arbeitsleistung anbietet, ihm aber die Fahrerlaubnis entzogen wurde (BAG NJW 1987, 2837). Im letzteren Fall ist aber zu prüfen, ob der Arbeitgeber den Berufskraftfahrer mit anderen Arbeiten betrauen kann.

7.2.4 Nichtannahme der angebotenen Arbeitsleistung durch den Arbeitgeber

Der Annahmeverzug des Arbeitgebers setzt nach §§ 293 ff. BGB voraus, dass der Arbeitgeber die ihm am **richtigen Ort**, zur **richtigen Zeit** und in der **richtigen Art und Weise** angebotene Arbeitsleistung des Arbeitnehmers **nicht** annimmt.

Annahmeverzug liegt auch vor, wenn der Arbeitgeber dem Arbeitnehmer andere als die nach dem Arbeitsvertrag geschuldeten Arbeiten zuweist und der Arbeitnehmer die laut Arbeitsvertrag geschuldete Arbeitsleistung anbietet.

Ein **Verschulden seitens des Arbeitgebers** bezüglich der Nichtannahme der Arbeitsleistung ist **nicht erforderlich**. Kann der Arbeitnehmer die Einrede des nichterfüllten Vertrages nach § 320 BGB erheben, bspw. weil der Arbeitgeber das letzte Monatsgehalt nicht bezahlt hat, kommt der Arbeitgeber nach § 298 BGB dennoch in Annahmeverzug, wenn er zwar bereit ist, die ihm angebotene Arbeitsleistung entgegenzunehmen, seinerseits aber den vertraglichen Verpflichtungen nicht nachkommt (BGH NJW 1997, 581).

Eine weitere Ausnahme vom Grundsatz, dass die Nichtannahme der angebotenen Arbeitsleistung zum Annahmeverzug des Arbeitgebers führt, ist die **Unzumutbarkeit der Entgegennahme** der Arbeitsleistung (vgl. BAG NZA 1988, 465). Eine Unzumutbarkeit in vorgenanntem Sinne wurde bei einem dringenden Tatverdacht des sexuellen Missbrauchs von Kleinkindern in einer Kindertagesstätte durch einen Erzieher angenommen (LAG Berlin NZA-RR 1996, 283). Die Unzumutbarkeit der Entgegennahme der Arbeitsleistung ist jedoch nur in eng begrenzten Ausnahmefällen anzunehmen.

7.3 Anrechnungspflicht nach § 615 S. 2 BGB

Ist der Arbeitgeber wegen seines Annahmeverzugs verpflichtet, die Vergütung an den Arbeitnehmer nach §§ 611 Abs. 1, 615 S. 1 BGB fortzuzahlen, ist § 615 S. 2 BGB zu beachten. Hiernach muss sich der Arbeitnehmer den Wert desjenigen **anrechnen** lassen, was er infolge des Unterbleibens der Dienstleistung **erspart** oder durch anderweitige Verwendung seiner Dienste **erwirbt** oder **zu erwerben böswillig unterlässt**. Mit der Anrechnung von Ersparnissen oder Zwischenverdienst wird bezweckt, dass der Arbeitnehmer durch den Annahmeverzug des Arbeitgebers keinen finanziellen Vorteil hat. Der Arbeitnehmer ist in entsprechender Anwendung des § 74c Abs. 2 HGB verpflichtet, über die Höhe des anderweitigen Erwerbs Auskunft zu erteilen (BAG 27.3.1974 AP BGB § 242 Auskunftspflicht Nr. 15)

Für den Fall, dass der Annahmeverzug des Arbeitgebers im Zusammenhang mit einem Kündigungsschutzverfahren eintritt, sieht § 11 S. 1 Nr. 1 und 2 KSchG eine dem § 615 S. 2 BGB entsprechende Regelung über die Anrechnung von tatsächlich erzieltem oder böswillig unterlassenem Zwischenverdienst vor. § 11 KSchG ist lex specialis gegenüber § 615 S. 2 BGB und sieht im Gegensatz zu § 615 S. 2 BGB die Anrechnung etwaiger Ersparnisse nicht vor (Preis, ErfKA, § 615 BGB, Rn 84, 85).

> **Beispiel:** Der Arbeitnehmer A ist bei B beschäftigt. Am 01.03. wird A von B gemäß §§ 623, 626 BGB schriftlich fristlos gekündigt. Im Betrieb des B besteht kein Betriebsrat. Eine Anhörung des Betriebsrates vor Ausspruch der Kündigung nach § 102 Abs. 1 S. 1 BetrVG war damit entbehrlich. A erhebt innerhalb von drei Wochen nach Zugang der Kündigung Kündigungsschutzklage zum zuständigen Arbeits-

gericht, um prüfen zu lassen, ob die Kündigung rechtswirksam ist oder nicht, insbesondere ob ein wichtiger Grund i. S. d. § 626 Abs. 1 BGB vorliegt (§§ 13 S. 2, 4 S. 1 KSchG). Der Arbeitsgerichtsprozess findet am 10.07. statt. Das Gericht entscheidet, dass das Arbeitsverhältnis zwischen A und B nicht durch die fristlose Kündigung vom 01.03. aufgelöst wurde, weil kein wichtiger Grund vorliegt. A hat ab 02.03. bei A nicht mehr gearbeitet. A hat ab 01.04. eine neue Arbeitsstelle gefunden. B hat gegen das Urteil kein Rechtsmittel eingelegt. Binnen einer Woche nach Rechtskraft des Urteils hat A gegenüber B die Fortsetzung seines Arbeitsverhältnisses bei diesem nach §§ 13 Abs. 1 S. 5, 12 S. 1 KSchG verweigert, da er seit 01.04. ein neues Arbeitsverhältnis bei C eingegangen ist. A hat bei B 2 500 € brutto monatlich verdient. Bei C erhält A ein monatliches Bruttogehalt von 2 300 €.

B befindet sich seit 02.03. mit der Annahme der Arbeitsleistung des A in Annahmeverzug. Da B dem A in Form einer Mitwirkungshandlung einen Arbeitsplatz zur Verfügung zu stellen hat, musste A seine Arbeitsleistung nach § 296 BGB weder tatsächlich (§ 294 BGB) noch wörtlich (§ 295 BGB) anbieten. A hat somit nach §§ 611 Abs. 1, 615 S. 1 BGB gegen B einen Anspruch auf Fortzahlung seines Gehalts ab 02.03. bis zum Erlöschen des Arbeitsverhältnisses mit B mit dem Zugang der Erklärung bei B, dass das Arbeitsverhältnis mit B nicht weitergeführt werden soll (§§ 13 Abs. 1 S. 5, 12 S. 3 KSchG). Auf den Vergütungsfortzahlungsanspruch muss sich A jedoch nach §§ 13 Abs. 1 S. 5, 11 S. 1 Nr. 1 KSchG seinen Zwischenverdienst bei C anrechnen lassen, so dass nur noch ein Anspruch auf Auszahlung der Differenz i. H. v. monatlich 200 € besteht. § 11 S. Nr. 1 und 2 KSchG stellen eine Spezialregelung gegenüber § 615 S. 2 BGB dar.

Schwierig zu beantworten ist im Einzelfall, wann der Arbeitnehmer beim Annahmeverzug des Arbeitgebers eine anderweitige Erwerbsmöglichkeit **böswillig unterlässt** (§ 615 S. 2 BGB, § 11 Nr. 2 KSchG). Der Begriff der Böswilligkeit ist folgendermaßen zu verstehen: „Ein gekündigter Arbeitnehmer muss sich hypothetischen Verdienst nur anrechnen lassen, wenn er böswillig anderweitigen Erwerb unterlässt. Um böswilliges Unterlassen handelt es sich, wenn der Arbeitnehmer grundlos zumutbare Arbeit ablehnt oder vorsätzlich verhindert, dass ihm zumutbare Arbeit angeboten wird" (BAG NJW 2001, 243).

Der Arbeitnehmer muss also **vorsätzlich untätig** geblieben sein. Böswilligkeit scheidet grundsätzlich aus, wenn sich der Arbeitnehmer bei der Agentur für Arbeit gemeldet hat, denn dann hat diese ihm eine Tätigkeit zu vermitteln. Ob sich der Arbeitnehmer bei der Agentur für Arbeit arbeitslos zu melden hat, um böswilliges Unterlassen auszuschließen, ist umstritten (Preis, ErfKA, § 615 BGB, Rn 101). Das BAG hat dies verneint: „Auf eine unterlassene Meldung beim Arbeitsamt als Arbeitssuchender kommt es regelmäßig nicht an. Die Vorschriften über den Annahmeverzug begründen **keine Obliegenheit** des Arbeitnehmers, die **Vermittlung der Bundesanstalt für Arbeit** für sich **in Anspruch zu nehmen"** (BAG NJW 2001, 243).

Beispiel (nach BAG NJW 2001, 243 ff.): Die Arbeitnehmerin A hat in dem von B betriebenen Alten- und Pflegeheim als Pflegedienstleiterin gearbeitet. Nachdem A von B gekündigt wurde, erhob A fristgemäß (§ 4 S. 1 KSchG) Kündigungsschutzklage zum zuständigen Arbeitsgericht. Die von A erhobene Kündigungsschutzklage hatte Erfolg, weil die für B handelnde Geschäftsführerin nicht rechtswirksam bestellt worden war und daher auch nicht kündigungsberechtigt war. Unstreitig ist, dass sich B mit der Annahme der Dienste der A in Annahmeverzug befand. Die Parteien streiten darüber, ob der Anspruch der A auf Fortzahlung der Vergütung nach §§ 611 Abs. 1, 615 S. 1 BGB wegen Annahmeverzugs der B zu reduzieren ist, weil entgangener hypothetischer Zwischenverdienst nach § 11 Nr. 2 KSchG anzurechnen ist.

B warf A vor, sie habe sich bei der zuständigen Agentur für Arbeit nicht als arbeitssuchend gemeldet, wodurch das Tatbestandsmerkmal des böswilligen Unterlassens i. S. d. § 615 S. 2 BGB und § 11 Nr. 2 KSchG erfüllt sei. Auf Grund der Arbeitsmarktlage auf dem Pflegesektor hätte sie mit großer Wahrscheinlichkeit vermittelt werden können. A wendete hiergegen ein, aufgrund ihres Alters und ihrer Schwerbehinderung sei sie ohnehin nicht vermittelbar gewesen. Das BAG hat hierzu wie folgt Stellung genommen: „Allein das Unterlassen der Meldung des Arbeitnehmers beim Arbeitsamt als arbeitssuchend erfüllt nicht das Merkmal des böswilligen Unterlassens. Das Unterlassen einer Meldung beim Arbeitsamt kann nicht mit dem Unterlassen anderweitigen Erwerbs, etwa durch Ablehnung eines Arbeitsangebots oder durch Verhinderung eines Arbeitsangebots, gleichgesetzt werden. Die Meldung beim Arbeitsamt als arbeitssuchend ist Voraussetzung für den Bezug von Leistungen der Arbeitsverwaltung. Für zivilrechtliche Ansprüche auf Annahmeverzugslohn hat sie keine Bedeutung. Der Arbeitnehmer ist nicht gehalten, eigene Anstrengungen zu unternehmen, um eine Beschäftigung bei einem anderen Arbeitgeber zu finden. Will der Arbeitgeber sein Entgeltrisiko im Annahmeverzug mindern, hat er die hierfür erforderlichen Handlungen selbst vorzunehmen (BAG NZA 2000, 817). Dazu kann der Arbeitgeber beispielsweise dem Arbeitnehmer anbieten, ihn vorläufig für die Dauer des Kündigungsschutzprozesses weiterzubeschäftigen (BAG NZA 2000, 817). Er kann den Arbeitnehmer aber auch über konkrete Stellenangebote informieren, ihn dadurch in „Zugzwang" versetzen und Bewerbungen veranlassen, um gegebenenfalls die Ansprüche aus Annahmeverzug dann kürzen zu können, wenn der Arbeitnehmer auf diese Mitteilung hin vorsätzlich das Zustandekommen eines Arbeitsverhältnisses verhindert."

Im Zusammenhang mit der Frage der Anrechnung von hypothetischem Zwischenverdienst nach § 615 S. 2 BGB, § 11 S. 1 Nr. 2 KSchG, ist das Kriterium der **Zumutbarkeit**, welches in § 11 Nr. 2 KSchG ausdrücklich normiert ist, von entscheidender Bedeutung. Die Frage der Zumutbarkeit ist unter Berücksichtigung aller Umstände nach Treu und Glauben zu beurteilen (BAG NZA 2006, 314). **Kriterien für die Zumutbarkeit** sind die Vergütungsform, die Arbeitszeit, der Anfall von Überstunden, Sozialleistungen, Gefährlichkeit der Arbeit und Ort der Tätigkeit (Preis, ErfKA, § 615 BGB, Rn 97). Die **Weiterbeschäftigung** des Arbeitnehmers **beim selben Arbeitgeber** nach erfolgter Kündigung bis zum Abschluss eines Kündigungsschutzprozesse ist **nicht generell unzumutbar** (BAG NZA 2004, 90). Dies gilt vor allem bei einem Angebot des Arbeitgebers zur Weiterbeschäftigung zu den gleichen Bedingungen (BAG 14.11.1985 AP BGB § 615 Nr. 39) nach einer personen- oder betriebsbedingten Kündigung. Anderes gilt für verhaltensbedingte und außerordentliche Kündigungen (BAG

24.09.2003 AP KSchG 1969 § 11 Nr. 4), wobei Art und Schwere der Vorwürfe zu beachten sind (Preis ErfKA, § 615 BGB, Rn 99). Bietet der bisherige Arbeitgeber dem Arbeitnehmer eine Weiterbeschäftigung nur zu einer dauerhaften Änderung der Arbeitsbedingungen an, muss sich der Arbeitnehmer hierauf nicht einlassen, weil der **Vertragsinhaltsschutz** dann nicht mehr gewährleistet wäre und sich ein anhängiger Kündigungsrechtsstreit erledigen würde (Preis, ErfKA, § 615 BGB, Rn 98). Im Zusammenhang mit dem Zumutbarkeitskriterium gilt, dass der Arbeitnehmer nicht untätig bleiben darf, wenn sich eine realistische Arbeitsmöglichkeit bietet. Das kann die Abgabe eigener Angebote seitens des Arbeitnehmers einschließen. Geht es um die Weiterbeschäftigung beim bisherigen Arbeitgeber, kann der Arbeitnehmer allerdings abwarten, ob ihm eine zumutbare Arbeit angeboten wird (BAG NZA 2006, 314).

7.4 Checkliste zum Annahmeverzug

- **Anspruchsgrundlage** zur Zahlung von Annahmeverzugslohn ist §§ 611 Abs. 1, 615 S. 1 BGB. § 615 S. 1 BGB ist selbst keine Anspruchsgrundlage.
- **Hauptanwendungsfall** des Annahmeverzugs ist die Nichtbeschäftigung des Arbeitnehmers nach seinem Ausscheiden durch Arbeitgeberkündigung bis zum Abschluss eines Kündigungsrechtstreits, wenn der Prozess vom Arbeitnehmer gewonnen wird.
- **Annahmeverzug** und **Unmöglichkeit schließen sich** grundsätzlich **aus.**
- Trotz des **Fixschuldcharakters** der Arbeitsleistung kommt der Arbeitgeber in Annahmeverzug nach §§ 293 ff. BGB, wenn die Arbeitsleistung dem Arbeitnehmer wegen der Nichtannahme der Arbeitsleistung durch den Arbeitgeber unmöglich wird. Für den **Unmöglichkeitsbegriff** ist entscheidend, ob der Arbeitnehmer die Arbeitsleistung bei **gedachter Annahme** durch den Arbeitgeber erbringen könnte.
- In der Regel kommt der Arbeitgeber nach § 296 BGB in Annahmeverzug, da er dem Arbeitnehmer einen **funktionsfähigen Arbeitsplatz** zur Verfügung zu stellen und Arbeit zuzuweisen hat.
- Kann der Arbeitnehmer die angebotene Arbeitsleistung wegen eines **tatsächlichen oder rechtlichen Leistungshindernisses** gar nicht erbringen, kommt der Arbeitgeber **nicht** in Annahmeverzug.
- Der Arbeitgeber hat nach §§ 611, 615 S. 3 BGB das Arbeitsentgelt fortzuzahlen, wenn er das **Risiko des Arbeitsausfalls** trägt. Unterbrechungen der Strom- und Gasversorgung, Mangel an Rohstoffen, der Brand einer Fabrik oder der Ausfall einer Maschine sind typische Fälle des **vom Arbeitgeber zu tragenden Betriebsrisikos**. Auch das **Wirtschaftsrisiko**, also die Einstellung des Betriebes wegen Auftragsmangels, hat der Arbeitgeber zu tragen. Das **Arbeitskampfrisiko** trägt der Arbeitgeber **nicht uneingeschränkt**. Der **Grundsatz der Kampfparität** zwischen den Tarifvertragsparteien erfordert eine Beurteilung im Einzelfall, ob der Arbeitgeber für die arbeitswilligen Arbeitnehmer nach §§ 611, 615 S. 3 BGB die Vergütung fortzuentrichten hat.

- Die **Anrechnung** von tatsächlich erzieltem oder böswillig unterlassenem Zwischenverdienst ist in § 615 S. 2 BGB und § 11 S. 1 Nr. 1 u. 2 KSchG vorgesehen. § 11 KSchG ist zu § 615 S. 2 BGB **Spezialregelung**. Die Anrechnung von Ersparnissen sieht nur § 615 S. 2 BGB vor.

- Die Anrechnung böswillig unterlassenen Zwischenverdiensts nach § 615 S. 2 BGB und § 11 S. 1 Nr. 2 KSchG hängt vom Kriterium der **Zumutbarkeit** der Arbeit zur Erzielung des Zwischenverdienstes ab. Auch die Weiterbeschäftigung beim bisherigen Arbeitgeber nach erfolgter personen- und betriebsbedingter Kündigung zu unveränderten Bedingungen ist grundsätzlich zumutbar.

8. Vorübergehende Verhinderung zur Arbeitsleistung

8.1 Regelung des § 616 BGB

Nach § 616 S. 1 BGB behält der Arbeitnehmer seinen Anspruch auf Zahlung der Vergütung, wenn er für eine **verhältnismäßig nicht erhebliche Zeit** durch einen **in seiner Person** liegenden Grund **ohne sein Verschulden** an der Dienstleistung verhindert wird. § 616 S. 1 BGB durchbricht demnach den Grundsatz „Ohne Arbeit kein Lohn", der in §§ 275 Abs. 1 u. 2, 326 Abs. 1 S. 1 1. Halbsatz BGB zum Ausdruck kommt (vgl. hierzu BAG NJW 1965, 1397). Die Norm regelt die Vergütungsfortzahlung für Arbeitnehmer für die Fälle der persönlichen Arbeitsverhinderung **ohne Krankheit**. Die Vorschriften über die Vergütungsfortzahlung im Krankheitsfall finden sich ausschließlich im Entgeltfortzahlungsgesetz. Eine Verbindung von § 616 BGB zum Entgeltfortzahlungsrecht ergibt sich aber insofern, als § 616 BGB im Falle des Arztbesuchs während der Arbeitszeit und im Falle der Pflege erkrankter Angehöriger zur Anwendung kommen kann (Preis, ErfKA, § 616 BGB, Rn 1).

Der Vergütungsfortzahlungsanspruch des §§ 611 Abs. 1, 616 S. 1 BGB kann im Arbeitsvertrag (BAG 25.4.1960 AP BGB § 616 Nr. 23) oder im Tarifvertrag **ausgeschlossen** werden (BAG NZA 2002, 47). Bei einem **formularmäßigen Ausschluss** des § 616 S. 1 BGB im **Arbeitsvertrag** muss die Klausel einer **AGB-Prüfung** nach §§ 305 ff. BGB standhalten. Nach § 310 Abs. 4 S. 2 BGB müssen die Besonderheiten des Arbeitsrechts angemessen berücksichtigt werden. Mit Rücksicht auf den Schutzzweck des § 616 S. 1 BGB ist ein formularmäßiger Ausschluss kritisch zu sehen. Sieht ein einschlägiger Tarifvertrag den Ausschluss von § 616 S. 1 BGB nicht vor, stellt sich die Frage, ob ein entsprechender Ausschluss im Arbeitsvertrag vorgenommen werden kann. Nach § 4 Abs. 1 TVG gelten die Rechtsnormen des Tarifvertrages, die den Inhalt, den Abschluss oder die Beendigung von Arbeitsverhältnissen ordnen, unmittelbar und zwingend zwischen den beiderseits Tarifgebundenen, die unter den Geltungsbereich des Tarifvertrages fallen. § 4 Abs. 3 TVG lässt vom Tarifvertrag abweichende Abmachungen nur zu, soweit sie durch den Tarifvertrag gestattet sind (sog. **Öffnungsklauseln** in Tarifverträgen) oder eine Änderung der Regelungen zugunsten des Arbeitnehmers enthalten (sog. **Günstigkeitsprinzip**). Haben die Tarifvertragsparteien Fälle des § 616 BGB **abschließend** geregelt, ist daraus zu schließen, dass die tarifvertraglichen Regelungen Entgeltfortzahlungsansprüche umfassend und abschließend regeln und daher auf arbeitsvertraglicher Ebene keine Gestaltungsmöglichkeit mehr gegeben ist (BAG 17.10.1985 AP BAT § 18 Nr. 1; Näheres zur hierarchischen Einordnung des Tarifrechts in Kapitel 21.3).

8.1.1 Persönlicher Verhinderungsgrund

Der Vergütungsfortzahlungsanspruch aus §§ 611 Abs. 1, 616 S. 1 BGB setzt einen **persönlichen Verhinderungsgrund** zur Arbeitsleistung voraus. Als persönlicher Verhinderungsgrund i. S. d. § 616 S. 1 BGB scheidet die Arbeitsunfähigkeit infolge Krankheit aus. § 3 Abs. 1 EFZG enthält für den Arbeitsausfall infolge Krankheit eine **Spezialregelung**, die § 616 S. 1 BGB vorgeht. Wie sich aus der Gesetzesformulierung „durch einen in seiner Person liegenden Grund" ergibt, muss der Verhinderungsgrund **in der Person des Arbeitnehmers** liegen, sich also **speziell auf ihn** beziehen. Der Grund darf sich **nicht auf einen größeren Personenkreis** erstrecken oder objektiv gegeben sein, wie beispielsweise allgemeine Verkehrsstörungen, Eisglätte (BAG 8.12.1982 AP BGB § 616 Nr. 58), Schneeverwehungen (BAG BB 1982, 1547) oder andere Verkehrsstörungen (BAG NJW 1983, 1078 u. 1079). Die vorgenannten Beispiele, die keine persönlichen Verhinderungsgründe i. S. d. § 616 S. 1 BGB sind, lassen sich unter den Merksatz **„Das Wegerisiko zur Arbeit trägt der Arbeitnehmer"** subsumieren.

> **Beispiel:** Der Arbeitnehmer A verlangt Zahlung von vier Stunden Gehalt, die ihm sein Arbeitgeber verweigert. A versäumte am 17.04. vier Stunden der Kernarbeitszeit, da aufgrund eines Streiks die öffentlichen Verkehrsmittel nicht im Einsatz waren und A daher zu spät zur Arbeit kam.
>
> Ein Anspruch des A auf Zahlung der Vergütung für die vier Stunden versäumter Arbeitszeit scheidet aus, da es am persönlichen Verhinderungsgrund i. S. d. § 616 S. 1 BGB fehlt. Der streikbedingte Ausfall öffentlicher Verkehrsmittel betrifft nicht nur speziell A, sondern auch zahlreiche andere Arbeitnehmer. Der Arbeitgeber von A kann somit die Vergütungszahlung für die vier versäumten Stunden der Kernarbeitszeit nach § 326 Abs. 1 S. 1 1. Halbsatz BGB i. V. m. § 275 Abs. 1 BGB verweigern. Versäumte Kernarbeitszeit ist grundsätzlich nicht nachholbar, so dass Unmöglichkeit der Leistung i. S. d. § 275 Abs. 1 BGB zu bejahen ist. Die Lösung bringt auch der Satz „ Das Wegerisiko zur Arbeit trägt der Arbeitnehmer" zum Ausdruck. Nach § 269 Abs. 1 u. 2 BGB schuldet der Arbeitnehmer i. d. R. die Erbringung der Arbeitsleistung beim Arbeitgeber. Dies ergibt sich aus der Natur des Schuldverhältnisses.

Beispiele für persönliche Verhinderungsgründe i. S. d. § 616 S. 1 BGB sind

- die notwendige **Pflege** eines erkrankten Kindes jedenfalls bis zur Altersgrenze des § 45 Abs. 1 SGB V (BAG NJW 1980, 903) oder sonstiger naher Angehöriger (vgl. §§ 1 ff. PflegeZG),
- **Arztbesuche**, wenn der Arbeitnehmer während des Arztbesuchs nicht arbeitsunfähig krank ist. Bei Arbeitsunfähigkeit infolge Krankheit gilt § 3 Abs. 1 EFZGG. Der Arztbesuch muss zum konkreten Termin aber medizinisch notwendig sein (BAG 29.2.1984 § 616 Nr. 64),
- **Eheschließung** (BAG NJW 1983, 2600),
- **Niederkunft** der Ehefrau und der in häuslicher Gemeinschaft lebenden Partnerin (BAG NZA 2002, 47),
- Teilnahme an einer **seltenen Familienfeier** (BAG NJW 1974, 663; Teilnahme an Goldener Hochzeit der Eltern),

- nicht der **Umzug** (Joussen, BeckOK, § 616 BGB, Rn 37),

- Teilnahme an **Begräbnissen naher Angehöriger** (Ehepartner, Eltern, Geschwister, Kinder; Dörner/Preis, ErfKA, § 616 BGB, Rn 4),

- Religiöse Feste wie **Erstkommunion** und **Konfirmation** der Kinder,

- Termine und **Vorladungen** bei Behörden (BAG NZA 2002, 1105).

8.1.2 Schuldlosigkeit

Eine Vergütungspflicht des Arbeitgebers trotz vorübergehender Arbeitsverhinderung des Arbeitnehmers besteht nur, wenn den Arbeitnehmer in Bezug auf den persönlichen Verhinderungsgrund **kein Verschulden** trifft. Hierbei ist auf das **Verschulden gegen sich selbst** abzustellen. Leichtsinniges Verhalten erfüllt den Tatbestand regelmäßig nicht, sondern nur ein besonders leichtsinniges oder vorsätzliches Verhalten (Reinhard, ErfKA, § 3 EFZG, Rn 23). Die Bejahung des Verschuldens des Arbeitnehmers an seinem persönlichen Verhinderungsgrund ist demnach äußerst zurückhaltend zu handhaben. Es gelten dieselben Grundsätze wie bei der Entgeltfortzahlung im Krankheitsfall (BAG 19.10.1983 AP BGB § 616 Nr. 62; Preis, ErfKA, § 616 BGB, Rn 11).

8.1.3 Verhinderungsdauer

Der Anspruch aus §§ 611 Abs. 1, 616 S. 1 BGB auf Vergütungsfortzahlung besteht nur für eine **verhältnismäßig nicht erhebliche Zeit**. Maßgebend ist das Verhältnis von Verhinderungszeit zur gesamten, auch voraussichtlichen Dauer des Arbeitsverhältnisses (BAG GS 18.12.1959 AP BGB § 616 Nr. 22). In der Regel kommt ein Vergütungsfortzahlungsanspruch aus §§ 611 Abs. 1, 616 S. 1 BGB **nur für wenige Tage** in Betracht.

Einige Tarifverträge sehen bspw. für die Eheschließung, die Niederkunft der Ehefrau oder die Beerdigung naher Angehöriger einen Vergütungsfortzahlungsanspruch von ein bis zwei Tagen vor. Es handelt sich hierbei um eine Konkretisierung des unbestimmten Begriffs der „verhältnismäßig nicht erheblichen Zeit" i. S. d. § 616 S. 1 BGB.

Bei der **notwendigen Pflege erkrankter Kinder** kann regelmäßig ein Zeitraum von **bis zu zehn Tagen** als angemessen angesehen werden. Wenn der Gesetzgeber in § 2 Abs. 1 PflegeZG für die Pflege naher Angehöriger dem Beschäftigten einen Freistellungsanspruch für zehn Tage verschafft, kann dem eine **Hinweiswirkung** zur Ausfüllung des unbestimmten Rechtsbegriffs „ eine verhältnismäßig nicht erhebliche Zeit" i. S. d. § 616 BGB nicht abgesprochen werden (Preis, ErfKA, § 616 BGB, Rn 10a). § 45 Abs. 2 SGB V regelt, für wie viele Tage pro Jahr der versicherte Arbeitnehmer Anspruch auf Zahlung von **Krankengeld** bei der notwendigen Pflege eines erkrankten Kindes, das noch nicht zwölf Jahre alt ist, hat. Anspruch auf Krankengeld besteht in jedem Kalenderjahr für jedes Kind längstens für zehn Arbeitstage, insgesamt maximal für 25 Arbeitstage, für alleinerziehende Versicherte längstens für 20 Arbeitstage, insgesamt max. für 50 Arbeitstage. Die Höhe des Krankengeldes beträgt nach § 47 Abs. 1 S. 1 SGB V

70% des erzielten regelmäßigen Arbeitsentgelts und Arbeitseinkommens, soweit es der Beitragsberechnung unterliegt. Das für die notwendige Pflege des erkrankten Kindes bezogene Krankengeld müsste sich der Arbeitnehmer nach § 616 S. 2 BGB eigentlich auf seinen Vergütungsfortzahlungsanspruch nach §§ 611 Abs. 1, 616 S. 1 BGB anrechnen lassen. Dies ist jedoch mit Blick auf § 49 Abs. 1 Nr. 1 SGB V nicht der Fall, da die **Leistungen der gesetzlichen Krankenkasse** im Falle der Erkrankung eines Kindes gegenüber dem Fortgewährungsanspruch aus § 616 S. 1 BGB **subsidiär** sind (Dörner/Preis, ErfKA, § 616 BGB, Rn 12).

Übersteigt die persönliche Verhinderungsdauer eine verhältnismäßig nicht erhebliche Zeit, gilt das **„Alles-oder-Nichts-Prinzip"** (Preis, ErfKA, § 616 BGB, Rn 10). Bei längerer Verhinderungsdauer besteht der Vergütungsanspruch aus §§ 611 Abs. 1, 616 S. 1 BGB überhaupt nicht, also auch nicht für die Tage, die als verhältnismäßig nicht erhebliche Zeit angesehen werden könnten. Nur die akut aufgetretene Pflegesituation nach § 2 PflegeZG führt daher zu einer persönlichen Arbeitsverhinderung und zum Anspruch auf Vergütungsfortzahlung nach §§ 611, 616 S. 1 BGB, nicht jedoch die Inanspruchnahme der langfristigen Pflegezeit nach §§ 3, 4 PflegeZG.

Beispiel: Am Montag teilt der Arbeitnehmer Anton dem Personalchef Peters morgens um 08.00 Uhr mit, er könne heute nicht arbeiten, da er seine dreijährige Tochter betreuen müsse. Diese sei akut erkrankt und könne daher nicht in die Kindertagesstätte. Eine andere Betreuungsperson stünde nicht zur Verfügung. Seine Freundin, die Mutter des Kindes, habe ihn verlassen und das Kind zurückgelassen. Peters protestiert. Anton habe ihm bei der Einstellung nicht mitgeteilt, dass er ein Kind habe. Anton bleibt dennoch zwei Tage von der Arbeit fern. Peters rechnet die beiden Tage auf den Urlaub an. Anton akzeptiert dies nicht und fordert Vergütungszahlung für die beiden Tage ohne Anrechnung der Tage auf den Urlaub.

Ein persönlicher Verhinderungsgrund i. S. d. § 616 S. 1 BGB liegt vor, da die Erkrankung seiner dreijährigen Tochter nur Anton in seiner Person betrifft. Der persönliche Verhinderungsgrund wurde von Anton nicht verschuldet. Fraglich ist, ob die beiden Fehltage eine nicht erhebliche Zeit i. S. d. § 616 S. 1 BGB sind. Bei der Pflege naher Angehöriger gibt § 2 Abs. 1 PflegeZG einen Anhaltspunkt, was als verhältnismäßig nicht erhebliche Zeit anzusehen ist. Regelmäßig dürfte daher von einer Lohnfortzahlungspflicht von bis zu zehn Tagen bei der notwendigen Pflege naher Angehöriger im Falle ihrer Akuterkrankung auszugehen sein. Der Arbeitgeber hat nach §§ 611 Abs. 1, 616 S. 1 BGB das regelmäßig erzielte Arbeitsentgelt zu leisten. Das von der Krankenkasse zu gewährende Krankengeld i. H. v. 70% des regelmäßig erzielten Arbeitsentgelts (§ 47 Abs. 1 SGB V) ist auf den Vergütungsfortzahlungsanspruch nicht nach § 616 S. 2 BGB anzurechnen. Nach § 49 Abs. 1 Nr. 1 SGB V ist der Anspruch auf Krankengeld gegenüber dem Anspruch aus § 616 S. 1 BGB subsidiär. Der Umstand, dass Anton seinen Arbeitgeber bei seiner Einstellung über seine Eigenschaft als Alleinerziehender nicht informiert hat, berührt den Anspruch des Anton auf Vergütungsfortzahlung nicht.

Eine Anrechnung der „Fehltage" auf den Erholungsurlaub ist nicht möglich. Urlaub dient Erholungszwecken (vgl. § 1 BUrlG).

8.2 Checkliste zu § 616 BGB

- §§ 611 Abs. 1, 616 S. 1 BGB sichern dem Arbeitnehmer die Entgeltfortzahlung bei **persönlichen Verhinderungsgründen** mit Ausnahme des Falles der Arbeitsunfähigkeit. Hierfür enthält das **Entgeltfortzahlungsgesetz Spezialregelungen**.

- § 616 S. 1 BGB fordert Hinderungsgründe **in der Person des Arbeitnehmers**. Gemeint sind solche, die aus **seiner Sphäre** stammen.

- **Objektive Leistungshindernisse** (Witterungsverhältnisse, Streik), die zur selben Zeit für **mehrere Arbeitnehmer gleichzeitig** bestehen, sind **keine** persönlichen Verhinderungsgründe i. S. d. § 616 S. 1 BGB.

- § 616 BGB kann durch Tarifvertrag **abgeändert bzw. konkretisiert** werden. Für eine Abänderung im Arbeitsvertrag ist das AGB-Recht nach §§ 310 Abs. 4, 305 ff. BGB zu beachten.

- Dauert der persönliche Verhinderungsgrund **länger** als eine nicht erhebliche Zeit, gilt das „**Alles-oder-Nichts-Prinzip**". Der Anspruch aus §§ 611 Abs. 1, 616 S. 1 BGB ist dann überhaupt nicht gegeben, auch nicht für die Dauer einer verhältnismäßig nicht erheblichen Zeit.

9. Gratifikationen und Rückzahlungsklauseln

9.1 Rechtscharakter von Gratifikationen

Gratifikationen werden auch als **Sondervergütungen** bezeichnet (Müller-Glöge, MüKo BGB, § 611, Rn 772). Es handelt sich hierbei um Leistungen des Arbeitgebers, die dieser neben dem vertraglich geschuldeten Arbeitsentgelt erbringt. Im Gegensatz zum Arbeitsentgelt werden mit **Gratifikationen nicht** die erbrachten Arbeitsleistungen vergütet, sondern **andere Zwecke** verfolgt, insbesondere die **Anerkennung** des Arbeitgebers für geleistete Dienste des Arbeitnehmers und die Schaffung von Anreiz für weitere Dienstleistung bzw. die **Bindung** des Arbeitnehmers an das Unternehmen. Hauptbeispielsfälle für Gratifikationen sind das **Weihnachts-, Urlaubsgeld** sowie Zahlungen wegen **Geschäfts-** und **Dienstjubiläen** und **Jahresabschlussprämien** (Müller-Glöge, MüKo BGB, § 611, Rn 772). Bei Gratifikationen handelt es sich nicht um Schenkungen, da sie ihren Rechtsgrund im Arbeitsverhältnis haben.

Das **13. Monatsgehalt mit echtem Entgeltcharakter** ist von Gratifikationen streng zu unterscheiden. Mit dem 13. Monatsgehalt wird in der Regel die in der Vergangenheit vom Arbeitnehmer erbrachte Arbeitsleistung vergütet. Das 13. Monatsgehalt weist im Vergleich zur monatlich gezahlten Arbeitsvergütung nur die **Besonderheit** auf, dass es nicht monatlich, sondern **in einer Summe** ausbezahlt wird. Beim 13. Monatsgehalt handelt es sich um echtes Arbeitsentgelt i. S. d. § 611 Abs. 1 BGB. Ob es sich beim 13. Monatsgehalt tatsächlich um echtes Entgelt i. S. d. § 611 Abs. 1 BGB handelt oder aber um eine Gratifikation, ist unabhängig von der gewählten Bezeichnung für die Leistung durch Auslegung zu ermitteln. Im Einzelfall ist immer danach zu fragen, ob mit der Leistung die in der Vergangenheit erbrachte Dienstleistung vergütet werden soll oder ob die Leistung Anreiz- bzw. Anerkennungscharakter hat. Soweit keinerlei Anzeichen dafür bestehen, dass mit der Jahressonderzahlung auch die Betriebstreue belohnt oder gefördert werden soll, kann es sich bei der Bezeichnung als Jahressonderzahlung um eine reine **Fälligkeitsregel** handeln. Das bedeutet, dass der Anspruch im Laufe des Jahres entsteht, aber erst zum Ende des Jahres fällig wird (Boudon/Moll, Münchner Anwaltshandbuch zum Arbeitsrecht, § 20 Arten und Formen der Vergütung, Rn 145).

Scheidet der Arbeitnehmer während des Kalenderjahres aus dem Arbeitsverhältnis aus, hat er bei in einer Summe gezahltem echtem Arbeitsentgelt (z. B. 13. Monatsgehalt) i. d. R. einen Anspruch auf zeitanteilige Auszahlung, im Falle des Ausscheidens zum 30.06. also in Höhe der Hälfte. Bei Gratifikationen ist hingegen zu ermitteln, ob eine zeitanteilige Auszahlung dem Zweck der Gratifikation entspricht. Ist dies nicht der Fall, hat der ausscheidende Arbeitnehmer keinen Anspruch auf zeitanteilige Auszahlung der Gratifikation.

Beispiel: Arbeitnehmer A ist bei B beschäftigt. Jedes Jahr wird aufgrund einer arbeitsvertraglichen Vereinbarung Weihnachtsgeld in Höhe eines halben Monatsgehalts zum 01.12. ausbezahlt. A kündigt das Arbeitsverhältnis mit B fristgemäß ordentlich zum 30.06. Er fordert Auszahlung der Hälfte des Weihnachtsgeldes, also ein Viertel eines Monatsgehalts.

Der Anspruch von A besteht hier nicht, da das Weihnachtsgeld für Weihnachten bezahlt wird und Anreizfunktion für die Zukunft haben bzw. die Arbeitnehmer für die Zukunft an das Unternehmen binden soll. Diese Funktion kann das Weihnachtsgeld bei A nicht mehr erfüllen, so dass er keinen Anspruch auf zeitanteilige Auszahlung des Weihnachtsgeldes hat (BAG NZA 1994, 651).

9.2 Rechtsgrundlagen für die Zahlung von Gratifikationen

Als **Rechtsgrundlagen** für die Zahlung von Gratifikationen kommen in Betracht:

- **Tarifverträge** können Rechtsgrundlage für die Zahlung von Gratifikationen sein (vgl. §§ 1 Abs. 1, 4 Abs. 1 S. 1 TVG). In den meisten Wirtschaftszweigen sind tarifvertragliche Regelungen über Sonderzuwendungen üblich. Viele Tarifverträge enthalten eine Regelung über die Zahlung von Weihnachts- bzw. Urlaubsgeld. Der einzelne Arbeitnehmer kann aus dem Tarifvertrag einen Anspruch auf Zahlung der dort enthaltenen Gratifikation allerdings nur ableiten, wenn sein Arbeitsverhältnis vom tariflichen Geltungsbereich umfasst wird, wenn er also nach § 3 Abs. 1 TVG **tarifgebunden** ist oder wenn der Tarifvertrag nach § 5 TVG für allgemeinverbindlich erklärt (seltene Ausnahme!) worden ist. Ist ein Arbeitnehmer nicht Gewerkschaftsmitglied und wird sein Arbeitsverhältnis daher nicht vom tariflichen Geltungsbereich umfasst, kann er einen Anspruch nur auf die **Gleichbehandlungspflicht** des Arbeitgebers stützen. Aus der Fürsorgepflicht des Arbeitgebers gegenüber seinen Arbeitnehmern ergibt sich, dass der Arbeitgeber die bei ihm beschäftigten Arbeitnehmer, sofern keine sachlichen Differenzierungsgründe vorliegen, gleich zu behandeln hat. Der Gleichbehandlungsgrundsatz ist unbestrittener Bestandteil des Arbeitsrechts. Er ist als Gewohnheitsrecht anzusehen (Müller-Glöge, MüKo BGB, § 611 BGB, Rn 1122). Er erfasst Arbeitnehmer, die unterschiedlichen Gruppen angehören. Die Gruppenbildung muss sachlichen Kriterien gerecht werden (BAG NZA 2010, 1369). Der Gleichbehandlungsgrundsatz kann jedoch dann nicht zur Begründung eines Zahlungsanspruches herangezogen werden, wenn es sich um individuell vereinbarte Löhne und Gehälter handelt und der Arbeitgeber nur einzelne Arbeitnehmer besser stellt (BAG NZA 2003, 215).

- Auch **Betriebsvereinbarungen** über die Gewährung von Gratifikationen sind in der Praxis häufig. Solche Betriebsvereinbarungen sind allerdings nur wirksam, wenn für die Gratifikation keine tarifvertragliche Regelung besteht bzw. üblich ist. § 77 Abs. 3 BetrVG entfaltet insofern eine Sperrwirkung zugunsten des Tarifvertrages, um die Tarifautonomie nicht durch Vereinbarungen auf Betriebsebene auszuhöhlen. Eine Günstigkeitsregelung ist aber jederzeit zulässig (§ 4 Abs. 3 TVG).

- Gratifikationen können auch im **Einzelarbeitsvertrag** vereinbart werden. Eine solche Vereinbarung ist im Geltungsbereich eines Tarifvertrages wirksam, wenn sie für den Arbeitnehmer günstiger ist als die tarifvertragliche Regelung (§ 4 Abs. 3 TVG). Liegt keine tarifvertragliche Regelung vor, kann im Einzelarbeitsvertrag ohne Weiteres eine Bestimmung zur Gratifikationszahlung erfolgen. Die **Gleichstellung** nicht tarifgebundener Arbeitnehmer mit tarifgebundenen Arbeitnehmern hinsichtlich der tariflichen Sondervergütungen kann durch **dynamische Bezugnahmeklauseln** im Arbeitsvertrag erreicht werden.

- Gratifikationsansprüche können auch kraft **betrieblicher Übung** entstehen. Von betrieblicher Übung spricht man, wenn der Arbeitgeber eine Gratifikation **wiederholt** und **vorbehaltlos** gewährt und dadurch für den Arbeitnehmer ein Vertrauenstatbestand entsteht. Ein solcher **Vertrauenstatbestand** ist für jährlich an die gesamte Belegschaft geleistete Gratifikationen nach **dreimaliger vorbehaltloser Zahlung** gegeben, falls der Arbeitgeber nicht bei jeder Zahlung klargestellt hat, er wolle sich durch die Zahlung künftig nicht binden (BAG NZA 1998, 423; Müller-Glöge, MüKo BGB, § 611 BGB, Rn 420). Ein Rechtsanspruch des Arbeitnehmers auf Zahlung der Gratifikation kann für die Zukunft ausgeschlossen werden, indem der Arbeitgeber betont, er zahle die Gratifikation freiwillig ohne Anerkennung einer Rechtspflicht und ohne Übernahme einer Verpflichtung für die Zukunft.

- Auch eine **Gesamtzusage** kann Rechtsgrundlage für die Zahlung von Gratifikationen sein. Sie liegt vor, wenn der Arbeitgeber einseitig bekannt gibt, dass er jedem Arbeitnehmer, sofern dieser die einseitig abstrakt festgelegten Voraussetzungen erfüllt, bestimmte Leistungen gewähren wird. Anders als bei der betrieblichen Übung bedarf es zur Begründung einer Gesamtzusage der **ausdrücklichen Erklärung** an die Belegschaft (Müller-Glöge, MüKo BGB, § 611 BGB, Rn 408).

9.3 Kürzung von Sondervergütungen

Die **Kürzung von Sondervergütungen** kann für unterschiedliche Fälle durch **Vereinbarung** vorgesehen werden, bspw. **für Zeiten der Erkrankung** oder für Zeiten des Ruhens des Arbeitsverhältnisses. Kürzungsvereinbarungen dürfen aber nicht gegen höherrangiges Recht verstoßen, bspw. darf eine Kürzungsvereinbarung im Arbeitsvertrag eine zwingende Regelung zur Gewährung der Sondervergütung im Tarifvertrag bzw. in einer Betriebsvereinbarung nicht aushöhlen.

Die Kürzung von Sondervergütungen **im Krankheitsfall** ist von § 4a EFZG gesondert geregelt. Nach § 4a EFZG ist eine Vereinbarung über die Kürzung von Leistungen, die der Arbeitgeber zusätzlich zum laufenden Entgelt erbringt (Sondervergütungen) auch für Zeiten der Arbeitsunfähigkeit infolge Krankheit zulässig. Die Kürzung darf für jeden Tag der Arbeitsunfähigkeit infolge Krankheit **ein Viertel** des Arbeitsentgelts, das im Jahresdurchschnitt auf einen

Arbeitstag entfällt, nicht überschreiten. Die nach §3 Abs.1 S.1 EFZG zu leistende Entgeltfortzahlung im Krankheitsfall kann wegen §12 EFZG **nicht** gekürzt werden, Sondervergütungen hingegen schon (vgl. hierzu bereits Kapitel 5.3.7).

> **Beispiel** (BAG NJW 2000, 3155 ff.): Arbeitnehmer A streitet mit seinem Arbeitgeber B über die Höhe des Weihnachtsgeldes für das Jahr 2013. Im Jahre 2013 fehlte A krankheitsbedingt an insgesamt 44 Arbeitstagen. 25 dieser Fehltage beruhten auf einer Arbeitsunfähigkeit infolge Krankheit, verursacht durch einen Arbeitsunfall. B zahlt an seine Arbeitnehmer aufgrund einer Betriebsvereinbarung ein Weihnachtsgeld in Höhe eines Bruttomonatsverdienstes. Zudem sieht die Betriebsvereinbarung vor, dass das Weihnachtsgeld für jeden Tag der Arbeitsunfähigkeit infolge Krankheit um ein Fünftel des Arbeitsentgelts, das im Jahresdurchschnitt auf einen Arbeitstag entfällt, gekürzt wird. A ist der Ansicht, es widerspreche dem Grundsatz von Recht und Billigkeit, die auf seinem Arbeitsunfall beruhende Arbeitsunfähigkeit gratifikationsmindernd zu berücksichtigen.
>
> Die Ansicht von A ist unzutreffend. Dass die Betriebsvereinbarung auch Fehltage, die durch den Arbeitsunfall verursacht worden sind, anspruchsmindernd berücksichtigt, ist rechtlich nicht zu beanstanden. Die Regelung wird von § 4a Abs. 1 EFZG gedeckt. Die Norm enthält keine Einschränkung dahingehend, dass die krankheitsbedingte Arbeitsunfähigkeit, die infolge eines vom Arbeitnehmer im Betrieb des Arbeitgebers erlittenen Arbeitsunfalls eingetreten ist, die Kürzungsmöglichkeit bei Sondervergütungen ausschließt.

Sieht ein **Tarifvertrag** die anteilige Kürzung einer Jahressonderzuwendung für alle Zeiten vor, in denen das Arbeitsverhältnis kraft Gesetzes oder Vereinbarung oder aus sonstigen Gründen ruht (Elternzeit, Wehrdienst, Streik), erfasst eine solche Regelung mangels anderer Hinweise auch das Ruhen des Arbeitsverhältnisses während eines Streiks. Da eine solche Kürzung auch für den Fall des Ruhens des Arbeitsverhältnisses während des Streiks nur die im Tarifvertrag vorgegebene Ordnung vollzieht, liegt in ihr keine unzulässige Maßregelung nach §612a BGB wegen der Teilnahme am Streik (BAG NJW 2000, 1285).

Hat sich der Arbeitgeber die Kürzung einer Gratifikation bspw. im **Arbeitsvertrag** vorbehalten, darf er von diesem Recht ausschließlich nach **billigem Ermessen** Gebrauch machen. Eine vertraglich vereinbarte Kürzung einer Gratifikation wegen Fehlzeiten des Arbeitnehmers oder Ruhens (z.B. Elternzeit) des Arbeitsverhältnisses ist zulässig. Im Regelfall werden die Interessen beider Vertragsparteien ausreichend gewahrt, wenn die **Kürzungsrate pro Fehltag 1/60** der versprochenen Gratifikation nicht übersteigt (Müller-Glöge, MüKo BGB, §611 BGB, Rn 785; BAG NZA 1990, 601).

Kleingratifikationen dürfen im Regelfall **nicht** gekürzt werden (BAG NZA 1990, 601).

9.4 Rückzahlungsklauseln

Bisweilen wird die Zahlung von Gratifikationen mit einem **Rückzahlungsvorbehalt** verbunden, wonach der Arbeitnehmer die empfangene Summe zurückzuerstatten hat, wenn er vor Ablauf einer bestimmten Zeit das Arbeitsverhältnis kündigt. Rückzahlungsvorbehalte sind unter bestimmten Voraussetzungen wirksam. Ein bloßer Freiwilligkeitsvorbehalt, also der Hinweis, die Gratifikation werde ohne Anerkennung einer Rechtspflicht geleistet, löst allerdings keine Rückzahlungspflicht aus. Es muss eine **ausdrückliche Rückzahlungsvereinbarung** getroffen werden (Müller-Glöge, MüKo BGB, § 611 BGB, Rn 878). Ein Tarifvertrag, eine Betriebsvereinbarung oder eine einzelvertragliche Abrede kann Grundlage für eine Rückzahlungsklausel sein. Rückzahlungsvereinbarungen können jedoch den Arbeitnehmer in seinem **Recht auf freie Arbeitsplatzwahl** übermäßig beeinträchtigen und sind deshalb nicht in jeder Form zulässig. Die durch die Rückzahlungsklausel erzeugte Betriebsbindung darf dem Arbeitnehmer das Recht zur Kündigung nicht nehmen (Müller-Glöge, MüKo BGB, § 611, Rn 874). Rückzahlungsklauseln in **Formulararbeitsverträgen** unterliegen nach §§ 310 Abs. 4, 305 ff. BGB einer **Wirksamkeitsprüfung** nach dem **AGB-Recht**.

Nach dem BAG gelten für die Wirksamkeit von Rückzahlungsvereinbarungen folgende **Grundsätze**:

- Rückzahlungsvorbehalte bei Gratifikationen **bis zu 100 €** (sog. Kleinstgratifikation) sind grundsätzlich **unwirksam** (BAG NJW 1983, 67; BAG NZA 2003, 1032).

- Rückzahlungsvorbehalte, die sich **über den 30.06. des Folgejahres hinaus** erstrecken, sind grundsätzlich **unwirksam** (BAG NJW 1983, 67, BAG NZA 2003, 1032). Bei einer Gratifikation in Höhe von **zwei Monatsverdiensten** soll allerdings eine **Bindung bis zum 30.09. des Folgejahres** bei einer Staffelung der Rückzahlung bis auf ein halbes Monatsgehalt pro Teilzahlung wirksam sein (BAG 13.11.1969 AP Gratifikation Nr. 69).

- Wurde eine Gratifikation **unter einem Monatsbezug**, aber oberhalb der Grenze der Kleinstgratifikation im November bzw. Dezember gezahlt, kann eine Rückzahlung für den Fall vereinbart werden, dass der Arbeitnehmer **vor Ablauf des 31.03. des Folgejahres** ausscheidet (BAG NZA 1993, 935; BAG NZA 2003, 1032). Ein Ausscheiden des Arbeitnehmers mit Ablauf des 31.03. des Folgejahres löst in diesem Fall die Rückzahlungspflicht nicht aus (BAG NZA 1993, 935).

- Wurde eine Gratifikation **von mehr als einem und weniger als einem zweifachen Monatsbezug** bezahlt, kann eine Rückzahlung für den Fall vereinbart werden, dass der Arbeitnehmer **vor Ablauf des 30.06. des Folgejahres** ausscheidet (BAG 27.10.1978 AP BGB § 611 BGB Gratifikationen Nr. 99).

Rückzahlungsvereinbarungen **in Tarifverträgen** können nach § 310 Abs. 4 BGB **nicht** anhand des § 307 BGB auf ihre Wirksamkeit überprüft werden. Bei den vorgenannten Rechtsprechungsgrundsätzen handelt es sich daher um **tarifdis-**

positives Richterrecht. Dies gilt nicht, wenn die Rückzahlungsregel in den AGB des Arbeitgebers enthalten ist. (BAG NZA 2007, 875).

Zu unterscheiden von Gratifikationsrückzahlungsvereinbarungen sind **Rückzahlungsvereinbarungen über Ausbildungskosten.** Solche Rückzahlungsvereinbarungen sind bspw. denkbar bei Luftfahrtgesellschaften, die ihre Piloten mit erheblichen Kosten ausbilden. Rückzahlungsvereinbarungen für Ausbildungskosten dürfen allerdings den Arbeitnehmer in seinem Recht auf freie Arbeitsplatzwahl nicht übermäßig beeinträchtigen. Andererseits hat der Arbeitgeber ein berechtigtes Interesse auf Amortisation der gezahlten Ausbildungskosten. Hier ist unter Berücksichtigung der Höhe der Ausbildungskosten und dem Recht des Arbeitnehmers auf freie Arbeitsplatzwahl im Einzelfall ein **gerechter Ausgleich** zu suchen. Rückzahlungsvereinbarungen für Ausbildungskosten sind nach §§310 Abs.4, 305ff. BGB nach dem AGB-Recht auf ihre Wirksamkeit zu überprüfen. So sind Rückzahlungsklauseln für Ausbildungskosten unwirksam, die eine Rückzahlungspflicht bei Beendigung des Arbeitsverhältnisses ohne jede Rücksicht auf den Beendigungsgrund vorsehen, bspw. auch für den Fall der betriebsbedingten Arbeitgeberkündigung (BAG NZA 2006, 1043). Anerkannt ist, dass Rückzahlungsvereinbarungen nur für Ausbildungen wirksam getroffen werden können, die dem Arbeitnehmer **am Arbeitsmarkt einen geldwerten Vorteil** verschaffen (Aufbaulehrgang für den gehobenen Sparkassendienst = BAG AP GG Art.12 Nr.25, Erwerb eines Omnibusführerscheins = BAG AP GG Art.12 Nr.29) Aus- und Fortbildungen, die **lediglich innerbetrieblichen Nutzen** haben und für den Arbeitnehmer keine zusätzlichen Vorteile auf dem Arbeitsmarkt bringen, sind nicht geeignet, die Basis für ein Rückzahlungsverlangen zu begründen (BAGE 109, 345). **Ausbildungsdauer** und **anschließende Bindungsdauer** dürfen **nicht** in einem **Missverhältnis** zueinander stehen. Dauert die Ausbildung **nicht länger als einen Monat**, ist in der Regel nur eine Bindung des Arbeitnehmers von **bis zu sechs Monaten** zulässig. Bei einer Fortbildungsdauer von **bis zu zwei Monaten** kann im Regelfall eine Höchstbindungsdauer **von einem Jahr** vereinbart werden. Bei einer Ausbildungsdauer **von drei bis vier Monaten** wird eine Bindungsdauer **von zwei Jahren** als zulässig erachtet. Eine Fortbildung **von sechs Monaten** rechtfertigt eine Bindung **von bis zu drei Jahren** (vgl. Nachweise bei Müller-Glöge, MüKo BGB, §611 BGB, Rn 885). Wurde eine Rückzahlungsklausel wirksam vereinbart, muss sich die Rückzahlungspflicht **jährlich anteilig** mindern (Müller-Glöge, MüKo BGB, §611 BGB, Rn 883). Eine Rückforderung der vom Arbeitgeber für die Ausbildung aufgewendeten finanziellen Mittel **scheidet aus,** soweit es sich um ein dem Berufsbildungsgesetz unterliegendes **Berufsausbildungsverhältnis** handelt (vgl. §12 Abs.2 Nr.1 BBiG).

Hat der Arbeitgeber die **Umzugskosten** des Arbeitnehmers übernommen, kann er mit dem Arbeitnehmer vereinbaren, dass er die Kosten erstatten muss, falls er innerhalb eines bestimmten Zeitraums das Arbeitsverhältnis löst. Eine Betriebsbindung von **drei Jahren** über die Umzugskostenrückzahlungsklausel wird für zulässig erachtet (BAG AP GG Art.12 Nr.50), wenn die Rückzahlungspflicht gestaffelt wird, die Umzugskosten mindestens ein Monatsgehalt betragen und der Ortswechsel auch im Interesse der Arbeitnehmers lag (Müller-Glöge, MüKo BGB, §611 BGB, Rn 881).

9.5 Checkliste zu Gratifikationen und Rückzahlungsklauseln

* **Gratifikationen** sind freiwillige Leistungen des Arbeitgebers. Sie haben **keinen reinen Entgeltcharakter**, sondern Anreiz-, Anerkennungs- und Betriebsbindungsfunktion. Mit Gratifikationen werden über das Synallagma (Arbeitsleistung gegen Arbeitsentgelt, § 611 BGB) des Arbeitsvertrages hinausgehende Zwecke verfolgt.

* Ein Anspruch auf Gratifikationen setzt eine **entsprechende Rechtsgrundlage** voraus. Diese kann sich aus einem Tarifvertrag, einer Betriebsvereinbarung, einer Gesamtzusage, aus dem Arbeitsvertrag oder aus betrieblicher Übung ergeben.

* Ein Anspruch aus **betrieblicher Übung** entsteht nach **dreimaliger vorbehaltloser** Gewährung der Leistung (bei jährlich geleisteten Gratifikationen), es sei denn, der Arbeitgeber hat im Falle der Leistungsgewährung stets die Widerruflichkeit der Leistung betont.

* Die **Kürzung von Gratifikationen** aufgrund einer Vereinbarung ist möglich, bspw. für den Fall des Ruhens des Arbeitsverhältnisses (Elternzeit, Wehrdienst, Streik). Die Kürzung von Gratifikationen im Krankheitsfall unterliegt den besonderen Vorgaben des § 4a EFZG.

* **Rückzahlungsklauseln** für Gratifikationen und Ausbildungskosten für den Fall des Ausscheidens aus dem Arbeitsverhältnis sind nicht ohne Weiteres wirksam. Sie müssen sich an dem **Recht des Arbeitnehmers auf Arbeitsplatzwechsel** (Art. 12 GG) messen lassen. Andererseits ist auch das Bindungsinteresse des Arbeitgebers zu beachten. Diese Aspekte sind bei der Bemessung der **Bindungsdauer** zu beachten (**Gratifikationen:** Rückzahlungsvorbehalte bis **100 €** unwirksam; Gratifikation **bis zu einem Monatsbezug**, Bindung **bis zum 31.03. des Folgejahres** zulässig; Gratifikation **von einem Monatsbezug oder mehr**, Bindung **bis zum 30.06. des Folgejahres** zulässig; **Ausbildung:** Ausbildung bis zu **1 Monat**, max. Bindung **6 Monate**; Ausbildung bis zu **2 Monate**, max. Bindung **1 Jahr**; Ausbildung **3 bis 4 Monate**, max. Bindung **2 Jahre**; Ausbildung bis zu **6 Monate**, max. Bindung **3 Jahre**). Rückzahlungsklauseln für Ausbildungskosten sind unwirksam, wenn die Ausbildung für den Arbeitnehmer keinen geldwerten Vorteil bringt, sondern **nur innerbetrieblichen Nutzen** hat. Eine Rückzahlungsklausel für Ausbildungskosten ist unwirksam, wenn die Fallkonstellation der betriebsbedingten Arbeitgeberkündigung von ihr erfasst wird. Kosten, die dem Ausbildenden im Rahmen eines **Berufsausbildungsverhältnisses** entstehen, können vom Auszubildenden nicht zurückgefordert werden (§ 12 Abs. 2 Nr. 1 BBiG).

* Wurde eine Rückzahlungsklausel wirksam vereinbart, muss sich die Rückzahlungspflicht **jährlich anteilig** mindern

* Rückzahlungsklauseln in Arbeitsverträgen unterliegen einer AGB-Prüfung nach §§ 310 Abs. 4, 305 ff. BGB.

10. Arbeitnehmerhaftung

10.1 Grundsätzliche Überlegungen

Im Zusammenhang mit dem Begriff der Arbeitnehmerhaftung stellt sich die Frage, welche Rechte bzw. Ansprüche der Arbeitgeber hat, wenn der Arbeitnehmer eine **nicht vertragsgerechte Arbeitsleistung** erbringt. Nicht immer einfach zu beantworten ist, was die vertragsgerechte Arbeitsleistung ist. Eindeutig sind die Fälle, in denen der Arbeitnehmer dem Arbeitgeber schuldhaft Schäden zufügt. Probleme im Zusammenhang mit dem Begriff der vertragsgerechten Arbeitsleistung ergeben sich aber bspw. dann, wenn der Arbeitnehmer nicht die **Arbeitsergebnisqualität** oder das **Arbeitsquantum** liefert, das der Arbeitgeber erwartet.

Beispiele:
- **Beispiel 1:** Der Arbeitnehmer A beschädigt grob fahrlässig die EDV-Anlage seines Arbeitgebers. Obwohl eine dem A bekannte Arbeitsanweisung den EDV-Mitarbeitern verbietet, im Rechenzentrum Speisen und Getränke zu verzehren, hat A an seinem Arbeitsplatz eine geöffnete Coca-Cola-Flasche stehen. A stößt gegen die Flasche. Das Getränk dringt in die EDV-Anlage ein. Es kommt zu einem Ausfall des EDV-Systems. In diesem Fall bereitet es keine Schwierigkeit festzustellen, dass A gegen arbeitsvertragliche Pflichten verstoßen hat und die Frage der Arbeitnehmerhaftung im Raum steht.

- **Beispiel 2:** Arbeitnehmer A arbeitet in der Rechtsanwaltskanzlei des R. R gefällt manchmal die seiner Ansicht nach ungenaue Ausdrucksweise des A nicht, die er beim Verfassen der Schriftsätze verwendet. Hier ist die Beantwortung der Frage, ob A eine vertragsgerechte Arbeitsleistung (Arbeitsqualität) erbracht hat oder nicht, nicht so eindeutig wie in Beispiel 1.

- **Beispiel 3:** Wie Beispiel 2: R ist der Auffassung, A könne mehr Einsatz bringen und pro Tag einen Schriftsatz mehr verfassen. Auch hier ist die Beantwortung der Frage, ob eine vertragsgerechte Arbeitsleitung (Arbeitsquantum) vorliegt, nicht so eindeutig wie in Beispiel 1.

Zur Beantwortung der Frage, ob eine **vertragsgerechte Arbeitsleistung** vorliegt oder nicht, ist Folgendes zu beachten:

Da der Arbeitnehmer nach §613 BGB die Arbeitsleistung **in Person** zu erbringen hat, kann von ihm nur die Leistung erwartet werden, die er bei angemessener Anspannung seiner körperlichen und geistigen Kräfte auf Dauer zu erbringen vermag, ohne dabei seine Gesundheit zu gefährden. Der **Leistungsmaßstab** für die Arbeitsleistung eines Arbeitnehmers ist damit ein **individueller** und **kein objektiver**. §243 Abs. 1 BGB gilt für die Arbeitsleistung nicht (BAG NZA 2004,

784). Nach dem **subjektiven Leistungsmaßstab** beurteilen sich Arbeitstempo und Arbeitsintensität (Preis, ErfKA, § 611 BGB, Rn 643). Wer überdurchschnittlich leisten kann, muss mehr leisten als ein Arbeitnehmer, der nur zu unterdurchschnittlicher Leistung in der Lage ist.

Erbringt der Arbeitnehmer, ohne dass ihn dabei ein Verschulden trifft, nicht die vom Arbeitgeber erwartete Arbeitsqualität oder das erwartete Arbeitsquantum, weil der Arbeitnehmer beispielsweise der Arbeitsaufgabe nicht voll und ganz gewachsen ist, ist der Arbeitgeber verpflichtet, die Arbeitsvergütung **in voller Höhe** weiterzuzahlen. Dies ergibt sich aus dem Umstand, dass §§ 611 ff. BGB im Gegensatz zum Kaufrecht (§§ 433 ff. BGB), zum Mietrecht (§§ 535 ff. BGB) und zum Werkvertragsrecht (§§ 631 ff. BGB) **kein Gewährleistungsrecht** vorsehen. Auch am Fehlen eines Gewährleistungsrechts im Dienstvertragsrecht lässt sich erkennen, dass für die Arbeitsleistung nicht der objektive Leistungsmaßstab des § 243 Abs. 1 BGB gelten kann (Preis, ErfKA, § 611 BGB, Rn 645).

Erbringt der Arbeitnehmer ein Arbeitsquantum, das das **individuell geschuldete** nicht erreicht, kann der Arbeitgeber die Einrede des nicht erfüllten Vertrages nach § 320 Abs. 1 S. 1 BGB erheben. Der Leistungsmaßstab für die Erbringung der Hauptleistungspflicht darf nicht mit dem Haftungs- und Sorgfaltsmaßstab aus dem Arbeitsverhältnis verwechselt werden. Der Arbeitnehmer haftet bei Pflichtverletzungen immer dann, wenn ihn ein Verschulden trifft (Preis, ErfKA, § 611 BGB, Rn 647). Schuldhafte Schlechtleistungen wie im Beispielsfall 1 sind über das Schadensersatzrecht (§§ 280 ff. BGB) zu lösen.

10.2 Schlechtleistung und Kündigung

Die verschuldete, aber auch die unverschuldete **Schlechtleistung** kann die **Kündigung** des Arbeitsverhältnisses zur Folge haben. Findet das Kündigungsschutzgesetz mangels Vorliegens der Voraussetzungen der §§ 1 Abs. 1, 23 Abs. 1 S. 3 KSchG keine Anwendung, kann der Arbeitgeber auf die verschuldete und unverschuldete Schlechtleistung grundsätzlich mit der ordentlichen Kündigung reagieren. Ein sozialer Rechtfertigungsgrund ist für die ordentliche Kündigung des Arbeitsverhältnisses nach § 1 Abs. 2 KSchG dann nicht erforderlich. Der Arbeitgeber ist nur gehalten, die einschlägigen Kündigungsfristen zu beachten.

Findet das Kündigungsschutzgesetz hingegen Anwendung, ist im Einzelfall zu prüfen, ob die verschuldete oder unverschuldete Schlechtleistung die ordentliche Kündigung als verhaltens- oder personenbedingter Kündigungsgrund sozial zu rechtfertigen vermag (§ 1 Abs. 2 KSchG). Verletzt der Arbeitnehmer den **objektiv gebotenen Leistungsstandard**, kann dies **kündigungsrechtliche Konsequenzen** haben (BAG NZA 2004, 784). **Für das Kündigungsrecht** wird auf den **objektiv gebotenen Leistungsstandard** abgestellt, weil es dem Arbeitgeber **nicht zumutbar** ist, einen Arbeitnehmer dauerhaft zu beschäftigen, der den objektiven Leistungsstandard nicht unerheblich unterschreitet. Das BAG hat die **Unterschreitung des objektiv gebotenen Leistungsstandards um ein Drittel** einer schwerbehinderten, langjährig beschäftigten Arbeitnehmerin für eine personenbedingte Kündigung ausreichen lassen, da eine **beträchtliche Störung des Leistungsgleichgewichts** zwischen den Parteien vorliege (BAG NZA 1992, 1073). Eine personenbedingte Kündigung ist in Betracht zu ziehen, wenn der Arbeitnehmer aufgrund fehlender Qualifikation bzw. fehlender natürlicher Anlagen eine schlechte Arbeitsleistung erbringt oder eine krankheitsbedingte Leistungsminderung eintritt. Die verhaltensbedingte Kündigung ist das richtige Mittel, wenn die Schlechtleistung bspw. auf eine unmotivierte Arbeitseinstellung zurückzuführen ist, da der Arbeitnehmer die Einstellung durch eine Willensentscheidung ändern könnte. Vor Ausspruch einer verhaltensbedingten Kündigung ist i. d. R. eine Abmahnung auszusprechen (Preis, ErfKA, § 611 BGB, Rn 646).

Einmalige oder nur sporadisch auftretende Schlechtleistungen des Arbeitnehmers, mit denen der Arbeitgeber rechnen muss, werden nur selten eine ordentliche Kündigung rechtfertigen können. Die Schlechtleistung kann auch mit einer außerordentlichen Kündigung geahndet werden. Die Schlechtleistung muss dann aber so schwerwiegend sein, dass es dem Arbeitgeber nicht mehr zumutbar ist, das Arbeitsverhältnis mit dem Arbeitnehmer bis zum Ablauf der ordentlichen Kündigungsfrist oder bis zu seiner vereinbarten Beendigung fortzuführen (§ 626 Abs. 1 BGB).

10.3 Leistungsstörung und Schadensersatz

Verletzt der Arbeitnehmer schuldhaft eine Pflicht aus dem Arbeitsverhältnis, führt dies grundsätzlich nach §§ 280 ff. BGB zu seiner **Schadensersatzpflicht** gegenüber dem Arbeitgeber, wenn durch die schuldhafte Pflichtverletzung kausal ein Schaden entsteht. Zusätzlich kann eine Haftung aus unerlaubter Handlung (§§ 823 ff. BGB) oder Gefährdungshaftung (§ 7 StVG) bestehen.

Die Arbeitsleistung, die zu einer fest bestimmten Zeit zu erbringen ist, hat **absoluten Fixschuldcharakter**. Damit ist versäumte Arbeitszeit grundsätzlich nicht nachholbar. Der Schaden, der durch die schuldhafte Nichterbringung der Leistung entsteht, ist über das Recht der **Unmöglichkeit**, nicht über das Verzugsrecht zu ersetzen. Denn Verzug (Leistung ist nachholbar) und Unmöglichkeit schließen sich gegenseitig aus (Preis, ErfKA, § 611 BGB, Rn 675 f.) Etwas **anderes** kann nur für den Bereich der **Gleitzeit** oder der **Arbeitszeitkonten** gelten, also in den Fällen, in denen die Arbeitsleistung keinen absoluten Fixschuldcharakter hat (BAG NZA 1989, 261; Preis, ErfKA, § 611 BGB, Rn 677).

Bei §§ 280 ff. BGB als Anspruchsgrundlagen ist folgendermaßen zu differenzieren:

- Kommt der Arbeitnehmer seiner Arbeitspflicht schuldhaft **überhaupt nicht** nach und kommt es aufgrund der versäumten, nicht nachholbaren Arbeitszeit zu einem Schaden, kann der Arbeitgeber gemäß §§ 283, 280 BGB **Schadensersatz statt der Leistung** verlangen. Der Arbeitnehmer hat nach §§ 275, 326 Abs. 1 S. 1 BGB keinen Anspruch auf Vergütung.

- Kommt der Arbeitnehmer seiner Arbeitspflicht **verspätet** nach und ist die versäumte Arbeitszeit ausnahmsweise **nachholbar**, kann der Arbeitgeber den **Verzugsschaden** (Schadensersatz neben der Leistung) über §§ 280 Abs. 1 und 2, 286 BGB ersetzt verlangen oder den Gesamtschaden (Schadensersatz statt der Leistung) über §§ 280 Abs. 1 und 3, 281 BGB liquidieren.

- Kommt der Arbeitnehmer schuldhaft seiner Arbeitspflicht **nicht wie geschuldet** nach (sog. Schlechtleistung), beispielsweise weil er die pro Stunde anzufertigende Stückzahl nicht erreicht, und entsteht dem Arbeitgeber dadurch ein Schaden, kann der Arbeitgeber ggf. nach §§ 281, 280 BGB **Schadensersatz** verlangen (Schadensersatz statt der Leistung). Zu beachten ist hierbei allerdings, dass das Arbeitsrecht kein Gewährleistungsrecht kennt, weil ein Erfolg nicht geschuldet wird. Eine Minderung des Arbeitsentgelts wegen Schlechtleistung ist daher ausgeschlossen (Preis, ErfKA, § 611 BGB, Rn 683). Bei schuldhafter Schlechtleistung kann der Arbeitgeber mit einem Schadensersatzanspruch gegen den Vergütungsanspruch nach §§ 387 ff. BGB aufrechnen (BAG NZA 2007, 1015).

- Verletzt der Arbeitnehmer **Nebenpflichten** aus dem Arbeitsverhältnis, also Schutz- und Anzeigepflichten (z. B. die Nebenpflicht, Arbeitsgeräte nicht zu beschädigen), und entsteht dadurch ein Schaden, kann der Arbeitgeber nach §§ 280 Abs. 1, 241 Abs. 2, 611 BGB **Schadensersatz** verlangen.

10.4 Privilegierte Arbeitnehmerhaftung

Das Bürgerliche Gesetzbuch enthält keine explizite Regelung zur **privilegierten Arbeitnehmerhaftung**. Lediglich § 619a BGB spricht im Rahmen einer **Beweislastregelung** die Arbeitnehmerhaftung an. Sind die Tatbestandsvoraussetzungen der entsprechenden Haftungsnorm erfüllt, bspw. eine schuldhafte Pflichtverletzung i. S. d. § 280 Abs. 1 BGB oder eine schuldhafte Eigentumsverletzung nach § 823 Abs. 1 BGB seitens des Arbeitnehmers und entsteht dem Arbeitgeber dadurch ein Schaden, ist der Arbeitnehmer grundsätzlich nach § 249 S. 1 BGB verpflichtet, den ursprünglichen Zustand wiederherzustellen, also den Zustand, der bestünde, wenn die Pflicht- oder Eigentumsverletzung nicht stattgefunden hätte. Das Prinzip der **Totalreparation**, wonach der Schadensverursacher selbst bei leichtester Fahrlässigkeit auf den vollen Schaden haftet, wird von der Rechtsprechung für das Arbeitsrecht jedoch als **unbillig** empfunden (vgl. BAG GS NJW 1958, 235, 1086; BAG GS NZA 1994, 1083). Grund für die Einführung der privilegierten Arbeitnehmerhaftung durch die Arbeitsgerichte ist folgende Überlegung:

Der Arbeitnehmer verrichtet **fremdbestimmte Arbeit**. Der Arbeitgeber stellt dem Arbeitnehmer zur Verrichtung der Arbeit u. U. teure Arbeitsgeräte zur Verfügung, die beim Arbeitseinsatz beschädigt werden können. Würde der Arbeitgeber die Arbeiten selbst verrichten, trüge er das Risiko einer Schadensentstehung. Durch den arbeitsteiligen Einsatz von Arbeitnehmern kann der Arbeitgeber das **Risiko** schuldhaft (auch durch leichteste Fahrlässigkeit) verursachter Schäden auf die Arbeitnehmer **abwälzen**. Damit könnte der Arbeitgeber das Risiko der Entstehung von im Zusammenhang mit betrieblichen Tätigkeiten schuldhaft verursachten Schäden, welches wesensmäßig dem **unternehmerischen Risiko** zuzurechnen ist, auf die Arbeitnehmer abwälzen. Dies bedarf, differenziert nach dem Grad des Verschuldens des Arbeitnehmers an der Schadensentstehung, der Korrektur (Preis, ErfKA, § 619a BGB, Rn 9 f.). Das Gewaltenteilungsprinzip verbietet es der Rechtsprechung (= Judikative), sich über bestehendes Recht, das von der Legislative geschaffen wurde, hinwegzusetzen. Die Rechtsprechung des BAG zur privilegierten Arbeitnehmerhaftung muss also, um verfassungskonform zu sein, eine gesetzliche Begründung im Bürgerlichen Gesetzbuch haben. Der Große Senat des BAG hat die privilegierte Arbeitnehmerhaftung aus einer **entsprechenden Anwendung des § 254 Abs. 1 BGB** abgeleitet. § 254 Abs. 1 BGB sei über seinen Wortlaut hinaus auch dann anwendbar, wenn den Geschädigten, also den Arbeitgeber, zwar kein Verschulden treffe, er aber für den entstehenden Schaden aufgrund einer von ihm zu vertretenden **Sach- oder Betriebsgefahr mitverantwortlich** ist (vgl. BAG GS NZA 1994, 1083). Nach anderer Ansicht ist § 276 Abs. 1 S. 1 BGB Grundlage für die privilegierte Arbeitnehmerhaftung, weil sich nach dieser Vorschrift eine strengere oder mildere Haftung „**aus dem Inhalt des Schuldverhältnisses"** ergeben könne (Däubler NZA 2001, 1329, 1331).

> **Beispiel:** A ist bei der BMW AG in der Endkontrolle und Verladung der gefertigten Fahrzeuge beschäftigt. Bei der Verladung von BMW-Fahrzeugen auf einen Autotransporter des Transporteurs S prallt A aufgrund fahrlässigen Verhaltens mit einem zu verladenden Fahrzeug auf einen bereits auf den Fahrzeugtransporter verladenen Wagen. Beide Fahrzeuge werden stark beschädigt. Es kommt zu einem Sachschaden i. H. v. insgesamt 30 000 €. Die BMW AG möchte den Schaden von A ersetzt haben. Hier ist auf der einen Seite zu beachten, dass die Entstehung von Schäden bei der Verladung fabrikneuer Fahrzeuge zum unternehmerischen Risiko zählt. Auf der anderen Seite ist das fahrlässige Verhalten des A bei der Verladung der Fahrzeuge in die Betrachtung mit einzubeziehen. Der Umstand, dass zum unternehmerischen Risiko auch die von Arbeitnehmern schuldhaft verursachten Schäden rechnen, veranlasst die Rechtsprechung, jedenfalls bei vom Arbeitnehmer leicht fahrlässig oder fahrlässig verursachten Schäden, den Arbeitnehmer nicht bzw. nicht voll haften zu lassen (Vgl. BAG NJW 1959, 1796; BAG GS NZA 1994, 1083).

Die **Rechtsprechung zur privilegierten Arbeitnehmerhaftung** entwickelte sich wie folgt:

Den **Grundsatz der privilegierten Arbeitnehmerhaftung** hat der Große Senat des BAG mit folgender Formulierung ins Leben gerufen:

„Ein Arbeitnehmer, der fahrlässig den Arbeitsunfall eines anderen Arbeitnehmers desselben Betriebes oder Unternehmens verursacht hat, haftet dem Geschädigten nicht, wenn und soweit ihm eine Belastung mit solchen Schadensersatzansprüchen deshalb nicht zugemutet werden kann, weil seine Schuld im Hinblick auf die besondere Gefahr der ihm übertragenen Arbeiten nach den Umständen des Falles nicht schwer ist" (BAG GS NJW 1958, 235).

Zunächst gestand die arbeitsgerichtliche Rechtsprechung den Arbeitnehmern eine Haftungsprivilegierung nur zu, wenn der Arbeitnehmer Schäden im Zusammenhang mit einer sog. **gefahrgeneigten Arbeit** verursacht hat. Unter einer gefahrgeneigten Arbeit ist eine solche zu verstehen, die im Vergleich zu anderen Arbeiten besonders dazu neigt, hin und wieder Schäden entstehen zu lassen.

Der 2. Senat des BAG hat dann die **Grundsätze der gefahrgeneigten Arbeit** näher präzisiert. Hiernach galten folgende Leitsätze:

„(1) Von Fällen der gefahrgeneigten Arbeit abgesehen, haftet ein Arbeitnehmer wegen jeder fahrlässigen Verletzung seiner Arbeitspflichten dem Arbeitgeber für den diesem entstandenen Schaden.

(2) Schäden, die ein Arbeitnehmer bei gefahrgeneigter Arbeit **grob fahrlässig** verursacht, muss in aller Regel **der Arbeitnehmer allein** tragen.

(3) Schäden, die ein Arbeitnehmer bei gefahrgeneigter Arbeit nicht grob fahrlässig verursacht, sind bei **normaler Schuld** in aller Regel zwischen Arbeitgeber und Arbeitnehmer **quotal zu verteilen**, wobei die Gesamtumstände von Schadensanlass und Schadensfolge nach Billigkeitsgrundsätzen und Zumutbarkeitsgesichtspunkten gegeneinander abzuwägen sind. Bei **geringer Schuld** des Arbeitnehmers wird in aller Regel **der Arbeitgeber** solche Schäden **allein** zu tragen haben." (BAG NJW 1959, 1796).

In der Folgezeit entschied der Große Senat des BAG, dass „die Grundsätze über die Beschränkung der Arbeitnehmerhaftung für **alle Arbeiten** gelten, die **durch den Betrieb veranlasst sind und aufgrund eines Arbeitsverhältnisses geleistet werden**, auch wenn diese Arbeiten **nicht gefahrgeneigt** sind" (BAG GS NZA 1994, 1083).

Die Anwendung der Grundsätze der privilegierten Arbeitnehmerhaftung nur auf gefahrgeneigte Arbeiten wurde allgemein als zu streng empfunden (Preis, ErfKA § 619a BGB, Rn 10). Zudem lassen sich Verschuldensgrad und Gefahrgeneigtheit der Arbeit nicht immer praktikabel voneinander trennen. Die Ausdehnung der privilegierten Arbeitnehmerhaftung auf alle Schäden, die im Zusammenhang mit **betrieblich veranlassten Arbeiten** stehen, bedeutet nicht, dass die Gefahrgeneigtheit der Arbeit obsolet geworden ist. Die Gefahrneigung der Arbeit ist weiterhin bei der Verteilung des Haftungsrisikos zwischen Arbeitgeber und Arbeitnehmer von Bedeutung.

Betrieblich ist eine Tätigkeit, die dem Arbeitnehmer, der einen Schaden verursacht, entweder **ausdrücklich von dem Betrieb oder für den Betrieb übertragen ist oder die er im Interesse des Betriebes** ausführt, die in nahem Zusammenhang mit dem Betrieb und seinem betrieblichen Wirkungskreis steht und in diesem Sinne betriebsbezogen ist (BAG 9.8.1966 AP RVO § 637 Nr. 1; Preis, ErfKA, § 619a BGB, Rn 12). Die eigenmächtige Spaßfahrt eines Auszubildenden mit einem Gabelstapler ist nicht betriebsbezogen und daher haftungsrechtlich nicht privilegiert. Denn der Arbeitgeber soll nicht mit dem allgemeinen Lebensrisiko des Arbeitnehmers belastet werden (BAG NZA 2003, 37).

Zusammengefasst sind für die privilegierte Arbeitnehmerhaftung folgende Punkte relevant:

- Die privilegierte Arbeitnehmerhaftung findet auf alle vom Arbeitnehmer verursachten Schäden Anwendung, die auf **betrieblich veranlasste Arbeiten** zurückzuführen sind.

- Hat der Arbeitnehmer den Schaden **vorsätzlich oder grob fahrlässig** verursacht, hat er in aller Regel den Schaden **allein in voller Höhe** zu tragen. Es sind jedoch auch insoweit Ausnahmen möglich, vor allem dann, wenn ein Missverhältnis von Einkommen des Arbeitnehmers und Haftungsrisiko vorliegt (BAG 12.10.1989 AP BGB § 611 Haftung des Arbeitnehmers Nr. 97; BAG 12.11.1998 AP BGB § 611 Haftung des Arbeitnehmers Nr. 117). Liegt kein Vorsatz oder gröblichstes Verschulden vor, tendiert das BAG dazu, die Haftung des Arbeitnehmers im Falle der **groben Fahrlässigkeit** auf ein Jahreseinkommen zu begrenzen (BAG NZA 1998, 140; Preis, ErfKA, § 619a BGB, Rn 18).

- Hat der Arbeitnehmer den Schaden durch **normale Schuld** = mittlere Fahrlässigkeit verursacht, ist der Schaden in der Regel zwischen Arbeitgeber und Arbeitnehmer **aufzuteilen**. Die Aufteilungsquote ist anhand von Billigkeitsgrundsätzen und Zumutbarkeitsgesichtspunkten festzulegen. Zu diesen Gesichtspunkten gehören der Grad des dem Arbeitnehmer zur Last fallenden Verschuldens, die Gefahren der Arbeit, die Höhe des Schadens, die Versicherbarkeit des Risikos durch den Arbeitgeber, die Stellung des Arbeitnehmers im Betrieb, seine persönlichen Verhältnisse, die Dauer seiner Betriebszugehörigkeit, sein Lebensalter, seine Familienverhältnisse, sein bisheriges Verhalten, die Höhe des Arbeitsentgelts des Arbeitnehmers (BAG NZA 1998, 140).

- Hat der Arbeitnehmer den Schaden durch **geringe Schuld** = leichte Fahrlässigkeit verursacht, wird in aller Regel der **Arbeitgeber** solche Schäden **allein** zu tragen haben.

Welche **Verschuldensform** vorliegt, ist anhand folgender Kriterien zu beurteilen:

- **Vorsatz** ist zu bejahen, wenn der Arbeitnehmer nicht nur die Pflichtverletzung, sondern auch den Schaden in seiner konkreten Höhe zumindest **als möglich voraussieht** und ihn für den Fall seines Eintritts **billigend in Kauf** nimmt (BGHZ 117, 363, 368). Der Schaden muss vom Vorsatz umfasst sein (BAG 18.4.2002 AP BGB § 611 Haftung des Arbeitnehmers Nr. 122).

  Beispiel: Arbeitnehmer A hatte mit seinem Arbeitgeber B eine Auseinandersetzung. A ist im Betrieb des B als Hausmeister eingesetzt. Am Abend des Tags der Auseinandersetzung sperrt A wissentlich den Betrieb nicht ab. A denkt sich, wenn in der Nacht Unbefugte in den Betrieb eindringen und im Betrieb des B Schäden anrichten, sei ihm das auch Recht. B habe nichts anderes verdient. Hier beabsichtigt A keine Schadenszufügung, er nimmt aber eine Schadensentstehung im Betrieb des B in seinen Willen auf.

- **Grobe Fahrlässigkeit** liegt vor, wenn die verkehrserforderliche Sorgfalt **in besonders schwerem Maße** verletzt worden ist, wenn schon einfachste, ganz naheliegende Überlegungen nicht angestellt werden und das nicht beachtet wird, was im gegebenen Fall **jedem einleuchten** musste (BAG 23.3.1983 AP BGB §611 Haftung des Arbeitnehmers Nr. 82; BAG NZA 2006, 1428). Der **Maßstab der mittleren Fahrlässigkeit** ist ein ausschließlich **objektiver**. Das heißt, die Sorgfaltsanforderungen sind objektiv festzulegen. Bei der **groben Fahrlässigkeit** sind hingegen auch **subjektive**, in der Individualität des Handelnden begründete Umstände zu berücksichtigen (BAG 12.11.1998 AP BGB §611 Haftung des Arbeitnehmers Nr. 117).

> **Beispiel:** Der erfahrene Baggerführer B hebt im Bereich einer Gasleitung eine Baugrube aus. Obwohl er den Verlauf der Gasleitung kennt, baggert er im Gefahrenbereich mit einem Bagger, weil er unter Zeitdruck ist. Die Erfahrung und die Kenntnis über den Verlauf der Gasleitung hätten B sagen müssen, dass er einen groben Sorgfaltsverstoß begeht, wenn er im Bereich der Gasleitung den Bagger einsetzt, weil es bei einer Beschädigung der Gasleitung zu einer Gasexplosion kommen kann (BAG NZA 1994, 1083).

- §276 Abs. 2 BGB enthält eine Definition der **mittleren Fahrlässigkeit**. Fahrlässig handelt hiernach, wer die im Verkehr erforderliche Sorgfalt außer Acht lässt. Hierbei gilt kein individueller, sondern ein auf die allgemeinen Verkehrsbedürfnisse ausgerichteter **objektiver Sorgfaltsmaßstab** (BGHZ 39, 283; BGHZ 80, 193; BGH NJW 1988, 909). Grund hierfür ist, dass im Rechtsverkehr jeder grundsätzlich darauf vertrauen darf, dass der andere die für die Erfüllung seiner Pflichten erforderlichen Fähigkeiten und Kenntnisse besitzt.

> **Beispiel:** A ist bei B als Baggerführer beschäftigt. Er fährt den Bagger auf einen LKW-Anhänger, um den Bagger zu einer anderen Baustelle zu bringen. A vergisst, die Handbremse des Baggers anzuziehen, da er ein Telefongespräch seines Chefs am Handy entgegennimmt. Infolgedessen rutscht der Bagger beim Transport vom Anhänger. Hier liegt fahrlässiges Verhalten vor, da es die im Verkehr objektiv erforderliche Sorgfalt gebietet, dass ein verladener Bagger mit der Handbremse gesichert wird.

- **Leichte bzw. geringe Fahrlässigkeit** ist gegeben, wenn die im Verkehr erforderlichen Sorgfaltsanforderungen nur in geringem Maße verletzt werden. Es handelt sich um Fälle des **„typischen Abirrens"** der Arbeitsleistung, um ein schlichtes **„Sich-Vergreifen"**, **„Sich-Versprechen"**, **„Sich-Vertun"** (Preis, ErfKA, §619a BGB, Rn 17).

> **Beispiel:** Der Arbeitnehmer A stolpert aus Versehen und lässt dabei das ihm von seinem Arbeitgeber zur Verfügung gestellte Notebook fallen. In diesem Falle dürfte von leichter Fahrlässigkeit auszugehen sein.

§619a BGB sieht eine **Beweislastumkehr** für die Arbeitnehmerhaftung vor. Entgegen §280 Abs. 1 S. 2 BGB hat nicht der Arbeitnehmer zu beweisen, dass ihn kein Verschulden trifft. Die Beweislast für das **Verschulden des Arbeitnehmers** wird dem **Arbeitgeber** aufgebürdet. Der Arbeitnehmer, der sich auf die privilegierte Arbeitnehmerhaftung beruft, muss beweisen, dass deren Voraussetzungen vorliegen, er den Schaden also bei einer betrieblichen Tätigkeit verursacht hat (BAG NZA 2003, 37).

Das BAG hält seine Rechtsprechung zur privilegierten Arbeitnehmerhaftung für **„einseitig zwingendes Arbeitnehmerschutzrecht"**, von dem weder einzel- noch tarifvertraglich abgewichen werden kann (BAG NZA 2004, 649). Hierge- gen wird vorgebracht, §§ 254, 276 BGB, aus denen sich die privilegierte Arbeit- nehmerhaftung ableitet, seien dispositiv. Der notwendige Arbeitnehmerschutz werde bei formularmäßigen Abweichungen durch das **AGB-Recht** nach §§ 305 ff. BGB sichergestellt (Preis, ErfKA, § 619a BGB, Rn 11).

Die Grundsätze der privilegierten Arbeitnehmerhaftung gelten für alle Stamm- beschäftigten, Auszubildende, Leiharbeitnehmer, soweit es um Schadensersatz- ansprüche des entleihenden Arbeitgebers geht, auch für leitende Angestellte. Da leitende Angestellte ebenso wie die übrige Arbeitnehmerschaft in einem Abhängigkeitsverhältnis zum Arbeitgeber stehen, besteht kein Grund, sie be- züglich der Haftung anders zu stellen. Vorstände von Aktiengesellschaften und GmbH-Geschäftsführer kommen als Organmitglieder nicht in den Genuss der privilegierten Arbeitnehmerhaftung. Sie sind gesetzliche Vertretungsorgane der Kapitalgesellschaften und daher keine Arbeitnehmer (Preis, ErfKA, § 619a BGB, Rn 19).

10.5 Lehre vom innerbetrieblichen Schadensausgleich

Die privilegierte Arbeitnehmerhaftung wird auch mit dem sog. **innerbetrieb- lichen Schadensausgleich** beschrieben. Dieser besagt, dass die Haftungsprivi- legierung des Arbeitnehmers **nur im Verhältnis zu seinem Arbeitgeber** wirkt, **nicht aber im Außenverhältnis zu betriebsfremden Dritten**. Die Haftungspri- vilegierung gilt also nur innerbetrieblich (Preis, ErfKA § 619a BGB, Rn 23 ff.). Der Grund hierfür ist in der dogmatischen Herleitung der privilegierten Ar- beitnehmerhaftung zu suchen. Die Haftungsprivilegierung wird über eine entsprechende Anwendung des § 254 Abs. 1 BGB begründet, weil der Arbeit- geber für den entstehenden Schaden aufgrund einer von ihm zu vertretenden Sach- oder Betriebsgefahr mitverantwortlich ist (BAG GS 27.9.1994 AP BGB § 611 Haftung des Arbeitnehmers Nr. 103). Der Arbeitnehmer kann sich demnach auf eine Reduzierung seiner Haftung nur gegenüber dem Arbeitgeber, nicht aber gegenüber Dritten berufen (BGH 21.12.1993 AP BGB § 611 Haftung des Arbeitnehmers Nr. 104).

Im Außenverhältnis haften Arbeitgeber und Arbeitnehmer als **Gesamtschuld- ner** (BAG NJW 1986, 3104), sofern der Dritte gegenüber beiden Ansprüche aus dem Schadensereignis geltend machen kann. Die **Ausgleichspflicht** bei Gesamtschuldnern ist in § 426 Abs. 1 BGB geregelt. Hat der Arbeitnehmer im Außenverhältnis gegenüber dem geschädigten Dritten noch nichts geleistet, erlangt der Arbeitnehmer im Innenverhältnis gegenüber dem Arbeitgeber einen **Freistellungsanspruch** von der Haftung nach § 670 BGB i. V. m. § 257 S. 1 BGB in der Höhe, wie der Arbeitgeber selbst verpflichtet ist. Der Arbeitnehmer kann also vom Arbeitgeber verlangen, dass dieser ihn von der Haftung im Außenverhältnis in der Höhe befreit, die dem Haftungsanteil des Arbeitgebers entspricht (Preis, ErfKA, § 619a BGB, Rn 26). Das BAG begründet den Freistellungsanspruch des Arbeitnehmers mit der sich aus dem Arbeitsverhältnis ergebenden **Fürsorgepflicht** des Arbeitgebers (BAG 23.6.1988 AP BGB Haftung des Arbeitnehmers Nr. 94).

Beispiel (vergleichbarer Fall BGH NJW 1989, 3273): Der Busunternehmer B beschäftigt A als Busfahrer. B hat von der MAN AG einen neuen Reisebus geleast. Der Reisebus hat einen Wert von 250 000 €. Der Leasingvertrag sieht vor, dass B den Reisebus auf seine Kosten Vollkasko zu versichern und der MAN AG einen Versicherungsschein vorzulegen hat. B schließt bei der Allianz-Versicherungs AG eine entsprechende Vollkaskoversicherung am 01.12. ab. A fährt mit dem Reisebus am 15.12. auf eisglatter Straße. A fährt mit stark reduzierter Geschwindigkeit in eine Kurve, kommt aber dennoch infolge leichtester Fahrlässigkeit ins Schleudern. Der Reisebus kommt von der Fahrbahn ab und erleidet Totalschaden. B hat aufgrund von Liquiditätsproblemen die fällige Vollkaskoversicherungsprämie noch nicht bezahlt. Am 17.12. ist B gezwungen, die Eröffnung des Insolvenzverfahrens zu beantragen. Die Eröffnung des Insolvenzverfahrens wird schließlich nach § 26 Abs. 1 InsO mangels Masse abgelehnt, da das Restvermögen von B nicht einmal dazu ausreicht, die voraussichtlichen Kosten des Insolvenzverfahrens abzudecken. Da bei B nichts mehr zu holen ist, nimmt die MAN AG den Busfahrer A auf Ersatz des Schadens in Höhe von 250 000 € in Anspruch.

Frage:

Ist ein solcher Anspruch gegeben?

Lösung:

Die MAN AG könnte gegen A aus § 823 Abs. 1 BGB einen Anspruch auf Ersatz des Schadens i. H. v. 250 000 € wegen des zerstörten Reisebusses haben. A hat das Eigentum der MAN AG am Reisebus leicht fahrlässig verletzt, wodurch ein Schaden in Höhe von 250 000 € entstand. Als Leasinggeberin war die MAN AG weiterhin Eigentümerin des Busses. Der Schaden wird nicht durch die von B abgeschlossene Vollkaskoversicherung abgedeckt. B hat die erste Versicherungsprämie nicht bezahlt, was nach § 37 Abs. 2 VVG dazu führt, dass die Allianz-Versicherungs AG von jeglicher Verpflichtung zur Leistung befreit ist. A ist nur leichteste Fahrlässigkeit vorzuwerfen, so dass er bei Anwendung der Grundsätze der privilegierten Arbeitnehmerhaftung im Innenverhältnis gegenüber seinem Arbeitgeber B (innerbetrieblicher Schadensausgleich) von jeglicher Haftung befreit wäre. Vorliegend steht aber die Haftung des A im Außenverhältnis gegenüber der MAN AG als Drittem im Raum. Im Außenverhältnis gelten die Grundsätze der privilegierten Arbeitnehmerhaftung nicht. A kann zwar von seinem Arbeitgeber B nach § 670 BGB i. V. m. § 257 Satz 1 BGB Freistellung von der Haftung gegenüber der MAN AG aus § 823 Abs. 1 BGB verlangen. Der Freistellungsanspruch des A gegenüber B ist aber wertlos, da B zahlungsunfähig ist. Zum Teil wird geltend gemacht, der Arbeitnehmer müsse sich im Falle der Beschädigung einer Leasingsache oder einer vom Arbeitgeber sicherungsübereigneten Sache gegenüber dem Dritten im Außenverhältnis auf die Grundsätze der privilegierten Arbeitnehmerhaftung berufen können. Als Grund hierfür wird angeführt, der Arbeitnehmer sei bei Leasing und Sicherungseigentum gezwungen, mit fremden Produktionsmitteln zu arbeiten.

Dadurch werde im Falle der Insolvenz des Arbeitgebers das Haftungsrisiko des Arbeitnehmers, wie der vorliegende Fall zeigt, erhöht (vgl. Nachweise bei Preis, ErfKA, § 619a BGB, Rn 23 f.). Die Rechtsprechung lehnt allerdings eine Übertragung der Grundsätze der privilegierten Arbeitnehmerhaftung auf das Außenverhältnis ab, da damit die Grenzen der richterlichen Rechtsfortbildung überschritten würden (vgl. BGH NJW 1994, 852 ff.). Im Grundsatz haftet A somit gegenüber der MAN AG für den Schaden i. H. v. 250 000 € in voller Höhe. A könnte hier nur damit geholfen werden, indem dem zwischen B und der MAN AG geschlossenen Leasingvertrag durch ergänzende Vertragsauslegung eine Haftungsfreistellung der Arbeitnehmer, die mit der Leasingsache arbeiten müssen, entnommen wird (LAG Düsseldorf NZA-RR 1997, 241). Für eine ergänzende Vertragsauslegung nach §§ 133, 157 BGB müssten sich im Leasingvertrag für eine Haftungsfreistellung des A irgendwelche Anhaltspunkte finden lassen.

Da die Grundsätze der privilegierten Arbeitnehmerhaftung **im Außenverhältnis gegenüber Dritten nicht** anwendbar sind, kann es zu **Unbilligkeiten** kommen, wenn der Arbeitgeber und der geschädigte Dritte einen **Haftungsausschluss** vereinbart haben. Der geschädigte Dritte könnte den mit dem Arbeitgeber vereinbarten Haftungsausschluss im Falle eines durch leichte oder mittlere Fahrlässigkeit des Arbeitnehmers verursachten Schadens aushebeln, indem er wegen des Haftungsausschlusses zwar nicht auf den Arbeitgeber, aber auf den Arbeitnehmer zugreift. Im Außenverhältnis haften Arbeitgeber und Arbeitnehmer als Gesamtschuldner. Würde bei vorstehender Fallkonstellation der geschädigte Dritte den Arbeitnehmer nach § 823 Abs. 1 BGB in Anspruch nehmen, hätte dieser gegen seinen Arbeitgeber nach § 670 BGB i. V. m. § 257 S. 1 BGB einen Freistellungsanspruch, ohne dass sich der Arbeitgeber gegenüber seinem Arbeitnehmer auf den mit dem geschädigten Dritten vereinbarten Haftungsausschluss berufen könnte. Der BGH korrigiert dieses Ergebnis, indem er einem in allgemeinen Geschäftsbedingungen zugunsten des Arbeitgebers getroffenen Haftungsausschluss auch **Schutzwirkung zugunsten des Arbeitnehmers** (Rechtsgedanke des § 328 BGB) beimisst, also auch den Anspruch gegen den Arbeitnehmer ausschließt (BGH NJW 1994, 852).

Beispiel: C ist Inhaber eines Fotogeschäfts, das sich auf die Entwicklung qualitativ hochwertiger schwarz-weiß Fotografien spezialisiert hat. Der selbständige Fotograf F hat für die VW AG Werbeaufnahmen anlässlich der olympischen Spiele in Sotschi 2014 gemacht. F hat mit der VW AG für die Fotografien ein Mindesthonorar von 30 000 € vereinbart. Sollte sich die VW AG entschließen, die Werbeaufnahmen in der Presse zu schalten, sieht der Vertrag mit der VW AG vor, dass F weitere 30 000 € erhält. Nach Abschluss der Arbeiten bringt F die Filme zu C zur Entwicklung. Eine zwischen F und C getroffene Vereinbarung sieht vor, dass C für Schäden an Filmen bzw. für den Verlust von Filmen nur bei Vorsatz und grober Fahrlässigkeit haftet. A ist bei C angestellt. Er führt die Entwicklungsarbeiten durch. Hierbei zerstört A infolge leichter Fahrlässigkeit die Filme des F. Infolgedessen kann F die Fotografien der VW AG nicht präsentieren. Die Aufnahmen lassen sich auch nicht wiederholen, da die Winterspiele in Sotschi inzwischen beendet sind. F fordert von C Ersatz des entgangenen Mindesthonorars i. H. v. 30 000 €. C verweigert die Zahlung der 30 000 € mit einem Hinweis auf den vereinbarten Haftungsausschluss. Er hafte wegen des vereinbarten Haftungsausschlusses aus §§ 283, 280, 278 S. 1, 634 Nr. 4, 631 BGB nicht. Auch hafte er aus § 831 Abs. 1 S. 1 BGB nicht, da er A sorgfältig ausgewählt und auch sorgfältig angeleitet hat. F fordert daraufhin von A Schadensersatz wegen der zerstörten Filme, weil er in A einen „sicheren" Anspruchsgegner sieht. F erhebt gegen A eine Schadensersatzklage mit dem Ziel, aus dem gegen A obsiegenden Urteil gegen diesen die Zwangsvollstreckung zu betreiben und dessen Freistellungsanspruch gegen seinen Arbeitgeber C nach §§ 828 ff. ZPO pfänden zu lassen.

Ein Anspruch des F gegen A auf Zahlung von 33 000 € könnte hier aus § 823 Abs. 1 BGB gegeben sein. A hat die Filme des F infolge leichter Fahrlässigkeit zerstört und haftet F daher für die auf die Eigentumsverletzung kausal zurückzuführenden Schäden. Kausalität zwischen dem Verlust des Mindesthonorars i. H. v. 30 000 € und der Vernichtung des Films ist gegeben. Denn hätte A die Filme des F nicht zerstört, hätte F die Werbeaufnahmen der VW AG vorlegen und das Mindesthonorar i. H. v. 30 000 € in Rechnung stellen können (§ 252 BGB).

A haftet dem F grundsätzlich aus § 823 Abs. 1 BGB, auch wenn hier nur der Verschuldensgrad der leichten Fahrlässigkeit gegeben ist. Die Grundsätze der privilegierten Arbeitnehmerhaftung lassen sich nicht auf das Außenverhältnis übertragen. A kann im Falle der Inanspruchnahme durch F aus § 823 Abs. 1 BGB den Freistellungsanspruch nach § 670 BGB i. V. m. § 257 S. 1 BGB gegenüber seinem Arbeitgeber C geltend machen. Im Innenverhältnis zwischen A und C hat C, da A nur leicht fahrlässig gehandelt hat, den dem F entstandenen Schaden voll zu tragen. Damit wäre der zwischen F und C vereinbarte Haftungsausschluss, sofern er denn wirksam ist, hinfällig. Die Rechtsprechung korrigiert dieses Ergebnis damit, dass der zwischen F und C vereinbarte Haftungsausschluss, vorausgesetzt, er ist wirksam, auch zugunsten des A wirken soll. Dies führt dazu, dass C mit dem Freistellungsanspruch seines Angestellten A nicht belastet wird. Die Einbeziehung des A in einen zwischen F und C vereinbarten Haftungsausschluss ist auch deshalb im Ergebnis notwendig, weil ein eventueller Freistellungsanspruch des A gegen C abtretbar und pfändbar ist (BGHZ 66, 1, 4; Änderung der Rechtsprechung zu BGHZ 41, 203, 205). Würde A seinen Freistellungsanspruch gegen C an F nach § 398 BGB abtreten, wandelt sich dieser in einen Zahlungsanspruch um, so dass C wiederum einem Haftungsanspruch ausgesetzt wäre (vgl. Preis, ErfKA, § 619a, Rn 26). Ein anderes Ergebnis ergäbe sich, wenn man die Abtretbarkeit des Freistellungsanspruchs mit Blick auf § 399 1. Alt. BGB (Inhaltsänderung) und damit auch die Pfändbarkeit nach § 851 ZPO verneinte.

10.6 Beschränkung der Arbeitnehmerhaftung durch das Sozialgesetzbuch

Das Sozialgesetzbuch VII, das sich mit dem Recht der **gesetzlichen Unfallversicherung** befasst, enthält eine Haftungsprivilegierung für Arbeitnehmer in § 105 Abs. 1 SGB VII, wenn ein Arbeitnehmer einem Arbeitskollegen **desselben Betriebes durch eine betriebliche Tätigkeit einen Personenschaden** zufügt. Die

Haftung des Arbeitnehmers für Arbeitskollegen zugefügte Personenschäden, **nicht Sachschäden**, erfährt in §§ 105 ff. SGB VII eine **abschließende gesetzliche Sonderregelung** (Preis, ErfKA, § 619a BGB, Rn 22). Grund für die Haftungsprivilegierung des Arbeitnehmers nach § 105 Abs. 1 SGB VII ist, dass der Arbeitskollege, der einen Personenschaden im selben Betrieb durch eine betriebliche Tätigkeit erlitten hat, **wegen des Personenschadens** Ansprüche aus der gesetzlichen Unfallversicherung hat. Nach § 1 Nr. 2 SGB VII ist es u. a. **Aufgabe der gesetzlichen Unfallversicherung**, nach Eintritt von Arbeitsunfällen oder Berufskrankheiten die Gesundheit und die Leistungsfähigkeit der Versicherten mit allen geeigneten Mitteln wiederherzustellen und sie oder ihre Hinterbliebenen durch Geldleistungen zu entschädigen. Nach § 105 Abs. 2 S. 1 SGB VII gilt die Haftungsprivilegierung selbst dann, wenn es zur Schädigung eines nicht unfallversicherten Unternehmers kommt. Denn aus Sicht des Schädigers kann es keinen Unterschied machen, ob der Unternehmer unfallversichert ist oder nicht (Kock NZS 2006, 471; Stelljes, BeckOK Sozialrecht, § 105 SGB VII, Rn 11).

Schwierig kann im Einzelfall die Frage zu beantworten sein, ob der schädigende Arbeitnehmer einen **Arbeitskollegen desselben Betriebes** geschädigt hat. Hierbei ist **nicht erforderlich**, dass die beteiligten Arbeitnehmer im selben Betrieb **angestellt** sind. Es ist **ausreichend**, wenn der geschädigte Arbeitnehmer, ohne im selben Betrieb angestellt zu sein, für die **Dauer einer konkreten betrieblichen Tätigkeit in denselben Betrieb eingegliedert** ist wie der schädigende Arbeitnehmer (Stelljes BeckOK Sozialrecht, § 105 SGB VII, Rn 5). § 2 Abs. 2 SGB VII bezieht Personen in den Versicherungsschutz der gesetzlichen Unfallversicherung mit ein, die wie Versicherte tätig sind (OLG Hamm NJW 1998, 2832). Die Haftungsprivilegierung des § 105 Abs. 1 SGB VII gilt **nicht für Sachschäden** und **nicht**, wenn der Schädigende den Arbeitsunfall **vorsätzlich** oder auf einem nach § 8 Abs. 2 Nr. 1 bis 4 SGB VII **versicherten Weg** herbeigeführt hat.

Beispiel (vgl. zu einer ähnlichen Fallkonstellation BGH NJW-RR 2004, 884): A ist beim Transporteur S als LKW-Fahrer beschäftigt. S führt hauptsächlich Holztransporte aus. S weist A an, beim Holzhändler H Baumstämme abzuholen und sie in das Sägewerk K zu transportieren. Beim Holzhändler H lädt A mit dem auf seinem LKW angebrachten Hebekran Baumstämme auf. Als A mit der Beladung des LKW fertig ist, hilft ihm B, ein Mitarbeiter des Holzhändlers H, die Baumstämme mit Ketten und Spannseilen zu befestigen. Nachdem A mit einer Vorrichtung ein Spannseil gezogen hat, löst sich dieses aus der Spannvorrichtung, da A es infolge von Fahrlässigkeit in die Spannvorrichtung nicht richtig eingeführt hat. Das bereits gespannte Seil schlägt auf B zurück, wodurch dieser erhebliche Verletzungen erleidet. Die von B davongetragenen Personenschäden umfassen seine ärztlichen Behandlungskosten sowie eine erhebliche Minderung der Erwerbsfähigkeit. Zudem wurden die Uhr und die Brille des B durch den Unfall beschädigt, wodurch ein Sachschaden i. H. v. 300 € entstand.

Frage:

B fragt sich, ob er von A die Personen- und Sachschäden sowie ein angemessenes Schmerzensgeld nach §§ 823 Abs. 1, 253 Abs. 2 BGB verlangen kann.

Lösung:

B könnte gegen A aus § 823 Abs. 1 BGB Ersatz der Personen- und Sachschäden sowie aus § 253 Abs. 2 BGB ein angemessenes Schmerzensgeld verlangen. B hat infolge fahrlässigen Verhaltens Körper und Gesundheit von B verletzt, so dass § 823 Abs. 1 BGB sowie § 253 Abs. 2 BGB im Grundsatz einschlägig sind. Fraglich ist allerdings, ob A hier die Haftungsprivilegierung nach § 105 Abs. 1 S. 1 SGB VII zu Gute kommt. Dies würde jedenfalls für nicht vorsätzlich herbeigeführte Personenschäden gelten, wenn A und B bei der gemeinsamen Beladung des LKW als zwei im selben Betrieb tätige Arbeitnehmer anzusehen sind. Das Tatbestandsmerkmal „desselben Betriebes" erfordert nicht, dass A und B im gleichen Betrieb angestellt waren. Ausreichend ist, wenn B beim Beladen des LKW in den Anstellungsbetrieb des A, also in das Transportunternehmen S, wenn auch nur kurzzeitig eingegliedert war. Dies ist im vorliegenden Fall zu bejahen, da A für die sichere Beladung des LKW nach §§ 22, 23 Abs. 1 StVO verantwortlich war und B ihm hierbei half. A kann sich somit in Bezug auf die von B erlittenen Personenschäden auf die Haftungsprivilegierung des § 105 Abs. 1 S. 1 SGB VII berufen. B erhält die Personenschäden von dem Träger der gesetzlichen Unfallversicherung ersetzt, bei dem S seinen Betrieb zu versichern hat. Der Leistungskatalog der gesetzlichen Unfallversicherung sieht die Zahlung eines angemessenen Schmerzensgeldes nicht vor. Fraglich ist, ob B von A daher nach § 253 Abs. 2 BGB ein angemessenes Schmerzensgeld fordern kann. Dies ist jedoch zu verneinen, da Schmerzensgeld nur für erlittene Personenschäden gezahlt wird und § 105 Abs. 1 S. 1 SGB VII für nicht vorsätzlich verursachte Personenschäden für A gerade eine Haftungsprivilegierung vorsieht (Stelljes BeckOK Sozialrecht, § 104 SGB VII, Rn 30; der Ausschluss von Schmerzensgeld ist verfassungsgemäß BVerfG NJW 1973, 502). Die Haftungsprivilegierung des § 105 Abs. 1 S. 1 SGB VII gilt nicht für die von A dem B zugefügten Sachschäden. B kann daher von A nach § 823 Abs. 1 BGB Ersatz seiner Sachschäden i. H. v. 300 € verlangen.

Schließlich sei darauf hingewiesen, dass **auch der Arbeitgeber** nach § 104 Abs. 1 SGB VII von der Haftung gegenüber seinen Arbeitnehmern für Personenschäden, die er den Arbeitnehmern im Zusammenhang mit betrieblichen Tätigkeiten zugefügt hat, befreit ist. Dies gilt nach § 104 Abs. 1 SGB VII nicht für solche Personenschäden die der Arbeitgeber vorsätzlich herbeigeführt hat oder die auf einem nach § 8 Abs. 2 Nr. 1–4 SGB VII versicherten Wegeunfall herbeigeführt wurden. Grund für die Haftungsprivilegierung des Arbeitgebers gegenüber seinen Arbeitnehmern für Personenschäden ist die **Friedensfunktion** sowie die alleinige Aufbringung der Beiträge zur gesetzlichen Unfallversicherung durch den Arbeitgeber (Stelljes, BeckOK Sozialrecht, § 104 SGB VII, Rn 2 ff.). § 104 Abs. 1 SGB VII stellt insofern eine Parallelvorschrift zu § 105 Abs. 1 SGB VII dar, wobei sich § 104 Abs. 1 SGB VII im Gegensatz zu § 105 Abs. 1 SGB VII nicht mit einer Haftungsprivilegierung der Arbeitnehmer befasst.

10.7 Fragen der Mankohaftung

10.7.1 Allgemeines zur Mankohaftung

Unter **Manko** ist der Schaden zu verstehen, den ein Arbeitgeber dadurch erleidet, dass ein einem Arbeitnehmer **anvertrauter Warenbestand** oder eine **vom Arbeitnehmer geführte Kasse eine vom Sollbestand abweichende Differenz** aufweist (Preis, ErfKA, § 619a BGB, Rn 28). Die Fälle der Mankohaftung des Arbeitnehmers unterscheiden sich von den sonstigen Haftungsfällen dadurch, dass dem Arbeitnehmer vom Arbeitgeber ein Warenbestand oder Geldbestand anvertraut wurde, den der Arbeitnehmer sorgfältig zu verwalten hat. Den Mankofällen liegt ein **besonderes Vertrauensverhältnis** zwischen Arbeitgeber und Arbeitnehmer zugrunde. Denn unzuverlässigen Arbeitnehmern würde der Arbeitgeber einen Waren- oder Kassenbestand nicht ohne Weiteres zur alleinigen Verwaltung anvertrauen. Die Mankohaftung ist Teil der Arbeitnehmerhaftung, hebt sich von dieser aber insofern ab, als sie unter bestimmten Voraussetzungen auf **zusätzliche Anspruchsgrundlagen** neben der allgemeinen Arbeitnehmerhaftung gestützt werden kann (BAG NZA 1999, 141; BAG NZA 2000, 715).

Fügt ein Arbeitnehmer seinem Arbeitgeber einen Schaden zu, **ohne dass es sich dabei um einen Fall der Mankohaftung** handelt, kommen insbesondere **folgende Anspruchsgrundlagen** in Betracht (im Folgenden allgemeine Arbeitnehmerhaftung genannt):

- Anspruch aus §§ 280 ff. BGB i. V. m. § 611 BGB,
- Anspruch aus § 823 Abs. 1 BGB, sofern der Arbeitnehmer ein in § 823 Abs. 1 BGB genanntes Rechtsgut des Arbeitgebers verletzt hat,
- Anspruch aus § 823 Abs. 2 BGB i. V. m. einem Schutzgesetz, das der Arbeitnehmer verletzt hat,
- Anspruch aus § 826 BGB unter engen Voraussetzungen.

Beispiel: Der bei B beschäftigte Arbeitnehmer A vernichtet versehentlich Pläne zur Errichtung eines Kaufhauses. A ging irrtümlich davon aus, die Pläne seien alt und könnten vernichtet werden. B erleidet dadurch einen Schaden i. H. v. 30 000 €, weil die Pläne rekonstruiert werden müssen. Hier handelt es sich um einen Fall der allgemeinen Arbeitnehmerhaftung. A wurde von B weder ein Waren- noch ein Geldbestand anvertraut, so dass eine Mankohaftung nicht zu erörtern ist. Als Anspruchsgrundlage käme im vorliegenden Fall §§ 280 Abs. 1, 241 Abs. 2 BGB in Betracht (Schadensersatz wegen Nebenpflichtverletzung). Fraglich ist allerdings, ob A schuldhaft gehandelt hat (§ 280 Abs. 1 S. 2 BGB). Nach § 619a BGB müsste B den Beweis führen, dass A die Pläne schuldhaft vernichtet hat. Auch § 823 Abs. 1 BGB könnte als Anspruchsgrundlage erörtert werden.

Wurde dem Arbeitnehmer vom Arbeitgeber ein Waren- oder Kassenbestand anvertraut und entsteht dort eine Differenz, ein Manko, steht die Mankohaftung neben der allgemeinen Arbeitnehmerhaftung im Raum. Bei **Mankofällen** kommen **folgende Anspruchsgrundlagen** in Betracht:

(1) Anspruchsgrundlagen der allgemeinen Arbeitnehmerhaftung (siehe oben).

(2) Zusätzlich Anspruchsgrundlagen der Mankohaftung:

- Anspruch aus §§ 283, 280 Abs. 1, 695 BGB, wenn in Bezug auf die dem Arbeitnehmer anvertraute Ware oder das Geld ein neben dem Arbeitsvertrag zusätzlich bestehender **Verwahrungsvertrag** nach § 688 BGB angenommen werden kann. Im Mankofalle wäre dem Arbeitnehmer die Erfüllung des verwahrungsrechtlichen Herausgabeanspruchs des Arbeitgebers aus § 695 BGB ggf. schuldhaft unmöglich geworden (= Verschuldenshaftung),

- Anspruch aus §§ 283, 280 Abs. 1, 667 BGB, wenn in Bezug auf die dem Arbeitnehmer anvertraute Ware oder das Geld ein neben dem Arbeitsvertrag zusätzlich bestehendes **Auftragsverhältnis** angenommen wird, das den Arbeitnehmer neben dem Arbeitsvertrag verpflichtet, mit den anvertrauten Waren bzw. dem anvertrauten Geld eigenständig zu wirtschaften und die hierzu anvertrauten Sachen bei Aufforderung durch den Arbeitgeber nach § 667 BGB herauszugeben. Im Mankofalle wäre dem Arbeitnehmer die Erfüllung des auftragsrechtlichen Herausgabeanspruchs des Arbeitgebers aus § 667 BGB (Herausgabe der anvertrauten Sache bzw. Herausgabe dessen, was aus der Geschäftsbesorgung erlangt wurde) schuldhaft unmöglich geworden (= Verschuldenshaftung),

- Anspruch aus einer **besonderen Mankoabrede**. Hierbei handelt es sich oft um eine vertraglich vereinbarte **verschuldensunabhängige Garantiehaftung** des Arbeitnehmers für Fehlbestände im anvertrauten Waren- oder Kassenbestand (= Garantiehaftung).

Da die Grundsätze der privilegierten Arbeitnehmerhaftung nur erfordern, dass der Schaden im Zusammenhang mit einer betrieblichen Tätigkeit entstanden ist, gilt die **Haftungsmilderung auch für Mankofälle** (Preis, ErfKA, § 619a BGB, Rn 29, 32). Die **privilegierte Arbeitnehmerhaftung** hat allerdings für die besondere Mankoabrede **keine Wirkung**, wenn es sich hierbei um eine **verschuldensunabhängige Garantiehaftung** handelt. Die Haftungsdreiteilung in Anlehnung an den Verschuldensgrad (leichte Fahrlässigkeit, mittlere Fahrlässigkeit, grobe Fahrlässigkeit/Vorsatz) kann hier nicht erfolgen.

10.7.2 Fehlen einer besonderen Mankovereinbarung

Fehlt eine besondere Mankovereinbarung (= Garantiehaftung), kommen in Mankofällen als **zusätzliche Anspruchsgrundlagen** neben §§ 280 Abs. 1, 241 Abs. 2 BGB i. V. m. § 611 BGB und §§ 823 ff. BGB

- §§ 283, 280 Abs. 1, 695 BGB (Annahme eines neben dem Arbeitsvertrag bestehenden Verwahrungsvertrags) sowie

- §§ 283, 280 Abs. 1, 667 BGB (Annahme eines neben dem Arbeitsvertrag bestehenden Auftrages)

in Betracht.

Die vorstehenden zusätzlichen Anspruchsgrundlagen können jedoch **nur dann** herangezogen werden, wenn das Manko von einem Arbeitnehmer verursacht wurde, dem **ein ständiges auf Überlegung und Entschluss beruhendes Tätigwerden wirtschaftlicher Art übertragen ist** (BAG 17.9.1998 AP BGB § 611 Mankohaftung Nr. 2). Das BAG fordert, dass der Arbeitnehmer in Bezug auf die anvertraute Sache **wirtschaftliche Überlegungen** anzustellen und **Entscheidungen über die Verwendung der Sache** zu treffen hat (BAG 17.9.1998 AP BGB § 611 Mankohaftung Nr. 2). In diesem Sinne kann der Arbeitnehmer wirtschaftlich tätig werden, wenn seine Tätigkeit von kaufmännischen Aufgaben geprägt ist, z. B. weil ihm **eigene Vertriebsbemühungen** obliegen oder er **Preise, über deren bloße Berechnung hinaus, auch selbständig kalkulieren** muss (BAG 17.9.1998 AP BGB § 611 Mankohaftung Nr. 2). Das BAG macht die Anwendung der Verwahrungs- und Auftragsvorschriften weiterhin davon abhängig, dass der **Arbeitgeber keinen Rest von Besitz** mehr an der dem Arbeitnehmer anvertrauten Sache hat (BAG NZA 1997, 1279; BAG 17.9.1998 AP BGB § 611 Mankohaftung Nr. 2). Dies ist zum Beispiel bei einem Kassierer der Fall, der **alleinigen Zugang zur Kasse** hat. Zwar ist der Kassierer nach § 855 BGB Besitzdiener des Arbeitgebers, so dass das Gesetz nur den Arbeitgeber als Besitzer ansieht. Für die Frage, ob der Arbeitgeber noch einen Rest von Besitz an der anvertrauten Sache hat oder nicht, ist nur der tatsächliche unmittelbare Besitz maßgebend. Der Kassierer hat den alleinigen tatsächlichen unmittelbaren Besitz an dem ihm anvertrauten Geld, wenn nur er Zugang zur Kasse hat und andere Zugang zur Kasse nur nach einer Kassenübergabe bekommen.

Die **Vorteile für den Arbeitgeber**, die Haftung des Arbeitnehmers auf die vorgenannten zusätzlichen Anspruchsgrundlagen zu stützen, sind in der **Beweisführung und Beweislastverteilung** zu suchen.

Fragen der Beweisführung und Beweislastverteilung:

- Soll der Arbeitnehmer nach §§ 280 ff. BGB i. V. m. § 611 BGB wegen einer schuldhaften arbeitsvertraglichen Pflichtverletzung in Anspruch genommen werden (allgemeine Arbeitnehmerhaftung), hat der Arbeitgeber zu beweisen, dass der Arbeitnehmer eine Pflichtverletzung begangen hat und dass hierauf ein kausal entstandener Schaden zurückzuführen ist. Der Arbeitgeber hat nach § 619a BGB auch zu beweisen, dass den Arbeitnehmer ein Verschulden trifft (Preis, ErfKA, § 619a BGB, Rn 21) (Pflichtverletzung des Arbeitnehmers, Schaden, Kausalität, Verschulden des Arbeitnehmers: **Beweislast beim Arbeitgeber**).

- Soll die Arbeitnehmerhaftung auch auf § 823 Abs. 1 BGB gestützt werden, hat der Arbeitgeber die Rechtsgutverletzung, das Verschulden des Arbeitnehmers, den Schaden und die Kausalität zu beweisen (Rechtsgutverletzung, Verschulden, Schaden, Kausalität: **Beweislast beim Arbeitgeber**).

- Soll die Arbeitnehmerhaftung auf § 823 Abs. 2 BGB i. V. m. einer Schutzgesetzverletzung gestützt werden, hat der Arbeitgeber die Schutzgesetzverletzung, das Verschulden des Arbeitnehmers, den Schaden und die Kausalität zu beweisen (Schutzgesetzverletzung, Verschulden, Schaden, Kausalität: **Beweislast beim Arbeitgeber**).

- Soll die Arbeitnehmerhaftung auf § 826 BGB gestützt werden, hat der Arbeitgeber den Verstoß gegen die guten Sitten, das Verschulden des Arbeitnehmers, den Schaden und die Kausalität zu beweisen (Sittenverstoß, Verschulden, Schaden, Kausalität: **Beweislast beim Arbeitgeber**).

- Soll die Arbeitnehmerhaftung, da ein **Mankofall** vorliegt, zusätzlich auf §§ 283, 280 Abs. 1, 695 BGB (Annahme eines neben dem Arbeitsvertrag bestehenden **Verwahrungsvertrages**) oder auf §§ 283, 280 Abs. 1, 667 BGB (Annahme eines neben dem Arbeitsvertrag bestehenden **Auftrags**) gestützt werden, gilt die Beweislastumkehr zugunsten des Arbeitnehmers aus § 619a BGB **nicht**, da es sich nicht um eine Tätigkeit aus dem Arbeitsverhältnis, sondern aus dem Auftrags- bzw. Verwahrungsvertrag handelt (Preis, ErfKA, § 619a BGB, Rn 29), (Alleiniger Zugang zur Sache und selbständige Verwaltung durch den Arbeitnehmer, Fehlbetrag, Schaden: **Beweislast beim Arbeitgeber**; Kein Verschulden bezüglich des Mankos: **Beweislast beim Arbeitnehmer**).

Liegt ein Mankofall vor, bestehen für den Arbeitgeber Erleichterungen bei der Beweisführung. Ausreichend ist, dass der Arbeitgeber den Beweis führt, dass der Arbeitnehmer alleinigen Zugang zur Sache und sie selbständig zu verwalten hatte. Dies erfordert allerdings, dass der Arbeitgeber keinen Rest an unmittelbarem Besitz an der Sache hat und die selbständige wirtschaftliche Verwaltungstätigkeit dem Arbeitnehmer Gestaltungsspielräume gibt, bspw. beim selbständigen Kalkulieren der Preise, was über die bloße Preisberechnung hinausgeht. Der **Arbeitnehmer** hat, wenn Ansprüche aus einem neben dem Arbeitsvertrag bestehenden Verwahrungsvertrag bzw. Auftrag erhoben werden, nach §§ 283, 280 Abs. 1 S. 2 BGB zu beweisen, dass ihn an der Unmöglichkeit der Herausgabe **kein Verschulden** trifft. Die Beweislastumkehr nach § 619a BGB gilt in diesem Falle nicht (BAG 29.1.1985 AP BGB § 611 Haftung des Arbeitnehmers Nr. 87). In der Literatur wird das **zweiteilige Haftungskonzept des BAG** (allgemeine Arbeitnehmerhaftung, Mankohaftung auf der Grundlage eines Auftrags, Verwahrungsvertrages) teilweise abgelehnt. Die Haftungsregeln anderer Vertragstypen könnten nur angewendet werden, wenn es sich bei dem zugrunde liegenden Vertragsverhältnis um ein gemischtes Rechtsverhältnis handelt. Dies ist aber nicht der Fall, weil der Arbeitnehmer die Herausgabe weder aus einer selbständigen Vertragspflicht (Auftrag) noch als selbständiger Verwahrer (Verwahrungsvertrag) schuldet (Preis, ErfKA, § 619a, Rn 30).

10.7.3 Vorliegen einer besonderen Mankoabrede

Ein **Vertrag zur Übernahme eines Mankos** durch den Arbeitnehmer ist mit Blick auf die Vertragsfreiheit (§§ 241, 311 Abs. 1 BGB) grundsätzlich wirksam, wenn er eine sinnvolle, den Eigenarten des Betriebes und der Beschäftigung **angepasste Beweislastverteilung** enthält oder eine **vom Verschulden des Arbeitnehmers unabhängige Haftung** für in seinem Arbeits- und Kontrollbereich aufkommende Fehlbeträge darstellt (BAG NZA 1986, 23). Da der Arbeitnehmer über eine besondere Mankoabrede oft eine **verschuldensunabhängige Garantiehaftung** für Fehlbeträge bzw. Fehlbestände übernimmt, ist diese **nur wirksam,** wenn der

Arbeitnehmer als **Ausgleich** hierfür eine **angemessene Zahlung eines Mankogeldes** erhält. Mankoabreden sind nach § 138 Abs. 1 BGB, §§ 305 ff. BGB unwirksam, wenn durch sie eine **unzulässige Verlagerung des Arbeitgeberrisikos** auf den Arbeitnehmer stattfindet. Dies ist der Fall, wenn entweder eine Mankovereinbarung für Bereiche getroffen wird, auf die neben dem Arbeitnehmer **noch andere Personen Zugriff** haben, oder **keine angemessene Ausgleichszahlung** gewährt wird (BAG 17.9.1998 AP BGB § 611 Mankohaftung Nr. 2). Zur Angemessenheit des Mankogeldes nimmt das BAG wie folgt Stellung:

„Die Angemessenheit des Mankogeldes steht im Spannungsfeld zwischen Arbeitgeber und Arbeitnehmerinteressen: Der Arbeitgeber ist daran interessiert, Fehlbeträge möglichst gering zu halten. Auf der anderen Seite hat der Arbeitnehmer ein Interesse daran, aus seinen Anstrengungen, die über die haftungsrechtliche Verantwortlichkeit hinausgehen, Nutzen zu ziehen. Er muss deshalb die Chance erhalten, durch Aufmerksamkeit einen Überschuss zu erzielen. Da eine Mankoabrede notwendigerweise auch Sachverhalte erfasst, in denen der Arbeitnehmer nach allgemeinen Grundsätzen gar nicht (kein Verschulden oder leichte Fahrlässigkeit) oder nur anteilig (mittlere Fahrlässigkeit) haften würde, **darf eine Haftung aufgrund besonderer vertraglicher Abrede die Summe der gezahlten Mankogelder nicht übersteigen.** Dabei ergibt sich aus gesetzlichen Vorschriften kein Hinderungsgrund für die Vereinbarung mittel- oder langfristiger Ausgleichszeiträume von z. B. einem Kalenderjahr" (BAG 17.9.1998 AP BGB § 611 Mankohaftung Nr. 2).

Mit diesen strengen Vorgaben erreicht das BAG, dass der Arbeitnehmer nicht weitergehend für Fehlbestände bzw. Fehlbeträge haftet, als er als Ausgleich über die Mankoabrede ohnehin erlangt hat (Preis, ErfKA, § 619a BGB, Rn 40).

Sieht eine besondere Mankoabrede **keine Garantiehaftung** vor, sondern eine **Beweislastregelung**, nach der sich der Arbeitnehmer entlasten muss, also darlegen muss, das Manko sei nicht auf sein Verschulden zurückzuführen, stellt dies regelmäßig eine nach § 309 Nr. 12 BGB unwirksame Abweichung von § 619a BGB dar.

Zusammengefasst gilt für die Mankoabrede Folgendes:

- Es handelt sich i. d. R. um eine **verschuldensunabhängige Garantiehaftung** des Arbeitnehmers. Der Arbeitgeber ist für die Abrede, den Schaden und die haftungsbegründende Kausalität darlegungs- und beweispflichtig. Die Beweisführung ist für den Arbeitgeber damit erleichtert.

- Die Mankoabrede ist nur wirksam, wenn sie für einen Bereich getroffen wurde, auf den der Arbeitnehmer **alleinigen ausschließlichen Zugriff** hat. Auch dies muss der Arbeitgeber beweisen.

- Als Ausgleich für die vom Arbeitnehmer übernommene Garantiehaftung muss der Arbeitgeber ein **angemessenes Mankogeld** zahlen. Die Angemessenheit kann nur bejaht werden, sofern der Arbeitnehmer, wenn auch über einen längeren Ausgleichszeitraum, die Chance hat, mit dem Mankogeld einen **Überschuss** zu erzielen. Die Angemessenheit des Mankogeldes wird bejaht, wenn das zusätzliche Entgelt mindestens den Durchschnitt der erfahrungsgemäß zu erwartenden Fehlbestände bzw. Fehlbeträge erreicht (Preis, ErfKA, § 619a, Rn 40).

Beispiel für einen Mankofall (Fall nach BAG NZA 1999, 141 ff.): Arbeitnehmer A ist im Spielkasino S zu einem Bruttomonatsgehalt von 1 750 € beschäftigt. A arbeitet als Kassierer im Automatenspielsaal. Dort sind zwei verglaste Kassenräume eingerichtet, in denen pro Schicht jeweils ein Kassierer beschäftigt wird. Aufgabe der Kassierer ist es, die Gäste mit Spielmünzen zu versorgen, nicht verbrauchte Spielmünzen wieder in Geld zurückzuwechseln und Gewinne über 200 € gegen Quittung auszuzahlen. Niedrigere Gewinne schütten die Automaten aus. Bei der Übernahme der Kassen am Ende einer Schicht hat der Kassierer, bei dem aufgrund des Tagesabschlusses eine Kassendifferenz festgestellt wird, das auf ihn entfallende Manko formularmäßig schriftlich zu bestätigen. Bei A ergaben sich innerhalb eines Zeitraums von zwei Monaten Kassenfehlbeträge i. H. v. 150 € und 200 €. Die Betreiberin des Spielkasinos behielt die Fehlbeträge vom Gehalt des Klägers A ein. Zudem hatte sie gegenüber A wegen der aufgetretenen Fehlbeträge Abmahnungen ausgesprochen. A hat S auf Zahlung des einbehaltenen Lohns i. H. v. 350 € sowie auf Entfernung der Abmahnung aus der Personalakte verklagt.

Frage:

Kann A von S Auszahlung der 350 € und die Entfernung der Abmahnung aus der Personalakte verlangen?

Lösung:

A könnte hier einen Anspruch auf Zahlung der von S einbehaltenen Vergütung i. H. v. 350 € aus § 611 Abs. 1 BGB haben.

Der Anspruch wäre gegeben, wenn S gegen den Vergütungszahlungsanspruch des A einen Gegenanspruch nicht hätte nach § 387 BGB aufrechnen können. Da S hier die 350 € vom Nettolohn des A einbehielt, hat A die Klage zu Recht auf Auszahlung von 350 € erhoben. Wird vom Arbeitgeber Bruttolohn zurückbehalten, ist zur Frage Stellung zu nehmen, ob der Arbeitnehmer die Klage auf Auszahlung des Brutto- oder des Nettolohns zu richten hat. Da der Arbeitgeber grundsätzlich einen Bruttobetrag schuldet, ist eine Lohnklage auf den Bruttobetrag zu richten (Koch, ErfKA, § 46 ArbGG, Rn 14).

S könnte gegen A einen aufrechenbaren Gegenanspruch i. H. v. 350 € aus § 280 Abs. 1 BGB i. V. m. § 611 BGB haben. Hiernach haftet der Arbeitnehmer für Schäden aus Vertragspflichtverletzungen, die er zu vertreten hat. Der Schuldner hat grundsätzlich Vorsatz und jede Fahrlässigkeit zu vertreten (§ 276 S. 1 BGB). Die Haftung des A ist jedoch über die Grundsätze der privilegierten Arbeitnehmerhaftung gemildert. Ein aufrechenbarer Gegenanspruch von S kommt nur in Betracht, wenn A die Fehlbeträge vorsätzlich oder grob fahrlässig (dann i. H. v. 350 €) verursacht hat oder wenn ihm mittlere Fahrlässigkeit vorzuwerfen ist (dann nicht in voller Höhe der 350 € Schadensaufteilung zwischen Arbeitgeber und Arbeitnehmer). Vorliegend ist fraglich, ob dem A bezüglich der Entstehung der Fehlbeträge grob fahrlässiges bzw. fahrlässiges Verhalten zur Last gelegt werden kann. In diesem Zusammenhang ist entscheidend, ob A darlegen und beweisen muss, dass ihn an der Entstehung der Kassenfehlbeträge kein Verschulden trifft oder ob S dem A nachweisen muss, dass er schuldhaft gehandelt hat. Nach § 280 Abs. 1 S. 2 BGB muss grundsätzlich der Schuldner beweisen, dass er die Pflichtverletzung nicht zu vertreten hat. Grundgedanke des § 280 Abs. 1 S. 2 BGB ist, dass derjenige, der beweisnäher ist und deshalb über ein Verschulden eher Auskunft geben kann, die Beweislast tragen soll. Diese Beweislastregel wird aber von § 619a BGB zu Lasten des Arbeitgebers umgekehrt, um die privilegierte Arbeitnehmerhaftung über die Beweislastverteilung nicht ins Leere laufen zu lassen. S muss also beweisen, dass A an der Entstehung der Differenzen mittlere oder grobe Fahrlässigkeit trifft. Dies gelänge S nur, wenn es den Nachweis führen könnte, dass A bei der Vornahme von Auszahlungen bspw. unsorgfältig arbeitete. S hat hierzu nichts vorgetragen bzw. keine Beweise angeboten. Eine Haftung des A aus § 280 Abs. 1 BGB i.V.m. § 611 BGB scheidet somit aus.

Ein aufrechenbarer Gegenanspruch von S aus § 823 Abs. 1 BGB ist nicht gegeben. Die Auszahlung von zu hohen Geldbeträgen könnte als Verletzung des Eigentums bzw. des Besitzes von S am Geld anzusehen sein. Doch ergibt sich auch bei § 823 Abs. 1 BGB die vorstehend aufgezeigte Beweisproblematik.

Ein aufrechenbarer Gegenanspruch von S könnte sich aus §§ 283, 280 Abs. 1, 695 bzw. § 667 BGB ergeben, wenn man neben dem Arbeitsvertrag einen zwischen S und A geschlossenen Verwahrungsvertrag bzw. Auftrag bezüglich des Geldes als gegeben sieht. Ein neben dem Arbeitsvertrag zusätzlich geschlossener Verwahrungsvertrag oder Auftrag kann nur in eng begrenzten Ausnahmefällen angenommen werden. Grund hierfür ist, dass der Arbeitnehmer die Leistung der versprochenen Dienste, nicht aber den Erfolg der Leistung schuldet. Das Risiko der Schlechtleistung trägt grundsätzlich der Arbeitgeber. Etwas anderes gilt in den Ausnahmefällen, in denen der Arbeitnehmer nach den Grundsätzen der Verwahrung oder des Auftrages zu behandeln ist. Dann gehört die Herausgabe des Erlangten zu den Leistungspflichten (§§ 667 und 695 BGB). Dieser Fall ist nur anzunehmen, wenn der Arbeitgeber eine Tatsachenlage geschaffen hat, nach der er nicht mehr Besitzer der Sache ist. In der Regel ist der Arbeitnehmer nach der ausdrücklichen gesetzlichen Wertung nicht ausschließlicher Besitzer der ihm zur Erfüllung seiner Arbeitsleistung überlassenen Sachen, sondern nur Besitzdiener (§ 855 BGB). Unmittelbarer Besitz des Arbeitnehmers setzt zumindest den alleinigen Zugang zu der Sache und deren selbständige Verwaltung voraus. Dazu wird gehören, dass der Arbeitnehmer wirtschaftliche Überlegungen anzustellen und Entscheidungen über die Verwendung der Sache zu treffen hat. Allein unter diesen Voraussetzungen hat der Arbeitnehmer einen eigenständigen Entscheidungsspielraum, der es rechtfertigt, ihm die Verantwortung für die Herausgabe der verwalteten Sache aufzuerlegen. In diesem Sinne kann der Arbeitnehmer wirtschaftlich tätig werden, wenn seine Tätigkeit von kaufmännischen Aufgaben geprägt ist, z.B. weil ihm eigene Vertriebsbemühungen obliegen oder er Preise, über deren bloße Berechnung hinaus, auch selbständig kalkulieren muss. Solche selbständigen Überlegungen hatte A nicht vorzunehmen. Es war nicht seine Aufgabe, wirtschaftliche Entscheidungen zu treffen, sondern Geld zu wechseln.

Ein aufrechenbarer Gegenanspruch von S gegen A aus §§ 283, 280 Abs. 1, 695 bzw. 667 BGB ist somit nicht gegeben.

Ein aufrechenbarer Gegenanspruch von S könnte sich aus einer besonderen Mankovereinbarung ergeben. Allein aus dem Umstand, dass A bei Kassenübergabe die auf ihn entfallenden Differenzen schriftlich zu bestätigen hat, kann noch nicht auf die Vereinbarung einer besonderen Mankoabrede geschlossen werden. Zudem wäre eine solche Mankoabrede hier gar nicht wirksam. „Sollen Mankoabreden mit den Grundsätzen der privilegierten Arbeitnehmerhaftung vereinbar sein, müssen sie berechtigte Rechtspositionen der Arbeitgeberseite sichern und dürfen nicht zu einer ungerechtfertigten Verlagerung des dem Arbeitgeber zuzurechnenden Risikos führen. Ein berechtigtes Interesse des Arbeitgebers ist in den Bereichen anzuerkennen, wo der Arbeitnehmer unbeobachteten Zugriff auf Geld oder andere Wertgegenstände des Arbeitgebers hat. Eine unzulässige Verlagerung des Arbeitgeberrisikos liegt aber vor, wenn entweder eine Mankovereinbarung für Bereiche getroffen wird, auf die neben dem Arbeitnehmer noch andere Personen Zugriff haben, oder keine angemessene Ausgleichszahlung gewährleistet wird. Da eine Mankoabrede notwendigerweise auch Sachverhalte erfasst, in denen der Arbeitnehmer nach allgemeinen Grundsätzen gar nicht (kein Verschulden oder leichte Fahrlässigkeit) oder nur anteilig (mittlere Fahrlässigkeit) haften würde, darf eine Haftung aufgrund besonderer vertraglicher Abrede die Summe der gezahlten Mankogelder nicht übersteigen" (BAG DB 1998, 2610). Der Arbeitnehmer muss die Chance haben, mit dem Mankogeld bei entsprechender Aufmerksamkeit einen Überschuss zu erzielen. Zwar hatte A während seines Einsatzes alleinigen Zugriff auf seinen Kassenbestand, doch wurde A vertraglich kein Mankogeld für die Haftung von Kassendifferenzen zugesagt. Ein aufrechenbarer Gegenanspruch aus einer besonderen Mankovereinbarung liegt somit nicht vor.

Ergebnis: A hat gegen S einen Anspruch auf Auszahlung der einbehaltenen Vergütung i. H. v. 350 €.

Ein Anspruch des A gegen S auf Entfernung der Abmahnung aus der Personalakte könnte sich aus § 1004 BGB analog i. V. m. dem allgemeinen Persönlichkeitsrecht ergeben.

Der Beseitigungsanspruch des § 1004 BGB bezieht sich seinem Wortlaut nach nur auf das Eigentum als Rechtsgut. Anerkannt ist jedoch, dass sich der Anspruch aus § 1004 BGB auch auf die sonstigen über § 823 Abs. 1 BGB geschützten Rechtsgüter erstreckt. Hierzu gehört auch das allgemeine Persönlichkeitsrecht. Personalakten müssen ein richtiges Bild des Arbeitnehmers vermitteln. Unzutreffende Abmahnungen sind aus der Personalakte zu entfernen, da sie über den Arbeitnehmer ein falsches Bild vermitteln und dadurch sein allgemeines Persönlichkeitsrecht beeinträchtigen.

Da S nicht beweisen kann, dass A die Kassendifferenzen schuldhaft verursacht hat, sind die Abmahnungen unzutreffend und folglich aus der Personalakte zu entfernen.

10.8 Checkliste zur Arbeitnehmerhaftung

* Die Schlechtleistung des Arbeitnehmers rechtfertigt **keine Gehaltskürzung**, da das Dienstvertragsrecht (§§ 611 ff. BGB) kein Gewährleistungsrecht beinhaltet.

- Die **Schlechtleistung** des Arbeitnehmers kann ggf. eine verhaltensbedingte oder eine personenbedingte **Kündigung** nach sich ziehen. Im Gegensatz zum personenbedingten Kündigungsgrund kann der Arbeitnehmer sein Fehlverhalten willentlich steuern und abstellen.

- Der Arbeitnehmer haftet gegenüber seinem Arbeitgeber privilegiert. Dem Arbeitgeber ist nach § 254 Abs. 1 BGB analog ein **Betriebsrisiko** an der Schadensentstehung anzulasten.

- Bei der allgemeinen Arbeitnehmerhaftung trägt der **Arbeitgeber nach § 619a BGB** auch die **Beweislast** für das Verschulden des Arbeitnehmers.

- Die Grundsätze der privilegierten Arbeitnehmerhaftung gelten für alle Schäden, die im Zusammenhang mit **betrieblich veranlassten Tätigkeiten** entstanden sind.

- Es gilt folgende **Haftungsdreiteilung**: Bei **Vorsatz und grober Fahrlässigkeit** haftet der **Arbeitnehmer** i. d. R. **allein** für den Schaden, bei **mittlerer Fahrlässigkeit** findet eine **quotenmäßige Schadensaufteilung** zwischen Arbeitnehmer und Arbeitgeber statt, bei **leichter Fahrlässigkeit** hat der **Arbeitgeber** den Schaden **allein** zu tragen.

- Nach der Lehre vom **innerbetrieblichen Schadensausgleich** gelten die Grundsätze der privilegierten Arbeitnehmerhaftung nur zwischen Arbeitgeber und Arbeitnehmer, **nicht im Verhältnis zwischen Arbeitnehmer und außenstehendem Dritten**.

- Wird der Arbeitnehmer von einem außenstehenden Dritten in Anspruch genommen, hat er gegenüber seinem Arbeitgeber ggf. nach § 670 BGB i. V. m. § 257 S. 1 BGB einen **Freistellungsanspruch** entsprechend den Grundsätzen der privilegierten Arbeitnehmerhaftung.

- Bei der **Mankohaftung** tritt neben die Anspruchsgrundlagen aus der allgemeinen Arbeitnehmerhaftung (§§ 280 Abs. 1, 611 BGB bzw. §§ 823 ff. BGB) §§ 283, 280 Abs. 1, 667 bzw. 695 BGB als weitere Anspruchsgrundlage hinzu = sog. **zweistufiges Haftungssystem** mit **Vorteilen der Beweislast** aus § 280 Abs. 1 S. 2 BGB für den Arbeitgeber.

- Eine **Mankoabrede** ist in der Regel eine **verschuldensunabhängige Garantiehaftung** des Arbeitnehmers. Sie ist nur wirksam, wenn der Arbeitnehmer für die Garantieübernahme ein **angemessenes Mankogeld** erhält, mit dem er bei sorgfältigem Arbeiten Gewinn erzielen kann.

- Wird eine **Mankoabrede** in einem **Formulararbeitsvertrag** vereinbart, ist ihre Wirksamkeit anhand der §§ 305 ff. BGB zu überprüfen. Der sachliche Anwendungsbereich des AGB-Rechts ist nach § 310 Abs. 4 BGB eröffnet. Gemäß § 310 Abs. 4 S. 2 BGB sind die im Arbeitsrecht geltenden Besonderheiten angemessen zu berücksichtigen. Sieht die **Mankoabrede keine Garantiehaftung**, sondern eine Klausel vor, wonach sich der Arbeitnehmer zu **entlasten** hat, liegt eine Abweichung von § 619a BGB vor, die **nach § 309 Nr. 12 BGB unwirksam** ist.

11. Der Betriebsübergang

11.1 Allgemeine Überlegungen

Nach § 613a Abs. 1 S. 1 BGB gilt: „Geht ein Betrieb oder Betriebsteil **durch Rechtsgeschäft** auf einen **anderen Inhaber** über, so **tritt** dieser in die Rechte und Pflichten aus den im Zeitpunkt des Übergangs **bestehenden Arbeitsverhältnissen ein.**"

Die sächlichen und immateriellen Betriebsmittel sichern dem Arbeitnehmer seinen Arbeitsplatz. Durch ihren Einsatz kann der Unternehmer Erlöse, insbesondere die Gehälter für seine Arbeitnehmer erwirtschaften. Der Normzweck des § 613a BGB liegt primär darin, eine Lücke im Kündigungsschutzsystem zu schließen. § 613a BGB will verhindern, dass der Arbeitnehmer trotz Fortbestandes seines Arbeitsplatzes beim neuen Inhaber des übergegangenen Betriebs oder Betriebsteils seine Arbeitsstelle verliert. Ziel des § 613a BGB ist es, einen **Gleichlauf von Arbeitsplatz und Arbeitsverhältnis** sicherzustellen (Preis, ErfKA, § 613a BGB, Rn 5).

> **Beispiel:** Die Autoservice GmbH unterhält zehn Werkstätten zur Wartung von Nutzfahrzeugen. Die Betriebsstätten sind eigenständig organisiert und haben jeweils einen Betriebsstellenleiter. Der Geschäftsführer der Autoservice GmbH verkauft an die Hieber GmbH drei der zehn Betriebsstätten, also die Werkshallen sowie die sonstigen Betriebsmittel wie Werkzeuge, Hebebühnen, Kundenkarteien.
>
> Ein Betriebsübergang i. S. d. § 613a BGB liegt vor. Die in den drei verkauften Betriebsstätten beschäftigten Arbeitnehmer sind künftig nach § 613a Abs. 1 S. 1 BGB kraft Gesetzes bei der Hieber GmbH beschäftigt. Gäbe es § 613a BGB nicht, verlören die in den drei verkauften Betriebsstätten beschäftigten Arbeitnehmer ihre Arbeitsplätze, wenn sie von der Hieber GmbH vertraglich nicht übernommen würden.

Wie das vorstehende Beispiel zeigt, stellt § 613a BGB eine Schutzvorschrift zugunsten der Arbeitnehmer dar, die dann greift, wenn ein Betrieb oder Betriebsteil mittels Rechtsgeschäfts den Inhaber wechselt. § 613a BGB verfolgt im Wesentlichen drei Regelungsbereiche:

- Wegen der Übertragung von Betriebsmitteln auf Dritte soll der Arbeitnehmer seinen Arbeitsplatz nicht verlieren. Hier zeigt sich der **Kündigungsschutzcharakter** der Norm (§ 613a Abs. 1 S. 1, Abs. 4 BGB).

- Die **Mitwirkungsrechte des Betriebsrates** sollen über den Betriebsübergang hinaus **gesichert** werden und die **kollektivrechtlich geregelten Arbeitsbedingungen** sollen **aufrechterhalten** bleiben (§ 613a Abs. 1 S. 2–4 BGB).

- Die **Haftungsrisiken** zwischen **altem und neuem Betriebsinhaber** müssen verteilt werden (§ 613a Abs. 2 BGB).

(Preis, ErfKA, § 613a BGB, Rn 2)

11.2 Übergang eines Betriebs oder Betriebsteils

Der **Übergang eines Betriebs** oder **Betriebsteils** i. S. d. § 613a BGB ist nach der Vorgabe des Art. 1 Nr. 1 lit. b.) der Richtlinie 2001/23/EG des Rates vom 12. März 2001 zur Angleichung der Rechtsvorschriften der Mitgliedstaaten über die Wahrung von Ansprüchen der Arbeitnehmer beim Übergang von Unternehmen, Betrieben oder Unternehmens- oder Betriebsteilen zu definieren. Hiernach ist unter dem Betriebs- oder Betriebsteilübergang i. S. d. § 613a BGB der **„Übergang einer ihre Identität bewahrenden wirtschaftlichen Einheit im Sinne einer organisierten Zusammenfassung von Ressourcen zur Verfolgung einer wirtschaftlichen Haupt oder Nebentätigkeit"** zu verstehen. Auch wenn im Zuge des Betriebsübergangs bei der Eingliederung einer Einheit in eine andere Organisationsstruktur der Erwerber die Einheit nicht unter Wahrung ihrer Identität fortführt (sog. **identitätszerstörende Eingliederung**), kann dennoch ein Betriebsübergang angenommen werden (Preis, ErfKA, § 613a BGB, Rn 6a; a. A. noch BAG NZA 2008, 1314). Nach Ansicht des EuGH kann ein Betriebsübergang auch vorliegen, „wenn der übertragene Unternehmens- oder Betriebsteil seine organisatorische Selbständigkeit nicht bewahrt, sondern **die funktionelle Verknüpfung zwischen den übertragenen Produktionsfaktoren beibehalten wird** und sie es dem Erwerber erlaubt, diese Faktoren zu nutzen, um derselben oder einer gleichartigen wirtschaftlichen Tätigkeit nachzugehen" (EuGH NZA 2009, 251). Der vom EuGH zugrunde gelegte Begriff der **wirtschaftlichen Einheit** ist nicht aufgrund begrifflicher Subsumption, sondern auf der Basis verschiedener Kriterien im Wege einer typologischen Gesamtbetrachtung zu konkretisieren (Preis, ErfKA, § 613a BGB, Rn 10). Ob eine wirtschaftliche Einheit auf den Erwerber übergeht, ist anhand der **typologischen Gesamtbetrachtung** folgender Einzelkriterien (**7-Punkte-Katalog**) zu entscheiden:

- **Art des Unternehmens,**
- **Übergang oder Nichtübergang der materiellen Aktiva,**
- **Wert der immateriellen Aktiva,**
- **Übernahme oder Nichtübernahme der Arbeitnehmer,**
- **Übernahme oder Nichtübernahme der Kundschaft,**
- **Ähnlichkeit der Tätigkeit vor und nach der Übernahme,**
- **Dauer der Unterbrechung der Geschäftstätigkeit.**

(Preis, ErfKA, § 613a BGB, Rn 11, BAG NZA 2006, 723).

Beispiel (EuGH NZA 2009, 251, Klarenberg): Der Arbeitnehmer K war seit 1.1.1989 bei der ET Electrotechnology GmbH, später dort als Abteilungsleiter für den Bereich ET-Systeme/Netzwerk, beschäftigt. Am 22.11.05 schloss die Electrotechnology

GmbH mit der Ferrotron Technologies GmbH einen Vertrag über die Übertragung aller Rechte an der Software, den Patenten, den Patentanmeldungen und den die fraglichen Produkte betreffenden Erfindungen sowie an den Produktnamen und dem technischen Know-how. Die Ferrotron Technologies GmbH erwarb die Entwicklungs-Hardware, das Produktmaterial-Inventar sowie die darauf bezogenen Lieferanten- und Kundenlisten. Außerdem übernahm die Ferrotron Technologies GmbH Angestellte und Ingenieure. Die übernommenen Mitarbeiter wurden nicht im Rahmen ihrer bisherigen Organisationsstruktur weiterbeschäftigt, sondern in die von der Ferrotron Technologies GmbH eingerichtete Struktur eingegliedert. K, der von der Ferrotron Technologies GmbH nicht übernommen worden war, fragt sich, ob sein Arbeitsverhältnis nach § 613a Abs. 1 S. 1 BGB von der ET Electrotechnology GmbH auf die Ferrotron Technologies GmbH übergegangen ist.

Nach der früheren Rechtsprechung des BAG (BAG NZA 2008, 1314) wäre dies zu verneinen, da für die Annahme eines Betriebsübergangs nach § 613a Abs. 1 BGB die im Wesentlichen unveränderte Fortführung des Betriebes erforderlich sei. Die Abteilung des K, die er bei der ET Electrotechnology GmbH leitete, wurde nicht erhalten. Nach Ansicht des EuGH ist es für die Bejahung eines Betriebsübergangs nicht erforderlich, dass der Betriebsteil seine organisatorische Selbständigkeit bewahrt, sofern die funktionelle Verknüpfung zwischen den übertragenen Produktionsfaktoren beibehalten wird und sie es dem Erwerber erlaubt, diese Faktoren zu nutzen, um derselben oder einer gleichartigen Tätigkeit nachzugehen. Somit wäre vorliegend ein Betriebsübergang zu bejahen.

Um bei **Produktionsbetrieben** einen Betriebsübergang bejahen zu können, ist es i. d. R.

- notwendig, dass solche **Produktionsmittel übergehen**, mit denen eine sinnvolle Produktion noch möglich ist (Müller-Glöge, MüKo BGB, § 613a BGB, Rn 26),
- aber ggf. auch ausreichend, wenn der **technische Produktionsapparat** übernommen wird, ohne dass der Firmenname fortgeführt wird oder gewerbliche Schutzrechte übernommen werden (BAG NJW 1986, 451). Doch gewinnt in jüngster Zeit die **Übernahme immaterieller Mittel**, also des Know-how, der Fertigungslizenzen, der Patente oder der Computerprogramme zunehmend an Bedeutung (Preis, ErfKA, § 613a BGB, Rn 12).

Um bei **Handels- und Dienstleistungsbetrieben** einen Betriebsübergang bejahen zu können, ist

- abzustellen auf den Eintritt in die **immateriellen Betriebsmittel** wie Kundenstamm, Kundenlisten, Geschäftsbeziehungen, Know-how, etc. (BAG NZA 2006, 668),
- weniger darauf abzustellen, ob technische Hilfsmittel wie bspw. die PCs oder die Telefonanlage übernommen werden.

Beispiel (nach BAG NJW 2000, 3226 ff.): A wurde von der S-Elektrohandels-GmbH am 01.06.99 als Verkäuferin eingestellt. Sie arbeitete zuletzt in deren Filiale in München in der L-Straße. Nach der Geburt eines Kindes im Jahre 2007 beanspruchte A

Elternzeit bis zur Vollendung des dritten Lebensjahres des Kindes nach § 15 BEEG. Während der Elternzeit erhielt A folgendes Schreiben:

„Wir möchten Sie darüber informieren, dass die Filiale in der L-Straße demnächst geschlossen wird. Davon ist auch Ihr Arbeitsverhältnis betroffen. Nach Beendigung Ihrer Elternzeit können wir Ihnen dort einen Arbeitsplatz nicht mehr zur Verfügung stellen. Bis zur Beendigung der Elternzeit bleibt Ihr Arbeitsverhältnis bestehen. Wir haben allen Mitarbeitern angeboten, sie in der neu eröffneten Filiale in der Z-Straße weiterzubeschäftigen, wobei bisherige Betriebszugehörigkeitszeiten nicht angerechnet werden können. Dieses Angebot gilt auch für Sie. Die Filiale in der Z-Straße wird von der H-Elektrohandels-GmbH betrieben, die wie auch die S-Elektrohandels-GmbH zum E-Konzern gehört."

Die L- und Z-Straße befinden sich im gleichen Stadtviertel. A lehnte das Angebot zur Weiterbeschäftigung in der Filiale in der Z-Straße ab. Sie ist der Auffassung, ihr Arbeitsverhältnis sei automatisch auf die H-Elektrohandels-GmbH übergegangen, da ein Betriebsübergang i. S. d. § 613a Abs. 1 BGB vorliege. Auf das Weiterbeschäftigungsangebot ohne Berücksichtigung ihrer bisherigen Beschäftigungszeiten lasse sie sich nicht ein, da bei einem Übergang ihres Arbeitsverhältnisses nach § 613a Abs. 1 BGB auf die H-Elektrohandels-GmbH ihre bisherigen Beschäftigungszeiten insbesondere im Hinblick auf die Berechung der ordentlichen Kündigungsfrist nach § 622 BGB zählten.

Die H-Elektrohandels-GmbH bestreitet, dass das Arbeitsverhältnis automatisch nach § 613a Abs. 1 BGB auf sie übergegangen ist. A müsse vielmehr mit ihr einen entsprechenden Vertrag schließen, bei dem aber die bisherigen Beschäftigungszeiten nicht berücksichtigt werden. A erhob daraufhin nach § 46 Abs. 2 ArbGG i. V. m. § 256 ZPO Feststellungsklage mit dem Antrag festzustellen, dass zwischen ihr und der H-Elektrohandels-GmbH ein Arbeitsvertrag zu den Bedingungen des mit der S-Elektrohandels-GmbH geschlossenen Arbeitsvertrages besteht.

Frage:

Hat A mit ihrer Klage Erfolg?

Lösung:

Die Zulässigkeit der Feststellungsklage setzt voraus, dass A ein rechtliches Interesse daran hat, dass der Bestand des Arbeitsverhältnisses zwischen den Parteien durch richterliche Entscheidung alsbald festgestellt wird. Ein solches Feststellungsinteresse besteht auch während der Elternzeit. Das vorübergehende Ruhen der beiderseitigen Hauptpflichten aus dem Arbeitsvertrag während der Elternzeit ändert an dieser Beurteilung nichts. Das Feststellungsinteresse setzt keine derzeit bestehende Vergütungs- und Arbeitspflicht voraus. Vielmehr muss der Arbeitnehmer auch während der Elternzeit wissen, mit wem das Arbeitsverhältnis besteht und bei wem die Beschäftigung nach Beendigung der Elternzeit fortgesetzt werden kann.

Die Feststellungsklage der A hat nur Erfolg, wenn das Arbeitsverhältnis nach § 613a Abs. 1 S. 1 BGB auf die H-Elektrohandels-GmbH übergegangen ist. Dies hängt davon ab, ob ein Betriebsübergang vorliegt oder nicht. Ob bei Schließung und Neueröffnung von Einzelhandelsgeschäften die Identität der wirtschaftlichen Einheit gewahrt wird, hängt von einer Gesamtwürdigung aller Umstände ab. Im Vordergrund steht dabei der Erhalt der regelmäßig durch Geschäftslage, Warensortiment und Betriebsform geprägten Kundenbeziehungen. Für die Aufrechterhaltung der Kundenbeziehungen sind in erster Linie das Warensortiment und die Betriebsform maßgebend. Der Übernahme der Räumlichkeiten oder der Fortführung der Geschäfte in unmittelbarer Nähe kommt je nach der Betriebsform und der verkauften Ware erhebliche Bedeutung zu. Eine Weiterführung derselben organisatorischen Einheit an ganz anderer Stelle liegt, abgesehen von Spezialgeschäften und am Ort konkurrenzloser Betriebe, häufig fern, da der Kunde an die Lage des Geschäfts gewöhnt ist. Ein weiterer auch bei Einzelhandelsgeschäften wichtiger Gesichtspunkt ist die Übernahme des Personals. Nutzt der neue Betreiber die Fachkenntnisse der eingearbeiteten Mitarbeiter in der bisherigen Weise, spricht das in Verbindung mit weiteren Umständen für einen Betriebsübergang. Da alle Mitarbeiter übernommen wurden und sich die L- und Z-Straße im gleichen Stadtviertel befinden, ist von einem Betriebsübergang i. S. d. § 613a Abs. 1 S. 1 BGB auszugehen. Die von A erhobene Feststellungsklage hat damit Erfolg. A muss von der H-Elektrohandels-GmbH nach Beendigung der Elternzeit zu den mit der S-Elektrohandels-GmbH einst vereinbarten Arbeitsvertragsbedingungen beschäftigt werden. Ihre bisherigen Beschäftigungszeiten sind zu berücksichtigen.

Ein Übergang eines Betriebs oder Betriebsteils setzt voraus, dass eine **wirtschaftliche Einheit** durch Rechtsgeschäft auf einen neuen Inhaber übergeht. Ausreichend ist **nicht**, dass **bloße Funktionen** übertragen werden (BAG NZA 1989, 799). Ansonsten wäre das Outsourcing bspw. einzelner nicht zum Kerngeschäft gehörender Aufgaben auf externe Dienstleister nicht mehr möglich (z. B. Betreiben der Kantine, Gebäudereinigung, Gebäudeverwaltung, etc.). Der EuGH ist zunächst von einem anderen Betriebsbegriff ausgegangen. Er hat es für die Bejahung eines Betriebsübergangs offenbar ausreichen lassen, wenn bloße Funktionen und keine wirtschaftliche Einheit übertragen werden (EuGH NZA 1994, 545, Übergang des Arbeitsverhältnisses der Reinigungskraft Christel Schmidt). Der EuGH hatte nach Art. 267 AEUV zu entscheiden, unter welchen Voraussetzungen ein Betriebsübergang anzunehmen ist. § 613a BGB resultiert aus einer Umsetzung der Richtlinie 77/187/EWG vom 14.2.1977. Der EuGH hat später aber mangels Übernahme einer wirtschaftlichen Einheit einen Betriebsübergang verneint, wenn bloße Funktionen übertragen werden (EuGH NJW 1997, 2039, Ayse Süzen). Die Neuvergabe bspw. von Reinigungsarbeiten stellt demnach keinen Betriebsübergang dar, wenn der Vorgang weder mit einer Übertragung relevanter materieller oder immaterieller Betriebsmittel noch mit der Übernahme eines nach Zahl und Sachkunde wesentlichen Teils des Personals verbunden ist (EuGH NZA 1997, 433).

Zusammengefasst wird man sagen können:

Die Fälle der **Auftragsnachfolge** und der **Auftragsübernahme** stellen ohne Übertragung materieller oder immaterieller Aktiva **keinen Betriebsübergang** dar. Nach Meinung des EuGH wird die Funktionsnachfolge dann zum Betriebsübergang, wenn der neue Auftragnehmer einen wesentlichen Teil des bisherigen Personals übernimmt. Wesentlich ist dabei auch, ob die Arbeitsorganisation und Betriebsmethoden in irgendeiner Form weiterwirken (EuGH NZA 1994, 545; EuGH NJW 1997, 2033; Preis, ErfKA, § 613a BGB, Rn 37). Der bloße Verlust eines Auftrags an einen Mitbewerber stellt für sich genommen keinen Betriebsübergang dar (BAG NZA 2008, 1130). Es ist stets auf die Identitätswahrung der wirtschaftlichen Einheit abzustellen.

Fall zum Betriebsübergang (Anlehnung an „Christel Schmidt", EuGH NZA 1994, 545): Die Arbeitnehmerin C ist bei der Stadtsparkasse als einzige Kraft zur Reinigung des Filialbetriebs beschäftigt. Die Sparkasse erteilt dem Reinigungsdienstleister Heinzelmännchen den Reinigungsauftrag, da die Reinigungsarbeiten nicht mehr durch die Bank selbst erledigt werden sollen (Outsoucing). Daher kündigt die Stadtsparkasse gegenüber C mit Schreiben vom 02.03. das Arbeitsverhältnis ordentlich mit Ablauf zum 30.06, nachdem zuvor der Personalrat zur Kündigung ordnungsgemäß angehört wurde.

Frage:
Ist die Kündigung wirksam?

Lösung:
Fraglich ist, ob die Stadtsparkasse hier überhaupt kündigen konnte. Dies wäre nicht der Fall, wenn ein Betriebsübergang i. S. d. § 613a Abs. 1 S. 1 BGB vorliegt und das Arbeitsverhältnis der C auf Heinzelmännchen überging. Für einen Betriebsübergang ist erforderlich, dass eine organisatorische Einheit mit einer eigenen technischen Zwecksetzung oder ein Teil dieser organisatorischen Einheit auf den Erwerber übergeht. Der bloße Übergang von Funktionen stellt keinen Betriebsübergang dar. Die Funktionsnachfolge ist dadurch gekennzeichnet, dass bei ihr gerade keine konkrete Betriebsorganisation übertragen wird. Vorliegend wäre nach diesen Kriterien der Übergang eines Betriebs- bzw. Betriebsteils zu verneinen, da die Erledigung der Reinigungsaufgaben weder Haupt- noch Nebenaufgabe der Bank ist und auch keine eigene organisatorische Einheit erfordert. Die Übertragung der Reinigungsarbeiten auf Heinzelmännchen hätte also nicht den Übergang des Arbeitsverhältnisses von C auf Heinzelmännchen nach § 613a Abs. 1 S. 1 BGB zur Folge. Die Stadtsparkasse könnte somit das Arbeitsverhältnis ggf. betriebsbedingt ordentlich kündigen.

Zu prüfen ist, ob die von der Stadtsparkasse gegenüber C mit Schreiben vom 02.03 ausgesprochene Kündigung wirksam ist. Die für die Kündigung des Arbeitsverhältnisses nach § 623 BGB erforderliche Schriftform wurde gewahrt, so dass die Kündigung nicht nach § 125 S. 1 BGB unwirksam ist.

Die nach dem Personalvertretungsgesetz, welches für den öffentlichen Dienst gilt, vor Ausspruch der ordentlichen Kündigung erforderliche Beteiligung des Personalrates (Art. 77 Abs. 1 BayPVG) wurde vorgenommen. Nach § 130 BetrVG ist das Betriebsverfassungsgesetz, also auch § 102 Abs. 1 S. 1 BetrVG, auf Verwaltungen und Betriebe des Bundes, der Länder, der Gemeinden und sonstige Körperschaften, Anstalten und Stiftungen des öffentlichen Rechts nicht anwendbar. Bei einer Stadtsparkasse handelt es sich um eine Anstalt des öffentlichen Rechts.

Die gegenüber C ausgesprochene Kündigung könnte nach § 1 Abs. 1 KSchG unwirksam sein, wenn sie sozial ungerechtfertigt ist. Das Kündigungsschutzgesetz ist vorliegend anwendbar, da C bei der Stadtsparkasse zum Zeitpunkt des Zugangs der Kündigung ohne Unterbrechung länger als sechs Monate arbeitete und bei der Stadtsparkasse in der Regel mehr als zehn Arbeitnehmer beschäftigt werden (§ 23 Abs. 1 S. 3 KSchG).

Die ordentliche Kündigung könnte hier durch einen betriebsbedingten Kündigungsgrund nach § 1 Abs. 2 KSchG sozial gerechtfertigt sein. Dies ist hier zu bejahen, weil die Stadtsparkasse C wegen des Outsourcings der Reinigungsarbeiten nicht mehr weiterbeschäftigen kann. Die unternehmerische Entscheidung, die das Outsourcing der Reinigungsarbeiten zur Folge hat, kann vom Arbeitsgericht nicht überprüft werden, da die Entscheidung von der unternehmerischen Freiheit gedeckt ist. Anhaltspunkte dafür, dass C an einem anderen Arbeitsplatz in demselben Filialbetrieb oder in einem anderen Filialbetrieb der Stadtsparkasse (§ 1 Abs. 2 Satz 2 Nr. 1 lit. b KSchG) ggf. nach zumutbaren Umschulungs- oder Fortbildungsmaßnahmen (§ 1 Abs. 2 S. 3 KSchG) weiterbeschäftigt hätte werden können, liegen nicht vor. Eine Sozialauswahl nach. § 1 Abs. 3 KSchG konnte nicht stattfinden, da C die einzige Reinigungskraft der Stadtsparkasse war und alle Reinigungsarbeiten auf das Reinigungsunternehmen Heinzelmännchen übertragen wurden. Es liegt somit eine wirksame betriebsbedingte Kündigung gegenüber C vor.

Ein Betriebsübergang i. S. d. § 613a Abs. 1 S. 1 BGB liegt **nicht** vor, wenn ein insolventes Unternehmen vorerst durch einen **Insolvenzverwalter geleitet** wird. Hier fehlt es am Übergang eines Betriebes oder Betriebsteils durch Rechtsgeschäft. **Anderes gilt**, wenn der Insolvenzverwalter im Rahmen des Insolvenzverfahrens einen **Betrieb** oder **Betriebsteil veräußert**. Hier findet § 613a BGB zwar Anwendung. Im Insolvenzverfahren sind aber die Besonderheiten zur Kündigung und zum Kündigungsschutz zu beachten (§§ 113, 126, 127 InsO).

Ein **Betriebsübergang** liegt auch **beim Ein- oder Austritt von Gesellschaftern** einer Offenen Handelsgesellschaft (§§ 105 ff. HGB) oder Kommanditgesellschaft (§§ 161 ff. HGB) **nicht** vor, da die Identität der Gesellschaft fortbesteht (BAG NJW 1991, 247). Gleiches gilt auch für den Ein- und Austritt von Gesellschaftern einer Gesellschaft bürgerlichen Rechts (§§ 705 ff. BGB), nachdem die Rechtsprechung von der Teilrechtsfähigkeit der Gesellschaft bürgerlichen Rechts ausgeht (BGH NJW 2001, 1056).

Beispiel: A ist bei der Schön KG angestellt. Der Komplementär Schön scheidet mit Wirkung zum 01.02 aus der Kommanditgesellschaft aus Altersgründen aus. An seine Stelle tritt der neue Komplementär Sauber. Sauber sichtet die Personalakten und stellt fest, dass A in den vergangenen Jahren und in jüngster Zeit erhebliche Fehltage wegen Arbeitsunfähigkeit aufzuweisen hat. Sauber meint, auf häufig erkrankte Arbeitnehmer könne die Kommanditgesellschaft verzichten und spricht gegenüber A nach ordnungsgemäßer Anhörung des Betriebsrates (§ 102 Abs. 1 S. 1 BetrVG) die ordentliche Kündigung schriftlich aus. A hält die Kündigung wegen Verstoßes gegen § 613a Abs. 4 S. 1 BGB für unwirksam. Es liege eine Kündigung wegen Betriebsübergangs vor. Die Kommanditgesellschaft sei auf den neuen Komplementär Sauber übergegangen. Dieser habe nach Übernahme des Betriebs wegen Betriebsübergangs gekündigt.

Hier liegt kein Betriebsübergang vor. Die Kommanditgesellschaft kann nach §§ 161 Abs. 2, 124 Abs. 1 HGB eigene Rechte und Pflichten eingehen, so dass ein Arbeitsverhältnis zwischen A und der Kommanditgesellschaft, nicht aber zwischen A und dem ausgeschiedenen Komplementär bestand. Der Wechsel der Komplementäre lässt die Kommanditgesellschaft als Vertragspartnerin in ihrem rechtlichen Bestand unberührt, so dass § 613a Abs. 4 S. 1 BGB schon mangels Betriebsübergangs nicht greift. Im Übrigen hat Sauber hier keine Kündigung wegen Betriebsübergangs, sondern wegen der krankheitsbedingten Fehlzeiten des A ausgesprochen. Es handelt sich um eine personenbedingte Kündigung, die, auch wenn ein Betriebsübergang vorläge, nach § 613 Abs. 4 S. 2 BGB ausgesprochen werden könnte.

Ein Betriebsübergang liegt in Fällen der **Übernahme rechtlich eigenständiger Unternehmen** (bspw. AG, GmbH) **nicht** vor. Der Erwerb der Unternehmensanteile (Aktien, GmbH-Anteile) hat auf den rechtlichen Bestand der Arbeitsverhältnisse keinen Einfluss.

Beispiel: Die Allianz SE unterbreitet den Aktionären der Dresdner Bank AG ein Angebot zur Übernahme ihrer Aktien. Die Allianz SE hält schließlich nach Ablauf der Übernahmeangebotsfrist mehr als 95 % des Grundkapitals an der Dresdner Bank AG. In diesem Fall liegt kein Betriebsübergang i. S. d. § 613a BGB vor. Der Erwerb der Aktien durch die Allianz SE führt nur zu einer Änderung der Eigentümerstruktur, ohne dass die rechtliche Eigenständigkeit der Dresdner Bank AG berührt würde. Der Erwerbsvorgang lässt die Arbeitsverhältnisse der Angestellten der Dresdner Bank AG unberührt.

11.3 Anforderungen an das Rechtsgeschäft i. S. d. § 613a Abs. 1 BGB

Der Begriff „**Rechtsgeschäft**" i. S. d. § 613a BGB ist **weit zu verstehen** und erfasst alle Fälle einer Fortführung der wirtschaftlichen Einheit im Rahmen vertraglicher und sonstiger rechtsgeschäftlicher Beziehungen, ohne dass unmittelbar Vertragsbeziehungen zwischen dem bisherigen Inhaber und dem Erwerber bestehen müssten (Preis, ErfKA, § 613a BGB, Rn 58).

Das **Rechtsgeschäft** i. S. d. § 613a Abs. 1 S. 1 BGB **muss nicht** wirksam sein, um einen Betriebsübergang bejahen zu können. Für den Betriebsübergang i. S. d. § 613a Abs. 1 BGB ist es zwar erforderlich, dass ihm ein Rechtsgeschäft zugrunde liegt. Dieses darf aber unwirksam sein (BAG NZA 1985, 735) und kann dem Übergang nachfolgen (BAG ZIP 89, 795). Da der Übergang des Arbeitsverhältnisses nach § 613a Abs. 1 S. 1 BGB allein von der **tatsächlichen Übernahme der betrieblichen Organisation** abhängt, ist die Rechtswirksamkeit des der Betriebsnachfolge zugrunde liegenden Rechtsgeschäfts (z. B. Kauf, Pacht, Schenkung) ohne Belang. Dem Erwerber muss die betriebliche Fortführungsmöglichkeit eröffnet sein.

Alleinige Funktion des Tatbestandsmerkmals „durch Rechtsgeschäft" ist die **Abgrenzung** des Betriebsübergangs durch Rechtsgeschäft **zum Betriebsübergang durch Gesamtrechtsnachfolge** (= Gesamtrechtsnachfolge nach §§ 1922

Abs. 1, 1967 Abs. 1 BGB oder Gesamtrechtsnachfolge nach dem UmwG) und **zum Betriebsübergang aufgrund Hoheitsaktes** (BAG NZA 2012, 267; die Einsetzung eines Notars durch die Landesjustizverwaltung ist kein Betriebsübergang).

Wie sich aus § 613a Abs. 3 BGB schließen lässt, kann ein Betriebsübergang im Anwendungsbereich des **Umwandlungsgesetzes** im einzelnen Fall angenommen werden, auch wenn hier Betriebsübergänge im Wege der Gesamtrechtsnachfolge vollzogen werden. In § 324 UmwG hat der Gesetzgeber klargestellt, dass § 613a Abs. 1 und Abs. 4–6 BGB durch die Wirkungen einer Eintragung (Gesamtrechtsnachfolge) einer Verschmelzung, Spaltung oder Vermögensübertragung unberührt bleiben. In den Fällen der nach dem Umwandlungsgesetz vollzogenen Gesamtrechtsnachfolge (Verschmelzung, Spaltung, Vermögensübertragung) sind § 613a Abs. 1 und Abs. 4–6 BGB nach § 324 UmwG ergänzend anzuwenden (Müller-Glöge, MüKo BGB, § 613a, Rn 63).

Der Betriebsübergang im Wege der **Erbfolge** wird von § 613a BGB nicht erfasst, da die Gesamtrechtsnachfolge durch Erbfolge nach §§ 1922, 1967 BGB zu den gleichen Ergebnissen wie § 613a Abs. 1 S. 1 BGB führt.

> **Beispiel:** Der Automobilzulieferer A möchte seinen Produktionsbereich „Fertigung von ABS-Bremssystemen" abspalten und an den Automobilzulieferer B verkaufen. A und B schließen hierzu einen notariellen (§§ 125, 6 UmwG) Spaltungs- und Übernahmevertrag nach § 126 UmwG. Mit Eintragung der Abspaltung des Produktionsbereichs in das Handelsregister des Sitzes von A geht der Vermögensteil nach § 131 Abs. 1 Nr. 1 UmwG automatisch auf B im Wege der Gesamtrechtsnachfolge über. Einzelne Übertragungsakte (Übereignung der einzelnen Sachen, Abtretung von Rechten, etc.) sind nicht erforderlich. Zwar bleibt im vorliegenden Fall die Identität des Produktionsbereichs erhalten, nicht aber die Identität des Rechtsträgers. B wird neuer Rechtsträger, so dass § 613a BGB hier anwendbar ist. Die Frage der Anwendbarkeit des § 613a BGB ist insbesondere deshalb von Bedeutung, wenn sich die Frage stellt, ob der neue Rechtsträger an Rechte und Pflichten aus einem Tarifvertrag oder einer Betriebsvereinbarung nach § 613a Abs. 1 S. 2 BGB gebunden ist oder die betroffenen Arbeitnehmer dem Übergang ihrer Arbeitsverhältnisse nach § 613a Abs. 6 BGB widersprechen können.

11.4 Abgrenzung des Betriebsübergangs zur Betriebsstilllegung

Wird der Betrieb vollständig **eingestellt** und werden im Zuge dessen einzelne oder die gesamten Maschinen verkauft, liegt **kein Betriebsübergang** vor (BAG NZA 1987, 419). Es handelt sich um den Verkauf einzelner Sachen oder von Sachgesamtheiten (BAG NZA 1989, 265). Im Einzelfall kann es schwierig sein zu klären, ob ein Betriebsübergang i.S.d § 613a BGB vorliegt oder ob es sich lediglich um den Verkauf einer Sachgesamtheit im Rahmen einer **Betriebsstilllegung** handelt. Brauchbares Abgrenzungskriterium ist hier vor allem die **Zeitspanne**, während der der Erwerber der Sachgesamtheit diese für Produktionszwecke nicht verwendet. Das BAG hat für die Übertragung eines Modefachgeschäfts hierzu wie folgt Stellung genommen: „Nach der Rechtsprechung des Europäischen Gerichtshofs ist bei der Prüfung, ob eine wirtschaftliche Einheit übergegangen ist, die Dauer einer evtl. Unterbrechung der betrieblichen Tätigkeit zu berücksichtigen. In Übereinstimmung damit hat das BAG in ständiger Rechtsprechung angenommen, dass eine wirtschaftliche Zeitspanne der Betriebsruhe von neun Monaten der Annahme eines Betriebsübergangs entgegensteht. Demgegenüber spricht bei baldiger Wiedereröffnung des Betriebes oder bei baldiger Wiederaufnahme der Produktion durch einen Erwerber eine tatsächliche Vermutung gegen die ernsthafte Absicht, den Betrieb stillzulegen." (BAG NZA 1997, 1050).

Beispiel (BAG NZA 1997, 1050): A verkauft sein Modefachgeschäft samt Inventar und Kleidern an B mit Kaufvertrag vom 01.12.12. A stellt seinen Verkaufsbetrieb zum 31.01.13 ein. An diesem Tag übernimmt B von A alle Kleidungsstücke und das Inventar. A hatte seine Verkäuferinnen zum 31.01.13 unter Einhaltung der ordentlichen Kündigungsfrist betriebsbedingt gekündigt. A hatte sein Modefachgeschäft in einem Ladenlokal betrieben, das er von M aufgrund eines befristeten Mietvertrages angemietet hatte. Das zwischen A und M geschlossene Mietverhältnis endet am 31.03.13. B mietet von M das Ladenlokal ab 01.09.13 für zehn Jahre fest an. M lässt sich auf den Ausfall der Miete vom 01.04.13 bis zum 01.09.13 ein, da er froh ist, das Ladenlokal ab 01.09.13 für zehn Jahre fest vermieten zu können. M gesteht B zu, dass dieser das von A erworbene Inventar und die von A übernommenen Kleider im Ladenlokal belässt. Nach einigen Umbauarbeiten eröffnet B zum 15.11.13 im Ladenlokal ein Modefachgeschäft. Die von A übernommene Winterware kann B gut gebrauchen und bietet sie zur Eröffnung verbilligt an. Die einst bei A angestellten Verkäuferinnen erheben gegen B Klage mit dem Antrag festzustellen, dass wegen eines Betriebsübergangs i. S. d. § 613a Abs. 1 BGB ihre Arbeitsverhältnisse auf B übergegangen sind. Weiterhin verlangen sie von B Zahlung ihrer Vergütung vom 01.02 bis dato wegen Annahmeverzugs nach §§ 615 S. 1, 611 Abs. 1 BGB. Sie hatten B ihre Arbeitskraft mit Schreiben vom 28.01.13 ab 01.02.13 angeboten. B hatte den Verkäuferinnen jedoch mitgeteilt, er werde sie nicht beschäftigen und ihnen auch keine Vergütung zahlen, da er mit ihnen keinen Arbeitsvertrag habe. Er werde auch keine Verkäuferin von A übernehmen, da er aus anderen Verkaufsstellen, die er betreibt, Arbeitskräfte abziehen werde.

Fragen:

Haben die von den Verkäuferinnen erhobenen Feststellungsklagen Erfolg?

Ist B zur Zahlung der Vergütungen ab 01.02.13 verpflichtet?

Lösung:

Im vorliegenden Fall stellt sich die Frage, ob die Übernahme des Inventars und der Kleider durch B als Betriebsübergang i. S. d. § 613a Abs. 1 S. 1 BGB zu qualifizieren ist. B müsste hierzu eine organisatorische Einheit von A durch Rechtsgeschäft übernommen haben. Zum Übergang eines Warengeschäfts gehört der Übergang der Geschäftsräume, die Beibehaltung eines im Wesentlichen gleichen Warensortiments, der Betriebsform und der Kundschaft (BAG DB 1987, 1997). Dies kann im vorliegenden Fall bejaht werden, so dass im Grundsatz ein Betriebsübergang bejaht werden könnte. B hat schließlich von A die gesamte Ware und das Inventar übernommen. B will das Modefachgeschäft des A, wenn auch nach einigen Umbauarbeiten, fortführen. Ein Betriebsübergang könnte hier aber deshalb zu verneinen sein, da B die Kleidungsstücke und das Inventar von A am 31.01.13 übernommen, das Modefachgeschäft aber erst am 15.11.13 wiedereröffnet hat. Liegt zwischen Übergang einer wirtschaftlichen Einheit und Wiedereröffnung des Betriebes eine erhebliche Zeitspanne wie hier, ist nach Ansicht des BAG ein Betriebsübergang zu verneinen. Die Verkäuferinnen werden daher mit ihren Feststellungsklagen und ihrer Forderung auf Zahlung von Annahmeverzugslohn aus §§ 615 S. 1, 611 Abs. 1 BGB keinen Erfolg haben.

Unerhebliche Unterbrechungen für wenige Tage oder Wochen lassen einen Betriebsübergang **nicht entfallen**. Entscheidend ist, ob die Unterbrechung der Geschäftstätigkeit mit dazu beiträgt, eine bestehende, funktionsfähige wirtschaftliche Einheit zu **zerschlagen**. Es kommt nicht nur auf die Dauer der Unterbrechung an. Alle Umstände des Einzelfalles müssen berücksichtigt werden. Es ist auch auf den **jeweiligen Geschäftsbetrieb** abzustellen (Müller-Glöge, MüKo BGB, § 613a BGB, Rn 53).

Werden von mehreren Produktionsmitteln im Rahmen einer Betriebsstilllegung an den Erwerber nur **einzelne** verkauft, liegt **kein Betriebsübergang** vor. Es fehlt am Übergang einer wirtschaftlichen Einheit.

> **Beispiel:** A möchte seinen Baubetrieb stilllegen, da dieser unrentabel ist. Einen Käufer für den Betrieb hat A nicht gefunden. Im Zuge der Betriebsstilllegung verkauft A seine Baumaschinen an verschiedene Käufer. Hier liegt kein Betriebsübergang vor.

11.5 Zeitpunkt des Betriebsübergangs

Im Zusammenhang mit dem Betriebsübergang stellt sich die Frage, ab welchem Zeitpunkt die Arbeitsverhältnisse nach § 613a Abs. 1 S. 1 BGB auf den Erwerber übergehen. Dies ist für die Arbeitnehmer von großem Interesse. Denn erst ab Übergang ihrer Arbeitsverhältnisse auf den Erwerber schuldet dieser ihnen die Vergütung, hat er die Urlaubsansprüche zu erfüllen. Da die Wirksamkeit des Rechtsgeschäfts für einen Betriebsübergang nicht entscheidend ist, gehen die Arbeitsverhältnisse noch nicht mit dem Abschluss des schuldrechtlichen Verpflichtungsvertrages auf den Erwerber über. Abzustellen ist auf den tatsächlichen Vollzug des Betriebsübergangs. **Ein Betriebsübergang ist ab dem Zeitpunkt vollzogen, ab dem der Erwerber in die betriebliche Organisation eintritt** (BAG NJW 1986, 453; BAG NJW 1992, 3188; BAG NJW 1993, 2259). Ab diesem Zeitpunkt hat der Erwerber die **Leitungsmacht** und kann die Geschicke des Betriebes bestimmen. **Entscheidend ist, wann** der Erwerber die **Leitungsmacht ausüben kann**. Nicht maßgebend ist, wann er sie tatsächlich ausübt (BAG NZA 1997, 94; BAG NZA 2006, 597).

Die Möglichkeit der Ausübung der Leitungsmacht über einen Betrieb oder Betriebsteil ist **nicht zwingend** erst dann gegeben, wenn die dinglichen Rechtsgeschäfte vollzogen wurden, also bspw. die zur betrieblichen Organisation gehörenden Sachen übereignet bzw. Forderungen und Rechte abgetreten wurden. Sofern sich der Betriebsübergang nicht im Rahmen des Umwandlungsgesetzes vollzieht, das eine gesetzliche Gesamtrechtsnachfolge vorsieht, sind für die rechtliche Übertragung der betrieblichen Organisation zahlreiche einzelne Rechtsgeschäfte erforderlich (Übereignung von Sachen nach §§ 929 ff. BGB; Übereignung von Grundstücken nach §§ 873, 925 BGB, Abtretung von Forderungen nach § 398 BGB, Abtretung von Rechten nach §§ 413, 398 BGB). Oft werden die Übertragungsakte nicht zum selben Zeitpunkt vorgenommen. Entscheidendes Kriterium bleibt auch hier, ab wann **der Erwerber faktisch die Leitungsmacht ausüben kann.**

11.6 Widerspruchsrecht des Arbeitnehmers

Liegen die Voraussetzungen des § 613a Abs. 1 S. 1 BGB vor, gehen die Arbeitsverhältnisse auf den Erwerber des Betriebs oder Betriebsteils automatisch über, ohne dass eine Zustimmung der Arbeitnehmer erforderlich ist.

Dies erscheint bedenklich, wenn ein Arbeitnehmer beim Erwerber gar nicht beschäftigt sein will. Zwar kann der Arbeitnehmer das Arbeitsverhältnis durch Kündigung lösen, doch muss er ggf. die ordentliche Kündigungsfrist beachten, muss also mindestens bis zum Ablauf der ordentlichen Kündigungsfrist für den Erwerber arbeiten. Nicht zuletzt aus verfassungsrechtlichen Gründen kann dem Arbeitnehmer aber **kein anderer Arbeitgeber aufgezwungen werden** (Art. 12 GG). Der Arbeitnehmer kann daher dem Übergang des Arbeitsverhältnisses **innerhalb eines Monats** nach Zugang der Unterrichtung nach § 613a Abs. 5 BGB **widersprechen.** Der Widerspruch nach § 613a Abs. 6 BGB kann **gegenüber dem bisherigen Arbeitgeber oder dem neuen Inhaber** erklärt werden. Der Arbeitnehmer muss sein Widerspruchsrecht grundsätzlich bis zum Übergang des Betriebs oder Betriebsteils gegenüber dem Betriebsveräußerer ausüben (BAG NZA 1998, 750). Kündigt der Arbeitgeber den Betriebsübergang jedoch entgegen § 613a Abs. 5 BGB nicht rechtzeitig an, weiß der Arbeitnehmer vom Betriebsübergang nichts. Er kann dann sein Widerspruchsrecht auch nicht ausüben. In diesem Fall geht das Arbeitsverhältnis zwar zunächst auf den Erwerber über, der Arbeitnehmer kann jedoch den Widerspruch nachholen und die Fortsetzung des Arbeitsverhältnisses mit dem bisherigen Arbeitgeber verlangen (BAG NJW 1994, 2245). Da der **Widerspruch** auf den Zeitpunkt des Betriebsübergangs **zurückwirkt**, besteht für die Zeit zwischen Betriebsübergang und Widerspruch ein fehlerhaftes Arbeitsverhältnis mit dem Betriebsübernehmer (Worzalla NZA 2002, 353, 358; Küttner, Personalbuch, Betriebsübergang, Rn 36).

Erklärt ein Arbeitnehmer den Widerspruch gegen den Übergang seines Arbeitsverhältnisses auf den Erwerber, **bleibt sein Arbeitsverhältnis mit dem alten Arbeitgeber bestehen.** Dem Arbeitnehmer droht aber ggf. die **betriebsbedingte Kündigung.** Diese wäre nach §§ 1 Abs. 2 Satz 2 lit. b, 1 Abs. 2 S. 3 KSchG nur dann sozial ungerechtfertigt und damit unwirksam, wenn der Arbeitgeber den Arbeitnehmer an einem anderen Arbeitsplatz im selben Betrieb oder in einem anderen Betrieb des Unternehmens ggf. nach zumutbaren Umschulungs- oder Fortbildungsmaßnahmen weiterbeschäftigen könnte.

Bei der dem widersprechenden Arbeitnehmer drohenden betriebsbedingten Kündigung ist aber zu beachten, dass diese nach § 1 Abs. 3 KSchG auch dann sozial ungerechtfertigt ist, wenn der Arbeitgeber bei der Auswahl des zu kündigenden Arbeitnehmers soziale Gesichtspunkte nicht oder nicht ausreichend berücksichtigt hat. Ein Arbeitnehmer mit „guten" Sozialpunkten könnte ggf. widersprechen, ohne sich der Gefahr der betriebsbedingten Kündigung durch den Widerspruch auszusetzen, wenn der den Betrieb veräußernde Arbeitgeber noch vergleichbare Arbeitnehmer mit „schlechteren" Sozialpunkten beschäftigt. **Der Widerspruch eines Arbeitnehmers kann die betriebsbedingte Kündigung eines anderen Arbeitnehmers nach sich ziehen**, was im Einzelfall **unbillig** sein kann. In Anbetracht dessen konnte sich das Fehlen eines sachlichen Grundes für den Widerspruch im Rahmen der Sozialauswahl negativ für den widersprechenden Arbeitnehmer auswirken (BAG NZA 1993, 795; BAG NZA 1996, 974; BAG NZA 2000, 764; BAG NZA 1999, 870). Hiergegen wird zu Recht vorgebracht, die Beachtlichkeit eines Sachgrundes für den Widerspruch stehe mit § 1 Abs. 3 KSchG und § 613a Abs. 6 BGB nicht im Einklang (Lunk, Möller, NZA 2004, 9, 13; so jetzt auch BAG NZA 2008, 33).

Beispiel: Die BMW AG verkauft eine Betriebsstätte ihrer Produktion der 7er-Reihe an die VW AG. A ist in der besagten Betriebsstätte eingesetzt. Als er vom Verkauf der Betriebsstätte im Rahmen einer Betriebsversammlung erfährt, erklärt er sofort den Widerspruch gegen den Übergang seines Arbeitsverhältnisses von der BMW AG auf die VW AG. A ist bei der BMW AG seit drei Jahren beschäftigt. Er ist 28 Jahre alt, verheiratet und hat ein Kind. Die BMW AG weiß nicht, wo sie A einsetzen soll. Sie hat keinen Arbeitsplatz für ihn. Die BMW AG muss ohnehin die Belegschaft weiter reduzieren, da der Autoabsatz infolge eines Einbruchs der Autokonjunktur dramatisch zurückgegangen ist. A verlangt von der BMW AG seinen Einsatz in einer anderen Betriebsstätte der Produktion der 7er-Reihe. Die BMW AG lehnt dies ab, da sie es nicht einsieht, warum statt A ein anderer Arbeitnehmer gekündigt werden soll. Für den Widerspruch des A gebe es keinen nachvollziehbaren Grund, da die VW AG in der erworbenen Betriebsstätte mit den zu übernehmenden Arbeitnehmern ihr Luxusmodell Phaeton produzieren wolle.

A erhält mit Schreiben vom 02.03 nach ordnungsgemäßer Anhörung des Betriebsrates nach § 102 Abs. 1 S. 1 BetrVG die ordentliche betriebsbedingte Kündigung. A erhebt daraufhin innerhalb der Frist von drei Wochen (§ 4 S. 1 KSchG) Kündigungsschutzklage zum zuständigen Arbeitsgericht. A macht geltend, die BMW AG habe Fehler bei der sozialen Auswahl gemacht, so dass die betriebsbedingte Kündigung unwirksam sei. Er hätte ohne Weiteres in der Produktion der 7er-Reihe in einer anderen Betriebsstätte eingesetzt werden können. Dort gebe es zahlreiche Arbeitnehmer, die „schlechtere" Sozialpunkte (Kürzere Betriebszugehörigkeit, unverheiratet, keine Kinder) als er hätten. Hier kann sich A auf die fehlerhafte soziale Auswahl nicht berufen, obwohl es Arbeitnehmer mit „schlechteren" Sozialpunkten gibt. Für den Widerspruch des A gegen den Übergang seines Arbeitsverhältnisses gibt es keinen sachlichen Grund. Es ist ihm durchaus zumutbar, in der Produktion des Luxusmodells der VW AG zu arbeiten. Anders wäre bspw. zu entscheiden, wenn die VW AG die Betriebsstätte demontieren und im Ausland wieder aufbauen wollte. Hier läge ein sachlicher Grund für den Widerspruch vor, da A dann mit seiner Familie ggf. nach erfolgter betriebsbedingter Änderungskündigung durch die VW AG ins Ausland ziehen und sein bisheriges soziales Umfeld aufgeben müsste. Nach anderer Ansicht kann für den Widerspruch ein Sachgrund nicht gefordert werden (Lunk, Möller, NZA 2004, 9, 13; BAG NZA 2008, 33).

11.7 Betriebsübergang und Tarif-/Betriebsverfassungsrecht

Gemäß § 613a Abs. 1 S. 2 BGB gelten die Regelungen eines beim ehemaligen Betriebsinhaber angewendeten Tarifvertrages oder einer dort bestehenden Betriebsvereinbarung nicht in ihrer **kollektivrechtlichen Form** fort. Sie verlieren ihre Rechtsnatur als Tarifvertrag bzw. Betriebsvereinbarung und werden **Inhalt des Arbeitsvertrages** zwischen dem übernommenen Arbeitnehmer und dem neuen Betriebsinhaber. Sie werden **zu Regelungen des Arbeitsvertrags**, behalten jedoch ihren **kollektivrechtlichen Charakter** (BAG NZA 2010, 41).

§ 613a Abs. 1 S. 2 BGB ordnet **eine einjährige Veränderungssperre** zum Nachteil der Arbeitnehmer an (Preis, ErfKA, § 613a BGB, Rn 112 ff.).

Von dem Änderungsverbot des § 613a Abs. 1 S. 2 BGB bestimmt § 613a Abs. 1 S. 4 BGB **zwei Ausnahmen. Erste Ausnahme** ist, dass die Normen eines Tarifvertrages oder einer Betriebsvereinbarung **nicht mehr zwingend** sind und deshalb nach § 4 Abs. 5 TVG oder § 77 Abs. 6 BetrVG nur noch **nachwirken**. **Zweite Ausnahme** ist, dass der neue Betriebsinhaber und die übernommenen Arbeitnehmer die **Anwendung eines anderen Tarifvertrages**, der für sie nicht schon aufgrund beiderseitiger Tarifgebundenheit gilt, **vereinbaren** (Preis, ErfKA, § 613a BGB, Rn 122).

Nach § 613a Abs. 1 S. 3 BGB ist die Fortgeltung eines Tarifvertrages oder einer Betriebsvereinbarung **ausgeschlossen**, wenn die Rechte und Pflichten bei dem Betriebserwerber durch Rechtsnormen eines anderen Tarifvertrages oder einer anderen Betriebsvereinbarung geregelt werden. Erforderlich ist hierfür allerdings, dass **beide Parteien**, also sowohl die übernommenen Arbeitnehmer als auch der Betriebserwerber, entweder kraft Mitgliedschaft in den tarifschließenden Parteien oder kraft Allgemeinverbindlichkeitserklärung gemäß § 5 TVG nach dem Betriebsübergang an den **beim Erwerber geltenden Tarifvertrag gebunden sind** (BAG NZA 2001, 510). **Nicht ausreichend ist die einseitige Tarifbindung des Erwerbers,** weil dies den durch § 613a Abs. 1 S. 2 BGB gewährleisteten Inhaltsschutz für den Arbeitnehmer unzulässig beeinträchtigen würde (Preis, ErfKA, § 613a BGB, Rn 123). Die für § 613a Abs. 1 S. 3 BGB erforderliche beiderseitige Tarifbindung kann auf Arbeitnehmerseite bspw. erreicht werden, wenn Gewerkschaften verschmelzen oder der übernommene Arbeitnehmer in die tarifzuständige Gewerkschaft wechselt (Preis, ErfKA, § 613a BGB, Rn 123, 124). Arbeitsvertragliche Bezugnahmeklauseln auf einen Tarifvertrag stellen die für § 613a Abs. 1 S. 3 BGB erforderliche beiderseitige Tarifbindung nicht her. Vielmehr gilt § 613a Abs. 1 S. 1 BGB.

11.8 Betriebsübergang und Haftung

Nach § 613a Abs. 2 S. 1 BGB haftet der **alte Arbeitgeber neben dem neuen Arbeitgeber** für solche Verpflichtungen, die vor dem Zeitpunkt des Betriebsübergangs entstanden sind und vor Ablauf eines Jahres nach diesem Zeitpunkt fällig werden, als **Gesamtschuldner** (§§ 421 ff. BGB). Der alte Arbeitgeber haftet jedoch nicht für Ansprüche aus dem Arbeitsverhältnis, die erst nach dem Betriebsübergang entstanden sind. Werden Ansprüche aus dem Arbeitsverhältnis, die vor dem Betriebsübergang zwar entstanden sind, erst nach dem Betriebsübergang fällig, so haftet der bisherige Arbeitgeber für sie nur in dem Umfang, der dem im Zeitpunkt des Betriebsübergangs abgelaufenen Teil ihres Bemessungszeitraums entspricht.

> **Beispiel:** Am 01.04. findet ein Betriebsübergang statt. Der Arbeitsvertrag von A sieht für ihn eine Jahressonderzahlung von 4 000 € vor. Der Veräußerer des Betriebs haftet nur anteilig (25 %) für die Jahressonderzahlung. Der Erwerber des Betriebs haftet für die volle Jahressonderzahlung.

§ 613a Abs. 3 BGB enthält eine **Spezialregelung** für die Haftung des bisherigen Arbeitgebers im Falle des Betriebsübergangs durch Umwandlung nach dem Umwandlungsgesetz. § 613a Abs. 3 BGB schließt die Haftung einer juristischen Person oder einer Personenhandelsgesellschaft als bisheriger Arbeitgeber aus, wenn sie durch Umwandlung erlischt. § 613a Abs. 3 BGB muss **systembedingt** die Haftung einer juristischen Person oder einer Personenhandelsgesellschaft als bisheriger Arbeitgeber modifizieren, wenn sie durch Umwandlung erlischt. Denn mit dem Erlöschen existiert der Haftungsträger nicht mehr.

11.9 Betriebsübergang und Kündigung

§ 613a Abs. 4 S. 1 BGB erklärt die **Kündigung wegen Betriebsübergangs** für **unwirksam**. Es handelt sich hierbei um ein eigenständiges, vom Kündigungsschutzgesetz unabhängiges Kündigungsverbot (BAG NJW 1986, 87). Die Unwirksamkeit der verbotswidrig erklärten Kündigung ergibt sich aus § 134 BGB. Wegen eines Betriebsübergangs wird eine Kündigung ausgesprochen, wenn der Betriebsübergang den Beweggrund für die Kündigung bildet und der Betriebsinhaberwechsel damit **das Motiv der Kündigung als tragenden Grund** ausmacht (BAG NJW 1984, 627; BAG NZA 1999, 147; BAG NZA 2007, 387). Nimmt der Arbeitgeber wegen des bevorstehenden Betriebsübergangs Kündigungen unter dem Vorwand des Arbeitsmangels als betriebsbedingte Kündigungen vor, sind diese wegen Umgehung des Kündigungsverbots aus §613a Abs.4 S.1 BGB unwirksam.

Das Recht zur Kündigung des Arbeitsverhältnisses, außer wegen des Betriebsübergangs, bleibt nach §613a Abs.4 S.2 BGB jedoch **ausdrücklich unberührt**. Gemeint sind damit die außerordentliche sowie die ordentliche Beendigungskündigung sowie die außerordentliche und ordentliche Änderungskündigung.

> **Beispiel** (BAG NJW 1984, 627): A ist seit zehn Jahren als Betriebsleiterin bei B beschäftigt. Am 01.04. erhält A eine schriftliche Kündigung des B mit dem Hinweis, der Betrieb sei an C verkauft worden. C sei nicht bereit, A als Betriebsleiterin weiterzubeschäftigen, da C das Gehalt von A für völlig überzogen halte. Hier ist für die Kündigung der Betriebsübergang das tragende Motiv. Die Kündigung ist damit nach §613a Abs.4 S.1 BGB unwirksam.

11.10 Checkliste zum Betriebsübergang

- Unter dem Betriebs- oder Betriebsteilübergang i.S.d. §613a BGB ist der **„Übergang einer ihre Identität bewahrenden wirtschaftlichen Einheit im Sinne einer organisierten Zusammenfassung von Ressourcen zur Verfolgung einer wirtschaftlichen Haupt oder Nebentätigkeit"** zu verstehen.
- Die **bloße Funktionsnachfolge** ist **kein Betriebsübergang** i.S.d. §613a Abs.1 S.1 BGB. Entscheidend ist der Übergang einer wirtschaftlichen Einheit.
- **Maßnahmen der Betriebsstilllegung** sind **kein Betriebsübergang**. Für eine Betriebsstilllegung muss der Arbeitgeber die ernstliche Absicht gehabt haben, die bisherige wirtschaftliche Betätigung einzustellen.
- Ein Betriebsübergang setzt **nicht** voraus, dass das zugrunde liegende Rechtsgeschäft **wirksam** ist. Entscheidend ist die **tatsächliche Übernahme der Leitungsmacht** durch den Erwerber.
- Der Arbeitnehmer kann dem Betriebsübergang nach §613a Abs.6 S.1 BGB **widersprechen**. Im Rahmen einer betriebsbedingten Kündigung durch den früheren Arbeitgeber kann ein **sachgrundloser Widerspruch** gegen den Betriebsübergang im Rahmen der Sozialauswahl zu Lasten des widersprechenden Arbeitnehmers gewertet werden. Nach anderer Ansicht kann mit Blick auf Art.12 GG **für den Widerspruch ein Sachgrund nicht gefordert** werden.
- Ist der Betriebsübergang **tragendes Motiv** für eine Kündigung, ist diese nach §613a Abs.4 S.1 BGB **unwirksam**.

12. Die ordentliche Kündigung des Arbeitsverhältnisses

12.1 Allgemeines zur ordentlichen Kündigung

Unbefristete Arbeitsverhältnisse sind Dauerschuldverhältnisse, die nicht durch Zeitablauf enden (vgl. § 620 Abs. 1 BGB, § 15 Abs. 1 TzBfG), sondern durch **Kündigungserklärung** beendet werden müssen. Aber auch **befristete Arbeitsverhältnisse**, die eigentlich durch Zeitablauf enden, können **vorzeitig ordentlich gekündigt** werden, wenn dies im **Arbeitsvertrag** oder im anwendbaren **Tarifvertrag** vereinbart ist (§ 15 Abs. 3 TzBfG). § 620 Abs. 2 BGB verweist für die ordentliche Kündigung eines Arbeitsverhältnisses insbesondere auf §§ 622, 623 BGB. § 622 BGB befasst sich mit den gesetzlichen Fristen für die ordentliche Kündigung von Arbeitsverhältnissen (vgl. hierzu bereits ausführlich Kapitel 3.3.4). § 623 BGB fordert für die Kündigungserklärung die **Schriftform** nach § 126 BGB, wobei die elektronische Form als Ersatz für die Schriftform (§ 126a BGB) nach § 623 2. Halbsatz BGB ausdrücklich ausgeschlossen wird. Damit ist eine Kündigung mit E-Mail und elektronischer Signatur (§ 126a BGB) nicht zulässig.

Nach herrschender Meinung kann eine ordentliche, aber auch eine außerordentliche Kündigung bereits **vor Aufnahme der Arbeit** ausgesprochen werden (Preis in Ascheid/Preis/Schmidt, Kündigungsrecht, 1. Teil Grundlagen zur Beendigung von Arbeitsverhältnissen, E. Arten der Kündigung, V. Kündigung vor Dienstantritt, Rn 21).

Beispiel: Der Absolvent A sucht eine Arbeitsstelle, nachdem er endlich sein Studium abgeschlossen hat. Er schickt an mehrere Unternehmen seine Bewerbungsunterlagen. Am liebsten würde A bei der Deutsche Bank AG arbeiten. Sein erstes Vorstellungsgespräch hat A allerdings bei der MLP AG am 15.02., die A einen Arbeitsvertrag mit einem Jahresbruttogehalt von 35 000 € anbietet. Zwar hat A inzwischen auch eine Einladung zu einem Vorstellungsgespräch bei der Deutsche Bank AG erhalten, doch unterschreibt A den Vertrag mit der MLP AG am 25.02., weil er nicht weiß, ob er bei der Deutsche Bank AG zum Zuge kommt. A soll seine Arbeit bei der MLP AG am 01.06. aufnehmen. Am 15.03. hat A ein Vorstellungsgespräch bei der Deutsche Bank AG. Diese unterbreitet A ein Arbeitsvertragsangebot mit einem Jahresbruttogehalt von 40 000 €. A unterschreibt den Vertrag mit der Deutsche Bank AG und kündigt sein Arbeitsverhältnis mit der MLP AG.

A kann hier kündigen, auch wenn er seine Arbeit bei der MLP AG noch gar nicht aufgenommen hat. Wurde eine Probezeit vereinbart, gilt die Kündigungsfrist während der Probezeit. Ansonsten gilt die ordentliche Kündigungsfrist. Die Kündigungsfrist beginnt nicht erst mit dem ersten, im Arbeitsvertrag bestimmten Arbeitstag zu laufen, sondern mit dem Zugang der Kündigung beim Arbeitgeber, auch wenn dieser Termin vor Vertragsbeginn liegt. Würde man die Kündigung frühestens ab Arbeitsaufnahme für zulässig erklären, käme man vor Arbeitsantritt zu einer stärkeren Bindung des Arbeitnehmers als nach Arbeitsantritt. Dies wäre unbillig (Preis in Ascheid/Preis/Schmidt, Kündigungsrecht, 1. Teil Grundlagen zur Beendigung von Arbeitsverhältnissen, E. Arten der Kündigung, V. Kündigung vor Dienstantritt, Lauf der Frist, Rn 23).

12.2 Anhörung des Betriebsrates

Der Betriebsrat ist nach § 102 Abs. 1 S. 1 BetrVG **vor jeder Kündigung zu hören**, sofern ein solcher im Betrieb überhaupt besteht. Der Arbeitgeber hat dem Betriebsrat die **Gründe** für die Kündigung **mitzuteilen**. Wurde die Kündigung **ohne vorherige Anhörung** des Betriebsrates ausgesprochen, ist sie **unwirksam** (§ 102 Abs. 1 S. 3 BetrVG). Eine **Zustimmung** des Betriebsrates zur Kündigung ist **nicht erforderlich**. Die ordentliche Kündigung verlangt grundsätzlich keinen Kündigungsgrund. Dem Betriebsrat muss insofern bei einer ordentlichen Kündigung kein Kündigungsgrund benannt werden. Zu beachten ist allerdings, dass im Falle der Anwendbarkeit des Kündigungsschutzgesetzes nach §§ 1 Abs. 1, 23 Abs. 1 S. 3 KSchG für die ordentliche Kündigung ein sozialer Rechtfertigungsgrund in Form eines personen-, verhaltens- oder betriebsbedingten Kündigungsgrundes vorliegen muss. Ist das Kündigungsschutzgesetz anwendbar, müssen dem Betriebsrat also auch die Gründe für die ordentliche Kündigung mitgeteilt werden (§ 102 Abs. 1 S. 2 BetrVG). Gemäß § 102 Abs. 1 S. 2 BetrVG sind dem Betriebsrat für die Kündigung eventuell vorliegende Gründe auch dann mitzuteilen, wenn das Arbeitsverhältnis nicht dem allgemeinen Kündigungsschutz unterliegt. Denn die Anhörungspflicht nach § 102 Abs. 1 BetrVG besteht auch, wenn das Kündigungsschutzgesetz keine Anwendung findet (Thüsing in Richardi, § 102 BetrVG, Rn 14).

Im Rahmen des Anhörungsverfahrens hat der Arbeitgeber dem Betriebsrat **alle für die Kündigung relevanten Umstände**, auch die Sozialdaten des Arbeitnehmers, mitzuteilen. Hierzu gehören insbesondere Alter, Familienstand, Zahl der Kinder, Betriebszugehörigkeit und eine etwaige Schwerbehinderung.

Hat der Betriebsrat gegen eine ordentliche Kündigung **Bedenken**, hat er diese unter Angabe der Gründe spätestens **innerhalb einer Woche schriftlich** mitzuteilen (§ 102 Abs. 2 S. 1 BetrVG). Äußert sich der Betriebsrat nicht, gilt die Zustimmung als erteilt (§ 102 Abs. 2 S. 2 BetrVG).

Für die Betriebsratsanhörung nach § 102 Abs. 1 S. 1 BetrVG spielt es **keine Rolle**, ob der Arbeitgeber vor Abschluss des Anhörungsverfahrens seinen Kündigungswillen bereits abschließend gebildet hatte. Entscheidend ist allein, dass der Arbeitgeber seinen Kündigungswillen noch nicht verwirklicht hat, also das Kündigungsschreiben versendet hat, bevor das Anhörungsverfahren abgeschlossen war. (Thüsing in Richardi, § 102 BetrVG, Rn 75, 113).

12.3 Ordentliche Kündigung unter Geltung des Kündigungsschutzgesetzes

Ist das **Kündigungsschutzgesetz** nach §§ 1 Abs. 1, 23 Abs. 1 S. 3 KSchG anwendbar, ist die **ordentliche Kündigung rechtsunwirksam**, wenn sie **sozial ungerechtfertigt** ist (§ 1 Abs. 1 KSchG). Sozial ungerechtfertigt ist die ordentliche Kündigung nach § 1 Abs. 2 S. 1 KSchG insbesondere dann, wenn sie nicht durch **personen-, verhaltens- oder betriebsbedingte Gründe** gerechtfertigt ist. Das Kündigungsschutzgesetz stellt demnach Zusatzanforderungen an die Wirksamkeit der ordentlichen Kündigung, indem für diese entgegen § 622 BGB, wonach für die ordentliche Kündigung grundsätzlich nur eine Frist einzuhalten ist, ein Kündigungsgrund in Form eines sozialen Rechtfertigungsgrundes verlangt wird. Dies gilt allerdings nach § 14 Abs. 1 KSchG **nicht** für **gesetzliche Vertreter juristischer Personen** (Vorstände einer AG und GmbH-Geschäftsführer) sowie für Personen, die durch Gesetz, Satzung oder Gesellschaftsvertrag zur **Vertretung einer Personengesamtheit** berufen sind (bspw. OHG-Gesellschafter, die neben dem Gesellschaftsvertrag mit der Offenen Handelsgesellschaft einen Dienstvertrag geschlossen haben).

Erfordert die ordentliche Kündigung wegen der Anwendbarkeit des Kündigungsschutzgesetzes eine **soziale Rechtfertigung** der Kündigung, ist diese **zur Wahrung des Schriftformerfordernisses** nach § 623 BGB **nicht** in das Kündigungsschreiben aufzunehmen. Dies lässt sich aus § 626 Abs. 2 S. 3 BGB schließen, wonach selbst bei der außerordentlichen Kündigung der Kündigungsgrund dem Arbeitnehmer schriftlich nur auf dessen Verlangen mitzuteilen ist. Zudem ist bei einer ordentlichen Kündigung die **Angabe des Kündigungstermins nicht Voraussetzung für die Formwirksamkeit** (LAG Köln NZA-RR 2006, 353).

12.3.1 Anwendbarkeit des Kündigungsschutzgesetzes

Das Kündigungsschutzgesetz ist anwendbar, wenn das Arbeitsverhältnis des gekündigten Arbeitnehmers in demselben Betrieb oder Unternehmen ohne Unterbrechung **länger als sechs Monate** bestanden hat (§ 1 Abs. 1 KSchG) und wenn in dem Betrieb oder der Verwaltung, in dem/der der gekündigte Arbeitnehmer eingesetzt ist, in der Regel **mehr als zehn Arbeitnehmer** beschäftigt werden (§ 23 Abs. 1 S. 3 KSchG). **Auszubildende** sind hierbei **nicht** mitzurechnen. **Teilzeitbeschäftigte** werden bei einer wöchentlichen Arbeitszeit von bis zu 20 Stunden mit einem **Faktor** von 0,5 und von bis zu 30 Stunden mit einem Faktor von 0,75 berücksichtigt. Das Kündigungsschutzgesetz gilt nach seinem Schutzzweck auch für Unternehmen mit weit mehr als zehn Arbeitnehmern, die auf mehrere Betriebe verteilt sind, auch wenn im Einzelbetrieb nicht mehr als zehn Arbeitnehmer arbeiten (BVerfG NZA 1998, 469). Denn § 23 Abs. 1 S. 3 KSchG will nur Kleinbetriebe vom Kündigungsschutz ausnehmen, nicht aber Unternehmen, die die Mitarbeitergrenze des § 23 Abs. 1 S. 3 KSchG nur deshalb nicht überschreiten, weil die Aufteilung der Beschäftigten auf mehrere Betriebe möglich und wirtschaftlich sinnvoll ist, z. B. in Dienstleistungsbranchen (BVerfG NZA 1998, 469).

Der Kündigungsschutz des Kündigungsschutzgesetzes gilt für einen Arbeitnehmer auch dann, wenn sein Arbeitsverhältnis zwar ohne Unterbrechung länger als sechs Monate bestanden, er aber nie gearbeitet hat. Es ist an den **rechtlichen Bestand des Arbeitsverhältnisses** anzuknüpfen. Zwar war ursprüngliches Ziel der sechsmonatigen Wartezeit des § 1 Abs. 1 KSchG eine Art gesetzliche Probezeit zu gewähren (BAG NJW 1965, 885). Nach dem klaren Wortlaut des § 1 Abs. 1 KSchG ist die rechtliche Bindung des Arbeitnehmers an den Arbeitgeber das maßgebende Anknüpfungskriterium zum Erwerb des Kündigungsschutzes. Dem Erprobungszweck kommt für die Erfüllung der Wartezeit keine wesentliche Bedeutung mehr zu (BAG NJW 1985, 2158; BAG NZA 2004, 399).

Die **sechsmonatige Wartefrist** des § 1 Abs. 1 KSchG beginnt **mit der Begründung des Arbeitsverhältnisses** (Dörner/Vossen in Ascheid/Preis/Schmidt, Kündigungsrecht, § 1 KSchG, Rn 30). Dies ist in der Regel der erste Arbeitstag. Bei der Berechnung der Wartefrist ist der erste Arbeitstag in die Berechnung des Ablaufs der Wartefrist voll einzubeziehen, auch wenn der schriftliche Arbeitsvertrag am Tag der Arbeitsaufnahme nach Arbeitsbeginn unterzeichnet wird (BAG NZA 2003, 377). Das Ende der Wartezeit berechnet sich nach § 188 Abs. 2 BGB, da nach § 187 Abs. 2 BGB der erste Tag mitzählt.

§ 1 Abs. 1 KSchG enthält keine explizite Antwort auf die Frage, inwieweit **Vordienstzeiten auf die Wartezeit** von sechs Monaten zur Erlangung des Kündigungsschutzes nach dem Kündigungsschutzgesetz **anzurechnen** sind. Diese Frage stellt sich insbesondere dann, wenn mehrere befristete Arbeitsverhältnisse aneinandergereiht sind oder wenn einem unbefristeten Arbeitsverhältnis ein befristetes unmittelbar vorausgegangen war. Die Frage stellt sich auch, wenn dem Arbeitsverhältnis ein Ausbildungsverhältnis vorgeschaltet war. Würde man vorgeschaltete Beschäftigungsverhältnisse nicht auf die Wartezeit anrechnen, käme es zu einer Verkürzung des Kündigungsschutzes für den Arbeitnehmer. **Vorbeschäftigungszeiten sind daher in der Regel**, sofern keine Unterbrechung zwischen ihnen und dem neuen Arbeitsverhältnis gegeben ist, **auf die Wartezeit anzurechnen** (Nachweise bei Dörner/Vossen in Ascheid/Preis/Schmidt, § 1 KSchG, Rn 35).

Beispiel: A ist seit 01.09. bei B unbefristet beschäftigt. Für das Arbeitsverhältnis gelten die gesetzlichen Kündigungsfristen des § 622 BGB. Dem unbefristeten Arbeitsverhältnis war ein befristetes Arbeitsverhältnis mit einer Dauer von sechs Monaten unmittelbar vorgeschaltet. B spricht gegenüber A nach Anhörung des Betriebsrates mit Schreiben vom 09.10. welches A am 10.10. zugeht, die ordentliche Kündigung des Arbeitsverhältnisses zum 15.11. aus. Die von B gewählte Kündigungsfrist ist nach § 622 Abs. 1 BGB korrekt. Selbst wenn man das dem unbefristeten Arbeitsvertrag vorgeschaltete befristete Arbeitsverhältnis mitberücksichtigt, war A zum Zeitpunkt der Kündigung bei B noch keine zwei Jahre beschäftigt. A macht mit seiner rechtzeitig erhobenen Kündigungsschutzklage (§ 4 S. 1 KSchG) geltend, die Kündigung sei nach § 1 Abs. 1 und 2 KSchG unwirksam, weil sie nicht sozial gerechtfertigt sei. Zudem sei keine wirksame Betriebsratsanhörung erfolgt, weil B dem Betriebsrat keinen Kündigungsgrund mitgeteilt habe. Dies sei für eine ordnungsgemäße Betriebsratsanhörung aber erforderlich, wenn wegen der Anwendbarkeit des Kündigungsschutzgesetzes, wie das hier der Fall sei, für die ordentliche Kündigung ein Kündigungsgrund erforderlich ist.

Frage:

Hat A mit seiner Behauptung Recht?

Lösung:

Zur Prüfung der Frage, ob die Kündigung sozial gerechtfertigt ist, muss der Arbeitnehmer die Frist des § 4 S. 1 KSchG wahren. Dies ist hier erfolgt.

Kernfrage des Falles ist sowohl bezüglich der sozialen Rechtfertigung der Kündigung als auch bezüglich der ordnungsgemäßen Anhörung des Betriebsrates, ob A bei B im Zeitpunkt des Zugangs der Kündigung am 10.10 aufgrund eines Arbeitsverhältnisses ohne Unterbrechung länger als sechs Monate beschäftigt war. War für die Kündigung ein sozialer Rechtfertigungsgrund erforderlich, musste dieser dem Betriebsrat im Rahmen des Anhörungsverfahrens nach § 102 Abs. 1 S. 2 BetrVG mitgeteilt werden.

A war im Zeitpunkt des Zugangs der Kündigung bei B nur dann länger als sechs Monate beschäftigt (§ 1 Abs. 1 KSchG), wenn der dem unbefristeten Arbeitsverhältnis vorgeschaltete befristete Arbeitsvertrag bei der Berechnung der Beschäftigungsdauer (§§ 187 Abs. 2, 188 Abs. 2 BGB) mitberücksichtigt wird. Dies ist zu bejahen, um den Kündigungsschutz nicht zu beschneiden. Dies wird erreicht, indem bei mehreren aneinandergereihten befristeten und/oder unbefristeten Arbeitsverhältnissen nicht isoliert auf ihren rechtlichen Bestand, sondern auf ihren zusammenhängenden Gesamtbestand abgestellt wird. A hat mit seiner Behauptung daher Recht.

Die Frage, ob mehrere aneinandergereihte Arbeitsverhältnisse zur Bestimmung der Kündigungsfrist zusammenzuzählen sind, stellt sich auch bei der Bestimmung der ordentlichen Kündigungsfrist nach § 622 Abs. 2 BGB. § 622 BGB verwendet auch den Begriff des „Bestehens des Arbeitsverhältnisses" wie § 1 Abs. 1 KSchG. Im Rahmen des § 622 Abs. 2 BGB findet auch eine Zusammenrechnung rechtlich unterbrochener Arbeitsverhältnisse beim selben Arbeitgeber statt, wenn zwischen den Beschäftigungsverhältnissen ein enger zeitlicher und sachlicher Zusammenhang besteht (Fuchs, BeckOK BGB, § 622 BGB, Rn 9).

Für die Frage, ob die **Wartezeit von sechs Monaten** nach § 1 Abs. 1 KSchG **erfüllt** ist, ist nicht auf den Zeitpunkt abzustellen, zu dem die Kündigung nach Ablauf der Kündigungsfrist greift, sondern zu dem sie gegenüber dem Arbeitnehmer **ausgesprochen** wurde. Die Wartezeit muss also schon beim **Zugang der Kündigungserklärung** abgelaufen sein (Dörner/Vossen in Ascheid/Preis/Schmidt, Kündigungsrecht, § 1 KSchG, Rn 31).

Beispiel: A ist bei B seit 01.12. aufgrund eines unbefristeten Arbeitsverhältnisses beschäftigt. B spricht gegenüber A mit Schreiben vom 27.05. des Folgejahres die Kündigung zum 30.06. aus. Das Kündigungsschreiben geht A am 28.05. zu. Bei der Frage, ob A bei B länger als sechs Monate ohne Unterbrechung beschäftigt war, ist auf den Zeitpunkt des Zugangs des Kündigungsschreibens, hier den 28.05.

abzustellen, nicht aber auf den Zeitpunkt, zu welchem die Kündigung erklärt wurde, hier den 30.06. Das Kündigungsschutzgesetz greift vorliegend nicht, da die Wartezeit noch nicht erfüllt ist (§ 1 Abs. 1 KSchG).

12.3.2 Personenbedingte Kündigung

Personenbedingte Kündigungsgründe können die ordentliche Kündigung nach § 1 Abs. 2 S. 1 KSchG sozial rechtfertigen.

Ein **personenbedingter Kündigungsgrund** liegt vor, wenn der Arbeitnehmer im Zeitpunkt des Zugangs der Kündigung die **Fähigkeit und Eignung nicht besitzt,** die geschuldete Arbeitsleistung ganz oder teilweise zu erbringen (Dörner/Vossen in Ascheid/Preis/Schmidt, § 1 KSchG, Rn 118a). Personenbedingte Kündigungsgründe sind auf **persönliche Eigenschaften und Fähigkeiten des Arbeitnehmers** zurückzuführen, die **aus seiner Sphäre** stammen (BAG NZA 1986, 713) und einer **Willenssteuerung durch den Arbeitnehmer nicht unterliegen.** Kann der Arbeitnehmer willentlich auf seine persönlichen Eigenschaften und Fähigkeiten Einfluss nehmen, ist nicht von personenbedingten, sondern von verhaltensbedingten Kündigungsgründen auszugehen (Dörner/Vossen in Ascheid/Preis/Schmidt, § 1 KSchG, Rn 120).

Typische personenbedingte Kündigungsgründe sind

- die mangelnde körperliche oder geistige Eignung des Arbeitnehmers,
- Erkrankungen des Arbeitnehmers,
- die Abnahme der Leistungsfähigkeit infolge Alters,
- die fehlende Arbeitsgenehmigung der Bundesagentur für Arbeit für einen ausländischen Arbeitnehmer,
- Inhaftierung des Arbeitnehmers.

(vgl. Fallgruppen Dörner/Vossen in Ascheid/Preis/Schmidt, § 1 KSchG, Rn 224 ff.).

Die **Überprüfung der Sozialwidrigkeit der personenbedingten Kündigung** ist in **drei Stufen** vorzunehmen:

- Das Fehlen der Eignung oder Fähigkeit des Arbeitnehmers im Kündigungszeitpunkt oder deren erhebliche Beeinträchtigung kann die personenbedingte Kündigung nur rechtfertigen, wenn mit der alsbaldigen Wiederherstellung der Eignung oder Fähigkeit zur ordnungsgemäßen Erbringung der Arbeitsleistung nicht gerechnet werden kann **(Prognoseprinzip: 1. Stufe).**

- Die fehlende oder beeinträchtigte Fähigkeit oder Eignung zur Erbringung der Arbeitsleistung muss zu konkreten Störungen des Arbeitsverhältnisses führen, die im Zeitpunkt der Kündigung noch andauern bzw. auch künftig zu befürchten sind (Prognoseprinzip) und durch eine Umsetzung nicht beseitigt werden können **(2. Stufe: Beeinträchtigung betrieblicher Interessen).**

- Im Rahmen einer Interessenabwägung ist zu prüfen, ob der Arbeitgeber die aufgrund des personenbedingten Kündigungsgrundes eingetretenen Störungen des Arbeitsverhältnisses (erhebliche Beeinträchtigung betrieblicher oder wirtschaftlicher Interessen) billigerweise noch hinnehmen muss, oder ob die Kündigung aus Sicht eines verständigen Arbeitgebers als billigenswert und angemessen erscheint (**3. Stufe: Interessenabwägung**).

(vgl. Dörner/Vossen in Ascheid/Preis/Schmidt, Kündigungsrecht, § 1 KSchG, Rn 123 ff.).

Im Einzelfall kann die **Abgrenzung der personenbedingten zur verhaltensbedingten Kündigung** schwierig sein. Ein genaue Abgrenzung ist allerdings erforderlich, da die verhaltensbedingte Kündigung im Gegensatz zur personenbedingten Kündigung in der Regel nur bei einer vorherigen Abmahnung des Fehlverhaltens wirksam ist (Dörner in Ascheid/Preis/Schmidt, § 1 KSchG, Rn 131). Als Faustregel für die Abgrenzung gilt: „**Ein Grund in der Person liegt vor, wenn der Arbeitnehmer will, aber nicht kann; ein Grund im Verhalten ist demgegenüber dann gegeben, wenn der Arbeitnehmer kann, aber nicht will**" (v. Hoyning-Huene/Linck, Nachweis bei Dörner in Ascheid/Preis/Schmidt, Kündigungsrecht, § 1 KSchG, Rn 120).

> **Beispiel:** A war in den vergangenen Jahren häufig krank. Der Arbeitgeber des A trägt sich wegen der hohen Fehlzeiten des A mit dem Gedanken, ihn zu kündigen. Hier kommt nur eine personenbedingte Kündigung in Betracht. Vor Ausspruch der personenbedingten Kündigung muss eine Abmahnung nicht ausgesprochen werden. Die Abmahnung macht nur bei einem Fehlverhalten, auf das der Arbeitnehmer willentlich Einfluss nehmen kann, Sinn, da die Abmahnung den Arbeitnehmer dazu veranlassen soll, sein Fehlverhalten abzustellen, um die Kündigung abzuwenden. Ist der Arbeitnehmer tatsächlich arbeitsunfähig erkrankt, kann eine Abmahnung ihren Zweck nicht erfüllen, da der Arbeitnehmer allein durch eine Willensänderung nicht gesund wird.
>
> Wäre A hingegen gar nicht krank gewesen, sondern hätte er seine Arbeitsunfähigkeit vorgetäuscht, käme nur eine verhaltensbedingte Kündigung in Betracht. Hier könnte auf eine Abmahnung des Fehlverhaltens vor Ausspruch der verhaltensbedingten Kündigung sogar verzichtet werden. Eine Abmahnung des Fehlverhaltens ist dem Arbeitgeber nicht zumutbar, wenn die Vertragsverletzungen so schwerwiegend sind, dass der Arbeitnehmer nicht damit rechnen kann, dass der Arbeitgeber derartige Vertragspflichtverletzungen hinnehmen wird (BAG NZA 2005, 991).

Macht der Arbeitnehmer „**blau**", begeht er einen **Betrug** nach § 263 StGB, denn durch das vorsätzliche Vortäuschen der Arbeitsunfähigkeit wird der Arbeitgeber zur Weiterzahlung der Vergütung nach § 3 Abs. 1 S. 1 EFZG veranlasst. Etwaige Rückforderungsansprüche des Arbeitgebers gegen den Arbeitnehmer auf die fortgezahlte Vergütung lassen den Schaden des Arbeitgebers regelmäßig nicht entfallen, weil zur Bejahung der Vollendung des Betrugstatbestandes die Absicht oder Möglichkeit des späteren Ausgleichs der Vermögensminderung ohne Belang ist (BGH NStZ 2009, 330).

Legt der Arbeitnehmer allerdings eine **ärztliche Arbeitsunfähigkeitsbescheinigung** vor, erbringt er damit den **Beweis** für seine Arbeitsunfähigkeit. Der Arbeitgeber kann die Beweisführung des Arbeitnehmers nur erschüttern, indem er Umstände darlegt und beweist, die gegen die Arbeitsunfähigkeit des Arbeitnehmers sprechen. Allein das Antreffen des erkrankten Arbeitnehmers in der Öffentlichkeit wird in der Regel nicht dazu ausreichen, den Beweiswert der ärztlichen Arbeitsunfähigkeitsbescheinigung zu erschüttern (Kolvenbach/ Glaser in Moll, Münchener Anwaltshandbuch, E. Entgelt im Arbeitsverhältnis, § 24 Entgelt bei Leistungsstörungen, Rn 83 ff.).

Ein personenbedingter Kündigungsgrund wegen einer **fehlenden Arbeitsgenehmigung** liegt insbesondere dann vor, wenn sich die Bundesagentur für Arbeit weigert, die Arbeitsgenehmigung dem ausländischen Arbeitnehmer (ausschließlich der EU-Bürger) zu erteilen oder sie rechtskräftig versagt hat (§ 284 SGB III, § 39 AufenthG).

Eine besondere Ausprägung durch die Rechtsprechung hat die personenbedingte Kündigung wegen Erkrankung des Arbeitnehmers erfahren. Zu beachten ist, dass die **Erkrankung des Arbeitnehmers** grundsätzlich eine Kündigung nicht rechtfertigt (Dörner/Vossen in Ascheid/Preis/Schmidt, Kündigungsrecht, § 1 KSchG, Rn 136). Dies hat der Gesetzgeber insbesondere im Entgeltfortzahlungsgesetz zum Ausdruck gebracht, welches den Arbeitgeber nach § 3 Abs. 1 S. 1 EFZG zur Entgeltfortzahlung im Krankheitsfall verpflichtet. Zu beachten ist allerdings, dass dem **Arbeitgeber nur ein gewisser Umfang** an Fehlzeiten des einzelnen Arbeitnehmers **zumutbar** ist. Bei hohen Fehlzeiten des Arbeitnehmers erscheint es nicht sachgerecht, den Arbeitgeber zu zwingen, an dem Arbeitnehmer festzuhalten, zumal der Arbeitnehmer wegen seiner Erkrankung auch keinen besonderen Kündigungsschutz genießt (Dörner in Ascheid/Preis/ Schmidt, Kündigungsrecht, § 1 KSchG, Rn 137). Dem arbeitsrechtlichen Erkrankungsbegriff unterfallen hierbei **nicht nur physische**, sondern auch **psychosomatische Erkrankungen** sowie Trunk- und Drogensucht.

Bei der **personenbedingten Kündigung wegen Erkrankung** sind drei Fälle denkbar:

- Kündigung wegen **häufiger Kurzerkrankungen,**
- Kündigung wegen **lang andauernder Erkrankung,**
- Kündigung wegen **krankheitsbedingter Leistungsminderung.**

Die Wirksamkeit einer ordentlichen Kündigung wegen **häufiger Kurzerkrankungen** des Arbeitnehmers ist, wie jede andere personenbedingte Kündigung, anhand der **Drei-Stufen-Prüfung** zu untersuchen (BAG NJW 1990, 2338; BAG NZA 1994, 67 u. 309).

Auf der **ersten Stufe** ist zu prüfen, ob aufgrund der Fehlzeiten in der Vergangenheit für die Zukunft eine **negative Gesundheitsprognose** für den gekündigten Arbeitnehmer angenommen werden kann. Der Arbeitgeber kann mit der Darlegung und dem Beweis der vergangenen Fehlzeiten des Arbeitnehmers die Vermutung für sich in Anspruch nehmen, die Fehlzeiten würden sich auch künftig fortsetzen. Eine negative Gesundheitsprognose scheidet allerdings aus, wenn von einem Arzt bestätigt wird, dass die Erkrankungen der Vergangenheit ausgeheilt sind (BAG NZA 1994, 67) oder wenn es sich um einmalige Erkrankungen handelt, bei denen keine Wiederholungsgefahr besteht. Hat der Arbeitgeber über den Nachweis der Fehlzeiten in der Vergangenheit mit Erfolg eine negative Gesundheitsprognose dargelegt, hat der Arbeitnehmer substantiiert darzulegen, weshalb die negative Gesundheitsprognose nicht zutrifft und mit einer baldigen Genesung zu rechnen ist. Der Arbeitnehmer wird hierzu seinen Arzt oder die Krankenkasse von der **Schweigepflicht befreien** müssen. Den Arbeitgebern ist daher dringend anzuraten, genau Buch über die Fehlzeiten der Vergangenheit zu führen. Nur so ist eine negative Gesundheitsprognose überhaupt möglich. Es ist dann Sache des Arbeitnehmers, die negative Gesundheitsprognose substantiiert zu entkräften. Ein bloßes Bestreiten der negativen Gesundheitsprognose genügt nicht.

Auf der **zweiten Stufe** ist zu prüfen, ob die entstandenen und prognostizierten Fehlzeiten zu einer **erheblichen Beeinträchtigung betrieblicher Interessen** führen.

Auf der **dritten Stufe** ist nach Maßgabe einer **einzelfallbezogenen Interessenabwägung** zu prüfen, ob die erhebliche Beeinträchtigung betrieblicher Interessen zu einer billigerweise nicht mehr hinnehmbaren betrieblichen und wirtschaftlichen Belastung des Arbeitgebers führt (BAG NZA 1994, 309). **Kriterien**, die in die Interessenabwägung einzustellen sind, sind insbesondere **die folgenden:** Ursachen der Erkrankung, Schwerbehinderteneigenschaft, Dauer des ungestörten Verlaufs des Arbeitsverhältnisses, Alter des Arbeitnehmers, Familienstand des Arbeitnehmers, Situation am Arbeitsmarkt, Zumutbarkeit weiterer Überbrückungsmaßnahmen, Personalreserve, Höhe der Entgeltfortzahlungskosten (Dörner/Vossen in Ascheid/Preis/Schmidt, Kündigungsrecht, § 1 Sozial ungerechtfertigte Kündigungen, Rn 173 ff.).

> **Beispiel** (nach BAG NJW 2000, 2762 ff.): Arbeitnehmer A wurde von seinem Arbeitgeber B wegen häufiger Kurzerkrankungen (über vier Jahre hinweg etwa 40 Fehltage pro Jahr) ordentlich gekündigt. Die Fehltage waren auf eine Alkoholabhängigkeit des A zurückzuführen, von der B bei Ausspruch der Kündigung nichts wusste. Mit Auflistung der Fehlzeiten hat B eine negative Gesundheitsprognose gegeben. A bestritt im Kündigungsschutzprozess einen Zusammenhang zwischen seinen Fehlzeiten und seiner Alkoholabhängigkeit. Er trug zur Überzeugung des Gerichts aber nicht vor, sein behandelnder Arzt habe die Gesundheitsprognose bezüglich aller Krankheiten positiv beurteilt. Umstände dafür, dass die einzelnen Beschwerden ausgeheilt oder abgeklungen wären, wurden nicht vorgetragen. Damit ist auf der ersten Stufe der Prüfung von einer negativen Gesundheitsprognose auszugehen. Dass die im Kündigungszeitpunkt bestehende Alkoholerkrankung B bei Ausspruch der Kündigung nicht bekannt war, ist ohne Belang. Es kommt ausschließlich auf die objektiven Verhältnisse beim Zugang der Kündigung an. Eine krankheitsbedingte Kündigung ist nicht schon dann sozial ungerechtfertigt, wenn die bei Zugang der Kündigung negative Prognose durch spätere Ereignisse in Frage gestellt wird. Der Arbeitnehmer muss der negativen Gesundheitsprognose substantiiert entgegentreten. Überdies sind, soweit es sich um eine Suchtkrank-

heit handelt, geringere Anforderungen an die negative Gesundheitsprognose zu stellen (BAG NJW 1987, 2956).

Auf der zweiten Stufe ist der Frage nachzugehen, ob die betrieblichen Interessen des Arbeitgebers aufgrund der negativen Zukunftsprognose erheblich beeinträchtigt werden. Die Darlegungs- und Beweislast für die Beeinträchtigung betrieblicher Interessen trifft den Arbeitgeber. Eine Beeinträchtigung betrieblicher Interessen kann bestehen aus Betriebsablaufstörungen oder erheblichen wirtschaftlichen Belastungen des Arbeitgebers. Betriebsablaufstörungen sind beispielsweise mangelnde Planungsmöglichkeiten, negative Auswirkungen auf den Arbeitsablauf oder Überlastung der übrigen Arbeitnehmer durch die Erkrankungen des Arbeitnehmers. Erhebliche wirtschaftliche Belastungen des Arbeitgebers durch die Erkrankungen können anfallende Überstundenzahlungen an die übrigen Arbeitnehmer sein. Die Entgeltfortzahlungskosten für den erkrankten Arbeitnehmer sind jedoch dann nicht zu berücksichtigen, wenn nach der negativen Gesundheitsprognose der Zeitraum von sechs Wochen nicht überschritten wird (BAG NZA 1994, 67). Die Entgeltfortzahlungskosten an den erkrankten Arbeitnehmer fallen jedoch dann ins Gewicht, wenn damit zu rechnen ist, dass für den erkrankten Arbeitnehmer Entgeltfortzahlungskosten für mehrere Entgeltfortzahlungszeiträume von sechs Wochen anfallen. In diesem Falle kann die wirtschaftliche Zumutbarkeitsgrenze überschritten werden (BAG NZA 1994, 67).

Auf der dritten Stufe ist eine umfassende Abwägung der Interessen des Arbeitgebers und des Arbeitnehmers vorzunehmen. Zugunsten des Arbeitnehmers sind bei der erforderlichen Interessensabwägung die Dauer der Betriebszugehörigkeit, der in der Vergangenheit ungestörte Verlauf des Arbeitsverhältnisses (BAG NZA 1990, 434), andere Einsatzmöglichkeiten für den Arbeitnehmer im Betrieb, die wirtschaftliche Belastbarkeit des Arbeitgebers, ein Betriebsunfall oder betrieblich bedingte Leiden als Ursachen für die Erkrankungen (BAG NZA 1991, 185) zu berücksichtigen. Da sich der Arbeitgeber auf die Kurzerkrankungen nicht einstellen kann, ist er nur bedingt verpflichtet, die Kurzerkrankungen des Arbeitnehmers durch Aushilfskräfte zu überbrücken (BAG NJW 1989, 3299). Im Rahmen der umfassenden Interessenabwägung sind alle wesentlichen Umstände zu berücksichtigen und in sich widerspruchsfrei zu würdigen (BAG NJW 1987, 2956). Die Interessenabwägung gibt den Ausschlag für die Wirksamkeit der Kündigung des A.

Auch für die Frage der Wirksamkeit einer personenbedingten Kündigung wegen einer **lang andauernden Einzelerkrankung** hat das BAG die vorgenannte **Drei-Stufen-Prüfung** herangezogen (BAG NZA 1993, 497). Auf der **zweiten Stufe** der Prüfung der Beeinträchtigung betrieblicher Interessen kann diese damit begründet werden, dass der Arbeitgeber damit rechnen muss, der Arbeitnehmer sei auf Dauer nicht in der Lage, die von ihm geschuldete Leistung zu erbringen, so dass weiterhin Betriebsablaufstörungen und wirtschaftliche Belastungen ausgelöst werden. Auf der **dritten Stufe** der Vornahme einer umfassenden Interessenabwägung ist zu beachten, dass eine Kündigung erst dann in Betracht kommt, wenn dem Arbeitgeber Überbrückungsmaßnahmen wie der Einsatz von Aushilfen, die Anordnung von Überstunden für die anderen Arbeitnehmer oder eine personelle Umorganisation nicht mehr möglich oder zumutbar sind

(BAG NJW 1989, 3299). Bei einer **lang andauernden Erkrankung** werden wirtschaftliche Belastungen des Arbeitgebers nur eine untergeordnete Rolle spielen, da die Entgeltfortzahlung nach § 3 Abs. 1 S. 1 EFZG auf sechs Wochen begrenzt ist und ihm für diese Dauer die Entgeltfortzahlung zumutbar ist. Bei einer lang andauernden Einzelerkrankung kommt es i. d. R. nicht zu einer Eröffnung eines weiteren Entgeltfortzahlungszeitraums nach § 3 Abs. 1 S. 2 EFZG.

Im Zusammenhang mit der Frage der Wirksamkeit einer personenbedingten Kündigung wegen **krankheitsbedingter Leistungsminderung** gilt die **Drei-Stufen-Prüfung differenziert**. Lässt die Leistungsfähigkeit des Arbeitnehmers infolge Krankheit nach, rechtfertigt dies die personenbedingte Kündigung, wenn der Arbeitnehmer für den Arbeitgeber nur noch beschränkt verwendungsfähig ist, hierfür aber ein Bedarf des Arbeitgebers nicht besteht (BAG NZA 1992, 1073). Auf der zweiten Stufe ist allerdings eine differenzierte Betrachtung vorzunehmen. Häufige Kurzerkrankungen rufen Störungen im Betriebsablauf oder wirtschaftliche Belastungen durch die Entgeltfortzahlung hervor. Die Leistungsminderung des Arbeitnehmers führt hingegen dazu, dass dem vollen Zeitlohn keine adäquate Arbeitsleistung gegenübersteht. Da die Beeinträchtigung betrieblicher Interessen erheblich sein muss, genügt nicht jede geringfügige Minderleistung (BAG NJW 1992, 1073). Der Arbeitgeber wird nach Möglichkeit versuchen müssen, den Arbeitnehmer im Betrieb umzusetzen.

12.3.3 Verhaltensbedingte Kündigung

Eine **soziale Rechtfertigung** für die ordentliche Kündigung des Arbeitnehmers kann sich nach § 1 Abs. 2 S. 1 KSchG auch aus **verhaltensbedingten Gründen** ergeben. Für eine verhaltensbedingte Kündigung gilt das **Prognoseprinzip**. Der Zweck der Kündigung ist nicht die Sanktion für eine Vertragspflichtverletzung, sondern die Vermeidung von weiteren Vertragspflichtverletzungen. Die eingetretene Pflichtverletzung muss sich auch zukünftig noch belastend auswirken. Deshalb setzt eine Kündigung wegen einer Vertragspflichtverletzung regelmäßig eine **Abmahnung** voraus. Sie dient der **Objektivierung der Prognose** (BAG NZA 2006, 980).

Auch aus dem **Prinzip der Verhältnismäßigkeit** ergibt sich das Erfordernis einer Abmahnung. Die Abmahnung des Fehlverhaltens ist das vor Ausspruch einer Kündigung mildere Mittel (BAG NJW 1989, 2493). Die Abmahnung ist der Ausdruck der Missbilligung eines Verhaltens unter Androhung von Rechtsfolgen für die Zukunft, sofern das Verhalten nicht geändert wird (BAG NJW 1985, 823). **§ 314 Abs. 2 BGB** enthält eine allgemeine gesetzliche Grundlage für die Abmahnung im Bereich der **außerordentlichen Kündigung**. Für die ordentliche Kündigung enthält § 314 Abs. 2 BGB zwar keine Regelung, in der Norm ist aber ein allgemeiner, das Kündigungsrecht beherrschender Grundgedanke zu sehen. Zwar ist auch § 323 Abs. 1 BGB auf den Arbeitsvertrag nicht unmittelbar anwendbar. Die Vorschrift enthält jedoch den **allgemeinen Grundgedanken**, dass der Gläubiger den Schuldner vor so einschneidenden Maßnahmen wie der **einseitigen Vertragsaufhebung** auf die **Folgen** des vertragswidrigen Verhaltens **hinweisen muss** (Dörner, Ascheid/Preis/Schmidt, § 1 KSchG, Rn 343, 344). Außerhalb des besonderen Bestandsschutzes, den das Kündigungsschutzgesetz gewährt, bedarf es vor einer ordentlichen Kündigung des Arbeitsverhältnisses in der Regel keiner Abmahnung (BAG NZA 2009, 1260).

Die Abmahnung ist keine Willenserklärung, da sie selbst nicht auf die Herbeiführung eines Rechtserfolges gerichtet ist. Sie ist geschäftsähnliche Handlung, durch die dem Arbeitnehmer die Rechtswidrigkeit seines Verhaltens vor Augen geführt werden soll (Linck in Schaub, Arbeitsrechtshandbuch, § 132 Abmahnung, Rn 6). Die Regeln über Willenserklärungen finden auf geschäftsähnliche Handlungen entsprechende Anwendung, insbesondere die Regeln über den Zugang von Willenserklärungen nach § 130 Abs. 1 BGB.

Es besteht Einigkeit darüber, dass bei **Störungen im Leistungsbereich** vor Ausspruch einer Kündigung **eine oder mehrere Abmahnungen** erforderlich sind (BAG DB 1980, 1351). Ob Störungen im Leistungsbereich einmal oder mehrmals vor Ausspruch der Kündigung abgemahnt werden müssen, hängt von der Schwere der Störung ab (Müller-Glöge, ErfKA, § 626 BGB, Rn 29c). Auch **Verstöße** des Arbeitnehmers **im Vertrauensbereich** wie bspw. Betrug, Untreue, Diebstahl, müssen vor Ausspruch der Kündigung grundsätzlich abgemahnt werden, dann allerdings nicht, wenn das **Vertrauensverhältnis** unwiederbringlich **zerstört** ist (Müller-Glöge, ErfKA, § 626 BGB, Rn 29c). Eine vorherige Abmahnung des Fehlverhaltens ist dann entbehrlich, wenn diese dem Arbeitgeber nicht zumutbar ist. Dies ist dann der Fall, wenn die Vertragsverletzungen so schwerwiegend sind, dass **der Arbeitnehmer nicht damit rechnen kann**, dass der Arbeitgeber die Pflichtverletzungen hinnehmen wird (BAG NZA 2005, 991).

> **Beispiel:** A ist in der Konditorei K als Konditor schon seit vielen Jahren angestellt. Die Arbeitnehmer wurden darauf hingewiesen, dass der Verzehr von hauseigenen Produkten für Arbeitnehmer nicht unentgeltlich ist. Die Arbeitnehmer erhalten auf Speisen und Getränke von der Konditorei einen Preisnachlass von 30 % auf den Endverbraucherpreis. In einer Pause nimmt sich A zwei Stücke Prinzregententorte und ein Kännchen Kaffee im Wert von 12 €, ohne an der Kasse zu bezahlen. Als die Kassiererin den Chef am Abend darauf hinweist, A habe nicht bezahlt, fragt sich dieser, was zu unternehmen ist.
>
> Hier liegt zwar eine Unterschlagung bzw. ein Diebstahl seitens des A vor, so dass der Vertrauensbereich betroffen ist. Doch auch Fehlverhaltensweisen im Vertrauensbereich müssen grundsätzlich vor Ausspruch der ordentlichen Kündigung abgemahnt werden. Dies gilt nur dann nicht, wenn ein nicht unerheblicher Vertrauensbruch vorliegt und der Arbeitnehmer nicht damit rechnen kann, dass der Arbeitgeber die Pflichtverletzung hinnehmen wird. Hier liegt eine Straftat in Bezug auf geringwertige Sachen vor, die den Arbeitgeber je nach Einzelfall zur sofortigen verhaltensbedingten Kündigung berechtigen kann. Gegenüber A muss demnach keine Abmahnung ausgesprochen werden (BAG NZA 2004, 486; ArbG Lörrach RDG 2010, 64; a.A: sehr gut vertretbar).

Es stellt sich die Frage, ob das Fehlverhalten, das der Abmahnung zugrunde liegt, das **gleiche** sein muss, wie das, das letztlich zur verhaltensbedingten Kündigung führt. Zu verlangen sind **gleichartige, aber nicht identische Wiederho-**

lungsfälle. Eine schematische Lösung ist nicht möglich. Ob eine Gleichartigkeit in vorgenanntem Sinne angenommen werden kann, hängt vom jeweiligen Einzelfall ab. Das abgemahnte Fehlverhalten muss auf der gleichen Ebene gelegen haben wie der Kündigungsvorwurf. Nur dann steht fest, dass die Warnfunktion der Abmahnung ihre Wirkung verfehlt hat (Dörner/Vossen in Ascheid/Preis/Schmidt, Kündigungsrecht, §1 KSchG, Rn 425).

> **Beispiel:** A ist bei B seit acht Monaten beschäftigt. Am 01.03. verließ A den Arbeitsplatz um 14.00 Uhr, ohne sich bei B abzumelden. Die Kernzeit endet erst um 15.30 Uhr. B hat den Vorfall abgemahnt. Am 20.03. erscheint A nicht zur Arbeit. Eine Anzeige einer eventuellen Erkrankung nach § 5 Abs. 1 S. 1 EFZG erfolgte seitens des A nicht. Hier ist von gleichartigen Vorfällen (Ausdruck der Unzuverlässigkeit) auszugehen, so dass wegen der Nichtanzeige der Erkrankung nun eine verhaltensbedingte Kündigung ausgesprochen werden kann. Wäre A bei B schon seit 20 Jahren beschäftigt, wäre es B u. U. zumutbar, wegen der langen Beschäftigungsdauer des A den zweiten Vorfall erneut zunächst abzumahnen. Ob gleichartige Fehlverhaltensweisen vor Ausspruch der Kündigung einmal oder mehrmals abgemahnt werden müssen, hängt von den Umständen des Einzelfalles ab.

> **Abwandlung des Beispiels:** Fall wie oben. Am 01.03. verlässt A den Arbeitsplatz, ohne sich abzumelden. Am 20.03. beleidigt A den B mit dem Wort „Sie Esel". Hier liegen keine gleichartigen Vorfälle vor, so dass B wegen des zweiten Vorfalls ggf. nichts anderes übrig bliebe, als erneut eine Abmahnung auszusprechen.

Zu berücksichtigen ist, dass die Abmahnung, wenn sie **zeitlich lange zurückliegt**, nicht mehr als Wirksamkeitsvoraussetzung für eine verhaltensbedingte Kündigung herangezogen werden kann. Hat der Arbeitnehmer über einen längeren Zeitraum hinweg nach einer erfolgten Abmahnung seine arbeitsvertraglichen Pflichten gewissenhaft erfüllt, ist die einst ausgesprochene Abmahnung quasi **„verbraucht"**. Die **Wirkung** einer Abmahnung ist **zeitlich begrenzt** (BAG NZA 1987, 418). Für Abmahnungen bei leichten Vertragswidrigkeiten soll eine Regelfrist von zwei Jahren gelten, bei schwereren Vertragspflichtverletzungen von drei Jahren (vgl. Nachweise bei Dörner/Vossen in Ascheid/Preis/Schmidt, Kündigungsrecht, §1 KSchG, Rn 422). Nach Ansicht des BAG ist eine Regelfrist abzulehnen. Für die Frage, wann eine Abmahnung für eine spätere Kündigung nicht mehr herangezogen werden kann, sind alle Umstände des Einzelfalles maßgebend (BAG NZA 2003, 1295). Hat die Abmahnung ihre Wirkung verloren, kann der Arbeitnehmer ihre **Beseitigung aus der Personalakte** verlangen (BAG NZA 1988, 654). Das BAG stützt den Anspruch des Arbeitnehmers auf Entfernung der Abmahnung aus der Personalakte auf die Fürsorgepflicht des Arbeitgebers. Nach dem Grundsatz von Treu und Glauben hat der Arbeitgeber das **allgemeine Persönlichkeitsrecht des Arbeitnehmers** in Bezug auf Ansehen, soziale Geltung und berufliches Fortkommen zu beachten. Bei einem objektiv rechtswidrigen Eingriff in das Persönlichkeitsrecht hat der Arbeitnehmer in entsprechender Anwendung von §§ 242, 1004 BGB einen Anspruch auf Widerruf oder Beseitigung der Beeinträchtigung (BAG NZA 1986, 227). Nach anderer Ansicht ist auch eine kündigungsrechtlich wirkungslos gewordene Abmahnung in der Personalakte zu belassen, weil sie für eine spätere Beurteilung oder eine beabsichtigte Beförderung des Arbeitnehmers von Bedeutung sein kann (Dörner/Vossen in Ascheid/Preis/Schmidt, § 1 KSchG, Rn 423, 424).

> **Beispiel:** Am 01.03.09 verließ A, ohne sich vorher abzumelden, seinen Arbeitsplatz um 15.20 Uhr, obwohl die Kernzeit erst um 15.30 Uhr endete. B, der Chef des A, sprach gegenüber A wegen des Vorfalls eine Abmahnung aus. Am 07.05.13 erscheint A, ohne sich bei seinem Chef B zu melden, nicht zur Arbeit. Er war am 07.05.13 krank, versäumte es aber, seiner Pflicht aus § 5 Abs. 1 S. 1 EFZGG zur unverzüglichen Krankmeldung nachzukommen. Hier ist, da beide Vorfälle recht lange auseinander liegen, davon auszugehen, dass die Abmahnung wegen des ersten Vorfalls ihre Wirkung verloren hat. B kann wegen des zweiten Vorfalls nicht kündigen, sondern nur eine Abmahnung aussprechen. A könnte die Entfernung der ersten Abmahnung aus der Personalakte aus §§ 242, 1004 BGB analog verlangen. Nach anderer Ansicht kann die Abmahnung, auch wenn sie ihre kündigungsrechtliche Wirkung verloren hat, in der Personalakte verbleiben.

Auch die **Prüfung der Sozialwidrigkeit einer verhaltensbedingten Kündigung** ist in **drei Stufen** vorzunehmen (ähnlich: Dörner/Vossen in Ascheid/Preis/Schmidt, Kündigungsrecht, § 1 KSchG, Rn 272a; Berkowsky NZA-RR 2001, 1 ff.):

- Auf der **ersten Prüfungsstufe** ist ein vertragswidriges Verhalten des Arbeitnehmers festzustellen, das zu konkreten Störungen des Arbeitsverhältnisses geführt hat und die auch künftig zu befürchten sind (Prognoseprinzip).

- Auf der **zweiten Prüfungsstufe** ist der Frage nachzugehen, ob die Störungen des Arbeitsverhältnisses nicht durch eine Umsetzung des Arbeitnehmers beseitigt werden können. Liegt ein vorwerfbares und schuldhaftes Verhalten des Arbeitnehmers vor, sind an die Zumutbarkeit der Umsetzung bzw. Weiterbeschäftigung keine allzu strengen Maßstäbe anzulegen.

- Auf der **dritten Stufe** ist eine Interessenabwägung durchzuführen. Das Interesse des Arbeitnehmers am Erhalt seines Arbeitsplatzes ist dem Interesse des Arbeitgebers an der Auflösung des Arbeitsverhältnisses gegenüberzustellen.

Folgende exemplarisch genannten Fehlverhaltensweisen können, ggf. nach vorheriger Abmahnung eines gleichartigen Fehlverhaltens, eine verhaltensbedingte Kündigung auslösen:

- **Krankheitsandrohung:** Droht der Arbeitnehmer mit seiner Erkrankung, wenn er zum gewünschten Zeitpunkt keinen Urlaub erhält oder wenn ihm keine andere Arbeit zugewiesen wird, so kann eine verhaltensbedingte Kündigung gerechtfertigt sein (BAG NZA 1993, 308).

- **Schlechtleistungen** wie Verursachung von Schäden: Verursacht ein Arbeitnehmer nach vorheriger Abmahnung wiederholt Schäden, kann ggf. verhaltensbedingt gekündigt werden, sofern die Schlechtleistungen vermeidbar sind (BAG 11.12.2003 AP KSchG 1969 § 1).

- Die **Annahme von Schmiergeldzahlungen und Geschenken**, sofern der Arbeitgeber die Annahme von Geschenken verboten hat, kann die verhaltensbedingte Kündigung, u. U. sogar ohne vorherige Abmahnung, rechtfertigen.

Dies gilt nicht für Schenkungen mit geringem Wert wie Taschenkalender, etc. (BAG 18.7.1972 AP BGB § 626 Nr. 65; BAG 15.11.2001 AP BGB § 626 Nr. 175).

- **Falschabrechnung von Spesen:** Der Spesenbetrug berechtigt i. d. R. sogar zur fristlosen Kündigung nach § 626 BGB. Wird eine verhaltensbedingte ordentliche Kündigung ausgesprochen, muss i. d. r. vorher keine Abmahnung erfolgen (BAG 22.11.1962 AP BGB § 626 Nr. 49).

- Die **sexuelle Belästigung** von Kollegen kann eine ordentliche verhaltensbedingte oder sogar eine außerordentliche Kündigung rechtfertigen. Maßgebend ist die Schwere des Verstoßes. Reicht eine Abmahnung oder Versetzung zur Verhinderung weiterer sexueller Belästigungen nicht aus, kann jedenfalls eine verhaltensbedingte ordentliche Kündigung gerechtfertigt sein (LAG Hamm NZA 1997, 769).

- **Missbrauch von Kontrolleinrichtungen:** Der Missbrauch der Arbeitszeiterfassung rechtfertigt eine ordentliche verhaltensbedingte Kündigung, im Einzelfall auch eine außerordentliche Kündigung (BAG 24.11.2005 AP BGB § 626 Nr. 197).

- **Tätlichkeiten:** Bei Schlägereien der Arbeitnehmer untereinander kann dem Angreifer i. d. R. verhaltensbedingt ordentlich gekündigt werden. Eine vorherige Abmahnung kann entbehrlich sein (BAG 6.10.2005 AP KSchG 1969 § 1 Nr. 25).

- **Unpünktlichkeit** kann i. d. R. nach mehrmaliger vorheriger Abmahnung mit der verhaltensbedingten ordentlichen Kündigung geahndet werden (BAG NJW 1989, 546).

- Auf **eigenmächtige Urlaubsüberschreitungen** kann der Arbeitgeber nach vorheriger Abmahnung mit der verhaltensbedingten Kündigung reagieren (LAG Köln BB 1994, 1504). Auch die Selbstbeurlaubung rechtfertigt die verhaltensbedingte Kündigung (BAG NZA 1994, 548).

- **Nichtanzeige einer Erkrankung:** Ein einmaliger Verstoß gegen die Anzeigepflicht aus § 5 Abs. 1 S. 1 EFZG rechtfertigt die ordentliche verhaltensbedingte Kündigung nicht. Nach erfolgter Abmahnung des Fehlverhaltens ist eine verhaltensbedingte ordentliche Kündigung gerechtfertigt, wenn der reibungslose Betriebsablauf dadurch gestört wurde (BAG NZA 1990, 433).

- Werden **ärztliche Arbeitsunfähigkeitsbescheinigungen** nach erfolgter Abmahnung wiederholt **nicht vorgelegt**, rechtfertigt dies grundsätzlich die verhaltensbedingte ordentliche Kündigung (Stoffels in BeckOK, § 626 BGB, Unentschuldigtes Fehlen, Rn 94).

- Fälle der **Arbeitsverweigerung** können die verhaltensbedingte ordentliche oder die fristlose Kündigung rechtfertigen. Eine beharrliche Arbeitsverweigerung ist i. d. R. ein fristloser Kündigungsgrund i. S. d. § 626 Abs. 1 BGB (BAG 21.11.1996 AP BGB § 626 Nr. 130).

- Die **private unerlaubte Telefonbenutzung** für Ferngespräche rechtfertigt ggf. nach vorheriger Abmahnung die ordentliche verhaltensbedingte Kündigung (LAG Niedersachsen BB 1998, 1112). Auch die **private Internetnutzung** während der Arbeitszeit vermag die verhaltensbedingte Kündigung zu rechtfertigen (BAG NZA 2006, 977).

Beispiel zur verhaltensbedingten Kündigung wegen Arbeitsverweigerung: Der Arbeitnehmer Sonnenschein ist seit 01.01.11 bei der Allianz SE angestellt. Einsatzort des Sonnenschein war bislang die Abteilung „Kraftfahrzeug-Versicherung" in München. Am 28.07.12 erhielt Sonnenschein ein Schreiben der Personalabteilung, in dem ihm mitgeteilt wurde, dass er ab 17.09.12 für vier Monate wegen krankheitsbedingter Fehlzeiten von Mitarbeitern der Abteilung „Schadensabwicklung" in Würzburg nach Würzburg müsse. Daraufhin spricht Sonnenschein am 31.07.12 beim Leiter der Personalabteilung Peters vor und teilt diesem mit, dass er sich weigere, für vier Monate in die Provinz nach Würzburg zu gehen. Schließlich habe er ein Theaterabonnement, das er nicht so einfach verfallen lasse. Peters bleibt in der Sache hart. Er weist Sonnenschein auf § 17 des einschlägigen Tarifvertrages hin, der die Versetzung von Mitarbeitern für einen Zeitraum von bis zu fünf Monaten im gesamten Bundesgebiet zulässt. Der Arbeitsvertrag von Sonnenschein enthält die Regelung, dass der Einsatzort München ist. Bezüglich der Möglichkeit der vorübergehenden Versetzung wird im Arbeitsvertrag auf § 17 des einschlägigen Tarifvertrages verwiesen. Peters betont auch, dass Sonnenschein für die Zeit der Versetzung eine Dienstwohnung in Würzburg kostenlos gestellt werde. Auf die Frage des Sonnenschein, warum gerade er gehen müsse, entgegnet Peters, Sonnenschein sei der Arbeitnehmer mit den schlechtesten „Sozialpunkten". Sonnenschein sei 26 Jahre alt, nicht verheiratet, habe keine Kinder und sei erst seit knapp zwei Jahren bei der Allianz. Nur Mitarbeiter aus der Abteilung „Kraftfahrzeug-Versicherung" kämen aufgrund ihrer Qualifikation für einen Einsatz in Würzburg in Betracht. Alle anderen Mitarbeiter der Abteilung „Kraftfahrzeug-Versicherung" hätten entweder Kinder, seien verheiratet oder länger als vier Jahre bei der Allianz. Die Weisung nach § 106 GewO gegenüber Sonnenschein, nach Würzburg zu gehen, sei daher nach „billigem Ermessen" getroffen worden. Außerdem sei die Zustimmung des Betriebsrates zu der Versetzung nach § 99 Abs. 1 BetrVG eingeholt worden. Der Betriebsrat habe der Versetzung für vier Monate zugestimmt.

Am 04.09.12 erhält die Personalabteilung der Allianz ein Schreiben des Rechtsanwalts von Sonnenschein, in dem angekündigt wird, dass Sonnenschein nicht nach Würzburg gehen werde. Peters verfasst sofort ein Antwortschreiben, in dem er für den Fall, dass Sonnenschein seine Arbeit ab 17.09.12 nicht in Würzburg aufnimmt, ohne weitere Vorankündigung fristlos gekündigt werde. Sonnenschein erscheint am 17.09.12 nicht am Arbeitsplatz in Würzburg, sondern in München. Peters leitet noch am 17.09.12 die Anhörung des Betriebsrates zum Ausspruch der außerordentlichen, hilfsweise zur ordentlichen Kündigung ein. Der Betriebsrat äußert gegenüber der Personalabteilung erst am 05.10.12 Bedenken, ob das Verhalten des Peters denn einen außerordentlichen Kündigungsgrund darstelle. Peters händigt Sonnenschein dennoch am 08.10.12 folgendes Schreiben persönlich aus:

„Aufgrund Ihrer vorsätzlichen und beharrlichen Weigerung, für vier Monate für die Allianz SE in Würzburg zu arbeiten, werden sie hiermit fristlos gekündigt. Hilfsweise wird die ordentliche Kündigung zum 15.11.12 ausgesprochen.

Ort, Datum, Unterschrift."

Sonnenschein erhebt am 09.10.12 Kündigungsschutzklage zum Arbeitsgericht mit dem Antrag festzustellen, dass die Kündigung vom 08.10.12 unwirksam ist.

Frage:

Ist die Kündigung vom 08.10.12 wirksam?

Lösung:

Sonnenschein wurde das Kündigungsschreiben am 08.10.12 persönlich ausgehändigt. Die Frist von drei Wochen zur Erhebung der Kündigungsschutzklage begann nach § 187 Abs. 1 BGB am 09.10.12 zu laufen und endete nach § 188 Abs. 2 BGB mit Ablauf des 30.10.12. Mit der Erhebung der Kündigungsschutzklage am 09.10.12 hat Sonnenschein die Frist zur Überprüfung der Wirksamkeit der außerordentlichen Kündigung nach § 13 Abs. 1 S. 2 KSchG i. V. m. § 4 S. 1 KSchG oder zur Überprüfung der hilfsweise ausgesprochenen ordentlichen Kündigung nach § 4 S. 1 KSchG gewahrt.

Fraglich ist, ob die von Peters namens der Allianz SE gegenüber Sonnenschein mit Schreiben vom 08.10.12 ausgesprochene außerordentliche Kündigung (§ 626 BGB) wirksam ist.

Peters ist Leiter der Personalabteilung, so dass davon auszugehen ist, dass er nach §§ 164 ff. BGB berechtigt war, namens der Allianz SE gegenüber Sonnenschein die Kündigung des Arbeitsverhältnisses auszusprechen. Bei der Kündigung handelt es sich um ein einseitiges Rechtsgeschäft i. S. d. § 174 S. 1 BGB. Ggf. hätte Sonnenschein die Unwirksamkeit der Kündigung nach § 174 S. 1 BGB herbeiführen können, wenn er diese zurückgewiesen hätte, weil Peters bei Vornahme der Kündigung eine Vollmachtsurkunde nicht vorgelegt hat. Sonnenschein hat die Kündigung jedoch nicht zurückgewiesen. Selbst wenn er dies getan hätte, wäre die Zurückweisung unbeachtlich gewesen, weil die Bekleidung der Funktion des Personalleiters mit der In-Kenntnis-Setzung i. S. d. § 174 S. 2 BGB gleich zu stellen ist (BAG NJW 1993, 1286).

Die Kündigung ist nicht schon nach § 125 S. 1 BGB i. V. m. § 623 BGB unwirksam. Das Schriftformerfordernis wurde gewahrt. Im Kündigungsschreiben wurde sogar der Grund für die fristlose Kündigung angegeben. Dies wäre jedoch nicht erforderlich gewesen. Aus § 626 Abs. 2 S. 3 BGB ergibt sich, dass der Arbeitgeber dem Arbeitnehmer den Kündigungsgrund nur auf dessen Verlangen schriftlich mitteilen muss. Hinweis: Die Einhaltung der Schriftform ist für den Lauf der Klageerhebungsfrist des § 4 S. 1 KSchG maßgebend.

Die fristlose Kündigung könnte nach § 102 Abs. 1 S. 1 BetrVG unwirksam sein, wenn Peters vor Ausspruch der fristlosen Kündigung nicht den Betriebsrat angehört hätte. Laut Sachverhalt hat Peters den Betriebsrat sowohl zur außerordentlichen als auch zur ordentlichen Kündigung angehört. Der Betriebsrat hat seine Bedenken zur außerordentlichen Kündigung nicht innerhalb der Drei-Tagesfrist des § 102 Abs. 2 S. 3 BetrVG vorgebracht.

Fraglich ist, ob hier ein wichtiger Grund i. S. d. § 626 Abs. 1 BGB vorliegt, der eine fristlose Kündigung rechtfertigt. Ein wichtiger Grund i. S. d. § 626 Abs. 1 BGB ist gegeben, wenn Tatsachen vorliegen, auf Grund derer dem Kündigenden unter Berücksichtigung aller Umstände des Einzelfalles und unter Abwägung der Interessen beider Vertragsteile die Fortsetzung des Arbeitsverhältnisses bis zum Ablauf der Kündigungsfrist nicht zugemutet werden kann. Sonnenschein ließ über seinen Rechtsanwalt erklären, dass er keinesfalls nach Würzburg gehe. Hierin liegt die Ankündigung einer Arbeitsverweigerung. Letztlich sprach Peters gegenüber Sonnenschein aber die fristlose Kündigung aus, weil Sonnenschein seine Ankündigung schließlich wahr machte und am 17.09.12 nicht am Arbeitsplatz in Würzburg, sondern in München erschien. Somit könnte von einer nicht nur angekündigten, sondern von einer tatsächlichen, endgültigen und beharrlichen Arbeitsverweigerung auszugehen sein, die i. d. R. einen fristlosen Kündigungsgrund darstellt.

Eine Arbeitsverweigerung liegt jedoch nur vor, wenn Sonnenschein verpflichtet war, seine Arbeitsleistung für vier Monate nicht in München, sondern in Würzburg zu erbringen. Hierzu wäre Sonnenschein nicht verpflichtet, wenn die Allianz SE die Änderung des Einsatzortes von Sonnenschein nur durch eine Änderungskündigung (§ 2 KSchG) hätte herbeiführen können, was aber nicht erfolgt ist. Im Arbeitsvertrag ist für Sonnenschein als Einsatzort München genannt. Dennoch konnte Sonnenschein für vier Monate von München nach Würzburg versetzt werden, weil der Arbeitsvertrag beim Einsatzort ausdrücklich auf § 17 des einschlägigen Tarifvertrages Bezug nimmt. § 17 des einschlägigen Tarifvertrages sieht für die Allianz SE eine Versetzungsmöglichkeit der Arbeitnehmer für bis zu fünf Monate im gesamten Bundesgebiet vor. Die Allianz SE musste demnach gegenüber Sonnenschein keine Änderungskündigung aussprechen, um diesen für vier Monate von München nach Würzburg abziehen zu können. Eine Änderung des Einsatzortes des Sonnenschein konnte die Allianz SE über die Ausübung ihres Direktionsrechts (= arbeitsvertragliches Weisungsrecht) vornehmen. Der Betriebsrat hat der Versetzung des Sonnenschein nach § 99 Abs. 1 BetrVG zugestimmt. Von einer dem Sonnenschein zur Last zu legenden Arbeitsverweigerung wäre auch dann nicht auszugehen, wenn Peters namens der Allianz SE das Direktionsrecht des Arbeitgebers nach § 106 GewO nicht nach billigem Ermessen ausgeübt hätte. Der Arbeitgeber hat das ihm zustehende Weisungsrecht gegenüber dem Arbeitnehmer nach billigem Ermessen auszuüben. Dies wäre nicht der Fall, wenn sachliche Gründe dafür gesprochen hätten, dass statt Sonnenschein ein anderer Mitarbeiter für vier Monate von München nach Würzburg abgezogen wird. Peters hat zur Vorbereitung seiner Entscheidung, welcher Arbeitnehmer nach Würzburg muss, unter den gleich qualifizierten Arbeitnehmern eine soziale Auswahl vorgenommen, um dem Erfordernis der Ausübung des Direktionsrechts des Arbeitgebers nach billigem Ermessen Rechnung zu tragen. Nach dem Sachverhalt hat Sonnenschein eindeutig die schlechteren Sozialpunkte als vergleichbare Mitarbeiter, so dass für Sonnenschein die Pflicht bestand, für vier Monate nach Würzburg zu gehen. Sonnenschein hat aber über seinen Rechtsanwalt erklären lassen, dass er auf keinen Fall nach Würzburg gehe, so dass von einer endgültigen und beharrlichen Arbeitsverweigerung auszugehen ist. Sonnenschein hat sich auch nicht einsichtig gezeigt, als ihm Peters die fristlose Kündigung für den Fall, dass er nicht nach Würzburg geht, in Aussicht gestellt hat. Eine Abmahnung des Fehlverhaltens ist bei einer beharrlichen und endgültigen Arbeitsverweigerung sinnlos, weil Sonnenschein ja zu erkennen gibt, er werde der Aufforderung zur Erbringung der Arbeitsleistung in Würzburg nicht nachkommen.

Ein fristloser Kündigungsgrund wäre aber zu verneinen, wenn es der Allianz SE zumutbar wäre, Sonnenschein noch bis zum Ablauf der ordentlichen Kündigungsfrist weiterzubeschäftigen. Sonnenschein war noch keine zwei Jahre bei der Allianz SE beschäftigt, so dass die ordentliche Kündigungsfrist nach § 622 Abs. 1 BGB vier Wochen zum Fünfzehnten oder zum Ende eines Kalendermonats beträgt. Für einzel- oder tarifvertragliche ordentliche Kündigungsfristen liegen keine Anhaltspunkte vor. In Anbetracht der kurzen ordentlichen Kündigungsfrist könnte davon auszugehen sein, dass es der Allianz SE trotz der Arbeitsverweigerung des Sonnenschein zumutbar ist, diesen noch für vier Wochen weiterzubeschäftigen. Andererseits ist zu beachten, dass sich Sonnenschein mit seinem Verhalten grob unkollegial gezeigt hat, da wegen seiner Weigerung ein anderer Arbeitnehmer, der ggf. Kinder hat, nach Würzburg abgezogen werden muss. Alles in allem dürfte das Vorliegen eines wichtigen Grundes i. S. d. § 626 Abs. 1 BGB zu bejahen sein (vgl. zur außerordentlichen Kündigung Kapitel 13).

Die außerordentliche Kündigung wäre jedoch unwirksam, wenn die materielle Ausschlussfrist des § 626 Abs. 2 BGB von zwei Wochen zur Erklärung der Kündigung nicht gewahrt wurde. Peters erfuhr von der tatsächlichen Arbeitsverweigerung des Sonnenschein, als dieser am 17.09.12 nicht am Arbeitsplatz in Würzburg, sondern in München erschien. Somit begann die Frist des § 626 Abs. 2 BGB zum Ausspruch der fristlosen Kündigung nach § 187 Abs. 1 BGB am 18.09.12 und endete nach § 188 Abs. 2 BGB mit Ablauf des 01.10.12. Peters hat vorliegend die außerordentliche Kündigung aber erst am 08.10.12 ausgesprochen. Damit könnte die Ausschlussfrist des § 626 Abs. 2 BGB verstrichen sein. Nach § 102 Abs. 2 S. 3 BetrVG hat der Betriebsrat Bedenken, die er gegen eine außerordentliche Kündigung hat, dem Arbeitgeber unverzüglich, spätestens jedoch innerhalb von drei Tagen mitzuteilen. Die Ausschlussfrist des § 626 Abs. 2 BGB wird durch die Äußerungsfrist des Betriebsrats nach § 102 Abs. 2 S. 3 BetrVG nicht verlängert (BAG NJW 1978, 661). Der Arbeitgeber muss das Anhörungsverfahren so rechtzeitig einleiten, dass er die Ausschlussfrist des § 626 Abs. 2 BGB wahren kann. Dies hat Peters hier zwar getan, doch hat sich der Betriebsrat nicht innerhalb der Frist von drei Tagen geäußert. Peters hätte jedoch mit dem Ausspruch der Kündigung deshalb nicht abwarten dürfen. Entscheidend für die Fristwahrung ist der Zugang der Kündigungserklärung (BAG 09.03.1978 AP § 626 BGB Ausschlussfrist Nr. 12). Die fristlose Kündigung ist damit unwirksam, weil Peters die Ausschlussfrist von zwei Wochen nach § 626 Abs. 2 BGB nicht gewahrt hat.

Fraglich ist jedoch, ob Peters mit dem Schreiben vom 08.10.12 gegenüber Sonnenschein eine wirksame verhaltensbedingte ordentliche Kündigung ausgesprochen hat. Peters hat ausdrücklich hilfsweise die ordentliche Kündigung zum 15.11.012 erklärt, also für den Fall, dass die außerordentliche Kündigung, wie es hier der Fall ist, unwirksam sein sollte.

Der Betriebsrat wurde auch, wie von § 102 Abs. 1 S. 1 BetrVG gefordert, hilfsweise zur ordentlichen Kündigung angehört. Da sich der Betriebsrat nicht binnen Wochenfrist zur ordentlichen Kündigung geäußert hat, gilt nach § 102 Abs. 2 S. 2 BetrVG seine Zustimmung zur ordentlichen Kündigung als erteilt.

Da hier das Kündigungsschutzgesetz nach §§ 1 Abs. 1, 23 Abs. 1 S. 3 KSchG anwendbar ist, muss die ordentliche Kündigung nach § 1 Abs. 1 KSchG, um wirksam zu sein, sozial gerechtfertigt sein. Wie bereits ausgeführt, hat Sonnenschein die Frist des § 4 S. 1 KSchG gewahrt. Auch für die verhaltensbedingte Kündigung gilt eine Drei-Stufen-Prüfung.

Für die erste Prüfungsstufe ist festzuhalten: Die endgültige und beharrliche Arbeitsverweigerung stellt einen verhaltensbedingten Kündigungsgrund i.S.d. § 1 Abs. 2 S. 1 KSchG dar, da es sich um ein schuldhaftes Fehlverhalten handelt. Für eine verhaltensbedingte Kündigung gilt das Prognoseprinzip. Der Zweck der Kündigung ist nicht die Sanktion für eine Vertragspflichtverletzung, sondern die Vermeidung von weiteren Vertragspflichtverletzungen. Die eingetretene Pflichtverletzung muss sich auch zukünftig noch belastend auswirken. Dies ist hier der Fall, weil auch künftig zu befürchten ist, Sonnenschein werde sich rechtmäßigen Arbeitsanweisungen widersetzen. Das Fehlverhalten musste vor Ausspruch der Kündigung nicht abgemahnt werden, da Sonnenschein seine Ernsthaftigkeit der Arbeitsverweigerung durch das anwaltliche Schreiben unterstrichen hat. Eine Abmahnung wäre daher ins Leere gelaufen.

Auf der zweiten Prüfungsstufe ist der Frage einer zumutbaren Umsetzung des Sonnenschein nachzugehen. Bei einer schuldhaften Pflichtverletzung, wie sie hier vorliegt, dürfen an die Zumutbarkeit der Umsetzung keine allzu hohen Anforderungen gestellt werden. Nach der beharrlichen Arbeitsverweigerung ist der Allianz SE eine Umsetzung des Sonnenschein nicht zumutbar.

Auf der dritten Prüfungsstufe ist eine Interessenabwägung durchzuführen. Das Interesse des Sonnenschein am Erhalt seines Arbeitsplatzes bis zu seiner Pensionierung ist dem Interesse der Allianz SE an der Lösung des Arbeitsverhältnisses gegenüberzustellen. Mit Blick auf die recht kurze Beschäftigungsdauer des Sonnenschein bei der Allianz und das gravierende Fehlverhalten des Sonnenschein überwiegt das Interesse der Allianz SE an der Auflösung des Arbeitsverhältnisses.

Damit ist die ordentliche Kündigung wirksam. Die Kündigung greift nach § 622 Abs. 1 BGB mit Ablauf zum 15.11.12.

Hinweis: Sonnenschein wurde hier offenbar von seinem Rechtsanwalt falsch beraten, den er haftbar machen kann (§ 280 Abs. 1 BGB i.V.m. §§ 675, 611 BGB).

12.3.4 Betriebsbedingte Kündigung

Sozial ungerechtfertigt ist eine ordentliche Kündigung nach § 1 Abs. 2 KSchG auch dann, wenn sie **nicht durch dringende betriebliche Erfordernisse**, die einer Weiterbeschäftigung des Arbeitnehmers in diesem Betrieb entgegenstehen, bedingt ist. Die **Prüfung der Wirksamkeit** der betriebsbedingten ordentlichen Arbeitgeberkündigung vollzieht sich in **drei Prüfungsschritten** (Kiel in Ascheid/Preis/Schmidt, Kündigungsrecht, § 1 KSchG, Rn 442):

- **Erstens** hat der Arbeitgeber darzulegen, welche Umstände **zu einer Verringerung des betrieblichen Beschäftigungsbedarfs führen**.

- **Zweitens** ist zu prüfen, ob die betrieblichen Erfordernisse i.S.d. § 1 Abs. 2 KSchG **„dringende"** sind und die Kündigung „bedingen". Nach § 1 Abs. 2 S. 4 KSchG trägt der Arbeitgeber die Beweislast für die Tatsachen, die die Kündigung bedingen.

- **Drittens** muss auf eine Rüge des Arbeitnehmers nach § 1 Abs. 3 KSchG geprüft werden, ob der Arbeitgeber die betriebsbedingte Kündigung dem

sozial am wenigsten schutzwürdigen Arbeitnehmer gegenüber ausgesprochen hat.

Für die Frage, ob betriebsbedingte Gründe die ordentliche Kündigung sozial rechtfertigen, gilt Folgendes (BAG NJW 1987, 3216; BAG DB 1989, 2384):

Zunächst ist erforderlich, dass eine **unternehmerische Entscheidung** mit einem Konzept zur Angleichung des Personalbestandes an den veränderten Arbeitsbedarf vorliegt. Hierbei ist zu beachten, dass die **Zweckmäßigkeit** der unternehmerischen Entscheidung **nicht der Kontrolle der Arbeitsgerichte unterliegt**, da ansonsten in die grundgesetzlich garantierte unternehmerische Freiheit (Art. 2 Abs. 1 GG) eingegriffen würde. Nach Ansicht des BAG können unternehmerische Entscheidungen nur in äußerst eng begrenzten Ausnahmefällen der gerichtlichen Kontrolle unterzogen werden, und zwar dann, wenn sie **offenbar unsachlich, unvernünftig oder willkürlich** sind. Offenbar unsachlich sind bspw. Unternehmerentscheidungen, die unmittelbar oder mittelbar gegen Gesetze oder Tarifverträge verstoßen oder ihrer Umgehung dienen. Unternehmerische Maßnahmen sind nicht allein deshalb willkürlich, weil sie der Steigerung des Gewinns dienen sollen (Kiel in Ascheid/Preis/Schmidt, § 1 KSchG, Rn 471). Die Arbeitsgerichte haben nur zu prüfen, ob die unternehmerische Entscheidung der Anpassung des Personalbestandes die konkrete betriebsbedingte Kündigung auslöst. Demnach ist bei der betriebsbedingten Kündigung nach dem zukünftigen Beschäftigungsbedarf zu fragen (BAG NZA 1997, 757). Maßgebender Zeitpunkt für die Beurteilung des zukünftigen Beschäftigungsbedarfs ist der Zugang der Kündigung nach § 130 BGB (Kiel in Ascheid/Preis/Schmidt, Kündigungsrecht, § 1 KSchG, Rn 453). Der veränderte Arbeitsbedarf, der letztlich den Unternehmer zur Anpassung des Personalbestandes veranlasst, kann **innerbetriebliche** oder **außerbetriebliche** Ursachen haben.

Innerbetriebliche Ursachen sind folgende:

Dringende betriebliche Erfordernisse für eine Kündigung im Sinne von § 1 Abs. 2 KSchG können dann vorliegen, wenn sich der Arbeitgeber zu einer organisatorischen Maßnahme entschließt, bei deren Umsetzung das Bedürfnis für die Weiterbeschäftigung eines oder mehrerer Arbeitnehmer überhaupt oder unter Zugrundelegung des Vertragsverhältnisses für den bisherigen Einsatz entfällt (BAG NZA 1986, 822; BAG NZA 1999, 1098). Innerbetriebliche Ursachen sind insbesondere die Änderung der Arbeitsmethoden und der Arbeitsabläufe, Rationalisierungsmaßnahmen und die Betriebsstilllegung.

Außerbetriebliche Ursachen sind folgende:

Außerbetriebliche Ursachen sind von der Betriebsführung und Betriebsgestaltung unabhängige Umstände, die einen konkreten Bezug zum Betrieb aufweisen und sich auf die Arbeitsverhältnisse auswirken (Kiel in Ascheid/Preis/ Schmidt, Kündigungsrecht, § 1 KSchG, Rn 475). Behauptet der Arbeitgeber, bereits außerbetriebliche Gründe allein hätten ein Bedürfnis für eine Weiterbeschäftigung entfallen lassen, bindet der Arbeitgeber sich also selbst an diese von ihm so gesehenen Sachzwänge, hat das Gericht nachzuprüfen, ob im Zeitpunkt des Kündigungsausspruchs feststand, zum Zeitpunkt des Kündigungstermins sei eine Beschäftigungsmöglichkeit für den gekündigten Arbeitnehmer nicht mehr gegeben (BAG NZA 1990, 65). Außerbetriebliche Ursachen sind insbesondere Absatzschwierigkeiten, Auftragsmangel, Rohstoffmangel, aber auch Rentabilitätsanforderungen externer Investoren.

Schließlich müssen die innerbetrieblichen oder außerbetrieblichen Ursachen zum **Wegfall des konkret-gegenständlichen Arbeitsplatzes** des gekündigten Arbeitnehmers geführt haben. Dies ist dann der Fall, wenn eine ausreichende Arbeitsmenge zur Beschäftigung des Arbeitnehmers nicht mehr zur Verfügung steht. Hier ist zu prüfen, ob für die konkrete, nach dem Arbeitsvertrag geschuldete Tätigkeit ein ausreichendes Arbeitsvolumen vorhanden ist, was bspw. am Auftragsbestand des Unternehmens abzulesen ist. Die Beschäftigungsmöglichkeit muss nach der vom Arbeitgeber im Kündigungszeitpunkt anzustellenden Prognose auf Dauer entfallen (BAG NZA 1999, 1098; BAG NZA 2007, 552).

Nach § 1 Abs. 2 S. 1 KSchG ist die betriebsbedingte Kündigung nur dann sozial gerechtfertigt, wenn **dringende** betriebliche Erfordernisse für die Kündigung vorliegen. Das Tatbestandsmerkmal der **Dringlichkeit** wird folgendermaßen umschrieben: Die betrieblichen Erfordernisse müssen „dringend" sein und eine Kündigung im Interesse des Betriebes notwendig machen. Diese weitere Voraussetzung ist erfüllt, wenn es dem Arbeitgeber nicht möglich ist, der betrieblichen Lage durch andere Maßnahmen auf technischem, organisatorischem oder wirtschaftlichem Gebiet als durch eine Kündigung zu entsprechen. Die Kündigung muss wegen der betrieblichen Lage **unvermeidbar** sein (BAG NJW 1979, 1902; BAG NZA 1986, 155). Die Dringlichkeit der betrieblichen Erfordernisse kann zu verneinen sein, wenn zunächst der Abbau von Mehrarbeit oder Überstunden oder die Ersetzung von Leiharbeitnehmern als Reaktion auf den rückläufigen Arbeitskräftebedarf möglich ist. Gleiches kann gelten, wenn vorübergehend Kurzarbeit eingeführt werden kann. Im Zusammenhang mit einer betriebsbedingten Kündigung ist insbesondere der Frage nachzugehen, ob der Arbeitnehmer auf einen **anderen freien gleichwertigen Arbeitsplatz im Betrieb oder Unternehmen versetzt** werden kann (BAG NJW 1991, 587), was auch § 1 Abs. 2 S. 2 Nr. 1 lit. b KSchG zum Ausdruck bringt. Ein anderer gleichwertiger Arbeitsplatz muss nicht schon zum Zeitpunkt der Kündigung frei sein. Es genügt, wenn er in absehbarer Zeit frei wird und es dem Arbeitgeber zumutbar gewesen wäre, den gekündigten Arbeitnehmer bis zum Freiwerden des anderen Arbeitsplatzes weiterzubeschäftigen. Zumutbar ist eine Zeitspanne der Weiterbeschäftigung, die sich daran orientiert, wie lange ein anderer Stellenbewerber benötigen würde, um sich am frei werdenden Arbeitsplatz einzuarbeiten (BAG NZA 1995, 521).

Im Rahmen der **Verhältnismäßigkeitsprüfung** ist zu berücksichtigen, dass die betriebsbedingte Beendigungskündigung immer nur das **äußerste Mittel** sein kann. Der Arbeitgeber hat also auch zu prüfen, ob die Beendigungskündigung durch eine Änderungskündigung abgewendet werden kann (sog. **Vorrang der Änderungskündigung** gegenüber der Beendigungskündigung). Vor Ausspruch der betriebsbedingten Kündigung hat der Arbeitgeber somit zu prüfen, ob er den Arbeitnehmer auf einem anderen Arbeitsplatz, auch zu schlechteren Konditionen, einsetzen kann (BAG NJW 1985, 1797).

Liegen die vorgenannten Voraussetzungen für die soziale Rechtfertigung der betriebsbedingten Kündigung vor, kann sie dennoch nach § 1 Abs. 3 KSchG sozial ungerechtfertigt sein, wenn der Arbeitgeber bei der **Auswahl** des Arbeitnehmers **soziale Gesichtspunkte** nicht oder nicht hinreichend berücksichtigt hat. Damit ist gemeint, dass der Arbeitgeber bei der Auswahl des Arbeitnehmers, den er wegen dringender betrieblicher Gründe kündigen will, soziale Gesichtspunkte berücksichtigen muss. Er muss aus einer Gruppe von vergleichbaren Arbeitnehmern denjenigen kündigen, der am wenigsten sozial schutzwürdig ist. Als Auswahlkriterien sind nach § 1 Abs. 3 KSchG heranzuziehen:

- **Betriebszugehörigkeit**,
- **Lebensalter**,
- **Unterhaltsverpflichtungen**,
- **Schwerbehinderung** des Arbeitnehmers.

Weitere soziale Gesichtspunkte als die vorgenannten dürfen keine Rolle spielen (Kiel in Ascheid/Preis/Schmidt, Kündigungsrecht, § 1 KSchG, Rn 732). Als weitere Aspekte können nur solche Umstände berücksichtigt werden, die mit den sozialen Auswahlkriterien in einem **unmittelbaren Zusammenhang** stehen. Die Eigenschaft als Alleinerziehender kann der Unterhaltspflicht besonderes Gewicht verleihen, das Existenz sichernde Einkommen des Ehegatten oder Lebenspartners kann die Bedeutung dieses Merkmals vermindern (Kiel in Ascheid/Preis/Schmidt, § 1 KSchG, Rn 732). Bei der **Gewichtung** der Sozialkriterien steht dem Arbeitgeber ein **Beurteilungsspielraum** zu. Ein Punkteschema für die Auswahl der zu kündigenden Arbeitnehmer muss aber alle vier Sozialkriterien ausreichend berücksichtigen und diese in ein angemessenes Verhältnis zueinander setzen (BAG NZA 2003, 791). Die **Anknüpfung an das Lebensalter** im Rahmen der Sozialauswahl könnte allerdings eine **unzulässige Altersdiskriminierung** nach §§ 1, 7 AGG darstellen. Denn die in § 1 Abs. 3 S. 1 KSchG vorgesehene Berücksichtigung des Alters führt in der Tendenz zu einer Bevorzugung älterer und damit zugleich zu einer Benachteiligung jüngerer Arbeitnehmer. **Die Diskriminierungsverbote des AGG (§§ 1–10 AGG) sind im Rahmen der Prüfung der Sozialwidrigkeit von Kündigungen zu beachten.** Eine Kündigung kann sozialwidrig sein, wenn sie gegen Diskriminierungsverbote verstößt. Die Regelung des § 2 Abs. 4 AGG steht dem nicht entgegen (BAG NZA 2009, 361). Zwar bestimmt § 2 Abs. 4 AGG, dass für Kündigungen ausschließlich die Bestimmungen zum allgemeinen und besonderen Kündigungsschutz gelten. Dennoch sind die Diskriminierungsverbote des AGG einschließlich der ebenfalls im AGG vorgesehenen Rechtfertigungen für unterschiedliche Behandlungen bei der **Auslegung der unbestimmten Rechtsbegriffe** des Kündigungsschutzgesetzes in der Weise zu berücksichtigen, dass sie **Konkretisierungen des Begriffs der Sozialwidrigkeit** darstellen (BAG NZA 2009, 361, 364). Diese Sicht wird durch § 2 Abs. 1 Nr. 2 AGG bekräftigt, wonach sich das Allgemeine Gleichbehandlungsgesetz auch auf die Entlassungsbedingungen erstreckt. Wird bei der Sozialauswahl an das Alter angeknüpft, sollte dies regelmäßig eine nach § 10 S. 1 und 2 AGG **gerechtfertigte Altersdiskriminierung** darstellen. Denn die Absicht des § 1 Abs. 3 KSchG besteht darin, ältere Arbeitnehmer, die wegen ihres Alters typischerweise schlechtere

Chancen auf dem Arbeitsmarkt haben, etwas besser zu schützen. Darin liegt ein legitimes Ziel (BAG NZA 2009, 361). Auch die **Bildung von Altersgruppen** kann nach § 10 S. 1 und 2 AGG gerechtfertigt sein, wenn die Altersgruppenbildung bei Massenkündigungen aufgrund einer Betriebsänderung erfolgt. Denn die Altersgruppenbildung vermeidet nicht nur eine Überalterung der Belegschaft, sondern ebnet auch die bei Massenkündigungen etwa überschießende Tendenz der Bewertung des Lebensalters als Sozialdatum ein und wirkt so einer übermäßigen Belastung jüngerer Beschäftigter entgegen (BAG NZA 2009, 361).

Mit Blick darauf, dass § 1 AGG eine **Diskriminierung wegen der Behinderung** verbietet, ist in Erwägung zu ziehen, bei der Sozialauswahl nach § 1 Abs. 3 KSchG nicht erst ab dem Grad der Schwerbehinderung Punkte zu vergeben (vgl. auch BAG 17.03.2005 AP KSchG 1969 § 1 Soziale Auswahl Nr. 71).

Die Sozialauswahl ist nach § 1 Abs. 3 KSchG **betriebsbezogen** durchzuführen. Dies gilt selbst dann, wenn arbeitsvertraglich die Möglichkeit einer Versetzung des Arbeitnehmers in andere Betriebe des Unternehmens vereinbart ist (BAG NZA 2006, 590). Die Sozialauswahl ist nicht unternehmens- oder konzernbezogen durchzuführen.

Zur Vermeidung von Härten, die jedes Auswahlschema mit sich bringt, ist eine individuelle Überprüfung der Auswahl durchzuführen (BAG NJW 1984, 1648; BAG DB 1990, 1335, 1917).

Bei der Frage, welche Arbeitnehmer in die konkrete soziale Auswahl einzubeziehen sind, gilt der Grundsatz der **horizontalen Vergleichbarkeit** der Arbeitnehmer. Vergleichbar sind Arbeitnehmer, die aufgrund ihrer **Fähigkeiten und Kenntnisse** sowie nach dem **Vertragsinhalt austauschbar** sind (BAG NZA 1994, 1023). Die arbeitsvertragliche Anknüpfung bezieht sich nur auf die inhaltlich geschuldete Leistung und nicht auf die Dauer und Lage der Arbeitszeit. Teilzeitkräfte sind daher dem Kreis der vergleichbaren Arbeitnehmer zuzurechnen (BAG NZA 1999, 431; BAG NZA 2004, 1389).

> **Beispiel** (BAG NJW 2000, 2604 ff.): A ist seit 1988 bei einem großen Verlagshaus mit mehreren Redaktionen als Layouterin beschäftigt. Im Redakteursvertrag heißt es unter anderem:
>
> „§ 1. Tätigkeit: Frau A – nachstehend Redakteur genannt – ist Layouterin im Ressort Layout der Redaktion Sandra und kann für alle im Rahmen der Redaktion anfallenden Layout-Aufgaben eingesetzt werden."
>
> Unter Hinweis auf die deutlich rückläufige Umsatzentwicklung der Zeitschrift Sandra, einer Strickzeitschrift, entschloss sich der Verlag, das Erscheinen der Zeitschrift einzustellen. Deshalb kündigte der Verlag das Arbeitsverhältnis mit A betriebsbedingt ordentlich. A hält die betriebsbedingte Kündigung für sozial ungerechtfertigt, da der Verlag eine Sozialauswahl nach § 1 Abs. 3 KSchG unter Einbeziehung aller Layouter/Layouterinnen der anderen Redaktionen des Verlags hätte vornehmen müssen. Das BAG folgte der Argumentation von A nicht. Nach Ansicht des BAG gilt für die Sozialauswahl Folgendes: „Kann ein Arbeitnehmer nach dem Arbeitsvertrag nur innerhalb eines bestimmten Arbeitsbereichs versetzt werden (im Fall: eine Layouterin/ Redakteurin eines großen Verlagshauses nur innerhalb der Redaktion

der von ihr zu betreuenden Zeitschrift), so ist bei einer wegen Wegfalls dieses Arbeitsbereichs erforderlichen betriebsbedingten Kündigung keine Sozialauswahl unter Einbeziehung der vom Tätigkeitsfeld vergleichbaren Arbeitnehmer anderer Arbeitsbereiche (Redaktionen anderer Zeitschriften des Verlags) vorzunehmen… "Der Grundsatz, dass die Sozialauswahl betriebsbezogen, d. h. gegebenenfalls auch abteilungsübergreifend durchzuführen ist (BAG NJW 1994, 3370) gilt dann nicht, wenn der Arbeitsbereich des Arbeitnehmers im Arbeitsvertrag so genau festgelegt ist, dass der Arbeitgeber den Arbeitnehmer nicht einseitig auf einen anderen Arbeitsplatz um- oder versetzen kann (BAG NJW 1999, 667; BAG NZA 2005, 986). Die genaue Festlegung des Arbeitsbereichs im Arbeitsvertrag kann sich demnach im Einzelfall auf den sozialen Kündigungsschutz negativ auswirken.

Auf **vertikaler Ebene** findet ein **Vergleich nicht** statt. Grundsätzlich sind bei der sozialen Auswahl nur Arbeitnehmer der gleichen hierarchischen Ebene miteinander zu vergleichen. Es ist es unzulässig, einen Mitarbeiter einer niedrigeren hierarchischen Ebene mit einem Mitarbeiter einer höheren hierarchischen Ebene zu vergleichen, da ansonsten der Mitarbeiter der niedrigeren hierarchischen Stufe mit den besseren Sozialpunkten die betriebsbedingte Kündigung eines Mitarbeiters einer höheren hierarchischen Ebene mit schlechteren Sozialpunkten auslösen könnte. Dies käme einem Beförderungsautomatismus gleich. Eine vertikale soziale Auswahl ist generell abzulehnen, weil durch sie der Arbeitnehmer auf die Kündigung seiner Kollegen Einfluss nehmen kann (BAG NJW 1991, 587).

Die Beweislast dafür, dass eine soziale Auswahl nicht stattgefunden hat oder dass sie fehlerhaft erfolgt ist, trägt nach § 1 Abs. 3 S. 3 KSchG der Arbeitnehmer.

Nach § 1 Abs. 3 S. 2 KSchG sind Arbeitnehmer in die soziale Auswahl nicht einzubeziehen, deren Weiterbeschäftigung, insbesondere wegen ihrer **Kenntnisse, Fähigkeiten und Leistungen oder zur Sicherung einer ausgewogenen Personalstruktur des Betriebes, im berechtigten betrieblichen Interesse** liegt. Der Arbeitgeber kann von der Ausnahmevorschrift Gebrauch machen, muss dies aber nicht. Ob einzelne Arbeitnehmer als **Leistungsträger** nicht in die soziale Auswahl einzubeziehen sind, ist anhand einer **einzelfallbezogenen Interessenabwägung** zu klären. Es ist allerdings nicht zulässig, eine ganze Gruppe von Arbeitnehmern aufgrund ihrer Ausbildung als Leistungsträger aus der Sozialauswahl auszuklammern (LAG Köln NZA-RR 2006, 20, 21: Alle ausgebildeten Papiermacher). Arbeitnehmer können auch **zur Sicherung einer ausgewogenen Personalstruktur** aus der Sozialauswahl herausgenommen werden. Die Personalstruktur erfasst insbesondere die Altersstruktur des Betriebes (Thüsing/Wege RdA 2005, 12, 22). Der Arbeitgeber kann also innerhalb der zur Sozialauswahl anstehenden Personen Altersgruppen bilden und dann anteilsmäßig aus den Altersgruppen kündigen. Von dem Begriff „Personalstruktur" werden aber auch das Geschlecht, die Leistungsstärke und die gezeigte Vertragstreue erfasst (Däubler NZA 2004, 177, 182). Da § 1 Abs. 3 S. 2 KSchG von der **„Sicherung"** einer ausgewogenen Personalstruktur spricht, kann der Arbeitgeber seine verfehlte Personalpolitik nicht über § 1 Abs. 3 S. 2 KSchG korrigieren. § 1 Abs. 3 S. 2 KSchG steht insofern im Gegensatz zu § 125 Abs. 1 Nr. 2 InsO, der auch die „Schaffung" einer ausgewogenen Personalstruktur zur Sicherung eines Betriebes erlaubt.

Im Zusammenhang mit der sozialen Auswahl ist ggf. auch **§ 1 Abs. 4 KSchG** zu beachten, der eine Einschränkung der Überprüfungsmöglichkeit der sozialen Auswahl auf ihre Fehlerhaftigkeit mit sich bringt. Ist in einem Tarifvertrag, in einer Betriebsvereinbarung nach § 95 BetrVG oder in einer entsprechenden Richtlinie nach den Personalvertretungsgesetzen festgelegt, wie die sozialen Gesichtspunkte nach § 1 Abs. 3 S. 1 KSchG im Verhältnis zueinander zu gewichten sind, kann die soziale Auswahl der Arbeitnehmer nur auf **grobe Fehlerhaftigkeit** überprüft werden.

Eine **Besonderheit** für die betriebsbedingte Kündigung regelt **§ 1 Abs. 5 KSchG**. Sind bei einer Kündigung auf Grund einer Betriebsänderung nach § 111 BetrVG die Arbeitnehmer, denen gekündigt werden soll, in einem **Interessenausgleich** zwischen Arbeitgeber und Betriebsrat **namentlich bezeichnet**, wird **vermutet**, dass die Kündigung durch dringende betriebliche Erfordernisse bedingt ist. Die soziale Auswahl der Arbeitnehmer kann auch in diesem Fall nur auf **grobe Fehlerhaftigkeit** überprüft werden. Durch die Namensliste wird die Geltendmachung des individualrechtlichen Kündigungsschutzes erheblich beschränkt und das Interessensausgleichsverfahren gestärkt. Gerechtfertigt wird dies durch die verstärkte Einbeziehung der Betriebsräte in die Verantwortung für Betriebsänderungen. Gleichsam geht man von einer hohen Gewähr für die Richtigkeit der durch die Betriebsparteien getroffenen Sozialauswahl aus (Kiel in Ascheid/Preis/Schmidt, § 1 KSchG, Rn 793; BAG NZA 1998, 1110).

Beispiel: Die Bau AG (10.000 Mitarbeiter) ist in der Krise. Der Vorstand beschließt, um das Unternehmen zu sanieren, 500 Bauarbeiter zu entlassen. Die Auftragslage des Unternehmens ist infolge der rückläufigen Baukonjunktur so, dass auf absehbare Zeit die 500 Bauarbeiter nicht mehr beschäftigt werden können. Mit dem Betriebsrat wird deshalb ein Interessenausgleich und Sozialplan entwickelt, in dem ein „Punkteschema" enthalten ist, das für die Frage, welche Mitarbeiter ordentlich zu kündigen sind, herangezogen werden soll. Das Punkteschema enthält folgende Kriterien: Alter, Unterhaltspflichten, Betriebszugehörigkeit und Schwerbehinderung. Die Auswahlkriterien Alter, Unterhaltspflichten, Betriebszugehörigkeit und Schwerbehinderung sollen im Verhältnis zueinander folgendermaßen gewichtet werden: Betriebszugehörigkeit mit dem Faktor 2 pro Beschäftigungsjahr, Alter mit dem Faktor 1 pro Lebensjahr, Unterhaltspflichten mit dem Faktor 3 pro unterhaltsberechtigter Person, Schwerbehinderung mit dem Faktor 5 für jeden Behinderungsgrad von 10 % ab einem Behinderungsgrad von 50 %. A steht auf der Namensliste der zu kündigenden Mitarbeiter.

A (26 Jahre alt, ledig und kinderlos), der seit 01.01.07 bei der Bau AG als Bauarbeiter beschäftigt ist, wird mit Schreiben vom 14.02.12 nach ordnungsgemäßer Anhörung des Betriebsrates ordentlich betriebsbedingt gekündigt. Weitere 499 Bauarbeiter trifft das gleiche Schicksal. Der Vorstand der Bau AG hatte seinerzeit Anfang Dezember 2011 der zuständigen Arbeitsagentur angezeigt, dass 500 Bauarbeiter im Februar 2012 betriebsbedingt gekündigt werden sollen.

A erhebt am 16.02.12 Kündigungsschutzklage zum zuständigen Arbeitsgericht mit dem Antrag festzustellen, dass sein Arbeitsverhältnis mit der Bau AG durch die Kündigung vom 14.02.12 nicht aufgelöst wurde. A macht geltend, die Kündigung sei sozial ungerechtfertigt. Es gäbe Büroangestellte im Unternehmen mit schlechteren Sozialpunkten. Er sei auch bereit, einen Bürojob bei der Bau AG zu nehmen. Zudem sei er mit der Anwendung des Punkteschemas im Rahmen der sozialen Auswahl nicht einverstanden. Die Bau AG hat keinen Bedarf an weiteren Bürokräften.

Frage:

Hat die von A erhobene Kündigungsschutzklage Erfolg?

Lösung:

Fraglich ist, ob die gegenüber A mit Schreiben vom 14.02.12 ausgesprochene betriebsbedingte Kündigung wirksam ist.

Das Arbeitsgericht prüft die Frage der Wirksamkeit der ordentlichen Kündigung nicht mehr, wenn der gekündigte Arbeitnehmer die Ausschlussfrist des § 4 S. 1 KSchG zur Erhebung der Kündigungsschutzklage hat verstreichen lassen. Die Frist wird durch den Zugang der schriftlichen Kündigung in Gang gesetzt. A wurde mit Schreiben vom 14.02.12 gekündigt. Bereits am 16.02.12 erhob A Kündigungsschutzklage zum zuständigen Arbeitsgericht, so dass die Drei-Wochen-Frist des § 4 S. 1 KSchG eingehalten ist.

Die nach § 623 BGB erforderliche Schriftform wurde gewahrt, so dass sich die Unwirksamkeit der Kündigung nicht schon aus § 125 S. 1 BGB ergibt. Auch wurde, wie von § 102 Abs. 1 S. 1 BetrVG gefordert, der Betriebsrat vor Ausspruch der ordentlichen Kündigung angehört.

Die gegenüber A ausgesprochene betriebsbedingte Kündigung könnte nach § 1 Abs. 1 und Abs. 2 S. 1 KSchG sozial ungerechtfertigt sein, wenn keine dringenden betrieblichen Erfordernisse zur Kündigung des A vorlagen. Der Vorstand der Bau AG hat eine unternehmerische Entscheidung zum Abbau von 500 Arbeitsplätzen getroffen. Die schlechte Auftragslage aufgrund der rückläufigen Baukonjunktur bedingt als außerbetrieblicher Einflussfaktor die Reduzierung des Personals um 500 Bauarbeiter. Die Frage der Zweckmäßigkeit der unternehmerischen Entscheidung ist der gerichtlichen Kontrolle entzogen. Es könnte jedoch im Rahmen einer anzustellenden Verhältnismäßigkeitsprüfung davon auszugehen sein, dass es der Bau AG zumutbar gewesen wäre, A für eine Überbrückungszeit weiterzubeschäftigen, wenn absehbar ist, dass sich die Auftragslage wieder bessert. Dies ist laut Sachverhalt aber nicht der Fall. Die Bau AG hat auf absehbare Zeit für 500 Bauarbeiter keine Arbeit mehr. Es liegen somit dringende betriebliche Erfordernisse vor, die einer Weiterbeschäftigung von 500 Bauarbeitern entgegenstehen. Im Übrigen wird hier nach § 1 Abs. 5 KSchG wegen des Interessenausgleichs nach § 111 BetrVG mit Namensliste vermutet, dass die Kündigung durch dringende betriebliche Erfordernisse bedingt ist. Anhaltspunkte dafür, dass A an einem anderen Arbeitsplatz in demselben Betrieb als Bauarbeiter oder in einem anderen Betrieb des Unternehmens weiterbeschäftigt werden hätte können, liegen nicht vor (vgl. § 1 Abs. 2 S. 2 Nr. 1b KSchG). A hat der Bau AG angeboten, auch eine Bürotätigkeit auszuüben. Hierfür wäre jedoch eine Umschulung des A erforderlich, da er Bauarbeiter ist. Eine Umschulung des A ist hier allerdings der Bau AG nicht zumutbar (§ 1 Abs. 2 S. 3 KSchG), da sie keinen Bedarf an weiteren Bürokräften hat. Zudem liegen die Berufsbilder „Bauarbeiter" und „Bürokraft" so weit auseinander, dass an der generellen Zumutbarkeit der Umschulung für die Bau AG zu zweifeln ist.

Die Sozialwidrigkeit der betriebsbedingten ordentlichen Kündigung des A könnte sich aus § 1 Abs. 3 S. 1 KSchG ergeben, wenn die Bau AG den A aufgrund einer fehlerhaften sozialen Auswahl gekündigt hat. A macht hier geltend, es gäbe Büroangestellte mit schlechteren Sozialpunkten. Bauarbeiter und Büroangestellte gehören allerdings unterschiedlichen Berufsgruppen an und sind damit auf horizontaler Ebene nicht vergleichbar. Zudem ist die Sozialauswahl nicht unternehmens-, sondern nur betriebsbezogen durchzuführen. Anhaltspunkte dafür, dass A bei Anwendung des ausgearbeiteten Punkteschemas im Vergleich zu anderen Bauarbeitern nicht hätte gekündigt werden dürfen, liegen nicht vor. A macht allerdings geltend, er sei mit dem Punkteschema nicht einverstanden. Dieses wurde vom Vorstand der Bau AG in Zusammenarbeit mit dem Betriebsrat ausgearbeitet und auf dessen Grundlage eine Namensliste erstellt, so dass die Auswahl des A nach § 1 Abs. 5 KSchG nur auf grobe Fehlerhaftigkeit überprüft werden kann. Als soziale Auswahlkriterien wurden hier, wie vom Gesetz gefordert, Alter, Betriebszugehörigkeit, Unterhaltspflichten und Schwerbehinderung berücksichtigt. Auch ist die Gewichtung der Kriterien im Verhältnis zueinander nicht grob fehlerhaft.

Die ordentliche betriebsbedingte Kündigung des A ist demnach wirksam. Die von A erhobene Kündigungsschutzklage hat keinen Erfolg.

Ist ein sozial weniger schutzwürdiger Arbeitnehmer **zu Unrecht** bei der Sozialauswahl unberücksichtigt geblieben, können sich die betriebsbedingt gekündigten Arbeitnehmer, die rechtzeitig Kündigungsschutzklage erhoben haben, auf die Sozialwidrigkeit ihrer Kündigung nur berufen, wenn sie bei fehlerfreier Auswahl nicht gekündigt worden wären (BAG NZA 2007, 549; Aufgabe der Dominotheorie BAG NZA 1985, 423).

§ 1a KSchG regelt im Zusammenhang mit einer betriebsbedingten Kündigung ein **Abfindungsverfahren**. Der Arbeitgeber muss **in der Kündigungserklärung** darauf **hinweisen**, dass die Kündigung auf dringende betriebliche Erfordernisse gestützt wird und dass der Arbeitnehmer, sofern er keine Kündigungsschutzklage erhebt, eine Abfindung nach § 1a Abs. 2 KSchG beanspruchen kann. Im Falle der **Nichterhebung einer Kündigungsschutzklage** entsteht ein **Abfindungsanspruch**, der **nach Ablauf der Kündigungsfrist fällig** wird (§ 1a Abs. 1 S. 1 KSchG). Der Arbeitgeber muss die Höhe der Abfindung in seinem Hinweis im Kündigungsschreiben nicht bereits rechnerisch angeben (Preis DB 2004, 70, 72). Macht der Arbeitgeber im Kündigungsschreiben zur Abfindungshöhe konkrete Angaben, die nicht mit § 1a Abs. 2 KSchG übereinstimmen, ist durch Auslegung zu ermitteln, ob der Arbeitgeber nur einen, wenn auch fehlerhaften Hinweis auf § 1a Abs. 2 KSchG geben wollte oder ob er ein Angebot auf eine höhere oder niedrigere Abfindung als die des § 1 Abs. 2 KSchG machen wollte. Das **rechtsgeschäftliche** Abfindungsangebot des Arbeitgebers, das vom gesetzlichen Modell des § 1 Abs. 2 KSchG abweicht, müsste aber vom Arbeitnehmer angenommen werden, damit ein Abfindungsvertrag zustande kommt.

Beispiel: Arbeitnehmer A ist beim Arbeitgeber B seit zehn Jahren beschäftigt. Sein monatliches Bruttogehalt beträgt 3000 €. Am 01.03. kündigt B das Arbeitsverhältnis mit A aus dringenden betrieblichen Erfordernissen. Hierauf weist B im Kündigungsschreiben hin. Zudem erfolgt seitens des B im Kündigungsschreiben ein Hinweis, dass A, sollte er keine Kündigungsschutzklage erheben, eine Abfindung i.H.v. 10000 € beanspruchen kann. A erhebt keine Kündigungsschutzklage.

Die im Kündigungsschreiben bezifferte Abfindung i.H.v. 10000 € weicht von den Vorgaben des § 1a Abs. 2 KSchG ab. Hiernach ergäbe sich eine Abfindung i.H.v. 15000 €. Es ist durch Auslegung zu ermitteln, ob B nur einen falschen Hinweis auf § 1a Abs. 2 KSchG gegeben hat oder ob er A nur eine niedrigere Abfindung als die des § 1a Abs. 2 KSchG anbieten wollte. Ist Letzteres der Fall, stellt sich die Frage, ob A durch das bloße Verstreichen lassen der Klagefrist mit B einen Abfindungsvertrag über 10000 € geschlossen hat. Dies könnte man unter Heranziehung des § 151 S. 1 BGB bejahen, der auf die Erklärung der Annahme gegenüber dem Antragenden verzichtet (Däubler NZA 2004, 177 ff., Löwisch NZA 2003, 689 ff.; Preis DB 2004, 70 ff.). A kann die Annahme des Abfindungsangebots des B nach § 123 Abs. 1 1. Alt. BGB anfechten, wenn er von B über das Vorliegen betriebsbedingter Kündigungsgründe arglistig getäuscht wurde. Eine Anfechtung seitens des A ist aber nicht möglich, wenn er einem reinen Rechtsfolgeirrtum unterlag, er also über die gesetzlich vorgesehene Höhe der Abfindung irrte (Rolfs ZIP 2004, 333, 337).

12.4 Checkliste zur ordentlichen Kündigung

- Die ordentliche Kündigung des Arbeitsverhältnisses ist nach § 623 BGB **schriftlich** auszusprechen.

- Die Unwirksamkeit der ordentlichen Kündigung kann nach § 4 S. 1 KSchG nur innerhalb einer Frist von **drei Wochen** nach Zugang (§ 130 BGB) der schriftlichen Kündigungserklärung durch den Arbeitnehmer geltend gemacht werden. Wird die Frist versäumt, gilt die Kündigung nach § 7 KSchG als **von Anfang an rechtswirksam.** Die Frist des § 4 S. 1 KSchG ist auch dann zu beachten, wenn der Arbeitnehmer noch keinen allgemeinen Kündigungsschutz hat (vgl. § 23 Abs. 1 S. 3 KSchG „mit Ausnahme der §§ 4 bis 7 KSchG").

- Die ordentliche Kündigung muss **fristgemäß** ausgesprochen werden. Die Kündigungsfrist ergibt sich aus § 622 Abs. 1 und 2 BGB. Einzelvertragliche (§ 622 Abs. 5 BGB) und tarifvertragliche (§ 622 Abs. 4 BGB) Sonderkündigungsfristen sind ggf. zu beachten. Während der Probezeit gilt nach § 622 Abs. 3 BGB eine verkürzte Kündigungsfrist. Für die Kündigung unwirksam befristeter Arbeitsverhältnisse ist § 16 S. 1 2. Halbsatz TzBfG zu beachten. Nach § 622 Abs. 6 BGB darf für die Kündigung des Arbeitsverhältnisses durch den Arbeitnehmer **keine längere Frist** vereinbart werden als für die Kündigung durch den Arbeitgeber. Wird die ordentliche Kündigung zu einem zu frühen Termin ausgesprochen, wirkt sie **automatisch zum richtigen späteren Termin.**

- **Vor Ausspruch** der ordentlichen Kündigung ist nach § 102 Abs. 1 S. 1 BetrVG der **Betriebsrat anzuhören**. Der Betriebsrat muss eine echte Gelegenheit zur Stellungnahme haben. Dem Betriebsrat müssen alle für die Kündigung relevanten Umstände mitgeteilt werden (§ 102 Abs. 1 S. 2 BetrVG). Eine fehlende oder fehlerhafte Anhörung des Betriebsrats führt nach § 102 Abs. 1 S. 3 BetrVG zur Unwirksamkeit der Kündigung.

- Ist das Kündigungsschutzgesetz anwendbar, muss die ordentliche Kündigung des Arbeitsverhältnisses durch den Arbeitgeber **sozial gerechtfertigt** sein (§§ 1 Abs. 1, 23 Abs. 1 S. 3 KSchG). Die soziale Rechtfertigung der Kündigung kann sich aus personen-, verhaltens- oder betriebsbedingten Gründen ergeben.

- Für die Wirksamkeit der **personenbedingten Kündigung** gelten folgende Prüfungsschritte: Das Fehlen der Eignung oder Fähigkeit des Arbeitnehmers im Kündigungszeitpunkt oder deren erhebliche Beeinträchtigung kann die personenbedingte Kündigung nur rechtfertigen, wenn mit der alsbaldigen Wiederherstellung der Eignung oder Fähigkeit zur ordnungsgemäßen Erbringung der Arbeitsleistung nicht gerechnet werden kann **(Prognoseprinzip: 1. Stufe)**. Die fehlende oder beeinträchtigte Fähigkeit oder Eignung zur Erbringung der Arbeitsleistung muss zu **konkreten Störungen des Arbeitsverhältnisses** führen, die im Zeitpunkt der Kündigung noch andauern bzw. auch künftig zu befürchten sind (Prognoseprinzip) und durch eine Umsetzung nicht beseitigt werden können **(2. Stufe)**. Im Rahmen einer **Interessenabwägung** ist zu prüfen, ob der Arbeitgeber die aufgrund des personenbedingten Kündigungsgrundes eingetretenen Störungen des Arbeitsverhältnisses (erhebliche Beeinträchtigung betrieblicher oder wirtschaftlicher Interessen) billigerweise noch hinnehmen muss, oder ob die Kündigung aus Sicht eines verständigen Arbeitgebers als billigenswert und angemessen erscheint **(3. Stufe)**.

- Für die Wirksamkeit der **verhaltensbedingten Kündigung** sind die folgenden Prüfungsschritte zu beachten: Auf der **ersten Prüfungsstufe** ist ein **vertragswidriges Verhalten** des Arbeitnehmers festzustellen, das zu konkreten Störungen des Arbeitsverhältnisses geführt hat und die auch künftig zu befürchten sind (Prognoseprinzip). Auf der **zweiten Prüfungsstufe** ist der Frage nachzugehen, ob die Störungen des Arbeitsverhältnisses nicht durch eine **Umsetzung des Arbeitnehmers** beseitigt werden können. Liegt ein vorwerfbares und schuldhaftes Verhalten des Arbeitnehmers vor, sind an die Zumutbarkeit der Umsetzung bzw. Weiterbeschäftigung keine allzu strengen Maßstäbe anzulegen. Auf der **dritten Stufe** ist eine **Interessenabwägung** durchzuführen. Das Interesse des Arbeitnehmers am Erhalt seines Arbeitsplatzes ist dem Interesse des Arbeitgebers an der Auflösung des Arbeitsverhältnisses gegenüberzustellen. Vor Ausspruch einer verhaltensbedingten Kündigung ist das Fehlverhalten i. d. R. abzumahnen.

- Für die Prüfung der Wirksamkeit der **betriebsbedingten Kündigung** sind die folgenden Prüfungsschritte zu beachten: **Erstens** hat der Arbeitgeber darzulegen, welche Umstände zu einer **Verringerung des betrieblichen Beschäftigungsbedarfs** führen. **Zweitens** ist zu prüfen, ob die betrieblichen

Erfordernisse i. S. d. § 1 Abs. 2 KSchG **„dringende"** sind und die Kündigung „bedingen". Nach § 1 Abs. 2 S. 4 KSchG trägt der Arbeitgeber die Beweislast für die Tatsachen, die die Kündigung bedingen. **Schließlich** muss auf eine Rüge des Arbeitnehmers nach § 1 Abs. 3 KSchG geprüft werden, ob der Arbeitgeber die betriebsbedingte Kündigung dem **sozial am wenigsten schutzwürdigen Arbeitnehmer** gegenüber ausgesprochen hat. Für die betriebsbedingte Kündigung sind ggf. die Regelungen der §§ 1 Abs. 4, 1 Abs. 5, 1a KSchG zu beachten. Die Diskriminierungsverbote des AGG konkretisieren den Rechtsbegriff der Sozialwidrigkeit.

- Besteht eine **Möglichkeit zur Weiterbeschäftigung** des Arbeitnehmers im selben Betrieb oder in einem anderen Betrieb des Unternehmens (§ 1 Abs. 2 S. 2 lit. b KSchG), ggf. erst nach zumutbaren Umschulungsmaßnahmen (§ 1 Abs. 2 S. 3 KSchG), ist die Kündigung auch sozial ungerechtfertigt.

- Vor Ausspruch einer ordentlichen Beendigungskündigung hat der Arbeitgeber immer zu prüfen, ob er den Arbeitnehmer ggf. nach Ausspruch einer **Änderungskündigung** zu geänderten Arbeitsbedingungen weiterbeschäftigen kann.

13. Die außerordentliche Kündigung

13.1 Allgemeines zur außerordentlichen Kündigung

Unabhängig davon, ob das Arbeitsverhältnis als **befristetes** oder als **unbefristetes** abgeschlossen wurde, muss es beiden Vertragsparteien möglich sein, den Vertrag ohne Einhaltung einer Kündigungsfrist bei Vorliegen eines **wichtigen Grundes** aufzulösen. Dies stellt § 626 BGB sicher. Das Recht zur außerordentlichen Kündigung ist **zwingend**. Es kann weder im Einzelarbeitsvertrag noch im Tarifvertrag ausgeschlossen werden (Müller-Glöge, ErfKA, § 626 BGB, Rn 194.). Somit ist es auch nicht möglich, im Arbeitsvertrag eine Vereinbarung darüber zu treffen, welche Kündigungsgründe als wichtig im Sinne des § 626 Abs. 1 BGB anzusehen sind und welche nicht. Eine Vereinbarung über den wichtigen Grund würde zudem die Gefahr in sich bergen, dass ein Grund, der kein wichtiger i. S. d. § 626 Abs. 1 BGB ist (z. B. Einmaliges Zu-Spät-Kommen), für eine außerordentliche Kündigung herangezogen wird und damit die ordentlichen Kündigungsfristen des § 622 BGB umgangen werden (Müller-Glöge, ErfKA, § 626 BGB, Rn 196). Die außerordentliche Kündigung muss nach § 623 BGB **schriftlich** ausgesprochen werden, wobei die elektronische Form ausdrücklich ausgeschlossen ist. Vor Ausspruch der außerordentlichen Kündigung muss nach § 102 Abs. 1 S. 1 BetrVG eine **Betriebsratsanhörung** erfolgen.

Aus einem Kündigungsschreiben ist nicht immer ersichtlich, ob es sich bei der Kündigung um eine außerordentliche oder um eine ordentliche handeln soll. Zum einen muss ein **Kündigungsgrund** im Kündigungsschreiben **nicht angegeben** werden. Nach § 626 Abs. 2 S. 3 BGB ist der Kündigungsgrund nur auf Verlangen des anderen Teils unverzüglich schriftlich mitzuteilen. Anderes gilt nur für die außerordentliche Kündigung von Berufsausbildungsverhältnissen (§ 22 Abs. 3 BBiG). Aus der Angabe einer Kündigungsfrist im Kündigungsschreiben kann regelmäßig geschlossen werden, dass es sich um eine ordentliche und nicht um eine außerordentliche Kündigung handelt. § 626 Abs. 1 BGB berechtigt zwar den Kündigenden, die außerordentliche Kündigung fristlos auszusprechen. Doch bleibt es dem Kündigenden unbenommen, die fristlose Kündigung mit einer sog. **Auslauffrist** vorzunehmen (Dörner/Vossen in Ascheid/Preis/Schmidt, Kündigungsrecht § 626 BGB, Rn 1). Bei einer fristlosen Kündigung mit Auslauffrist muss für den Gekündigten aber klar und eindeutig erkennbar sein, dass ihm aus wichtigem Grund gekündigt worden ist.

> **Beispiel:** Arbeitgeber B betreibt eine Spedition. Arbeitnehmer A ist bei B seit drei Jahren als Berufskraftfahrer beschäftigt. Nachdem B dem A die von ihm gewünschte Gehaltserhöhung nicht bewilligt hat, verprügelt A den B am 01.03. krankenhausreif. Nach ordnungsgemäßer Anhörung des Betriebsrates zu einer außerordentlichen Kündigung spricht B gegenüber A wegen des Vorfalls mit

Schreiben vom 05.03 die außerordentliche Kündigung zum 15.04. aus. B spricht die Kündigung nicht fristlos aus, weil er zurzeit ein volles Auftragsbuch hat und A daher bis zur Neueinstellung einer Ersatzkraft weiterbeschäftigen will. Das Kündigungsschreiben hat folgenden Wortlaut:

„Hiermit kündige ich Sie zum 15.04.

Ort, 05.03., Unterschrift".

Ein wichtiger Kündigungsgrund liegt hier vor, da Tätlichkeiten eines Arbeitnehmers gegen seinen Arbeitgeber einen wichtigen Grund i.S.d. § 626 Abs.1 BGB darstellen (LAG Niedersachsen NZA-RR 2003, 76). Aus dem Schreiben des B ergibt sich nicht, ob eine ordentliche oder eine außerordentliche Kündigung gewollt ist. Es kann sich trotz der im Schreiben aufgenommen Auslauffrist bis zum 15.04. um eine außerordentliche Kündigung handeln, da eine außerordentliche Kündigung nicht unbedingt fristlos ausgesprochen werden muss. Der Kündigende muss bei Ausspruch der Kündigung klarstellen, ob er eine außerordentliche Kündigung mit Auslauffrist oder eine ordentliche Kündigung erklären will. Eine ausreichende Klarstellung ist noch nicht darin zu sehen, dass mit einer zu kurzen ordentlichen Kündigungsfrist gekündigt wurde. Da A hier bei B seit drei Jahren beschäftigt ist, würde die ordentliche Kündigungsfrist nach § 622 Abs.2 Nr.1 BGB einen Monat zum Ende eines Kalendermonats betragen. Da die Kündigung mit Schreiben vom 05.03. erklärt wurde, könnte eine ordentliche Kündigung erst mit Ablauf des 30.04. greifen. Allein der Umstand, dass eine zu kurze ordentliche Kündigungsfrist gewählt wurde, deutet aber nicht darauf hin, dass eine außerordentliche Kündigung gewollt war. Zwar hat hier B den Betriebsrat nach § 102 Abs.1 BetrVG zu einer außerordentlichen Kündigung angehört. Doch allein aus diesem Umstand ergibt sich für A nicht mit Sicherheit, dass das Schreiben vom 05.03. eine außerordentliche Kündigung darstellen sollte, zumal B zunächst ein Interesse an der weiteren Tätigkeit des A wegen der guten Auftragslage hatte. Unterbleibt bei der Kündigung eine Klarstellung, ob eine außerordentliche oder eine ordentliche Kündigung gewollt ist, kann der Arbeitnehmer i.d.R. darauf vertrauen, dass eine ordentliche Kündigung erklärt ist, selbst wenn ein wichtiger Kündigungsgrund i.S.d. § 626 Abs.1 BGB vorliegt (Hesse in BeckOK Arbeitsrecht, § 620 BGB, Rn 9). Bezogen auf den vorliegenden Fall würde dies bedeuten, dass das Schreiben vom 05.03. als ordentliche Kündigung zu werten ist. Sie wäre nicht allein deshalb unwirksam, weil eine zu kurze Kündigungsfrist im Schreiben angegeben wurde. Denn geht die Kündigung zu spät zu oder wird sie mit einer zu kurzen Frist erklärt, gilt sie im Zweifel als zum nächst zulässigen Termin erklärt, hier also zum 30.04. Die Wirksamkeit der ordentlichen Kündigung vom 05.03. scheitert aber daran, dass B den Betriebsrat nicht zu einer ordentlichen Kündigung angehört hat. B bliebe demnach nur Folgendes übrig: Eine außerordentliche Kündigung kann ggf. wegen Ablaufs der Ausschlussfrist des § 626 Abs.2 BGB nicht mehr erklärt werden. B müsste den Betriebsrat wegen des Vorfalls zu einer ordentlichen verhaltensbedingten Kündigung anhören und dann erneut eine ordentliche Kündigung aussprechen. Wegen der Schwere des Fehlverhaltens des A muss sein Fehlverhalten vor Ausspruch der Kündigung nicht abgemahnt werden.

Eine unwirksame außerordentliche Kündigung kann nach § 140 BGB in eine wirksame ordentliche Kündigung **umgedeutet** werden. Die Umdeutung erfolgt von Amts wegen, wenn die dazu erheblichen Tatsachen vorgetragen sind (BAG 25.3.2004, AP BGB § 138 Nr. 60). Der Kündigende muss deutlich zu erkennen geben, dass er die außerordentliche Kündigung im Zweifel als ordentliche Kündigung gelten lassen will (BAG NZA 1994, 409). Eine **erfolgreiche Umdeutung** einer unwirksamen außerordentlichen Kündigung in eine ordentliche Kündigung im Rahmen eines Arbeitsgerichtsprozesses setzt allerdings voraus, dass der Arbeitgeber den Betriebsrat **vorsorglich** auch zu einer ordentlichen Kündigung angehört hat. Den Arbeitgebern ist daher zu empfehlen, den Betriebsrat vorsorglich auch zu einer ordentlichen Kündigung anzuhören, um sich die Umdeutungsmöglichkeit im Arbeitsgerichtsprozess zu erhalten.

Beispiel: A ist seit zehn Jahren bei B beschäftigt. Am 01.05. stiehlt A bei B ein Packet Kopierpapier im Wert von 3 €. B leitet noch am 01.05. das Verfahren zur Anhörung des Betriebsrates nach § 102 BetrVG ein. Er teilt dem Betriebsrat mit, er beabsichtige, A wegen des Vorfalls außerordentlich zu kündigen, doch wolle er die Kündigung jedenfalls als ordentliche Kündigung gelten lassen, wenn sich in einem eventuellen Kündigungsschutzprozess herausstellen sollte, dass ein wichtiger Kündigungsgrund i. S. d. § 626 Abs. 1 BGB nicht vorliegt. Da B hier den Betriebsrat sowohl zu einer außerordentlichen als auch zu einer ordentlichen Kündigung angehört hat, bleibt ihm die Möglichkeit, im Kündigungsschutzverfahren auf eine Umdeutung einer eventuell unwirksamen außerordentlichen Kündigung in eine wirksame ordentliche Kündigung hinzuwirken (BAG 29.8.1991 AP BetrVG 1972 § 102 Nr. 58). Es ist nicht auszuschließen, dass das Arbeitsgericht in einem von A angestrengten Kündigungsschutzprozess mit Blick darauf, dass ein Bagatelldiebstahl vorliegt, zu dem Ergebnis kommt, die fristlose Kündigung sei unwirksam, weil B vorher hätte eine Abmahnung aussprechen müssen und es B zumutbar ist, A noch für vier Monate (§ 622 Abs. 2 Nr. 4 BGB) bis zum Ablauf der ordentlichen Kündigungsfrist weiterzubeschäftigen.

Eine Umdeutung einer unwirksamen außerordentlichen Kündigung in eine wirksame ordentliche Kündigung nach § 140 BGB ist nicht vorzunehmen, wenn der Arbeitgeber neben der außerordentlichen Kündigung ausdrücklich **hilfsweise** die ordentliche Kündigung erklärt hat.

Aus der Überlegung, dass die außerordentliche Kündigung immer das **letzte Mittel** sein soll, folgt, dass der außerordentlichen Kündigung i. d. R. eine **Abmahnung** vorauszugehen hat (vgl. § 314 Abs. 2 BGB). Vor allem bei Sachverhalten des Vertrauensbereichs, bei denen eine außerordentliche Kündigung in Betracht kommt, wird die Abmahnung oft entbehrlich sein. Dies ist aber auch dann der Fall, wenn die Vertragsverletzung so schwerwiegend ist, dass der Arbeitnehmer nicht damit rechnen kann, der Arbeitgeber werde derartige Vertragspflichtverletzungen hinnehmen. Die Entbehrlichkeit einer vorherigen Abmahnung ist insbesondere bei Straftaten oder Tätlichkeiten in Betracht zu ziehen. Eine Abmahnung ist auch dann entbehrlich, wenn der Arbeitnehmer deutlich zeigt, dass er nicht willens ist, seine Pflichtverletzungen abzustellen, sondern an ihnen hartnäckig festhält (BAG NZA 1995, 65). Ob vor Ausspruch einer außerordentlichen Kündigung eine Abmahnung des Fehlverhaltens erforderlich ist, ist **im jeweiligen Einzelfall** zu entscheiden. Im Falle des **Diebstahls geringwertiger Güter** des Arbeitgebers bedarf es regelmäßig keiner vorheriger Abmahnung (BAG NZA 2004, 486). Anders kann dies sein, wenn der Arbeitnehmer beim Arbeitgeber lange beschäftigt ist, bislang keine rechtlich relevanten Störungen des Arbeitsverhältnisses aufgetreten sind und die wirtschaftliche Schädigung des Arbeitgebers durch den Diebstahl gering ist.

Beispiel: Fall Emmely – Fristlose Kündigung wegen unrechtmäßigen Einlösens aufgefundener Leergutbons, BAG NZA 2010, 1227:

Emmely war seit April 1977 beim Arbeitgeber A als Verkäuferin mit Kassentätigkeit beschäftigt. Am 12. Januar 2008 wurden in der Filiale zwei Leergutbons im Wert von 48 und 82 Cent aufgefunden. Der Filialleiter übergab die Bons Emmely zur Aufbewahrung im Kassenbüro, falls sich ein Kunde noch melden sollte. Sie lagen dort sichtbar und offen zugänglich. Emmely reichte die beiden Bons bei einem privaten Einkauf zehn Tage später bei der kassierenden Kollegin ein. A kündigte das Arbeitsverhältnis mit Emmely daraufhin nach ordnungsgemäßer Anhörung des Betriebsrates fristlos.

Das BAG qualifizierte die fristlose Kündigung als unwirksam. Zwar sei der Vertragsverstoß durch Emmely schwerwiegend, da er den Kernbereich der Arbeitsaufgaben einer Kassiererin betraf und damit trotz des geringen Wertes der Pfandbons das Vertrauensverhältnis zwischen A und Emmely objektiv erheblich belastet hat. Doch sei zu beachten, dass die Beschäftigung von Emmely über drei Jahrzehnte ohne rechtlich relevante Störungen verlaufen sei, durch die Emmely ein hohes Maß an Vertrauen erworben habe. Dieses Vertrauen konnte durch den einmaligen Vertragsverstoß nicht vollständig zerstört werden. Da die wirtschaftliche Schädigung von A gering war, hätte zunächst eine Abmahnung als milderes Mittel ausgesprochen werden müssen.

13.2 Wichtiger Grund i. S. d. § 626 Abs. 1 BGB

Nach § 626 Abs. 1 BGB kann ein wichtiger Kündigungsgrund angenommen werden, wenn Tatsachen vorliegen, auf Grund derer dem Kündigenden unter Berücksichtigung aller Umstände des Einzelfalles und unter Abwägung der Interessen beider Vertragsteile die **Fortsetzung des Arbeitsverhältnisses bis zum Ablauf der Kündigungsfrist** (unbefristetes Arbeitsverhältnis) oder **bis zum vereinbarten Ende** (befristetes Arbeitsverhältnis) des Arbeitsverhältnisses **nicht zugemutet** werden kann. Das Recht zur außerordentlichen Kündigung besteht bei Vorliegen eines wichtigen Grundes sowohl für den Arbeitgeber als auch für den Arbeitnehmer. Ob ein wichtiger Grund i. S. d. § 626 Abs. 1 BGB vorliegt, ist unter Abwägung der Interessen beider Vertragsteile im jeweiligen Einzelfall zu entscheiden. Schematische Lösungen verbieten sich. Zu prüfen ist auch, ob aus Gründen der **Verhältnismäßigkeit** das Fehlverhalten, das zur außerordentlichen Kündigung herangezogen werden soll, nicht **vorher abgemahnt** werden musste (§ 314 Abs. 2 BGB).

Gemäß §§ 23 Abs. 1, 13 Abs. 1 S. 2 KSchG ist die Rechtsunwirksamkeit einer außerordentlichen Kündigung innerhalb von **drei Wochen** nach Zugang der schriftlichen Kündigungserklärung durch Klage geltend zu machen. Wird die Ausschlussfrist des § 4 S. 1 KSchG versäumt, wird die Kündigung fiktiv wirksam (§§ 13 Abs. 1 S. 2, 7 KSchG).

Im Folgenden seien **Beispiele für außerordentliche Kündigungsgründe** genannt, ohne dass es sich hierbei um eine abschließende Aufzählung handelt:

- **Arbeitszeitbetrug:** Täuscht der Arbeitnehmer über die tatsächlich geleistete Arbeitszeit, kann er ohne Abmahnung fristlos gekündigt werden (ArbG Frankfurt a. M. NZA-RR 2002, 133).

- **Abwerbung:** Verpflichtet sich ein Arbeitnehmer gegenüber einem Drittbetrieb zur Abwerbung von Arbeitskollegen, rechtfertigt dies die außerordentliche Kündigung (LAG Stuttgart BB 1969, 1136).

- **Arbeitsverweigerung:** Die Arbeitsverweigerung oder häufige Unpünktlichkeit trotz mehrfacher Abmahnung können wichtige Kündigungsgründe darstellen (BAG NJW 1989, 546). Bei häufiger Unpünktlichkeit ist allerdings eher eine verhaltensbedingte ordentliche Kündigung in Erwägung zu ziehen.

- **Teilnahme an einem wilden Streik:** Die Teilnahme an einem wilden, nicht organisierten Streik rechtfertigt in der Regel die außerordentliche Kündigung (BAG NJW 1971, 1668).

- **Beleidigungen:** Sie können einen wichtigen Kündigungsgrund darstellen. Allerdings muss es sich um eine grobe kränkende Beleidigung handeln (Dörner/Vossen in Ascheid/Preis/Schmidt, Kündigungsrecht, § 626 BGB, Rn 226). Hier ist im jeweiligen Einzelfall auch der Jargon der jeweiligen Branche zu beachten: Auf dem Bau herrscht ein anderer Umgangston als in einer Bank.

- **Ausländerfeindliche, rassistische und rechtsradikale Äußerungen** rechtfertigen i. d. R. die außerordentliche Kündigung (BAG NJW 1996, 2253; LAG Berlin NZA-RR 1998, 442; LAG Köln NZA-RR 1996, 128).

- **Druckkündigung:** Verlangen Arbeitskollegen die Entlassung eines Arbeitnehmers mit der Androhung, sie würden sonst selbst den Betrieb verlassen, kann dies die außerordentliche Kündigung rechtfertigen, wenn dem Arbeitgeber schwere wirtschaftliche Nachteile drohen (BAG NZA 1991, 468).

- **Trunkenheit** am Steuer, Fahrerflucht: Sie rechtfertigen i. d. R. die außerordentliche Kündigung des Berufskraftfahrers (BAG NJW 1979, 332; LAG Köln NZA 1997, 1281).

- **Bestechung**, Schmiergelder: Besteht der begründete Verdacht, dass der Arbeitnehmer an aktiven oder passiven Bestechungen beteiligt ist, berechtigt dies i. d. R. zur außerordentlichen Kündigung (BAG NZA 2006, 101).

- **Spesenbetrug:** Hierauf kann grundsätzlich die außerordentliche Kündigung gestützt werden (LAG Niedersachsen NZA-RR 2004, 574).

- **Sexuelle Belästigung**/Pornografische Ablichtung: Sie rechtfertigt die außerordentliche Kündigung dann, wenn ihr ein erhöhter Grad an sittlicher Verwerflichkeit zukommt (BAG NZA 2004, 1214). Lässt sich eine Arbeitnehmerin pornografisch abbilden, stellt dies noch keinen außerordentlichen Kündigungsgrund dar (ArbG Passau NZA 1998, 427).

- **Straftaten:** Außerhalb des Arbeitsverhältnisses begangene Straftaten können zur außerordentlichen Kündigung grundsätzlich nur dann herangezogen werden, wenn sie sich auf das Arbeitsverhältnis auswirken, bspw. ein Betrug eines Bankmitarbeiters, da dadurch seine Vertrauensstellung betroffen wird (LAG Düsseldorf BB 1956, 434). Straftaten im Zusammenhang mit dem Arbeitsverhältnis rechtfertigen i. d. R. die außerordentliche Kündigung (z. B. Stempeluhrenmissbrauch; BAG NZA 2006, 484). Schwere Straftaten, wie bspw. Tötungsdelikte, können aber die außerordentliche Kündigung generell rechtfertigen (BAG NJW 2001, 1086).

- **Tätliche Auseinandersetzungen:** Sie rechtfertigen grundsätzlich die außerordentliche Kündigung (LAG Hamm NZA-RR 1996, 291).

- Umfangreiche unerlaubt und heimlich geführte **private Telefongespräche** während der Arbeitszeit können die außerordentliche Kündigung nach wiederholter Abmahnung rechtfertigen (BAG NZA 2004, 717).

- **Eigenmächtiger Urlaubsantritt:** Er berechtigt grundsätzlich zur außerordentlichen Kündigung (BAG NJW 1983, 2720; LAG Düsseldorf NZA 1985, 779).

- **Verdachtskündigung:** Der Verdacht einer Straftat berechtigt zur außerordentlichen Kündigung, wenn der Verdacht einer Straftat das Vertrauensverhältnis nachhaltig zerstört hat und die Fortsetzung des Arbeitsverhältnisses unzumutbar macht (BAG NJW 1986, 3159; BAG NJW 1993, 83).

- Die unerlaubte und umfangreiche **private Nutzung des Internet** während der Arbeitszeit kann die außerordentliche Kündigung ohne vorherige Abmahnung rechtfertigen (BAG NZA 2006, 98; BAG NZA 2006, 977).

Beispiel für eine Druckkündigung (BAG NZA 1991, 468): Arbeitnehmer A arbeitet in einem Start-up-Unternehmen, das 20 Mitarbeiter beschäftigt. Ein Betriebsrat besteht nicht. Inhaber des Unternehmens ist U. Geschäftsgegenstand ist die Entwicklung von Internetlösungen für Großbanken und Finanzdienstleister. Die Mitarbeiter des Unternehmens arbeiten derzeit an der Entwicklung eines neuen Programms, das die Verwendung virtuellen Geldes im Internet sicherer und attraktiver macht. Es handelt sich um eine Auftragsarbeit der Deutsche Bank AG. A ist der beste Mitarbeiter bei U, doch vermag er sich nicht so richtig in den Kollegenkreis einzufügen. Er lässt die anderen spüren, dass er einen „Tick" besser ist. A hatte Kollegen schon mehrmals mit den Worten „Du Weichei" beschimpft, wenn sie ihren Arbeitsplatz um 23.00 Uhr verließen. U hat bislang nie eingegriffen, weil er meint, die Sache werde sich schon einrenken. Eines Tages wird U von den Kollegen des A mit der Forderung der fristlosen Entlassung des A konfrontiert. Andernfalls würden sie geschlossen heute noch die ordentliche Kündigung ihrer Arbeitsverhältnisse erklären. Sie würden sich auch nicht mit einer ordentlichen Kündigung des A zufrieden geben. Das Maß sei nun voll. Sie wollten mit A keinen Tag länger zusammenarbeiten. U bittet die Mitarbeiter, es mit A nochmals zu versuchen. Er werde mit A reden und auf ihn einwirken, dass er sich besser einfügt. Die Arbeitskollegen des A bleiben in der Sache allerdings hart und fordern die außerordentliche Kündigung des A. U nimmt die Drohung ernst, da er weiß, seine Angestellten würden leicht bei anderen Unternehmen eine Anstellung finden. Würden alle Mitarbeiter mit Ausnahme des A kündigen, wäre der Bestand des Unternehmens des U gefährdet. U spricht noch am gleichen Tag gegenüber A die außerordentliche Kündigung aus, um die Kündigungen der 19 anderen Angestellten damit abzuwenden.

Frage:

Liegt hier ein wichtiger Kündigungsgrund i. S. d. § 626 Abs. 1 BGB vor?

Lösung:

Fraglich ist, ob hier ein wichtiger Kündigungsgrund i. S. d. § 626 Abs. 1 BGB vorliegt. Dies könnte zu bejahen sein, da ein sog. Fall der Druckkündigung vorliegt. Fordern Dritte (Belegschaft, Kunden) die Entlassung eines bestimmten Arbeitnehmers, hat sich der Arbeitgeber grundsätzlich schützend vor seinen Arbeitnehmer zu stellen. Dies gilt vor allem dann, wenn die Forderung nach der Entlassung sachlich ungerechtfertigt ist. Dies ist hier aber nicht der Fall, da sich A in seinen Kollegenkreis nicht eingefügt, seine Kollegen sogar mehrmals beleidigt hat. Hat der Arbeitgeber, wie hier U, nur die Wahl, den Arbeitnehmer zu entlassen oder schwere wirtschaftliche Nachteile in Kauf zu nehmen, kann eine außerordentliche Kündigung gerechtfertigt sein. Würden die Kollegen des A kündigen, könnte U ggf. den Auftrag der Deutsche Bank AG nicht mehr fristgemäß bearbeiten. Sogar der Bestand seines Unternehmens wäre gefährdet. Würden alle Arbeitnehmer bis auf A das Unternehmen verlassen, hätte U schwere wirtschaftliche Nachteile zu befürchten, so dass hier die außerordentliche Kündigung des A gerechtfertigt ist.

Beispiel zur Verdachtskündigung (BAG NZA 2001, 837): A ist bei der Commerzbank AG als Zweigstellenleiter seit drei Jahren beschäftigt. Seit 01.03. laufen gegen A staatsanwaltschaftliche Ermittlungen wegen des Verdachts der Verwicklung in einen Kapitalanlagebetrug. A wird vorgeworfen, in Altersheimen Geld von älteren Menschen mit dem Versprechen eingesammelt zu haben, es zur Erzielung einer hohen Rendite in ein Internetunternehmen zu investieren. Es geht hierbei um eine Summe von fünf Millionen €. A hat das Geld auf ein Schweizer Nummernkonto transferiert. Die Tagespresse berichtet in breiter Form über den Vorfall. Fraglich ist, ob die Commerzbank AG hier gegenüber A eine fristlose Kündigung aussprechen kann. Es müsste ein wichtiger Kündigungsgrund i. S. d. § 626 Abs. 1 BGB vorliegen. A wurde noch nicht strafrechtlich verurteilt, so dass nicht eine außerordentliche Kündigung wegen einer begangenen Straftat, sondern nur wegen des Verdachts einer Straftat in Betracht kommt (sog. Verdachtskündigung). Der Verdacht einer Straftat oder einer sonstigen schweren arbeitsvertraglichen Verfehlung kann einen wichtigen Grund i. S. d. § 626 Abs. 1 BGB darstellen, wenn der Verdacht das zur Fortsetzung des Arbeitsverhältnisses notwendige Vertrauen in die Rechtschaffenheit des Arbeitnehmers zerstört hat und die Fortsetzung des Arbeitsverhältnisses deshalb unzumutbar ist (BAG NZA 2000, 421). Hier dürfte das Vertrauen der Commerzbank AG zu ihrem Mitarbeiter völlig zerstört sein. Der Verdacht lässt es nicht mehr zu, A als Bankmitarbeiter tätig sein zu lassen, auch nicht bis zum Ablauf der ordentlichen Kündigungsfrist bzw. bis zum Abschluss des strafgerichtlichen Verfahrens. Der Verdacht der Straftat liegt zwar außerhalb des Arbeitsverhältnisses, weil bislang keine Anhaltspunkte dafür bestehen, dass A einen Kapitalanlagebetrug auch in seiner Funktion als Zweigstellenleiter begangen hat. Doch strahlt der Verdacht des Kapitalanlagebetrugs auf das Arbeitsverhältnis aus, in dessen Rahmen A Bankgeschäfte zu betreiben hat. Die fristlose Verdachtskündigung ist daher gerechtfertigt. Sollten die staatsanwaltschaftlichen Ermittlungen eingestellt werden, wäre zu prüfen, ob A gegen die Commerzbank AG einen Wiedereinstellungsanspruch hat. Dies ist jedoch nicht vorbehaltlos zu bejahen, da allein der Umstand, dass gegen A wegen Kapitalanlagebetrugs ermittelt wurde, seine Verwendung im Bankgeschäft fragwürdig erscheinen lässt.

Hinweis zur Verdachtskündigung beim Diebstahl bzw. der Unterschlagung geringwertiger Sachen (BAG NZA 2000, 421):

„Der **dringende Verdacht eines Diebstahls bzw. einer Unterschlagung auch geringwertiger Gegenstände** aus dem Eigentum des Arbeitgebers stellt **an sich einen wichtigen Grund** zur außerordentlichen Kündigung dar (Prüfung auf der **ersten Stufe** des § 626 Abs. 1 BGB). Erst die **Würdigung**, ob dem Arbeitgeber deshalb außerdem die Fortsetzung des Arbeitsverhältnisses bis zum Ablauf der ordentlichen Kündigungsfrist der vertragsgemäßen Beendigung des Arbeitsverhältnisses unter Berücksichtigung aller Umstände des Einzelfalls und unter Abwägung der Interessen beider Vertragsteile **unzumutbar** ist (Prüfung auf der **zweiten Stufe** des § 626 Abs. 1 BGB), kann zur Feststellung der Nichtberechtigung der außerordentlichen Kündigung führen."

13.3 Ausschlussfrist des § 626 Abs. 2 BGB

Die außerordentliche Kündigung kann nur innerhalb von **zwei Wochen** erfolgen. Ob die vorgenannte **Ausschlussfrist** eingehalten wurde oder nicht, hängt davon ab, wann sie zu laufen beginnt und wann sie endet. Die Ausschlussfrist kann weder einzel- noch tarifvertraglich verlängert werden (Dörner/Vossen in Ascheid/Preis/Schmidt, § 626 BGB, Rn 119). Den Fristbeginn umschreibt § 626 Abs. 2 S. 2 BGB folgendermaßen: Die Frist beginnt mit dem Zeitpunkt, in dem der Kündigungsberechtigte von den für die Kündigung maßgebenden Tatsachen **Kenntnis** erlangt. In diesem Zusammenhang stellt sich die Frage, wann der Kündigungsberechtigte Kenntnis von den für die Kündigung maßgebenden Tatsachen erlangt hat. Bloße Vermutungen reichen jedenfalls nicht aus. Vielmehr muss es sich um eine **sichere Kenntnis** handeln, weil die außerordentliche Kündigung weitreichende Folgen hat (BAG NJW 1989, 733, 734; BAG NZA 2006, 101, 103). Oft ist es so, dass der Kündigungssachverhalt von Anfang an nicht feststeht, sondern erst noch **Ermittlungen** angestellt werden müssen. Ist eine Aufklärung des Kündigungssachverhalts erforderlich, beginnt die Frist nach Abschluss der mit der **gebotenen Eile** durchgeführten Ermittlungen. In der Regel wird im Rahmen der Aufklärung des Kündigungssachverhalts der **betroffene Arbeitnehmer anzuhören** sein. Grundsätzlich muss die Anhörung **innerhalb einer Woche** durchgeführt werden (BAG NJW 1989, 733; BAG NZA 1994, 409, 411). Ob die angelaufene Frist des § 626 Abs. 2 S. 1 BGB letztlich gewahrt wurde, hängt vom Zugang der Kündigungserklärung nach § 130 BGB ab. Ist der zu kündigende Arbeitnehmer erkrankt, hemmt dies den Ablauf der Ausschlussfrist des § 626 Abs. 2 S. 1 BGB nicht. Ist eine Anhörung des erkrankten Arbeitnehmers zum Kündigungssachverhalt erforderlich, hat der Arbeitgeber trotz der Erkrankung des Arbeitnehmers die Anhörung durchzuführen. Nur wenn der Arbeitnehmer die Anhörung während seiner Erkrankung verweigert, kommt eine Hemmung der Ausschlussfirst des § 626 Abs. 2 S. 1 BGB in Betracht (BAG NZA 1994, 409, 411). Soll einem Arbeitnehmer wegen eigenmächtigen Urlaubsantritts gekündigt werden, beginnt der Lauf der Ausschlussfrist mit dem Urlaubsende (BAG DStR 1998, 1107). Problematisch ist der Beginn des Laufs der Ausschlussfrist bei **Verdachtskündigungen.** Hier ist auf den Zeitpunkt abzustellen, ab dem der Kündigende den Sachverhalt soweit mit Sicherheit kennt, dass er sich ein umfassendes Urteil über die Verdachtsmomente bilden kann. Jedenfalls kann der Kündigungsberechtigte den Ausgang eines eventuellen Strafverfahrens abwarten und seine Kündigung nicht als Verdachts-, sondern als Tatkündigung aussprechen (BAG NJW 1985, 3094; BAG NZA 2006, 101).

Beispiel zum Beginn des Laufs der Ausschlussfrist: Arbeitnehmer A ist bei der B-GmbH, die 200 Mitarbeiter hat, seit zehn Jahren als Lagerarbeiter beschäftigt. A hat in den zehn Jahren keinerlei Anlass zu Beanstandungen gegeben. Am 01.02. kommt es zwischen A und C, einem Arbeitskollegen des A, zu einer tätlichen Auseinandersetzung, bei der A auf den C so einschlug, dass C drei Wochen arbeitsunfähig krank war. Der Personalchef der GmbH erfuhr noch am selben Tag von dem Vorfall, nicht allerdings vom konkreten Ablauf der Auseinandersetzung. Am 06.02. ließ sich der Personalchef der B-GmbH von dem Lagerarbeiter D, der die Auseinandersetzung verfolgt hatte, den Sachverhalt schildern. D erklärte, A habe C verprügelt, weil A mit Frau X aus der Lohnbuchhaltung befreundet sei und C sich an diese ebenfalls „ranmachen" wolle. Daraufhin bat der Personalchef den A, der vom 06.02. bis 12.02. arbeitsunfähig erkrankt war, zu einem Gespräch am 13.02., in dessen Rahmen A dem Personalchef entgegnete, er solle sich in die Angelegenheit nicht einmischen. Es handle sich um eine Sache zwischen ihm und C. Es sei seine Sache, wie er dem C klarmache, dass er die Finger von Frau X lassen solle. Noch am 13.02. informierte der Personalchef den Betriebsrat umfassend über den Vorfall einschließlich der Aussagen von A und D und forderte ihn auf, sowohl zu einer außerordentlichen als auch zu einer ordentlichen Kündigung Stellung zu nehmen. Obwohl der Betriebsrat am 15.02. sowohl einer ordentlichen als auch einer außerordentlichen Kündigung widersprochen hatte, kündigte der Personalchef das Arbeitsverhältnis mit A mit Schreiben vom 18.02. fristlos, das A am 19.02. zuging. Der Personalchef hat umfassende Vollmacht zur Erledigung der Personalangelegenheiten. A erhebt gegen die fristlose Kündigung am 25.02. Kündigungsschutzklage.

Frage:

Hat die Kündigungsschutzklage Erfolg?

Lösung:

Die Kündigungsschutzklage des A hat Erfolg, wenn sein Arbeitsverhältnis mit der B-GmbH nach wie vor fortbesteht, dieses also nicht durch die außerordentliche Kündigung vom 18.02. aufgelöst wurde. Die für die Wirksamkeit der außerordentlichen Kündigung nach § 623 BGB erforderliche Schriftform wurde gewahrt. Das Kündigungsschreiben vom 18.02. ging A nach § 130 BGB am 19.02. zu. A erhob am 25.02. Kündigungsschutzklage, so dass die Ausschlussfrist der §§ 13 Abs. 1 S. 2, 4 S. 1 KSchG gewahrt ist.

Auch wurde vor Ausspruch der außerordentlichen Kündigung der Betriebsrat nach § 102 Abs. 1 S. 1 BetrVG ordnungsgemäß angehört. Er wurde sowohl zu einer außerordentlichen als auch zu einer ordentlichen Kündigung angehört, was für die B-GmbH den Vorteil hat, dass im Falle der Unwirksamkeit der außerordentlichen Kündigung ihre Umdeutung nach § 140 BGB in Betracht gezogen werden kann. Der Betriebsrat hat innerhalb von drei Tagen (§ 102 Abs. 2 S. 3 BetrVG) Bedenken gegenüber der außerordentlichen Kündigung geäußert. Dies hindert den Arbeitgeber jedoch nicht, dennoch die Kündigung auszusprechen. Aufgrund des Gebots der vertrauensvollen Zusammenarbeit mit dem Betriebsrat nach § 2 Abs. 1 BetrVG hat sich der Arbeitgeber vor Ausspruch der Kündigung jedoch mit den Bedenken des Betriebsrats auseinanderzusetzen.

Die Kündigung wurde vom Personalchef ausgesprochen. Eine GmbH wird nach § 35 Abs. 1 GmbH von ihren Geschäftsführern vertreten. Laut Sachverhalt hatte der Personalchef jedoch umfassende Vollmacht zur Erledigung der Personalangelegenheiten. Eine Zurückweisung der Kündigung durch A nach § 174 S. 1 BGB ist nicht erfolgt, wäre auch nach § 174 S. 2 BGB nicht möglich, da A aufgrund der Stellung des Personalchefs wusste, dass dieser Personalangelegenheiten umfassend erledigen kann.

Fraglich ist, ob ein wichtiger Kündigungsgrund i.S.d. § 626 Abs. 1 BGB vorliegt. Dies setzt voraus, dass Tatsachen vorliegen, aufgrund derer der B-GmbH unter Berücksichtigung aller Umstände des Einzelfalles und unter Abwägung der Interessen beider Vertragsteile die Fortsetzung des Arbeitsverhältnisses mit A bis zum Ablauf der ordentlichen Kündigungsfrist nicht mehr zumutbar ist. Aus dem Sachverhalt ist nicht zu entnehmen, dass für A besondere einzel- oder tarifvertragliche ordentliche Kündigungsfristen gelten, so dass zur Bestimmung der ordentlichen Kündigungsfrist auf § 622 Abs. 2 BGB abzustellen ist. A war zum Zeitpunkt des Zugangs der Kündigungserklärung am 19.02. bei der B-GmbH zehn Jahre als Lagerarbeiter beschäftigt, so dass die ordentliche Kündigungsfrist nach § 622 Abs. 2 Nr. 4 BGB vier Monate zum Ende eines Kalendermonats beträgt. Ein wichtiger Kündigungsgrund i.S.d. § 626 Abs. 1 BGB läge nicht vor, wenn es der B-GmbH trotz der vorgefallenen Schlägerei zumutbar wäre, A noch weitere vier Monate zu beschäftigen. Tätlichkeiten rechtfertigen allerdings in der Regel die außerordentliche Kündigung. Dies gilt besonders für den vorliegenden Fall, bei dem C, der Arbeitskollege des A, erhebliche Verletzungen erlitt. Die B-GmbH kann es nicht hinnehmen, dass Konflikte nicht verbal, sondern tätlich gelöst werden. Zum einen ist der Arbeitgeber aufgrund der arbeitsvertraglichen Fürsorgepflicht gegenüber allen seinen Arbeitnehmern verpflichtet, dafür zu sorgen, dass sie keinen tätlichen Auseinandersetzungen ausgesetzt sind. Zum anderen hat der

Arbeitgeber selbst ein berechtigtes Interesse daran, dass die betriebliche Zusammenarbeit nicht durch tätliche Auseinandersetzungen beeinträchtigt wird und durch Verletzungen Arbeitskräfte ausfallen. Vor diesem Hintergrund ist bei tätlichen Auseinandersetzungen i.d.R: eine vorherige Abmahnung nicht erforderlich. Nach dem Vorfall ist das Vertrauensverhältnis der B-GmbH zu A völlig zerstört, so dass ein wichtiger Kündigungsgrund i.S.d. § 626 Abs. 1 BGB vorliegt. Hieran ändert auch die lange Beschäftigungsdauer von zehn Jahren nichts. Eine vorherige Abmahnung des Fehlverhaltens des A war nicht erforderlich, weil A aufgrund der Schwere des Fehlverhaltens mit einer solchen nicht mehr rechnen konnte.

Die außerordentliche Kündigung wäre unwirksam, wenn die B-GmbH die Ausschlussfrist des § 626 Abs. 2 BGB zum Ausspruch der Kündigung nicht gewahrt hat. Die Ausschlussfrist zur Erklärung der außerordentlichen Kündigung beträgt zwei Wochen. Sie beginnt mit der sicheren Kenntnis des Personalchefs der B-GmbH von den kündigungsrelevanten Umständen. Ist wie hier eine Aufklärung des Kündigungssachverhalts erforderlich, beginnt die Frist des § 626 Abs. 2 S. 1 BGB, wenn die Aufklärung mit der gebotenen Eile beendet wird und eine Anhörung des zu Kündigenden erfolgt. Die Anhörung wird in der Regel binnen Wochenfrist durchgeführt werden müssen. Nur solange kann der Beginn des Fristlaufs hinausgeschoben werden. Der Vorfall trug sich am 01.02. zu. Gesteht man der B-GmbH eine Wochenfrist zur Anhörung von Zeugen und des zu kündigenden A zu, war die Ausschlussfrist des § 626 Abs. 2 S. 1 BGB für eine Woche gehemmt. Sie begann daher erst am 09.02. und endete mit Ablauf des 22.02. nach §§ 187 Abs. 1, 188 Abs. 2 BGB. Das Kündigungsschreiben vom 18.02. ging A am 19.02. zu, so dass die Ausschlussfrist des § 622 Abs. 2 S. 1 BGB gewahrt ist.

Die gegenüber A ausgesprochene außerordentliche Kündigung ist wirksam. Die Kündigungsschutzklage hat keinen Erfolg.

13.4 Checkliste zur außerordentlichen Kündigung

- Die Rechtsunwirksamkeit der außerordentlichen Kündigung ist nach §§ 13 Abs. 1 S. 2, 4 S. 1 KSchG vom Arbeitnehmer innerhalb einer Frist von **drei Wochen** nach Zugang der schriftlichen Kündigungserklärung durch Erhebung einer Kündigungsschutzklage geltend zu machen. Wird die Frist versäumt, gilt die außerordentliche Kündigung nach §§ 13 Abs. 1 S. 2, 7 KSchG als **von Anfang an rechtswirksam**.

- Die außerordentliche Kündigung muss nach § 623 BGB **schriftlich** ausgesprochen werden. Die Aufnahme des wichtigen Grundes in die Kündigungserklärung ist nicht Wirksamkeitsvoraussetzung. Der Kündigungsgrund ist dem anderen Teil aber nach § 626 Abs. 2 S. 3 BGB **auf Verlangen** unverzüglich schriftlich mitzuteilen. Nur die schriftliche Kündigungserklärung setzt die Frist des §§ 13 Abs. 1 S. 2, 4 S. 1 KSchG in Gang.

- Vor Ausspruch der außerordentlichen Kündigung ist nach § 102 Abs. 1 S. 1 BetrVG der **Betriebsrat anzuhören**. Dem Betriebsrat sind nach § 102 Abs. 1 S. 2 BetrVG die Gründe für die Kündigung mitzuteilen. Das Anhörungsverfahren (§ 102 Abs. 2 S. 3 BetrVG) **verlängert** die Frist des § 626 Abs. 2 S. 1 BGB zum Ausspruch der außerordentlichen Kündigung **nicht**. Wurde der Betriebsrat hilfsweise zur ordentlichen Kündigung angehört, kann die unwirksame außerordentliche Kündigung nach § 140 BGB ggf. in eine ordentliche Kündigung umgedeutet werden.

- Die außerordentliche Kündigung erfordert nach § 626 Abs. 1 BGB einen **wichtigen Grund**, d. h. die Fortsetzung des Arbeitsverhältnisses ist dem Kündigenden bis zum Ablauf der ordentlichen Kündigungsfrist oder bis zur vereinbarten Beendigung des Arbeitsverhältnisses nicht zumutbar.

- Im Einzelfall kann vor Ausspruch einer außerordentlichen Kündigung eine **Abmahnung** erforderlich sein (§ 314 Abs. 2 BGB).

- Die außerordentliche Kündigung kann nur innerhalb der **materiellen Ausschlussfrist** des § 626 Abs. 2 S. 1 BGB ausgesprochen werden. Der Fristlauf beginnt mit der **Kenntniserlangung** von den für die Kündigung maßgebenden Tatsachen. Müssen zur Aufklärung des Sachverhalts **Ermittlungen** angestellt werden, ist der Fristlauf des § 626 Abs. 2 S. 1 BGB für eine kurze Zeit, i. d. R. für eine Woche, **gehemmt**.

14. Die Änderungskündigung

14.1 Allgemeines zur Änderungskündigung

Der Begriff der **Änderungskündigung** wird in §2 KSchG eingeführt. Hiernach liegt eine Änderungskündigung dann vor, wenn der Arbeitgeber das Arbeitsverhältnis kündigt und **im Zusammenhang mit der Kündigung die Fortsetzung des Arbeitsverhältnisses zu geänderten Bedingungen** anbietet. Die Änderungskündigung beinhaltet somit eine Kündigungserklärung und zugleich ein Vertragsangebot zum Abschluss eines Arbeitsvertrages zu geänderten Bedingungen. Bei der Änderungskündigung handelt es sich um eine echte Kündigung, für die alle Vorschriften der Kündigung, wie z. B. das Schriftformerfordernis nach §623 BGB sowie das Erfordernis der vorherigen Betriebsratsanhörung nach §102 Abs. 1 S. 1 BetrVG zu beachten sind. Welche weiteren Kündigungsvorschriften noch zu berücksichtigen sind, hängt davon ab, um welche Art der Änderungskündigung es sich handelt. Die Änderungskündigung kann ausgesprochen werden als (Hergenröder, MüKo BGB, §2 KSchG, Rn 5 bis 10)

- **ordentliche Kündigung:** In diesem Fall sind die Kündigungsfristen nach §622 BGB zu berücksichtigen. Außerdem muss die **Änderungskündigung sozial gerechtfertigt** sein, wenn das Kündigungsschutzgesetz nach §§1 Abs. 1, 23 Abs. 1 KSchG anwendbar ist. Die Änderungskündigung muss dann durch einen personen-, verhaltens- oder betriebsbedingten Grund gerechtfertigt sein (§§2, 1 Abs. 2 S. 1 bis 3, Abs. 3 S. 1 und 2 KSchG).

- **außerordentliche Kündigung:** Dann muss ein **wichtiger Grund für die Änderungskündigung** vorliegen, der dazu führt, dass es dem Arbeitgeber nicht zumutbar ist, den änderungsgekündigten Arbeitnehmer bis zum Ablauf der ordentlichen Kündigungsfrist zu den Bedingungen des gekündigten ursprünglichen Arbeitsverhältnisses weiterzubeschäftigen. Zudem muss die Ausschlussfrist des §626 Abs. 2 S. 1 BGB beachtet werden, d. h. die außerordentliche Änderungskündigung kann nur innerhalb von zwei Wochen ab Kenntniserlangung vom wichtigen Grund ausgesprochen werden.

- **Massenänderungskündigung:** Der Arbeitgeber kündigt einer Gruppe von Arbeitnehmern oder allen Arbeitnehmern zur einheitlichen Änderung der Arbeitsbedingungen. Die Massenänderungskündigung kommt insbesondere zur Senkung der Personalkosten bei Existenzgefährung eines Betriebes oder zur Umsetzung größerer Umstrukturierungen im Unternehmen in Betracht. Die Massenänderungskündigung kann in Form der ordentlichen oder außerordentlichen Kündigung gegeben sein.

14.2 Formen der Änderungskündigung

Folgende **Formen der Änderungskündigung** sind denkbar:

- Die Änderungskündigung wird als **unbedingte Beendigungskündigung** ausgesprochen. **Zugleich** wird dem Arbeitnehmer ein **Angebot** zum Abschluss eines neuen Arbeitsvertrages zu **geänderten Arbeitsbedingungen** unterbreitet (Hergenröder, MüKo zum BGB, § 2 KSchG, Rn 4).

- Die Änderungskündigung wird als **Beendigungskündigung unter der aufschiebenden Bedingung** (§ 158 Abs. 1 BGB) ausgesprochen, dass der Arbeitnehmer der angebotenen Vertragsänderung nicht zustimmt. Wird die Änderungskündigung in dieser Form ausgesprochen, liegt kein Verstoß gegen das Verbot vor, dass Gestaltungsrechte nicht unter eine Bedingung gestellt werden dürfen (Hergenröder, MüKo BGB, § 2 KSchG, Rn 4; BAG AP BGB § 626 Bedingung Nr. 1). Das Verbot hat nur den Zweck, dem von vom Gestaltungsrecht Betroffenen Klarheit darüber zu geben, ob das Gestaltungsrecht seine Wirkung entfaltet oder nicht. Bei der Änderungskündigung in der vorgenannten Form hat es der Arbeitnehmer durch die Annahme oder Ablehnung der angebotenen Vertragsänderung aber selbst in der Hand, die Kündigung wirksam werden zu lassen oder nicht. Er ist also keiner Unklarheit ausgesetzt.

> **Beispiel:** Kündigt der Arbeitgeber unter der Bedingung, dass die wirtschaftliche Lage nicht besser wird, wäre die Kündigung unwirksam. Die Kündigung ist ein Gestaltungsrecht und darf grundsätzlich nicht bedingt ausgesprochen werden. Der Arbeitnehmer wüsste sonst nicht, ob er nun gekündigt ist oder nicht. Denn auf die allgemeine wirtschaftliche Lage hat der Arbeitnehmer keinen Einfluss. Anders verhält es sich bei folgender Änderungskündigung: Der Arbeitgeber kündigt für den Fall, dass der Arbeitnehmer nicht einer Änderung seines Aufgabengebietes zustimmt. Hier hat es der Arbeitnehmer selbst in der Hand, die Kündigung wirksam werden zu lassen oder nicht.

Eine Änderungskündigung liegt nur vor, wenn die Kündigung mit einem Vertragsangebot **gekoppelt** wird. Folgt das Angebot zum Abschluss eines neuen geänderten Arbeitsvertrages der Kündigung nach, liegt keine Änderungskündigung vor. Es handelt sich dann um eine reine Beendigungskündigung, deren Wirksamkeit isoliert von dem Vertragsangebot zu prüfen ist (Hergenröder, MüKo BGB, § 2 KSchG, Rn 19).

14.3 Vorrang der Änderungskündigung vor der Beendigungskündigung

Im Kündigungsrecht gilt das Prinzip der **Verhältnismäßigkeit**. Daraus folgt, dass der Arbeitgeber vor Ausspruch einer außerordentlichen oder ordentlichen Beendigungskündigung immer prüfen muss, ob nicht eine Weiterbeschäftigung des Arbeitnehmers zu zumutbaren veränderten Arbeitsbedingungen möglich ist (vgl. §1 Abs. 2 S. 3 KSchG). Der Arbeitgeber muss vor Ausspruch einer Beendigungskündigung nach Möglichkeit dem Arbeitnehmer ein Änderungsangebot unterbreiten und den Arbeitnehmer in aller Deutlichkeit darauf hinweisen, dass das Arbeitsverhältnis auf dem Spiel steht, wenn er das Änderungsangebot nicht akzeptiert (BAG NZA 2005, 1289). Aus dem Verhältnismäßigkeitsprinzip folgt auch, dass der Arbeitgeber eine betriebsbedingte Beendigungskündigung wegen Auftragsmangels grundsätzlich erst aussprechen darf, wenn eine Teilzeitbeschäftigung des Arbeitnehmers über eine Änderungskündigung nicht in Betracht kommt. Es handelt sich aber um eine im Ermessen des Arbeitgebers stehende Organisationsentscheidung, ob er anstelle mehrerer Änderungskündigungen mit dem Ziel von Halbtagsbeschäftigungen eine geringere Anzahl von Beendigungskündigungen ausspricht. (BAG NZA 1993, 1075).

Die Änderungskündigung hat **Vorrang** vor der Beendigungskündigung. Dies gilt selbst dann, wenn der Arbeitnehmer vor Ausspruch der Arbeitgeberkündigung ein Vertragsänderungsangebot abgelehnt hat (BAG NZA 2005, 1289; BAG NZA 2005, 1294). Auch in diesem Fall hat der Arbeitgeber zunächst eine Änderungskündigung auszusprechen, selbst wenn er im Zusammenhang mit der Änderungskündigung das bereits zuvor vom Arbeitnehmer abgelehnte Vertragsänderungsangebot erneut unterbreitet.

14.4 Annahme der Änderungskündigung unter Vorbehalt

§2 S. 1 KSchG gestattet es dem Arbeitnehmer, das mit der Änderungskündigung ihm unterbreitete Vertragsangebot **unter dem Vorbehalt** anzunehmen, dass die Änderung der Arbeitsbedingungen **nicht sozial ungerechtfertigt ist** (§§1 Abs. 2 S. 1 bis 3, Abs. 3 S. 1 und 2 KSchG). Nach §2 S. 2 KSchG muss der Arbeitnehmer dem Arbeitgeber diesen Vorbehalt innerhalb der Kündigungsfrist, spätestens jedoch innerhalb von drei Wochen nach Zugang der Kündigung erklären. Dies gilt allerdings **nur für die ordentliche**, nicht für die außerordentliche Änderungskündigung. Da es bei der außerordentlichen Änderungskündigung keine Kündigungsfrist gibt, ist der Vorbehalt, man nehme die geänderten Arbeitsbedingungen nur für den Fall an, dass ein wichtiger Grund vorliegt, in entsprechender Anwendung des §121 Abs. 1 BGB unverzüglich zu erklären (Hergenröder, MüKo BGB, §2 KSchG, Rn 9). Versäumt es der Arbeitnehmer, den Vorbehalt rechtzeitig zu erklären, wird seine Änderungskündigungsschutzklage unbegründet. Es bleibt ihm nur noch die normale Kündigungsschutzklage, wenn nicht die Ausschlussfrist des §4 S. 1 KSchG inzwischen abgelaufen ist.

Mit der Möglichkeit, das Vertragsangebot unter Vorbehalt annehmen zu können, nimmt der Gesetzgeber dem Arbeitnehmer das Risiko des Arbeitsplatzverlustes ab, der eintritt, wenn der Arbeitnehmer das Vertragsangebot ausschlägt und das Gericht die soziale Rechtfertigung der Kündigung bejaht. Der Arbeitnehmer hat **folgende Möglichkeiten**, auf eine Änderungskündigung zu reagieren (Hergenröder, MüKo BGB, §2 KSchG, Rn 55 ff.):

- Er kann sich **mit der Änderung** der Arbeitsbedingungen **einverstanden** erklären, also das ihm unterbreitete Vertragsangebot vorbehaltlos akzeptieren. In diesem Falle hat der Arbeitnehmer nicht mehr die Möglichkeit, die Änderung der Arbeitsbedingungen auf ihre soziale Rechtfertigung hin überprüfen zu lassen. Hierfür ist nach §2 S.1 KSchG die Annahme des Vertragsangebots unter Vorbehalt erforderlich.

- Der Arbeitnehmer kann das ihm unterbreitete Vertragsangebot **unter dem Vorbehalt annehmen,** dass die Änderung der Arbeitsbedingungen nicht sozial ungerechtfertigt ist. Damit steht fest, dass das Arbeitsverhältnis fortbesteht. Es steht aber nicht fest, ob für das Arbeitsverhältnis die neuen oder alten Bedingungen gelten. Erhebt der Arbeitnehmer innerhalb der Ausschlussfrist von drei Wochen (§4 S.1 KSchG) Kündigungsschutzklage zum zuständigen Arbeitsgericht, muss das Gericht prüfen, ob das Arbeitsverhältnis zwischen Arbeitnehmer und Arbeitgeber zu den alten oder den neuen Arbeitsbedingungen fortbesteht. Es besteht **zu den alten Arbeitsbedingungen** fort, wenn die **Änderung** der Arbeitsbedingungen **nicht sozial gerechtfertigt** ist. Dies ist der Fall, wenn die Änderung der Arbeitsbedingungen nicht durch personen-, verhaltens- oder betriebsbedingte Gründe gerechtfertigt ist (§§2 S.1, 1 Abs.2 S.1 KSchG). Weiterhin kann die Änderung der Arbeitsbedingungen sozial ungerechtfertigt sein, wenn der Arbeitnehmer zu den alten Vertragsbedingungen auf einem anderen Arbeitsplatz im selben Betrieb oder in einem anderen Betrieb des Unternehmens weiterbeschäftigt werden kann (§§2 S.1, 1 Abs.2 S.2 lit.1 b KSchG). Schließlich kann sich die Sozialwidrigkeit der Änderung der Arbeitsbedingungen auch daraus ergeben, dass der Arbeitnehmer nach zumutbaren Umschulungs- oder Fortbildungsmaßnahmen zu den alten Arbeitsbedingungen weiterbeschäftigt werden kann (§§2 S.1, 1 Abs.2 S.3 KSchG) oder dass bei einer betriebsbedingten Änderungskündigung die soziale Auswahl fehlerhaft ist (§2 S.1 KSchG, §1 Abs.3 S.1 KSchG). Das Gebot der sozialen Auswahl gilt auch bei betriebsbedingten Änderungskündigungen (BAG RdA 2002, 372). Erhebt der Arbeitnehmer allerdings nicht innerhalb der Ausschlussfrist des §4 S.1 KSchG eine Änderungskündigungsschutzklage zum zuständigen Arbeitsgericht, kann die Frage, ob die Änderung der Arbeitsbedingungen sozial gerechtfertigt ist oder nicht, nicht mehr überprüft werden. Der Arbeitnehmer muss dann zu den neuen Arbeitsbedingungen weiterarbeiten.

- Der Arbeitnehmer kann das **Vertragsangebot ausschlagen.** Damit lässt er sich auf die **Beendigungskündigung** seines Arbeitsverhältnisses ein. Zwar kann der Arbeitnehmer innerhalb der Ausschlussfrist des §4 S.1 KSchG die Frage der sozialen Rechtfertigung der Beendigungskündigung vor dem Arbeitsgericht überprüfen lassen. Kommt das Arbeitsgericht allerdings zu dem Ergebnis, dass die Beendigungskündigung sozial gerechtfertigt ist, verliert der Arbeitnehmer seinen Arbeitsplatz. Er kann dann auch nicht zu den geänderten Arbeitsbedingungen weiterarbeiten. Kommt das Arbeitsgericht zu dem Ergebnis, dass die Beendigungskündigung sozial ungerechtfertigt ist, kann der Arbeitnehmer zu den alten Konditionen weiterarbeiten. Wählt der Arbeitnehmer diese Variante, fährt er eine **Alles-oder-Nichts-Strategie.**

Beispiel: Arbeitnehmer A ist seit vier Jahren bei der Bank X beschäftigt. Die Bank X hat 10 000 Mitarbeiter. A hat schon mehrmals im Schaltergeschäft ausländische Kunden übel beschimpft. Der Personalchef P hat A wegen ungebührlichen Verhaltens gegenüber ausländischen Kunden bereits zweimal abgemahnt. Am 02.04. beschimpft A erneut einen ausländischen Kunden. P teilt daraufhin die Sozialdaten des A dem Betriebsrat mit, schildert ihm den Vorfall vom 02.04. und hört ihn gemäß § 102 Abs. 1 S. 1 BetrVG zu einer fristlosen Änderungskündigung, hilfsweise zu einer ordentlichen Änderungskündigung an. P teilt dem Betriebsrat im Rahmen des Anhörungsverfahrens mit, es sei beabsichtigt, A einen neuen Vertrag anzubieten und ihn in der Revisionsabteilung einzusetzen, wo er keinen Kundenkontakt hat. Der Betriebsrat stimmt einer ordentlichen Änderungskündigung zu. Am 05.04. händigt P dem A daraufhin ein Kündigungsschreiben folgenden Inhalts aus:

„Hiermit kündigen wir Ihr Arbeitsverhältnis im Schaltergeschäft ordentlich zum 31.05. Wir bieten Ihnen an, Sie ab 01.06. in der Revisionsabteilung zu beschäftigen. Die umsatzbezogene Komponente Ihres Gehalts kann Ihnen als Mitarbeiter der Revisionsabteilung allerdings nicht gewährt werden, da sie als Revisionist für die Bank keine Geschäfte mit Kunden mehr tätigen".

A ist empört. Er setzt sich sofort an seinen PC und schreibt an P folgenden Brief:

„Ich werde auf keinen Fall als Revisionist arbeiten. Der Wegfall der umsatzbezogenen Gehaltskomponente kommt für mich überhaupt nicht in Frage. Wie sollte ich denn dann meine Miete finanzieren?"

Am 07.04. sucht A seinen Rechtsanwalt R auf und schildert den Sachverhalt. R meint, es sei ein Fehler gewesen, das Angebot der Bank über eine Tätigkeit in der Revisionsabteilung so ohne Weiteres auszuschlagen. A weist R an, die Ablehnung dann eben zu widerrufen. Dies macht R dann auch. Zudem erhebt R namens des A am 12.04. Kündigungsschutzklage zum Arbeitsgericht mit dem Antrag festzustellen, dass die Änderung der Arbeitsbedingungen sozial ungerechtfertigt ist und das Arbeitsverhältnis über den Kündigungstermin hinaus unverändert fortbesteht.

Frage:

Hat die Änderungskündigungsschutzklage Erfolg?

Lösung:

A greift hier mit seiner Kündigungsschutzklage die Änderung seiner Arbeitsbedingungen mit dem Argument an, die Änderung der Arbeitsbedingungen sei nicht sozial gerechtfertigt. Dieser Frage dürfte nicht mehr nachgegangen werden, wenn die Ausschlussfrist des § 4 S. 1 und S. 2 KSchG zur Prüfung dieser Frage nicht gewahrt hat.

A hat die Drei-Wochenfrist des § 4 S. 1 KSchG gewahrt. Ihm ging die ordentliche Änderungskündigung am 05.04. zu. Am 12.04. wurde die Änderungskündigungsschutzklage erhoben. Der Frage der Wirksamkeit der Änderung der Arbeitsbedingungen (§ 4 S. 1 und S. 2 KSchG) kann somit grundsätzlich noch nachgegangen werden.

Fraglich ist jedoch, ob die Sozialwidrigkeit der Änderung der Arbeitsbedingungen überhaupt noch im Raum steht, weil A am 05.04. das Angebot der Bank, ihn in der Revisionsabteilung einzusetzen, abgelehnt hat. A hat das Angebot, in der Revisionsabteilung eingesetzt zu werden, am 05.04. mit Brief endgültig abgelehnt. Da er das Vertragsangebot des Einsatzes in der Revisionsabteilung nicht unter Vorbehalt angenommen hat, kann die Frage der Sozialwidrigkeit seines Einsatzes in der Revisionsabteilung ohne Umsatzbeteiligung nicht mehr überprüft werden. Hieran ändert auch der durch seinen Rechtsanwalt R erklärte Widerruf der Ablehnung des Angebots nichts. Eine einmal erklärte Ablehnung ist endgültig und kann nicht widerrufen werden. Ein Recht zur Anfechtung der am 05.04. vorgenommenen endgültigen Ablehnung des Vertragsänderungsangebots nach §§ 119 ff. BGB ist nicht erkennbar. Zwar wusste A offenbar nicht, welche Rechtsfolge er mit der Ablehnung des Vertragsangebots herbeiführt, doch berechtigt ein Rechtsfolgeirrtum nicht zur Anfechtung. Hätte A das Änderungsangebot vor Ausspruch der Kündigung durch die Bank X abgelehnt, wäre die Bank X dennoch gehalten gewesen, vor der Beendigungskündigung zunächst eine Änderungskündigung auszusprechen (BAG NZA 2005, 1294).

Die Ablehnung des Vertragsangebots hat dazu geführt, dass sich A auf die verhaltensbedingte ordentliche Beendigungskündigung seines Arbeitsverhältnisses eingelassen hat. Somit kann nur noch geprüft werden, ob die gegenüber A ausgesprochene ordentliche Beendigungskündigung wirksam ist oder nicht. Damit steht fest, dass R den Klageantrag falsch formuliert hat. Das Gericht wird ihn darauf hinweisen, dass er die Änderungskündigungsschutzklage auf eine normale Kündigungsschutzklage umzustellen hat.

Die nach § 623 BGB für die ordentliche Beendigungskündigung erforderliche Schriftform ist gewahrt.

Auch ist die nach § 102 Abs. 1 S. 1 BetrVG vor Ausspruch der Kündigung vorgeschriebene Anhörung des Betriebsrates erfolgt. Hier wurde der Betriebsrat zu einer außerordentlichen Änderungskündigung, hilfsweise zu einer ordentlichen Änderungskündigung angehört. Bei der Änderungskündigung handelt es sich um eine Beendigungskündigung in Verbindung mit dem Angebot neuer Arbeitsbedingungen. Der Betriebsrat wurde damit zu einer außerordentlichen sowie zu einer ordentlichen Beendigungskündigung angehört. Der Betriebsrat muss nicht erneut zu einer Beendigungskündigung angehört werden, wenn der Arbeitnehmer das Vertragsangebot ablehnt. Anderes gilt nur, wenn für den Betriebsrat offen bleibt, ob die Ablehnung des Änderungsangebots durch den Arbeitnehmer die Beendigungskündigung zur Folge haben soll (BAG 30.11.1989 BetrVG 1972 § 102 AP Nr. 53).

Die Ausschlussfrist des § 4 S. 1 KSchG ist gewahrt. Zwar hat hier der Rechtsanwalt den falschen Klageantrag gestellt, weil er die Frage der Sozialwidrigkeit der Änderung der Arbeitsbedingungen aufgreift, um die es hier nicht mehr geht, und nicht die Frage der Sozialwidrigkeit der Beendigungskündigung. Der falsche Klageantrag führt hier aber nicht dazu, dass die Ausschlussfrist des § 4 S. 1 KSchG zur Prüfung der Frage der Rechtsunwirksamkeit der ordentlichen Beendigungskündigung abgelaufen ist.

Fraglich ist, ob die ordentliche Beendigungskündigung sozial gerechtfertigt ist (§ 1 Abs. 2 KSchG). Es liegt eine verhaltensbedingte Beendigungskündigung vor. Das Änderungsangebot ist im Rahmen der Prüfung der sozialen Rechtfertigung der Kündigung nach § 1 Abs. 2 KSchG zu berücksichtigen (Künzl in Ascheid/Preis/

Schmidt, § 2 KSchG, Rn 182). Denn das Kündigungsschutzgesetz gewährt nicht nur einen Bestandsschutz, sondern auch einen Inhaltsschutz (Künzl in Ascheid/Preis/Schmidt, § 2 KSchG, Rn 184). Mit der Beschimpfung ausländischer Kunden hat A ein gravierendes Fehlverhalten an den Tag gelegt. Aufgrund des wiederholten Fehlverhaltens ist zu erwarten, dass A ausländische Kunden erneut beschimpfen wird (Prognoseprinzip). Die Interessenabwägung schlägt zugunsten der Bank X durch. Ihr Interesse an einer Umsetzung des A in eine interne Abteilung überwiegt das Interesse des A am unveränderten Erhalt seines Arbeitsplatzes. Das Fehlverhalten des A wurde zuvor erfolglos abgemahnt. Damit ist die verhaltensbedingte Beendigungskündigung hier sozial gerechtfertigt, da es A abgelehnt hat, in der Revisionsabteilung zu arbeiten.

Die gegenüber A ausgesprochene ordentliche Beendigungskündigung ist wirksam.

Besonderheiten gelten für die **betriebsbedingte Änderungskündigung zur Lohnkostenreduzierung**. Vor dem Ausspruch einer betriebsbedingten Beendigungskündigung muss der Arbeitgeber prüfen, ob nicht eine Änderungskündigung in Betracht zu ziehen ist. Dies folgt aus dem Vorrang der Änderungskündigung vor der Beendigungskündigung. Rentabilitätsprobleme als innerbetriebliche Gründe für eine betriebsbedingte Kündigung können bspw. auch durch Lohn-/Gehaltskürzungen bei der Belegschaft gelöst werden, die mit Änderungskündigungen herbeigeführt werden können (BAG NZA 2006, 92; BAG NZA 2002, 698). Bei der Prüfung, ob ein dringendes betriebliches Erfordernis zur Senkung der Lohnkosten besteht, ist nicht auf eine einzelne Abteilung abzustellen, sondern auf das wirtschaftliche Ergebnis des Gesamtbetriebes. Die Unrentabilität eines Betriebes und die daraus resultierende Notwendigkeit zur Entgeltkürzung kann **nur dann** als betriebsbedingter Änderungskündigungsgrund herangezogen werden, wenn dadurch die **Stilllegung** des Betriebes oder die **Reduzierung der Belegschaft verhindert** wird und andere Maßnahmen nicht in Betracht kommen (Hergenröder, MüKo, § 2 KSchG, Rn 82). Der Ausspruch von betriebsbedingten Änderungskündigungen zur Entgeltkürzung, um die Rendite zu steigern, ist mit dem Grundsatz „Verträge sind einzuhalten" nicht vereinbar.

14.5 Checkliste zur Änderungskündigung

- **Ziel** der Änderungskündigung ist die **Herbeiführung neuer Arbeitsbedingungen**. Die Änderungskündigung ist im Vergleich zur Beendigungskündigung das **mildere Mittel**.

- Die Änderungskündigung ist ein **zweigliedriger Akt**. Es handelt sich um eine Verbindung von Beendigungskündigung und Unterbreitung eines Vertragsänderungsangebots.

- Die Änderungskündigung kann als **ordentliche** oder **außerordentliche** Kündigung ausgesprochen werden. Sie unterliegt grundsätzlich den normalen Kündigungsvoraussetzungen. Die **ordentliche Änderungskündigung** muss nach §§ 2, 1 Abs. 2 KSchG **sozial gerechtfertigt** sein, sofern das Kündigungs-schutzgesetz nach §§ 1 Abs. 2, 23 Abs. 1 KSchG anwendbar ist. Für die **außerordentliche Änderungskündigung** muss nach § 626 Abs. 1 BGB ein **wichtiger Grund** vorliegen.

- Der Arbeitnehmer kann die Änderung der Arbeitsbedingungen **unter Vorbehalt annehmen** und sie auf das Vorliegen eines wichtigen Grundes oder auf ihre soziale Rechtfertigung überprüfen lassen. **Lehnt** der Arbeitnehmer die **Änderung** der Arbeitsbedingungen **ab**, lässt er sich auf eine **Beendigungskündigung** ein.

15. Besonderer Kündigungsschutz

15.1 Besonderer Kündigungsschutz neben dem Kündigungsschutzgesetz

Neben dem allgemeinen Kündigungsschutz nach dem Kündigungsschutzgesetz gibt es noch besondere Kündigungsschutzvorschriften für

- **Schwangere** und Frauen nach der Entbindung nach dem Mutterschutzgesetz,
- **Elternzeitberechtigte** nach dem Bundeselterngeld- und Elternzeitgesetz,
- Personen, die nach dem **Pflegezeitgesetz** Pflege leisten,
- **Schwerbehinderte Menschen** und ihre Vertrauenspersonen nach dem Sozialgesetzbuch IX,
- **Mitglieder eines Betriebsrates** und einer **Jugend- und Auszubildendenvertretung** nach dem Kündigungsschutzgesetz.

Die besonderen Kündigungsschutzvorschriften gelten zusätzlich neben dem allgemeinen Kündigungsschutz des Kündigungsschutzgesetzes.

15.2 Besonderer Kündigungsschutz für Schwangere und Wöchnerinnen

Der besondere Kündigungsschutz für **Schwangere** und **Frauen nach der Entbindung** ist in §9 Abs.1 S.1 MuSchG geregelt. Hiernach ist die Kündigung gegenüber einer Frau **während der Schwangerschaft** und bis zum Ablauf von **vier Monaten nach der Entbindung** unzulässig, wenn dem Arbeitgeber zur Zeit der Kündigung die Schwangerschaft oder Entbindung **bekannt** war oder **innerhalb zweier Wochen nach Zugang der Kündigung** mitgeteilt wird. Die Überschreitung der Zwei-Wochenfrist ist unschädlich, wenn es auf einem von der Frau nicht zu vertretenden Grund beruht und die Mitteilung unverzüglich nachgeholt wird. Der Sonderkündigungsschutz nach §9 Abs.1 S.1 MuSchG setzt mit dem Beginn der Schwangerschaft ein. Der Beginn der Schwangerschaft ist folgendermaßen zu ermitteln: Vom ärztlich festgestellten voraussichtlichen Tag der Niederkunft ist um 280 Tage zurückzurechnen, wobei der voraussichtliche Entbindungstag nicht mitzählt (BAG NZA 1986, 613; BAG 7.5.1998 AP MuSchG 1968 §9 Nr.24). Der Sonderkündigungsschutz besteht bis zum Ablauf des vierten Monats **nach der Entbindung**. Entbindung ist jede Lebendgeburt von der "Trennung der Leibesfrucht vom Mutterleib" an (BAG 16.2.1973 AP MuSchG 1968 §9 Nr.2). Eine Entbindung ist auch zu bejahen, wenn das tot geborene Kind mindestens 500 g wiegt (BAG NZA 2006, 994). Die tot geborene Leibesfrucht von geringerem Körpergewicht gilt als **Fehlgeburt** und ist **keine Entbindung**. In diesem Falle greift der Kündigungsschutz nach § 9 Abs. 1 S. 1 MuSchG in der Variante „bis zum Ablauf von vier Monaten nach der Entbindung" nicht (Rolfs, Ascheid/Preis/ Schmidt, § 9 MuSchG, Rn 24). Im Falle der **Frühgeburt** – egal ob Lebend- oder Totgeburt – besteht der Kündigungsschutz nach § 9 Abs. 1 S. 1 MuSchG, wenn die Leibesfrucht ein Geburtsgewicht von mindestens 500 g aufweist (BAG NZA 2006, 994). § 9 Abs. 1 S. 1 MuSchG enthält ein **absolutes Kündigungsverbot mit Erlaubnisvorbehalt**, d. h. weder die ordentliche, noch die außerordentliche Kündigung oder die Änderungskündigung sind zulässig. Dies gilt auch, wenn eine besonders schwere Arbeitsvertragspflichtverletzung der Schwangeren oder der Mutter, die entbunden hat, vorliegt, wie bspw. eine Untreuehandlung, ein Diebstahl oder Tätlichkeiten im Betrieb. Vor Ausspruch der Kündigung kann die Frau auf den absoluten Kündigungsschutz nicht verzichten.

Nach § 9 Abs. 3 MuSchG kann die **für Arbeitsschutz zuständige oberste Landesbehörde** oder die von ihr bestimmte Stelle in besonderen Fällen, die nicht mit dem Zustand einer Frau während der Schwangerschaft oder ihrer Lage in Zusammenhang stehen, bis zum Ablauf von vier Monaten nach der Entbindung ausnahmsweise die Kündigung **für zulässig erklären**. **Zuständig** sind je nach Bundesland insbesondere die **Gewerbeaufsichtsämter** oder die **Behörden für Arbeitsschutz und Arbeitssicherheit** (Rolfs, Ascheid/Preis/Schmidt, § 9 MuSchG, Rn 70). Das Zustimmungserteilungsverfahren ist ein **Verwaltungsverfahren** (§ 9 VwVfG). In der Praxis wird die Genehmigung i. d. R. äußerst restriktiv erteilt (Rolfs, Ascheid/Preis/Schmidt, § 9 MuSchG, Rn 66).

Wird die behördliche Zustimmung zur Kündigung bestandskräftig erteilt, bedeutet dies, dass der besondere Kündigungsschutz nach dem Mutterschutzgesetz entfällt. Bei der behördlichen Zustimmung handelt es sich um einen **rechtsgestaltenden Verwaltungsakt**. Erst die staatliche Genehmigung **entsperrt** das gegenüber jeder arbeitgeberseitigen Kündigung bestehende öffentlich-rechtliche **Kündigungsverbot**, woraus folgt, dass eine **zuvor ausgesprochene** Kündigung **unheilbar nichtig** und nicht nur schwebend unwirksam ist (BAG 29.7.1968 AP MuSchG § 9 Nr. 28; Rolfs, Ascheid/Preis/Schmidt, § 9 MuSchG, Rn 67). Erhebt die Arbeitnehmerin allerdings trotz der behördlichen Zustimmung zur Kündigung Kündigungsschutzklage, kann im arbeitsgerichtlichen Verfahren die Kündigung auf ihre soziale Rechtfertigung nach §§ 1 ff. KSchG untersucht werden, sofern das Kündigungsschutzgesetz anwendbar ist. Die bestandskräftige behördliche Zustimmung lässt nur den Sonderkündigungsschutz entfallen. Aus dem Zusammenspiel von behördlichem Zustimmungsverfahren und arbeitsgerichtlichem Kündigungsschutzverfahren folgt, dass die zuständige Verwaltungsbehörde die Zustimmung nicht mit der Begründung verweigern darf, die arbeitsrechtlichen Voraussetzungen für eine Kündigung lägen nicht vor (OLG Düsseldorf NVwZ 1992, 96). Die Behörde hat zu prüfen, ob für die Kündigung ein „**besonderer Fall**" i. S. d. § 9 Abs. 3 S. 1 MuSchG vorliegt. Es handelt sich um einen **unbestimmten Rechtsbegriff**, dessen Würdigung durch die Verwaltungsbehörde in vollem Umfang der gerichtlichen Kontrolle unterliegt (BVerwG NJW 1959, 690). Ein besonderer Fall kann vorliegen, wenn **außergewöhnliche Umstände** das Zurücktreten der vom Gesetzgeber als vorrangig angesehenen Interessen der Schwangeren hinter die des Arbeitgebers rechtfertigen (BVerwG NJW 1959, 690). Andererseits muss die Behörde die Zustimmung auch nicht erteilen, wenn ein besonderer Fall i.S.d. §9 Abs.3 S.1 MuSchG gegeben ist, da es selbst beim Vorliegen eines besonderen Falles nach §9 Abs.3 S.1 MuSchG immer noch im **Verwaltungsermessen** der Behörde steht („kann"), ob sie die Zustimmung erteilt oder nicht. Dieses Ermessen der Behörde ist insoweit eingeschränkt, als in §9 Abs.3 S.1 MuSchG die Zulässigkeitserklärung nur ausnahmsweise gestattet wird (Rolfs, Ascheid/Preis/Schmidt, §9 MuSchG, Rn 80). Die Zustimmungsbehörde hat sich bei ihrer Entscheidung an dem mit dem Kündigungsverbot verfolgten **gesetzgeberischen Zweck** zu orientieren, der Arbeitnehmerin während der Schutzfristen des §9 Abs.1 MuSchG möglichst die materielle Existenzgrundlage zu erhalten und die mit einer Kündigung in dieser Zeitspanne verbundenen besonderen psychischen Belastungen zu vermeiden (Rolfs, Ascheid/Preis/Schmidt, §9 MuSchG, Rn 74).

Wird die Kündigung **vor Zustimmungserklärung** der zuständigen Behörde ausgesprochen, ist sie **unwirksam** (BAG NZA 2003, 1329). Auch wenn der Ablauf der Ausschlussfrist des §626 Abs.2 S.1 BGB zum Ausspruch der außerordentlichen Kündigung droht, macht es daher keinen Sinn, die außerordentliche Kündigung vor Zustimmung der zuständigen Behörde auszusprechen. Erforderlich ist, wenn eine außerordentliche Kündigung gegenüber einer Schwangeren oder Wöchnerin ausgesprochen werden soll, dass der Antrag auf Zustimmung zur Kündigung innerhalb der Frist des §626 Abs.2 S.1 BGB gestellt wird. Erfolgt die Zustimmungserklärung der Behörde erst nach Ablauf der Frist des §626 Abs.2 S.1 BGB, muss der Arbeitgeber **unverzüglich** nach Ausspruch der Zustimmungserklärung kündigen (ArbG Passau BB 1987, 2375; LAG Rheinland-Pfalz NZA 1996, 984). Nach §9 Abs.3 S.2 MuSchG bedarf die Kündigung der **Schriftform**. Auch muss in ihr der **Kündigungsgrund angegeben** werden. §9 Abs.3 S.2 MuSchG stellt demnach im Gegensatz zu §623 BGB die zusätzliche Anforderung der zwingenden Angabe des Kündigungsgrundes (Schlachter, ErfKA, §9 MuSchG, Rn 13).

Beispiel: A ist bei Aldi Süd in Bayern als Kassiererin seit drei Jahren beschäftigt. Sie ist im dritten Monat schwanger, hat ihre Schwangerschaft der Filialleitung aber noch nicht angezeigt. Sie hat bereits mehrmals Bekannte an der Kasse passieren lassen, ohne alle im Einkaufswagen vorhandenen Waren abzurechnen. Am 01.03. zieht A, als ihre Mutter einen Einkauf tätigt, einen Karton Wein im Wert von 30 € nicht über den Kassenscanner. Der Filialleiter hatte bereits gegen A Verdacht gehegt und erwischt A bei dem Vorfall. Er zeigt den Fall der Geschäftsleitung an, die den Betriebsrat zur außerordentlichen Kündigung, hilfsweise zur ordentlichen Kündigung anhört. Der Betriebsrat verweigert innerhalb der Frist des § 102 Abs.2 S.3 BetrVG seine Zustimmung zur außerordentlichen Kündigung, nicht jedoch zur ordentlichen Kündigung. Er meint, der Vorfall sei nicht so schlimm, als dass er die außerordentliche Kündigung rechtfertigen würde. Die Geschäftsleitung spricht dennoch mit Schreiben vom 06.03. gegenüber A die außerordentliche Kündigung mit sofortiger Wirkung aus. Im Kündigungsschreiben wird als Kündigungsgrund die Nichtabrechnung von Waren angegeben. Die Kündigung geht A am 07.03. zu. A erhebt am 08.03. Kündigungsschutzklage zum zuständigen Arbeitsgericht. Am 14.03. teilt A der Geschäftsleitung von Aldi unter Beifügung einer ärztlichen Bescheinigung mit, dass sie seit Anfang des Jahres schwanger ist. Am 15.03. erfährt die Geschäftsleitung von Aldi von einer anderen Mitarbeiterin, dass A schon mehrmals Waren nicht abgerechnet hat, mindestens in sieben weiteren Fällen. Es sei immer um die Nichtabrechnung von Spirituosen gegangen. Die Geschäftsleitung leitet sofort in Bezug auf die neuen Erkenntnisse ein nachträgliches Anhörungsverfahren beim Betriebsrat ein, der daraufhin der außerordentlichen Kündigung zustimmt. Es wurde allerdings vergessen, dem Betriebsrat mitzuteilen, dass A inzwischen ihre Schwangerschaft angezeigt hat. Die Geschäftsleitung von Aldi hatte, nachdem sie am 14.03. von der Schwangerschaft der A erfahren hatte, beim Gewerbeaufsichtsamt die Zustimmung zur außerordentlichen, hilfsweise zur ordentlichen Kündigung beantragt. Am 15.04. erklärt das Gewerbeaufsichtsamt seine Zustimmung zu einer ordentlichen Kündigung. Die Zustimmung zu einer außerordentlichen Kündigung wird verweigert.

Frage:

Wird A mit ihrer Kündigungsschutzklage Erfolg haben? Gibt es vor dem Hauptverhandlungstermin noch Handlungsbedarf seitens der Geschäftsleitung von Aldi?

Lösung:

Die Kündigungsschutzklage von A hat Erfolg, wenn die gegenüber A ausgesprochene außerordentliche Kündigung vom 06.03. unwirksam ist.

A hat mit ihrer Kündigungsschutzklage die Ausschlussfrist des §§ 13 Abs. 1 S. 2, 4 S. 1 KSchG gewahrt. Die Drei-Wochenfrist gilt auch für die Geltendmachung des Fehlens der behördlichen Zustimmung zur Kündigung. Nach § 4 S. 4 KSchG beginnt in diesem Falle der Fristlauf aber erst mit der Bekanntgabe der Entscheidung der Behörde an den Arbeitnehmer (BAG NJW 2004, 244). Gegenüber A wurde mit Schreiben vom 06.03. die außerordentliche Kündigung ausgesprochen. Es geht hier um die Kündigung einer Schwangeren, für die nach § 9 Abs. 1 S. 1 MuSchG ein absolutes Kündigungsverbot gilt, auch bei schweren Arbeitsvertragspflichtverletzungen, wie sie hier im Raum stehen.

Zum Zeitpunkt des Ausspruchs der Kündigung am 06.03. wusste die Geschäftsleitung von Aldi noch nichts von der Schwangerschaft der A. A kommt aber nach § 9 Abs. 1 S. 1 MuSchG dennoch in den absoluten Kündigungsschutz, wenn sie der Geschäftsleitung innerhalb von zwei Wochen nach Zugang der Kündigung ihre Schwangerschaft mitgeteilt hat. Dies ist hier erfolgt. Die nach § 9 Abs. 3 S. 2 MuSchG erforderlichen Formerfordernisse wurden gewahrt. Die außerordentliche Kündigung wurde schriftlich ausgesprochen. Auch wurde im Kündigungsschreiben der Kündigungsgrund aufgenommen, obwohl die Geschäftsleitung von Aldi zum Zeitpunkt des Ausspruchs der Kündigung von der Schwangerschaft der A nichts wusste und daher von der Rechtspflicht nach § 9 Abs. 3 S. 2 MuSchG zur Angabe des Kündigungsgrundes im Kündigungsschreiben noch nichts wissen konnte. Hätte die Geschäftsleitung den Kündigungsgrund im Kündigungsschreiben nicht angegeben, hätte sie die Kündigung allein aus dem Formfehler der Nichtangabe des Kündigungsgrundes nachholen müssen. Die gegenüber A ausgesprochene außerordentliche Kündigung könnte hier schon deshalb unwirksam sein, weil das Gewerbeaufsichtsamt nur einer ordentlichen, nicht aber einer außerordentlichen Kündigung zugestimmt hat. Die Zustimmung der zuständigen Behörde ist Wirksamkeitsvoraussetzung für die Kündigung gegenüber einer Schwangeren. Die mit Schreiben vom 06.03 ausgesprochene Kündigung ist unheilbar nichtig, da sie vor der Beantragung der Zustimmung nach § 9 Abs. 3 S. 1 MuSchG ausgesprochen wurde (BAG 29.7.1968 AP MuSchG § 9 Nr. 28).

Die Kündigungsschutzklage hat damit Erfolg.

Die Geschäftsleitung von Aldi könnte noch Folgendes unternehmen:

- Einlegung eines Widerspruchs nach § 68 Abs. 2 VwGO gegen den Ablehnungsbescheid über die Zustimmung zur außerordentlichen Kündigung, um noch die nach § 9 Abs. 3 S. 1 MuSchG erforderliche behördliche Zustimmung zur außerordentlichen Kündigung zu erhalten.

- In jedem Falle muss die Geschäftsleitung von Aldi die außerordentliche bzw. eine ordentliche Kündigung erneut aussprechen, da eine solche immer erst nach Zustimmung des Gewerbeaufsichtsamtes zur Kündigung ausgesprochen werden kann. Hier erfolgte die außerordentliche Kündigung vor der behördlichen Zustimmung zur ordentlichen Kündigung. Eine erneute außerordentliche Kündigung müsste unverzüglich nach einer eventuellen Zustimmung der Widerspruchsbehörde zu einer außerordentlichen Kündigung erfolgen.

- Die Geschäftsleitung von Aldi muss das Betriebsratsanhörungsverfahren sowohl zu einer außerordentlichen als auch zu einer ordentlichen Kündigung erneut durchführen, da dem Betriebsrat nicht mitgeteilt wurde, dass es um die Kündigung einer Schwangeren geht.

Fazit:

Sollte die Geschäftsleitung von Aldi über das Widerspruchsverfahren eine Zustimmung zur außerordentlichen Kündigung erhalten und die außerordentliche Kündigung nach Erhalt der behördlichen Zustimmung unverzüglich gegenüber A erneut aussprechen, nachdem ein erneutes Betriebsratsanhörungsverfahren durchgeführt wurde, könnte das Arbeitsverhältnis fristlos gekündigt werden. A hat aber die mit Schreiben vom 06.03. konkret ausgesprochene Kündigung mit ihrer Kündigungsschutzklage angegriffen. Die außerordentliche Kündigung vom 06.03. ist auf jeden Fall unwirksam, da sie vor dem behördlichen Zustimmungsverfahren ausgesprochen wurde.

Im Zusammenhang mit dem besonderen Kündigungsschutz für werdende Mütter sei noch darauf hingewiesen, dass für werdende Mütter nach § 3 Abs. 2 MuSchG in den **letzten sechs Wochen vor der Entbindung** ein **Beschäftigungsverbot** besteht, es sei denn die werdende Mutter erklärt sich zur Arbeitsleistung ausdrücklich bereit. § 6 Abs. 1 MuSchG sieht für Mütter **bis zum Ablauf von acht Wochen nach der Entbindung** ein **Beschäftigungsverbot** vor. Für Mütter nach Früh- und Mehrlingsgeburten verlängert sich diese Frist auf zwölf Wochen, bei Frühgeburten zusätzlich um den Zeitraum, der nach § 3 Abs. 2 MuSchG nicht in Anspruch genommen wurde. Neben dem Mutterschaftsgeld, das die gesetzliche Krankenkasse für vorgenannte Zeiträume zahlt, hat der Arbeitgeber nach § 14 MuSchG einen Zuschuss zum Mutterschaftsgeld zu leisten. Dürfen Frauen außerhalb dieser Zeiträume wegen eines Beschäftigungsverbots nicht beschäftigt werden (§ 3 Abs. 1, §§ 4, 6 Abs. 2, Abs. 3, § 8 Abs. 1, Abs. 3 und Abs. 5 MuSchG), hat der Arbeitgeber nach § 11 MuSchG das Arbeitsentgelt weiter zu gewähren. Dem Arbeitgeber steht für Zahlungen nach §§ 11, 14 MuSchG gegen die Krankenkasse allerdings ein Erstattungsanspruch zu (§§ 1 Abs. 2, 2 AAG). Der Erstattungsbetrag wird durch eine Umlage bei den Arbeitgebern finanziert, auch wenn sie keine Frauen beschäftigen (Schlachter, ErfKA, § 11 MuSchG, Rn 12).

15.3 Besonderer Kündigungsschutz für Elternzeitberechtigte

Der Arbeitgeber darf nach § 18 Abs. 1 S. 1 BEEG das Arbeitsverhältnis ab dem Zeitpunkt, von dem an **Elternzeit** verlangt worden ist, höchstens jedoch **acht Wochen vor Beginn der Elternzeit**, und **während der Elternzeit** nicht kündigen. Das **Kündigungsverbot** des § 18 Abs. 1 S. 1 BEEG besteht **neben** dem Sonderkündigungsschutz nach § 9 MuSchG für werdende Mütter und Wöchnerinnen oder nach § 85 SGB IX für schwerbehinderte Menschen (Schlachter, ErfKA, § 9 MuSchG, Rn 1). Nach § 18 Abs. 1 S. 2 BEEG kann in besonderen Fällen eine Kündigung **ausnahmsweise** für zulässig erklärt werden. **Besondere Fälle** im vorgenannten Sinne sind insbesondere eine **Betriebsstilllegung** oder schwere **rufschädigende Äußerungen** durch den Arbeitnehmer über seinen Arbeitgeber in der Öffentlichkeit (Gallner, ErfKA, § 18 BEEG, Rn 12). Die Zulässigkeitserklärung erfolgt durch die **für den Arbeitsschutz zuständige oberste Landesbehörde** oder die von ihr bestimmte Stelle (Parallelvorschrift zu § 9 Abs. 3 MuSchG). Das Verfahren, in dem der Arbeitgeber die Zustimmung zur Kündigung während der Elternzeit beantragt, ist ein **Verwaltungsverfahren** (§ 9 VwVfG). Wird die Zustimmung von der zuständigen Behörde verweigert, kann der Arbeitgeber nach Durchführung eines Widerspruchverfahrens (§§ 68 ff. VwGO) eine Verpflichtungsklage (§ 42 Abs. 1 2. Alt. VwGO) vor dem Verwaltungsgericht anstrengen, um die Zustimmung im Rahmen eines Verwaltungsrechtsstreits zu erzwingen.

Anspruch auf Elternzeit haben Arbeitnehmerinnen und Arbeitnehmer insbesondere für ihre eigenen Kinder, Kinder des Ehegatten, Adoptivkinder (§ 15 Abs. 1 BEEG), wenn sie mit dem Kind in einem Haushalt leben und dieses selbst betreuen und erziehen. Nach § 15 Abs. 2 BEEG besteht der Anspruch auf Elternzeit **bis zur Vollendung des dritten Lebensjahres eines Kindes**; ein Anteil von bis zu zwölf Monaten ist mit Zustimmung des Arbeitgebers auf die Zeit bis zur Vollendung des achten Lebensjahres übertragbar. § 15 Abs. 3 BEEG sieht die Möglichkeit vor, dass die Elternzeit anteilig von jedem Elternteil allein oder von beiden Elternteilen gemeinsam genommen wird. Die Elternzeit ist für jedes Kind jedoch auf bis zu drei Jahre begrenzt. Die Zeit der Mutterschutzfrist nach § 6 Abs. 1 MuSchG (Beschäftigungsverbot von acht Wochen nach der Entbindung) wird auf die Begrenzung von drei Jahren angerechnet. Während der Elternzeit ist Erwerbstätigkeit zulässig, wenn die vereinbarte wöchentliche Arbeitszeit für jeden Elternteil, der Elternzeit nimmt, nicht 30 Stunden übersteigt. Teilzeitarbeit während der Elternzeit bei einem anderen Arbeitgeber oder als Selbständiger bedarf der Zustimmung des Arbeitgebers. Nach § 16 Abs. 1 BEEG müssen Arbeitnehmerinnen und Arbeitnehmer die Elternzeit spätestens **sieben Wochen vor Beginn schriftlich** vom Arbeitgeber **verlangen und gleichzeitig erklären**, für welche Zeiten innerhalb von zwei Jahren sie Elternzeit nehmen werden.

> **Beispiel:** A ist bei B als Verkäuferin beschäftigt. Sie entband am 15.03.11 ihr erstes Kind. Seitdem ist sie in Elternzeit. Seit 01.02.13 ist A erneut schwanger. Die erneute Schwangerschaft hat A ihrem Arbeitgeber B angezeigt. Für A besteht nun ein doppelter besonderer Kündigungsschutz. Zum einen darf sie nach § 18 Abs. 1 S. 1 BEEG nicht gekündigt werden, da sie sich in Elternzeit befindet. Zum anderen besteht wegen der erneuten Schwangerschaft ein Kündigungsverbot nach § 9 Abs. 1 S. 1 MuSchG.

15.4 Besonderer Kündigungsschutz nach dem Pflegezeitgesetz

Nach § 5 PflegeZG darf der Arbeitgeber das Beschäftigungsverhältnis von der Ankündigung bis zur Beendigung der **kurzzeitigen Arbeitsverhinderung** nach § 2 PflegeZG oder bis zur Beendigung der **Pflegezeit** nach § 3 PflegeZG nicht kündigen. § 5 PflegeZG enthält damit einen **Sonderkündigungsschutztatbestand**.

§ 2 Abs. 1 PflegeZG definiert die **kurzzeitige Arbeitsverhinderung** wie folgt: Beschäftigte haben das Recht, **bis zu zehn Arbeitstage** der Arbeit fernzubleiben, wenn dies **erforderlich** ist, um für einen pflegebedürftigen nahen Angehörigen in einer **akut aufgetretenen Pflegesituation** eine bedarfsgerechte Pflege zu organisieren oder eine pflegerische Versorgung sicherzustellen. Der Gesetzeswortlaut des § 2 Abs. 1 PflegeZG ist **nicht** auf einen **einmaligen** akuten Vorfall beschränkt. Um das Recht des Arbeitnehmers, eine kurzzeitige Arbeitsverhinderung nach § 2 Abs. 1 PflegeZG geltend zu machen, einzudämmen, wird vertreten, das **Leistungsverweigerungsrecht** nach § 2 Abs. 1 PflegeZG entstehe nur dann erneut, wenn für die wiederholt akut auftretende Pflegesituation eine **andere Ursache** als beim ersten Vorfall vorliegt (Gallner, ErfKA, § 2 PflegeZG, Rn 2).

Der **Anspruch auf Pflegezeit** beträgt nach §§ 3, 4 PflegeZG **für jeden pflegebedürftigen nahen Angehörigen längstens sechs Monate**. Die Pflegezeit kann von Arbeitnehmern in Anspruch genommen werden, wenn ihr Arbeitgeber in der Regel **mehr als 15 Arbeitnehmer** beschäftigt.

Was unter nahen Angehörigen zu verstehen ist, ist in § 7 Abs. 3 PflegeZG, was unter Pflegebedürftigkeit zu verstehen ist, ist in § 7 Abs. 4 PflegeZG geregelt. Hinsichtlich der Pflegebedürftigkeit stellt das Gesetz auf die in § 14 SGB XI definierte Pflegebedürftigkeit und auf die in § 15 SGB XI normierten Pflegestufen ab.

Das **nicht an eine Wartezeit gebundene Kündigungsverbot** des § 5 Abs. 1 PflegeZG schützt alle Beschäftigten i. S. d. § 7 Abs. 1 PflegeZG, auch Auszubildende in der Probezeit nach § 20 BBiG und arbeitnehmerähnliche Personen (Gallner, ErfKA, § 5 PflegeZG, Rn 1).

Das **Kündigungsverbot** des § 5 Abs. 1 PflegeZG ist **bei einer kurzzeitigen Arbeitsverhinderung nach § 2 Abs. 1 PflegeZG** anders als bei der Pflegezeit nach §§ 3, 4 PflegeZG **nicht an eine bestimmte Beschäftigtenzahl** gebunden (Gallner, ErfKA, § 5 PflegeZG, Rn 1).

Das Kündigungsverbot nach § 5 Abs. 1 PflegeZG beginnt mit der gemäß § 2 Abs. 2 PflegeZG **formfrei möglichen Ankündigung der kurzzeitigen Arbeitsverhinderung** bzw. mit dem **Zugang** der nach § 3 Abs. 3 S. 1 PflegeZG **spätestens zehn Tage vor Beginn der Pflegezeit schriftlich vorzunehmenden Ankündigung.** Der Gesetzgeber hat keine maximale Ankündigungsfrist für den Beginn der Pflegezeit aufgestellt. Der Arbeitnehmer könnte demnach den Kündigungsschutz nach § 5 Abs. 1 PflegeZG ausdehnen, indem er eine Pflegzeit frühzeitig ankündigt, die erst Wochen oder Monate später beginnen soll. Einem solchen Vorgehen ist durch die Grenze des Rechtsmissbrauchs nach § 242 BGB zu begegnen (Gallner, ErfKA, § 5 PflegeZG, Rn 2).

Das Kündigungsverbot des § 5 Abs. 1 PflegeZG unterliegt nach § 5 Abs. 2 PflegeZG dem **Erlaubnisvorbehalt** durch die für den Arbeitsschutz zuständige oberste Landesbehörde oder die von ihr bestimmte Stelle. Das Erlaubnisverfahren ist ein **Verwaltungsverfahren** nach § 9 VwVfG. Die zuständige Behörde kann die Kündigung nach § 5 Abs. 2 PflegeZG ausnahmsweise für zulässig erklären, bspw. im Falle einer beabsichtigten **Betriebsstilllegung** (Gallner, ErfKA, § 5 PflegeZG, Rn 4).

Beispiel: Die Arbeitnehmerin A pflegt ihre pflegebedürftige Mutter, für die die Pflegestufe I nach § 15 Abs. 1 Nr. 1 SGB XI festgestellt ist, zu Hause. A hat für die Zeit, während sie arbeitet, die häusliche Pflegekraft B beschäftigt. B erkrankt ab 01.07 für fünf Tage. A macht gegenüber ihrem Arbeitgeber C, der zehn Arbeitnehmer beschäftigt, eine kurzzeitige Arbeitsverhinderung nach § 2 PflegeZG geltend. C meint, er könne A nicht mehr weiterbeschäftigen, da er sich mit Blick auf seine Unternehmensgröße einen pflegebedingten Ausfall der A, der auch wiederholt auftreten könne, nicht leisten könne. Vor diesem Hintergrund kündigt C seine Arbeitnehmerin A ordentlich während der kurzzeitigen Arbeitsverhinderung.

Die Kündigung während der kurzzeitigen Arbeitsverhinderung ist nach § 5 Abs. 1 PflegeZG unwirksam. Die Mindestbeschäftigtenzahl des § 3 Abs. 1 S. 2 PflegeZG gilt nur für die Pflegezeit, nicht für die kurzzeitige Arbeitsverhinderung nach § 2 PflegeZG. A hat die akut aufgetretene Pflegesituation und die voraussichtliche Verhinderungsdauer dem Arbeitgeber nach § 2 Abs. 2 S. 1 PflegeZG ordnungsgemäß mitgeteilt. Damit genießt sie Kündigungsschutz nach § 5 Abs. 1 PflegeZG. A hat allerdings keinen allgemeinen Kündigungsschutz nach dem Kündigungsschutzgesetz, da C nicht mehr als zehn Arbeitnehmer beschäftigt (vgl. § 23 Abs. 1 KSchG).

Abwandlung: Wie wäre es, wenn A zur Pflege ihrer Mutter Pflegezeit nach §§ 3, 4 PflegZG beanspruchen würde? A hätte keinen Anspruch auf die Pflegezeit nach §§ 3, 4 PflegeZG, da C nicht mehr als 15 Arbeitnehmer beschäftigt (§ 3 Abs. 1 S. 2 PflegeZG). Damit bestünde für A auch kein besonderer Kündigungsschutz nach § 5 Abs. 1 PflegeZG.

15.5 Besonderer Kündigungsschutz für schwerbehinderte Menschen

Jede ordentliche, außerordentliche **Beendigungskündigung** sowie **Änderungskündigung** des Arbeitsverhältnisses eines **schwerbehinderten Menschen** durch den Arbeitgeber bedarf der **vorherigen Zustimmung** des Integrationsamtes (§ 85 SGB IX). § 91 SGB IX enthält Sondervorschriften für die außerordentliche Kündigung. Menschen sind nach § 2 Abs. 2 SGB IX schwerbehindert, wenn bei ihnen ein Grad der Behinderung von wenigstens 50 vorliegt und sie ihren Wohnsitz, ihren gewöhnlichen Aufenthalt oder ihre Beschäftigung rechtmäßig in der Bundesrepublik Deutschland haben. Nicht nur der Arbeitnehmer kommt in den Genuss des Sonderkündigungsschutzes nach §§ 85, 91 SGB IX, dessen Schwerbehinderung bereits anerkannt ist, sondern auch der, der vor Zugang der Kündigung einen Antrag auf Anerkennung als Schwerbehinderter beim Versorgungsamt nach § 69 Abs. 1 S. 1 SGB IX gestellt hat und dessen Antrag später rückwirkend stattgegeben wird (BAG NZA 2002, 1145). Der **besondere Kündigungsschutz für schwerbehinderte Menschen** gilt nach § 90 Abs. 1 Nr. 1 SGB IX jedoch nur, wenn im Zeitpunkt des Zugangs der Kündigung das Arbeitsverhältnis ohne Unterbrechung **länger als sechs Monate** bestanden hat. Der besondere Kündigungsschutz für schwerbehinderte Menschen greift nach § 90 Abs. 2a SB IX nur, wenn **zum Zeitpunkt der Kündigung die Eigenschaft als schwerbehinderter Mensch nachgewiesen ist.** Das BAG interpretiert die Vorschrift wie folgt: Der Arbeitgeber bedarf der Zustimmung des Integrationsamtes nur, wenn der Arbeitnehmer im Zeitpunkt des Zugangs der Kündigung entweder bereits als schwerbehinderter Mensch **anerkannt** war (§ 69 Abs. 1 und 2 SGB IX), seine Schwerbehinderung trotz fehlender Anerkennung **offenkundig** ist (BAG NZA 2008, 1055), er einem Schwerbehinderten nach § 2 Abs. 3 SGB IX **gleichgestellt** war (BAG NZA 2008, 302) oder er den **Antrag auf Anerkennung oder Gleichstellung mindestens drei Wochen vor Zugang der Kündigung gestellt hatte** (BAG NZA 2008, 361). Der Sonderkündigungsschutz nach §§ 85 ff. SGB IX steht dem Arbeitnehmer auch zu, wenn der Arbeitgeber von der Schwerbehinderteneigenschaft seines Arbeitnehmers oder der Antragstellung zur Anerkennung als Schwerbehinderter **nicht wusste.** Der Arbeitnehmer muss allerdings innerhalb einer **angemessenen Frist nach Zugang der Kündigung** seine **Schwerbehinderteneigenschaft** oder die Antragstellung auf Anerkennung gegenüber dem Arbeitgeber **geltend** machen. Das BAG hält in Anlehnung an § 4 KSchG eine Frist von **drei Wochen** für angemessen (BAG NZA 2006, 1035; BAG NZA 2008, 407, 409; BAG NZA-RR 2011, 516).

Eine später beantragte oder später festgestellte Schwerbehinderteneigenschaft kann allerdings, wenn der besondere Kündigungsschutz nach §§ 85 ff. SGB IX nicht greift, im Rahmen der sozialen Rechtfertigung der Kündigung nach dem Kündigungsschutzgesetz berücksichtigt werden.

§§ 85 ff. SGB IX sprechen ausdrücklich nur vom Kündigungsschutz für schwerbehinderte Menschen. Allerdings sieht § 92 SGB IX einen erweiterten Beendigungsschutz dergestalt vor, dass die Beendigung des Arbeitsverhältnisses eines schwerbehinderten Menschen auch dann der vorherigen Zustimmung des Integrationsamtes bedarf, wenn die Beendigung des Arbeitsverhältnisses im Falle des Eintritts einer teilweisen Erwerbsminderung, der Erwerbsminderung auf Zeit, der Berufsunfähigkeit oder der Erwerbsunfähigkeit auf Zeit ohne Kündigung erfolgt.

Hat der Arbeitgeber für eine ordentliche Beendigungskündigung oder eine ordentliche Änderungskündigung die Zustimmung des Integrationsamtes beantragt, soll das **Integrationsamt** nach § 88 Abs. 1 SGB IX die Entscheidung **innerhalb eines Monats** vom Tage des Eingangs des Antrags an treffen. Das Integrationsamt entscheidet durch **Verwaltungsakt** (VGH Kassel NZA 1993, 946) und hat seine Entscheidung sowohl dem Arbeitgeber als auch dem Arbeitnehmer zuzustellen. Die Zustimmung ist bereits dann wirksam erteilt, wenn nur dem Arbeitgeber, nicht aber dem Arbeitnehmer der Zustimmungsbescheid zugestellt worden ist (BAG NZA 1992, 503). Der Zeitpunkt der Zustellung der Entscheidung des Integrationsamtes beim Arbeitgeber ist maßgebend für den Beginn der Frist des § 88 Abs. 3 SGB IX, wonach der **Arbeitgeber** nach Erteilung der behördlichen Zustimmung die ordentliche Kündigung nur **innerhalb eines Monats nach Zustellung** erklären kann. Wird die behördliche Zustimmung zur Kündigung erteilt, so hat dies zur Folge, dass der besondere Kündigungsschutz nach §§ 85 ff. SGB IX entfällt. Die Wirksamkeit der Kündigung ist dann von den Arbeitsgerichten, sofern der Arbeitnehmer Kündigungsschutzklage erhoben hat, auf der Grundlage des allgemeinen Kündigungsschutzes auf ihre soziale Rechtfertigung (§§ 1 ff. KSchG) zu überprüfen, sofern das Kündigungsschutzgesetz anwendbar ist.

Aus dem Zusammenspiel von behördlichem Zustimmungsverfahren und arbeitsgerichtlichem Kündigungsschutzverfahren folgt, dass das Integrationsamt die Zustimmung zur Kündigung nicht mit der Begründung verweigern kann, die arbeitsrechtlichen Voraussetzungen für die Kündigung lägen nicht vor (OVG Hamburg NZA 1987, 566). Dieser Prüfungsmaßstab steht allein den Arbeitsgerichten zu. Für den Prüfungsmaßstab des Integrationsamtes in Bezug auf eine außerordentliche Kündigung bedeutet dies, dass das Integrationsamt über die Frage, ob ein wichtiger Grund i. S. d. § 626 Abs. 1 BGB vorliegt, nicht abschließend zu entscheiden hat (OVG Hamburg NZA 1987, 566). Dies ist Sache der Arbeitsgerichte. Das Integrationsamt hat bei seiner Entscheidung insbesondere zu berücksichtigen, dass es Zielsetzung der §§ 85 ff. SGB IX ist, die **Nachteile eines schwerbehinderten Arbeitnehmers auf dem Arbeitsmarkt auszugleichen**, dass es dem Arbeitgeber aber auch möglich sein muss, sich von einem schwerbehinderten Arbeitnehmer zu trennen, wenn sachliche Gründe dafür sprechen. § 89 SGB IX nennt Fälle, in denen der Ermessensspielraum des Integrationsamtes bei der Entscheidung über die Zustimmungserteilung zur Kündigung eines schwerbehinderten Menschen eingeschränkt ist. Die Zustimmung zur Kündigung des schwerbehinderten Menschen ist insbesondere bei Kündigungen in Betrieben und Dienststellen zu erteilen, die nicht nur vorübergehend eingestellt oder aufgelöst werden, wenn zwischen dem Tag der Kündigung und dem Tag, bis zu dem Gehalt oder Lohn gezahlt wird, mindestens drei Monate liegen.

Vor Ausspruch der Kündigung hat der Arbeitgeber nach § 102 Abs. 1 S. 1 BetrVG den Betriebsrat und nach § 95 Abs. 2 SGB IX die Schwerbehindertenvertretung zu hören. Das Betriebsratsanhörungsverfahren kann parallel zum beim Integrationsamt eingeleiteten Zustimmungsverfahren durchgeführt werden. Hat der Arbeitgeber die Kündigung **ohne Anhörung der Schwerbehindertenvertretung** ausgesprochen, ist die Kündigung **schwebend unwirksam**, wenn die Schwerbehindertenvertretung die Aussetzung der Kündigung nach § 95 Abs. 2 SGB IX verlangt. Die Schwerbehindertenvertretung muss dann allerdings innerhalb von sieben Tagen (§ 95 Abs. 2 SGB IX) ihre Stellungnahme zur beabsichtigten ordentlichen Kündigung abgeben. Eine unter Verstoß gegen § 95 Abs. 2 SGB IX erfolgte Kündigung ist nicht unwirksam, weil diese Rechtsfolge in § 95 Abs. 2 SGB IX im Gegensatz zu § 102 Abs. 1 S. 3 BetrVG nicht vorgesehen ist (BAG 28.6.2007, Beck RS 2007 46354).

Für das **Zustimmungsverfahren zur außerordentlichen Kündigung** eines schwerbehinderten Menschen gelten folgende **Besonderheiten:**

Nach § 91 Abs. 2 SGB IX kann die Zustimmung zur außerordentlichen Kündigung nur innerhalb von **zwei Wochen nach Kenntniserlangung** von den für die Kündigung maßgebenden Tatsachen beantragt werden. Das **Integrationsamt** hat dann seine **Entscheidung innerhalb von zwei Wochen** vom Tage des Eingangs des Antrags an zu treffen (§ 91 Abs. 3 S. 1 SGB IX). Das Integrationsamt kann seine Entscheidung auch mündlich treffen (BAG NZA 1991, 553). Trifft das Integrationsamt innerhalb dieser Zwei-Wochenfrist keine Entscheidung, gilt die Zustimmung als erteilt (§ 91 Abs. 3 S. 2 SGB IX). Bei diesem Verfahren ist nicht sichergestellt, dass der Arbeitgeber in jedem Fall die **Ausschlussfrist des § 626 Abs. 2 S. 1 BGB** zum Ausspruch der außerordentlichen Kündigung **wahren** kann. Deshalb bestimmt § 91 Abs. 5 SGB IX, dass die außerordentliche Kündigung auch nach Ablauf der Frist des § 626 Abs. 2 S. 1 BGB erfolgen kann, wenn sie **unverzüglich** (ohne schuldhaftes Zögern) **nach Erteilung der Zustimmung** erklärt wird. § 91 Abs. 4 SGB IX sieht vor, dass das Integrationsamt die Zustimmung zur außerordentlichen Kündigung erteilen soll, wenn ein wichtiger Grund besteht, der nicht im Zusammenhang mit der Schwerbehinderung steht.

Hat das Integrationsamt die **Zustimmung** zur Kündigung **verweigert**, kann der Arbeitgeber hiergegen Widerspruch einlegen (§§ 68 ff. VwGO) und die Zustimmung zur Kündigung mittels einer Verpflichtungsklage (§ 42 Abs. 1 2. Alt. VwGO) im Verwaltungsrechtsweg erstreiten. Da die Zustimmung erst nach rechtskräftigem Abschluss des Verwaltungsgerichtsverfahrens als erteilt gilt, kann der Arbeitgeber erst ab diesem Zeitpunkt kündigen. Dies folgt aus § 85 SGB IX, wonach die Kündigung des Arbeitsverhältnisses eines Schwerbehinderten durch den Arbeitgeber der **vorherigen Zustimmung des Integrationsamtes** bedarf (BVerwG NZA-RR 1996, 288 ff.).

Hat das Integrationsamt die **Zustimmung** zur Kündigung hingegen **erteilt**, besteht für den Arbeitnehmer die Möglichkeit, binnen Monatsfrist (§ 70 Abs. 1 VwGO) Widerspruch beim Widerspruchsausschuss des Integrationsamtes (§ 119 SGB IX) einzulegen und nach einem ablehnenden Widerspruchsbescheid Anfechtungsklage (§ 42 Abs. 1 1. Alt. VwGO) zu erheben. Beschreitet der Schwerbehinderte diesen Weg, kann der Arbeitgeber seine Kündigung nicht zurückhalten. Er ist bei einer ordentlichen Kündigung nach § 88 Abs. 3 SGB IX gehalten, im Falle der behördlichen Zustimmung die Kündigung innerhalb eines Monats nach Zustellung der behördlichen Entscheidung zu erklären. Eine außerordentliche Kündigung ist im Falle der behördlichen Zustimmung, wenn die Frist des § 626 Abs. 2 S. 1 BGB abgelaufen ist, nach § 91 Abs. 5 SGB IX unverzüglich nach Erteilung der Zustimmung zu erklären. § 88 Abs. 4 SGB IX bestimmt ausdrücklich, dass Widerspruch und Anfechtungsklage gegen die Zustimmung des Integrationsamtes **keine aufschiebende Wirkung** haben. Die Zustimmung des Integrationsamtes gilt also, wenn der Arbeitnehmer sie im Wege des Widerspruchverfahrens bzw. mit der Anfechtungsklage angreift, bis zum rechtskräftigen Abschluss des verwaltungsgerichtlichen Verfahrens als wirksam erteilt. Greift der Arbeitnehmer die Kündigung mit Kündigungsschutzklage an, ist die Zustimmung des Integrationsamtes zur Kündigung jedoch noch nicht rechtskräftig, hat das Arbeitsgericht über eine Aussetzung des arbeitsgerichtlichen Rechtsstreits bis zum Abschluss des Verwaltungsgerichtsverfahrens nach § 148 ZPO zu befinden (LAG Köln NZA-RR 2000, 128).

> **Beispiel:** A ist bei der Bank X, die 10 000 Arbeitnehmer beschäftigt, seit drei Jahren als Koch in der Betriebskantine angestellt. Am 10.03. wird A dabei erwischt, wie er Lebensmittelvorräte aus der Kantinenküche im Wert von 3 000 € entwendet und nach Dienstschluss abtransportiert. Am 11.03. hört der Personalchef P den Betriebsrat zu einer außerordentlichen Kündigung des A an. Der Betriebsrat stimmt am 13.03. der außerordentlichen Kündigung des A zu. Mit Schreiben vom 13.03. spricht P namens der Bank X die außerordentliche Kündigung gegenüber A aus. Das Schreiben geht A am 14.03. zu. A erhebt am 28.03. gegen die außerordentliche Kündigung Kündigungsschutzklage zum zuständigen Arbeitsgericht. Aus der Klageschrift erfährt P, dass A am 01.02. einen Antrag auf Anerkennung als Schwerbehinderter gestellt hatte. Über den Antrag des A als Schwerbehinderter wurde allerdings bislang noch nicht entschieden. A beruft sich in seiner Klageschrift darauf, die außerordentliche Kündigung sei unwirksam, weil er als Schwerbehinderter nicht gekündigt werden könne. Zudem fehle es am wichtigen Grund i. S. d. § 626 Abs. 1 BGB.

> **Frage:**

> P fragt sich, was nun zu tun ist.

> **Lösung:**

> Die gegenüber A mit Schreiben vom 13.03. ausgesprochene außerordentliche Kündigung könnte nach §§ 91 Abs. 1, 85 SGB IX unwirksam sein, wenn A den besonderen Kündigungsschutz nach §§ 85 ff. SGB IX genießt. Denn P hat vor Ausspruch der außerordentlichen Kündigung nicht die nach §§ 91 Abs. 1, 85 SGB IX erforderliche vorherige Zustimmung des Integrationsamtes eingeholt. Der Kündigungsschutz des Schwerbehinderten ist unabhängig von der Kenntnis des Arbeitgebers von der Schwerbehinderung. War im Zeitpunkt der Kündigung die Schwerbehinderung festgestellt oder ein entsprechender Antrag auf Feststellung beim Versorgungsamt gestellt, steht dem Schwerbehinderten der volle Sonderkündigungsschutz zu, auch wenn der Arbeitgeber von der Schwerbehinde-

rung nichts weiß und die Anerkennung rückwirkend erfolgt. A hat den Antrag auf Anerkennung als Schwerbehinderter auch – wie vom BAG gefordert – mindestens drei Wochen vor Zugang der Kündigung gestellt. Die Kündigung erfolgte hier mit Schreiben vom 13.03. A hatte am 01.02. bei der zuständigen Behörde einen Antrag auf Anerkennung als Schwerbehinderter gestellt, so dass er in den vollen Genuss des Sonderkündigungsschutzes nach §§ 85 ff. SGB IX kommen kann. Die Antragstellung des A auf Anerkennung als Schwerbehinderter muss sich die Bank X entgegenhalten lassen, da A seiner Verpflichtung nachgekommen ist, im Falle der Unkenntnis des Arbeitgebers von der Schwerbehinderung dem Arbeitgeber gegenüber nach Zugang der Kündigung innerhalb angemessener Frist von drei Wochen (BAG NZA 2006, 1035) die festgestellte oder die zur Feststellung beantragte Schwerbehinderteneigenschaft geltend zu machen. A hat erstmals in der Klageschrift zur Erhebung der Kündigungsschutzklage (§§ 13 Abs. 1 S. 2, 4 S. 1 KSchG) gegenüber der Bank X seine Schwerbehinderung geltend gemacht. Die Kündigung erfolgte mit Schreiben vom 13.03. Die Erhebung der Kündigungsschutzklage erfolgte am 28.03., so dass die von der Rechtsprechung geforderte Drei-Wochenfrist zur Geltendmachung der Schwerbehinderteneigenschaft gegenüber der Bank X als Arbeitgeberin gewahrt ist. Damit ist die gegenüber A mit Schreiben vom 13.03. ausgesprochene Kündigung unwirksam, weil das Integrationsamt vor Ausspruch der außerordentlichen Kündigung nicht angehört wurde. Die gegen die außerordentliche Kündigung vom 13.03. von A erhobene Kündigungsschutzklage wird daher erfolgreich sein.

P kann namens der Bank X allerdings noch Folgendes unternehmen:

Nachdem P nun über die Klageschrift des A erfahren hat, dass A einen Antrag auf Anerkennung als Schwerbehinderter gestellt hat, sollte P unverzüglich beim Integrationsamt einen Antrag auf Zustimmung zur außerordentlichen Kündigung des A stellen. Zwar trug sich der Kündigungssachverhalt am 10.03. zu, so dass die Frist des § 91 Abs. 2 SGB IX zur Beantragung der Zustimmung des Integrationsamtes zur außerordentlichen Kündigung mit Ablauf des 24.03. (§§ 187 Abs. 1, 188 Abs. 2 BGB) eigentlich abgelaufen ist. Diese Frist kann jedoch dann nicht gelten, wenn der Arbeitgeber, wie hier die Bank X, erst nach Ablauf der Frist des § 91 Abs. 2 SGB IX von der Schwerbehinderteneigenschaft des gekündigten Arbeitnehmers erfährt. Die Einholung der Zustimmung des Integrationsamtes zu einer außerordentlichen Kündigung wäre dann sinnlos, wenn im Zeitpunkt der Antragstellung die Ausschlussfrist des § 626 Abs. 2 S. 1 BGB zur Erklärung der außerordentlichen Kündigung bereits abgelaufen ist und die außerordentliche Kündigung deswegen nicht mehr wirksam erklärt werden könnte. Der kündigungsrelevante Vorfall trug sich am 10.03. zu, so dass die Frist zur Erklärung einer neuen außerordentlichen Kündigung eigentlich abgelaufen ist. Wusste der Arbeitgeber beim Ausspruch der ersten, die Frist des § 626 Abs. 2 S. 1 BGB wahrenden außerordentlichen Kündigung (hier Kündigung vom 13.03.) von der Schwerbehinderung des Arbeitnehmers nichts und hat sich der gekündigte Arbeitnehmer inzwischen auf den Sonderkündigungsschutz nach §§ 85 ff. SGB IX berufen und hat der Arbeitgeber infolgedessen die Zustimmung des Integrationsamtes zur außerordentlichen Kündigung beantragt, kann der Arbeitnehmer nicht geltend machen, die Ausschlussfrist des § 626 Abs. 2 S. 1 BGB sei abgelaufen (BAG NZA 1988, 429). Zudem müsste P ein erneutes Anhörungsverfahren des Betriebsrates nach § 102 Abs. 1 S. 1 BetrVG,

ergänzt um den Schwerbehindertensachverhalt einleiten sowie die Schwerbehindertenvertretung zum Ausspruch einer außerordentlichen Kündigung nach
§ 95 Abs. 2 SGB IX anhören.

Sollte das Integrationsamt der außerordentlichen Kündigung des A zustimmen,
müsste P namens der Bank X die außerordentliche Kündigung nach § 91 Abs. 5
SGB IX unverzüglich nach Erteilung der Zustimmung erklären. A könnte gegen
die neue außerordentliche Kündigung wiederum eine Kündigungsschutzklage
erheben (§§ 13 Abs. 1 S. 2, 4 S. 1 KSchG). Das Gericht hätte in diesem Rahmen
zu prüfen, ob vor Ausspruch der außerordentlichen Kündigung eine wirksame
Betriebsratsanhörung durchgeführt wurde, die Schwerbehindertenvertretung
angehört wurde, ein wichtiger Kündigungsgrund vorliegt und die Ausschlussfrist
gewahrt wurde.

Wie bereits erwähnt, gilt die Ausschlussfrist des § 626 Abs. 2 S. 1 BGB hier als gewahrt. Auch dürfte ein wichtiger Kündigungsgrund i. S. d. § 626 Abs. 1 BGB vorliegen, da eine nicht unbedeutende Unterschlagung vorliegt, die das Vertrauen der
Bank X zu A völlig zerstört hat. Eine vorherige Abmahnung des Fehlverhaltens ist
wegen der Schwere der Arbeitsvertragspflichtverletzung des A hier nicht erforderlich. Sollte A eine etwaige Zustimmung des Integrationsamtes zur außerordentlichen Kündigung durch Widerspruch und Anfechtungsklage angreifen, müsste P
die vorgenannten Maßnahmen genauso durchführen, da nach § 88 Abs. 4 SGB IX
Widerspruch und Anfechtungsklage gegen die Zustimmung des Integrationsamtes keine aufschiebende Wirkung haben. P könnte also mit der Erklärung einer erneuten außerordentlichen Kündigung nicht bis zum rechtskräftigen Abschluss des
von A angestrengten Verwaltungsgerichtsverfahrens zur Beseitigung der Zustimmung des Integrationsamtes abwarten. Die Erklärung einer außerordentlichen
Kündigung nach Abschluss des von A angestrengten Verwaltungsgerichtsverfahrens wäre nicht mehr rechtzeitig (§ 88 Abs. 4 SGB IX). Würde das Integrationsamt
hingegen eine Zustimmung zur außerordentlichen Kündigung des A verweigern,
könnte P namens der Bank X den Ablehnungsbescheid durch Widerspruch (§ 68
Abs. 2 VwGO) und anschließende Verpflichtungsklage (§ 42 Abs. 1 2. Alt. VwGO)
angreifen. P müsste bis zum rechtskräftigen Abschluss des von ihm namens der
Bank X angestrengten Verwaltungsgerichtsverfahrens abwarten und erst nach
erstrittener Zustimmung des Integrationsamtes zur außerordentlichen Kündigung
diese aussprechen. Eine vorher ausgesprochene außerordentliche Kündigung
wäre mangels vorheriger Zustimmung des Integrationsamtes unwirksam (§§ 91,
85 SGB IX).

In Betrieben und Dienststellen, in denen wenigstens fünf schwerbehinderte
Menschen nicht nur vorübergehend beschäftigt sind, werden eine **Vertrauensperson** und wenigstens ein Stellvertreter gewählt, der die Vertrauensperson im
Falle der Verhinderung vertritt (§ 94 Abs. 1 S. 1 SGB IX). Die Vertrauenspersonen
besitzen gegenüber dem Arbeitgeber die gleiche persönliche Rechtsstellung,
insbesondere den gleichen Kündigungs-, Versetzungs- und Abordnungsschutz
wie ein Mitglied des Betriebs- bzw. Personalrates (§ 96 Abs. 3 SGB IX). Der besondere Kündigungsschutz für Betriebsratsmitglieder ist in § 15 Abs. 1 KSchG
enthalten.

Private und öffentliche Arbeitgeber, die über **mindestens 20 Arbeitsplätze** verfügen, haben auf **wenigstens fünf Prozent** der Arbeitsplätze schwerbehinderte Menschen zu beschäftigen (§ 71 Abs. 1 S. 1 SGB IX). Solange Arbeitgeber die vorgeschriebene Zahl schwerbehinderter Menschen nicht beschäftigen, haben sie für jeden unbesetzten Pflichtplatz monatlich eine Ausgleichsabgabe zu entrichten (§ 77 SGB IX). Die Zahlung der **Ausgleichsabgabe** hebt die Pflicht zur Beschäftigung schwerbehinderter Menschen nicht auf (§ 77 Abs. 1 S. 2 SGB IX).

15.6 Besonderer Kündigungsschutz für Betriebsräte

Die **Mitglieder eines Betriebsrates**, einer **Jugend- und Auszubildendenvertretung** genießen nach § 15 Abs. 1 KSchG besonderen Kündigungsschutz. Sie dürfen **nicht ordentlich** gekündigt werden. Ihre **außerordentliche Kündigung** nach § 626 BGB ist **zulässig**. Dies setzt allerdings voraus, dass die nach § 103 Abs. 1 BetrVG erforderliche Zustimmung des Betriebsrates, der Jugend- oder Auszubildendenvertretung zur außerordentlichen Kündigung vorliegt. Verweigert der Betriebsrat seine Zustimmung, kann das Arbeitsgericht sie auf Antrag des Arbeitgebers ersetzen, wenn die außerordentliche Kündigung unter Berücksichtigung aller Umstände gerechtfertigt ist (§ 103 Abs. 2 BetrVG). Nach § 15 Abs. 1 S. 2 KSchG gilt der besondere Kündigungsschutz für ein weiteres Jahr nach Beendigung der Amtszeit fort.

In Betrieben mit in der Regel **mindestens fünf ständigen wahlberechtigten** Arbeitnehmern (§ 7 BetrVG), von denen **drei wählbar** (§ 8 BetrVG) sind, werden Betriebsräte gewählt (§ 1 BetrVG). Die Wahl von Betriebsräten ist allerdings nicht zwingend. Machen die Arbeitnehmer von ihrem Recht zur Betriebsratswahl keinen Gebrauch, bleibt der Betrieb ohne Betriebsrat.

In Betrieben mit in der Regel mindestens fünf Arbeitnehmern, die das 18. Lebensjahr noch nicht vollendet haben (jugendliche Arbeitnehmer) oder die zu ihrer Berufsausbildung beschäftigt sind und das 25. Lebensjahr noch nicht vollendet haben, werden Jugend- und Auszubildendenvertretungen gewählt. Die Jugend- und Auszubildendenvertretungen nehmen die besonderen Belange der jugendlichen Arbeitnehmer und Auszubildenden wahr. Auch ihre Wahl ist nicht obligatorisch. Es liegt in der Hand der jugendlichen Arbeitnehmer und Auszubildenden, eine Jugend- und Auszubildendenvertretung einzurichten (§ 60 Abs. 1 BetrVG).

15.7 Checkliste zum besonderen Kündigungsschutz

- **Neben dem allgemeinen Kündigungsschutz** nach dem Kündigungsschutzgesetz (§ 1 KSchG), kann nach den Sondervorschriften der § 9 MuSchG, § 18 BEEG, § 5 PflegeZG, § 85 SGB IX, § 91 SGB IX, § 15 KSchG ein **besonderer Kündigungsschutz** zu beachten sein.

- Ist im Zusammenhang mit dem besonderen Kündigungsschutz eine behördliche Zustimmung für die Arbeitgeberkündigung erforderlich (§9 Abs. 3
  S. 1 MuSchG, §18 Abs. 1 S. 2 BEEG, §5 Abs. 2 PflegeZG, §§85, 91 SGB IX), ist
  zwischen dem **arbeitsgerichtlichen Kündigungsschutzverfahren** und dem
  öffentlich-rechtlichen Verwaltungsverfahren zur Erlangung der behördlichen Zustimmung zur Arbeitgeberkündigung zu differenzieren.

16. Nachschieben von Kündigungsgründen

16.1 Problemstellung

Vom **Nachschieben** von Kündigungsgründen spricht man, wenn **ursprünglich nicht mitgeteilte** Kündigungsgründe zur Rechtfertigung einer Kündigung **nachgereicht**, **ergänzt** oder **ersetzt** werden (Müller-Glöge in ErfKA, § 626 BGB, Rn 55). Das Nachschieben von Kündigungsgründen ist von der stets zulässigen nachträglichen Erläuterung der bereits ursprünglich mitgeteilten Kündigungsgründe zu unterscheiden (BAG 27.2.1997 AP KSchG 1969 § 1 Verhaltensbedingte Kündigung Nr. 36; BAG NZA 2009, 671). Werden Kündigungsgründe nachgeschoben, stellt sich sowohl bei der ordentlichen als auch bei der außerordentlichen Kündigung die Frage, inwieweit die nachgeschobenen Gründe zur Rechtfertigung der Kündigung herangezogen werden dürfen. Bei der ordentlichen Kündigung stellt sich diese Frage insbesondere dann, wenn das Kündigungsschutzgesetz nach §§ 1 Abs. 1, 23 Abs. 1 KSchG anwendbar ist. Ist dies nicht der Fall, muss eine ordentliche Kündigung regelmäßig nicht durch einen Grund gerechtfertigt sein.

16.2 Zulässigkeit des Nachschiebens von Kündigungsgründen

Ausgangspunkt der Überlegung muss sein, dass die **Wirksamkeit** der Kündigungserklärung **nicht von der Angabe der Kündigungsgründe** im Kündigungsschreiben **abhängt**. Dies ergibt sich aus § 626 Abs. 2 S. 3 BGB, der selbst bei der außerordentlichen Kündigung eine schriftliche Mitteilung der Kündigungsgründe nur vorschreibt, wenn der Gekündigte dies verlangt. Wenn also Kündigungsgründe im Kündigungsschreiben nicht angegeben werden müssen, können sie grundsätzlich jederzeit nachgeschoben werden. Dies kann aber nur für solche Kündigungsgründe gelten, die im Zeitpunkt des Zugangs des Kündigungsschreibens bereits **objektiv vorlagen** (BAG NJW 1980, 2486; BAG NJW 1986, 3159). Dies muss deshalb so sein, weil der Zugang der Kündigung Wirkungen entfalten lässt, wie bspw. bei der ordentlichen Kündigung den Lauf der ordentlichen Kündigungsfrist. Bei der außerordentlichen Kündigung ist der Zugang der Kündigungserklärung entscheidend für die Frage, ob der Kündigende die Ausschlussfrist des § 626 Abs. 2 S. 1 BGB gewahrt hat.

Als Faustregel muss gelten:

Alle **Kündigungsgründe**, die zum **Zeitpunkt des Zugangs** der Kündigungserklärung **objektiv** vorlagen, können zur Rechtfertigung der jeweiligen Kündigung herangezogen werden. Dies folgt aus dem **objektiv zu bestimmenden Begriff des Kündigungsgrundes** (BAG 18.1.1980 AP BGB § 626 Nachschieben von Kündigungsgründen Nr. 1). **Kündigungsgründe, die erst nach Zugang** der Kündigungserklärung **entstehen**, vermögen die bereits zugegangene Kündigung nicht zu rechtfertigen. Sie können nur für eine **neue Kündigung** herangezogen werden.

Sofern das **Kündigungsschutzgesetz** nach §§ 1 Abs. 1, 23 Abs. 1 KSchG anwendbar ist, bedeutet dies für die **ordentliche Kündigung** Folgendes: Ist die ordentliche Kündigung dem Arbeitnehmer zugegangen und hat dieser rechtzeitig Kündigungsschutzklage nach § 4 S. 1 KSchG erhoben, kann der Arbeitgeber materiell-rechtlich im Kündigungsschutzprozess **alle sozialen Rechtfertigungsgründe** geltend machen (personen-, verhaltens-, betriebsbedingte Gründe), die zum **Zeitpunkt des Zugangs** der Kündigung **objektiv** vorlagen.

Das Nachschieben von Kündigungsgründen kann dann aber zum **Problem** werden, wenn der Arbeitgeber dem **Betriebsrat** den **nachgeschobenen Kündigungsgrund** im Rahmen des Anhörungsverfahren nach § 102 Abs. 1 S. 2 BetrVG **nicht mitgeteilt** hat. Im Anhörungsverfahren sind dem Betriebsrat alle kündigungsrelevanten Sachverhalte mitzuteilen, damit er eine entsprechende Stellungnahme zur Kündigung abgeben kann. Nachgeschobene Kündigungsgründe, die zwar zum Zeitpunkt des Zugangs der Kündigungserklärung objektiv vorlagen, dem Betriebsrat aber im Anhörungsverfahren zunächst nicht mitgeteilt wurden, weil sie dem Arbeitgeber nicht bekannt waren, können im Kündigungsschutzprozess zur Rechtfertigung der Kündigung nur herangezogen werden, wenn die nachgeschobenen Kündigungsgründe dem Betriebsrat in einem **nachträglichen Anhörungsverfahren** mitgeteilt worden sind (Müller-Glöge, ErfKA, § 626 BGB, Rn 57; BAG 4.6.1997 AP BGB § 626 Nachschieben von Kündigungsgründen Nr. 5). Nachgeschobene Kündigungsgründe, die bereits vor Ausspruch der Kündigung entstanden und dem Arbeitgeber bekannt waren, die er dem Betriebsrat aber im Anhörungsverfahren zunächst nicht mitgeteilt hatte, können nicht nachgeschoben werden, weil der Arbeitgeber bei objektiver Betrachtung hinsichtlich der ihm bekannten, aber nicht mitgeteilten Gründe seine Mitteilungspflicht nach § 102 Abs. 1 S. 2 BetrVG verletzt hat (BAG NJW 1981, 2772; Müller-Glöge, ErfKA, § 626 BGB, Rn 56).

Beispiel: A ist bei B neben fünfzig anderen Arbeitnehmern seit drei Jahren beschäftigt. Am 01.03. erschien A unentschuldigt nicht zur Arbeit. B mahnte A wegen des Vorfalls mit Schreiben vom 02.03 ab und stellte A die Kündigung in Aussicht, wenn er seinen arbeitsvertraglichen Pflichten nicht nachkommt. Am 15.03. bat A den B um fünf Tage Urlaub. B verweigerte dies, da er A aufgrund der in den nächsten zwei Wochen abzuarbeitenden Aufträge nicht beurlauben konnte. A verabschiedete sich am Abend des 15.03. mit den Worten, er werde dennoch Urlaub machen, weil er das seiner Frau versprochen habe. A erschien die nächsten fünf Arbeitstage nicht im Betrieb. B teilte dem Betriebsrat die Sachverhalte mit, leitete ihm die Abmahnung vom 02.03. zu und informierte ihn darüber, dass er beabsichtige, A wegen der Selbstbeurlaubung von fünf Tagen ab dem 16.03. ordentlich zu kündigen. Der Betriebsrat hatte gegen die Kündigung nichts einzuwenden. B sprach gegenüber A mit Schreiben vom 22.03., das A am 23.03. zuging, die ordentliche Kündigung mit Ablauf zum 30.04. aus. B erhob am 24.03. Kündigungsschutzklage.

Die Güteverhandlung (§ 54 ArbGG) fand am 14.05 statt und blieb ergebnislos. Der Hauptverhandlungstermin soll am 17.09. stattfinden. Am 04.08. hatte B noch von seinem Angestellten F erfahren, dass A am 15.03. im Betrieb einen Diebstahl begangen hatte. Er hatte am 15.03. Arbeitswerkzeug im Wert von 300 € entwendet.

Frage:

Kann B den Diebstahl als verhaltensbedingten Kündigungsgrund noch nachschieben?

Lösung:

Der Diebstahl als verhaltensbedingter Kündigungsgrund kann grundsätzlich nachgeschoben werden, da er zum Kündigungszeitpunkt objektiv vorlag. Der Kündigungsgrund kann hier jedoch nur nachgeschoben werden, wenn B bezüglich des Diebstahls beim Betriebsrat ein nachträgliches Anhörungsverfahren nach § 102 Abs. 1 S. 1 BetrVG durchführt. Nachgeschobene Kündigungsgründe müssen dem Betriebsrat in einem nachträglichen Anhörungsverfahren mitgeteilt werden, und zwar auch dann, wenn der Betriebsrat wie hier der Kündigung bereits wegen des anderen Grundes zugestimmt hatte. B kann also den Diebstahl als verhaltensbedingten Kündigungsgrund nur nach erneuter Anhörung des Betriebsrates nachschieben. Ansonsten würde das Arbeitsgericht den Diebstahl als Kündigungsgrund nicht heranziehen können. Bis zum Hauptverhandlungstermin kann B ein nachträgliches Anhörungsverfahren noch durchführen. Der Diebstahl als neuer Prozessstoff könnte nach § 61a Abs. 5 ArbGG vom Arbeitsgericht nicht zurückgewiesen werden, da die Einbeziehung des Diebstahlssachverhalts den Rechtsstreit wohl nicht verzögern würde. Zudem kann B den nachträglichen Vortrag des Diebstahlsachverhalts genügend entschuldigen.

Hinweis: B könnte den neu bekannt gewordenen Diebstahlssachverhalt aber auch für eine neu auszusprechende außerordentliche Kündigung heranziehen.

Für die **außerordentliche Kündigung** nach § 626 BGB gilt, dass materiell-rechtlich zeitlich vor Kündigungsausspruch entstandene Kündigungsgründe, die dem Kündigenden **bei Ausspruch der Kündigung** noch **nicht länger als zwei Wochen** (§ 626 Abs. 2 S. 1 BGB) **bekannt** waren, ohne Einschränkung nachgeschoben werden können (BAG NZA 2004, 173, 175; BAG NZA 2008, 636). Erforderlich ist also, dass alle nachgeschobenen Gründe dem Kündigenden innerhalb der Ausschlussfrist des § 626 Abs. 2 S. 1 BGB bekannt wurden. Geht bspw. eine außerordentliche Kündigung einem Arbeitnehmer am 15.04. zu, können alle Gründe zur Rechtfertigung der außerordentlichen Kündigung herangezogen bzw. nachgeschoben werden, die dem Arbeitgeber innerhalb der zwei Wochen vor dem 15.04. bekannt waren. Ein Nachschieben von Kündigungsgründen ist unzulässig, wenn sie dem Kündigenden bei Ausspruch der Kündigung länger als zwei Wochen bekannt waren (Müller-Glöge, ErfKA, § 626 BGB, Rn 55). Auch Gründe, die der Kündigende erst **nach Ausspruch der Kündigung** erfahren hat, können nachgeschoben werden. Grund hierfür ist, dass für sie die Ausschlussfrist des § 626 Abs. 2 S. 1 BGB noch gar nicht zu laufen begann. Im Hinblick auf die Frist des § 626 Abs. 2 S. 1 BGB wird aber auch vertreten, der Arbeitgeber solle nach Anhörung des Betriebsrates nach § 102 Abs. 1 BetrVG **vorsorglich erneut kündigen** müssen (vgl. Müller-Glöge, ErfKA, § 626 BGB, Rn 57).

> **Beispiel:** A ist bei B seit drei Jahren neben 50 weiteren Mitarbeitern angestellt. Am 15.03. bittet A den B um fünf Tage Erholungsurlaub. B verweigert dies, weil in den nächsten zwei Wochen zahlreiche Aufträge abgearbeitet werden müssen. A ist verärgert und verprügelt B so, dass dieser zwei Zähne verliert. B teilt den Sachverhalt noch am 15.03. dem Betriebsrat mit und bittet diesen, sich zur beabsichtigten außerordentlichen Kündigung des A zu äußern. Am 16.03 teilt der Betriebsrat B fristgerecht (§ 102 Abs. 2 S. 3 BetrVG) mit, dass er keine Einwendungen gegen die außerordentliche Kündigung des A habe. Am 18.03. erfuhr B noch von seinem Angestellten F, dass A am 10.02. Arbeitswerkzeug im Wert von 300 € entwendet hatte. B spricht mit Schreiben vom 24.03. gegenüber A die außerordentliche Kündigung aus. A erhebt am 25.03. Kündigungsschutzklage. Am 02.04. erfährt B noch von seiner Sekretärin S, dass diese von A im Februar mehrmals sexuell belästigt worden ist. Er habe ihr dreimal an die Brust gegriffen, obwohl sie ihn aufgefordert habe, dies zu unterlassen. Sie sei froh, dass A nun gekündigt sei.

Frage:

Kann B im Rahmen des Kündigungsschutzverfahrens die von ihm ausgesprochene Kündigung nur mit dem tätlichen Angriff vom 15.03. rechtfertigen oder aber auch mit dem Diebstahl des Werkzeugs und der sexuellen Belästigung der Sekretärin?

Lösung:

Der Diebstahl wurde B am 18.03. bekannt. Die Ausschlussfrist zum Ausspruch der außerordentlichen Kündigung, gestützt auf den tätlichen Angriff vom 15.03., lief gemäß §§ 187 Abs. 1, 188 Abs. 2 BGB vom 16.03. bis 29.03. Damit wurde der Diebstahl dem B innerhalb der Ausschlussfrist des § 626 Abs. 2 S. 1 BGB bekannt, so dass der Diebstahl zur weiteren Rechtfertigung der außerordentlichen Kündigung ohne Weiteres herangezogen werden kann. Der Betriebsrat muss aber zum weiteren Kündigungsgrund nach § 102 Abs. 1 S. 1 BetrVG angehört werden.

Die sexuelle Belästigung der Sekretärin wurde B jedoch erst am 02.04. bekannt, also nach Ablauf der Ausschlussfrist des § 626 Abs. 2 S. 1 BGB. Doch kann B auch Gründe, die er erst nach Ablauf der Frist des § 626 Abs. 2 S. 1 BGB erfahren hat, zur Rechtfertigung der Kündigung nachschieben. Auch wenn die Frist des § 626 Abs. 2 S. 1 BGB abgelaufen ist, muss B wegen der sexuellen Belästigung keine gesonderte Kündigung aussprechen. A soll nämlich keine Vorteile daraus ziehen, dass es ihm bislang gelang, den Kündigungsgrund der sexuellen Belästigung zu verschleiern (BGH DB 1976, 386; BGH DB 1980, 968). Nach anderer Ansicht sollte B nach erneuter Anhörung des Betriebsrates nach § 102 Abs. 1 BetrVG vorsorglich erneut kündigen (Müller-Glöge, ErfKA, § 626 BGB, Rn 57).

Sowohl für den Diebstahl als auch die sexuelle Belästigung als wichtige Gründe i. S. d. § 626 Abs. 1 BGB gilt jedenfalls, dass sie zur Rechtfertigung der außerordentlichen Kündigung vom 24.03. im Arbeitsgerichtsprozess nur herangezogen werden können, wenn B für die beiden nachgeschobenen Kündigungsgründe ein nachträgliches Anhörungsverfahren beim Betriebsrat einleitet. Denn bislang hat B den Betriebsrat ja nur zur außerordentlichen Kündigung wegen des tätlichen Angriffs gegen ihn angehört (Müller-Glöge, ErfKA, § 626 BGB, Rn 57).

Hinweis: Zwar muss grundsätzlich aus Gründen der Verhältnismäßigkeit auch vor Ausspruch der außerordentlichen Kündigung eine vorherige Abmahnung erfolgen. Hier ist aufgrund der schwerwiegenden Vorfälle eine vorherige Abmahnung des Fehlverhaltens allerdings entbehrlich (vgl. §§ 314 Abs. 2, 323 Abs. 2 Nr. 3 BGB).

16.3 Checkliste zum Nachschieben von Kündigungsgründen

- Vom **Nachschieben von Kündigungsgründen** spricht man, wenn der Kündigende die ursprüngliche Begründung der Kündigung später durch weitere Kündigungsgründe ergänzt oder ersetzt.

- Hat der Arbeitgeber unter Geltung des Kündigungsschutzgesetzes (§§ 1 Abs. 1, 23 Abs. 1 KSchG) eine **ordentliche Kündigung** ausgesprochen, kann er alle Kündigungsgründe nachschieben, die **zum Zeitpunkt des Ausspruchs der ordentlichen Kündigung objektiv vorlagen** und die er zunächst **nicht kannte**. Für nachgeschobene Kündigungsgründe ist allerdings eine **nachträgliche Betriebsratsanhörung** (§ 102 Abs. 1 BetrVG) durchzuführen.

- Für die **außerordentliche Kündigung** nach § 626 BGB gilt: Ein Nachschieben von Kündigungsgründen ist **unzulässig**, wenn sie dem Kündigenden bei Ausspruch der Kündigung **länger als zwei Wochen** (§ 626 Abs. 2 S. 1 BGB) **bekannt** waren. Können Kündigungsgründe nachgeschoben werden, weil sie bei Ausspruch der außerordentlichen Kündigung noch nicht länger als zwei Wochen bekannt waren, ist der Betriebsrat nach § 102 Abs. 1 S. 1 BetrVG **nachträglich anzuhören**.

17. Das Kündigungsschutzverfahren

17.1 Allgemeines zur Kündigungsschutzklage

Will ein Arbeitnehmer geltend machen, dass eine Kündigung **sozial ungerechtfertigt** oder aus anderen Gründen rechtsunwirksam ist, muss er **innerhalb von drei Wochen nach Zugang der schriftlichen Kündigung** Klage beim Arbeitsgericht auf **Feststellung** erheben, dass das Arbeitsverhältnis durch die Kündigung nicht aufgelöst ist (§ 4 S. 1 KSchG). Auch für die Geltendmachung der Rechtsunwirksamkeit einer **außerordentlichen Kündigung** ist nach §§ 13 Abs. 1 S. 2, 4 S. 1 KSchG die Frist von drei Wochen zu beachten.

Im Falle der **Änderungskündigung** ist der Klageantrag darauf zu richten, dass die Änderung der Arbeitsbedingungen sozial ungerechtfertigt ist oder aus anderen Gründen rechtsunwirksam ist (§ 4 S. 2 KSchG).

Nach § 2 Abs. 1 Nr. 3 lit b. ArbGG sind die Gerichte für Arbeitssachen **ausschließlich** zuständig für bürgerliche Rechtsstreitigkeiten zwischen Arbeitnehmern und Arbeitgebern über das Bestehen oder Nichtbestehen eines Arbeitsverhältnisses.

Die Kündigungsschutzklage ist gegen den Arbeitgeber zu richten. Im Falle der Betriebsveräußerung (§ 613a BGB) muss die Klage gegen den kündigenden Veräußerer gerichtet werden, wenn die Kündigung des alten Arbeitgebers dem Arbeitnehmer vor dem Betriebsübergang zugegangen ist. Dies gilt auch dann, wenn das Arbeitsverhältnis inzwischen nach § 613a BGB auf den Erwerber übergegangen ist (Kiel, ErfKA, § 4 KSchG, Rn 19).

17.2 Kündigungsschutzklage als Feststellungsklage

Die Kündigungsschutzklage ist **Feststellungsklage** i. S. d. § 256 ZPO. Es gilt die sog. **punktuelle Streitgegenstandstheorie** (Kiel, ErfKA, § 4 KSchG, Rn 9a), d. h. Streitgegenstand ist die Auflösung des Arbeitsverhältnisses zu dem sich aus der Kündigung ergebenden Endzeitpunkt. Für die Kündigungsschutzklage ist i. d. R. das besondere Feststellungsinteresse des § 256 Abs. 1 ZPO gegeben. Für Arbeitsverhältnisse, die dem Kündigungsschutzgesetz unterliegen, folgt dies aus §§ 4, 7 KSchG, wonach die Erhebung einer Feststellungsklage erforderlich ist, um die **Fiktion der Wirksamkeit** der Kündigung zu vermeiden.

Sind **mehrere Kündigungen** ausgesprochen, muss **jede einzelne Kündigung gesondert** mit einer Feststellungsklage in das Arbeitsgerichtsverfahren einbezogen werden. Dies ist für den Arbeitnehmer mit Gefahren verbunden. Kündigt der Arbeitgeber mehrmals und vergisst der Arbeitnehmer auch nur eine Kündigung mit einer Kündigungsschutzklage anzugreifen, kann die nicht angegriffene Kündigung nach Ablauf der Ausschlussfrist des §4 S.1 KSchG nicht mehr auf ihre Rechtswirksamkeit überprüft werden (§7 KSchG). Um dieses Risiko auszuschließen, bleibt folgende Möglichkeit:

Der Arbeitnehmer kann mit der Kündigungsschutzklage eine **weitere allgemeine Feststellungsklage nach §256 ZPO** verbinden. Dies hat den Vorteil, dass der ersten Kündigung nachfolgende Kündigungen automatisch in den Kündigungsschutzprozess einbezogen werden. Der Klageantrag lautet bei dieser Verbindung folgendermaßen:

„Es wird festgestellt, dass das Arbeitsverhältnis nicht durch die Kündigung vom … zum … aufgelöst wurde (= Kündigungsschutzklage), sondern darüber hinaus fortbesteht (= allgemeine Feststellungsklage)."

Für die mit der Kündigungsschutzklage verbundene allgemeine Feststellungsklage nach §256 ZPO muss jedoch **ein besonderes Feststellungsinteresse** vorliegen. Dieses folgt **nicht automatisch aus der Rechtsfolge der §§4, 7 KSchG** (BAG NZA 1997, 844 f.; BAG NZA 1996, 334 ff.). Für das Feststellungsinteresse der allgemeinen Feststellungsklage muss der Arbeitnehmer vortragen, dass möglicherweise weitere Tatbestände für die Beendigung des Arbeitsverhältnisses in Frage kommen (BAG NZA 1997, 844, 845). Ein solcher Vortrag seitens des Arbeitnehmers kann aber auch noch später erfolgen, auch nach Ablauf der Frist des §4 S.1 KSchG von drei Wochen. Im Falle eines nachträglichen Vortrags zum besonderen Feststellungsinteresse der allgemeinen Feststellungsklage wird die ursprünglich unzulässige allgemeine Feststellungsklage später zulässig (BAG NZA 1997, 844). Durch die Kombination von Kündigungsschutzklage und allgemeiner Feststellungsklage verringert der Arbeitnehmer die Gefahr, die Frist des §4 S.1 KSchG für eine nachgeschobene Kündigung zu versäumen. Erhebt der Arbeitnehmer aber eine vorsorgliche Feststellungsklage nach §256 ZPO, weil der Arbeitgeber möglicherweise noch einmal kündigt, ist die Klage als unzulässig abzuweisen (BAG NJW 1994, 2780). Sollen die Kündigungsschutzklage und eine allgemeine Feststellungsklage nach §256 ZPO in kumulativer Klagenhäufung verbunden werden, ist erforderlich, dass der Arbeitnehmer durch Tatsachenvortrag, wenn auch erst im weiteren Prozessverlauf, weitere Kündigungen oder Beendigungsgründe in den Prozess einbezieht oder wenigstens glaubhaft macht und damit belegt, warum neben der Kündigungsschutzklage eine allgemeine Feststellungsklage erforderlich ist (BAG NJW 1994, 2780; BAG NJW 1998, 698; BAG NZA 2005, 1259). In jedem Falle ist dem Arbeitnehmer anzuraten, wegen der **punktuellen Streitgegenstandstheorie** alle ihm zugehenden Kündigungen **gesondert durch Kündigungsschutzklage** anzugreifen.

> **Beispiel:** A wird von seinem Arbeitgeber B mit Kündigungsschreiben vom 15.03. ordentlich gekündigt. A erhebt am 20.03. Kündigungsschutzklage. B schreibt an A eine weitere ordentliche Kündigung, die A am 25.03. zugeht. A erhebt gegen die zweite Kündigung keine Kündigungsschutzklage. Wegen des punktuellen Streitgegenstandes der Kündigungsschutzklage hat A hier nur die Kündigung vom 15.03. angegriffen. Die zweite Kündigung kann nach Ablauf der Ausschlussfrist des §4 S.1 KSchG nicht mehr angegriffen werden. Dies hätte A ggf. vermeiden kön-

nen, wenn er mit der gegen die Kündigung vom 15.03. gerichteten Kündigungsschutzklage eine allgemeine Feststellungsklage nach § 256 ZPO verbunden hätte. Sind die Kündigungsschutzklage und die allgemeine Feststellungsklage nach § 256 ZPO kumulativ (§ 260 ZPO) erhoben, sind später ausgesprochene Kündigungen automatisch in den Prozess einzubeziehen (LAG Sachsen-Anhalt NZA-RR 1998, 464; vgl. Ascheid/Hesse, Ascheid/Preis/Schmidt, § 4 KSchG, Rn 99).

17.3 Ausschlussfrist des § 4 S. 1 KSchG

Wird die **Ausschlussfrist** des § 4 S. 1 KSchG versäumt, wird die Kündigung nach § 7 KSchG **fiktiv wirksam**. Die Berechnung der Ausschlussfrist des § 4 S. 1 KSchG erfolgt unter Heranziehung der §§ 187 Abs. 1, 188 Abs. 2 BGB. Die Frist ist nur gewahrt, wenn dem Arbeitgeber **innerhalb von drei Wochen nach Zugang der schriftlichen Kündigung** beim Arbeitnehmer die **Kündigungsschutzklage zugestellt** wird. Die Frist des § 4 S. 1 KSchG ist jedoch auch gewahrt, wenn der Arbeitnehmer die Kündigungsschutzklage innerhalb der drei Wochen **beim Arbeitsgericht einreicht** und die Klageschrift dem Arbeitgeber **demnächst zugestellt** wird (§§ 46 Abs. 2 ArbGG, 495, 167 ZPO).

Hierbei ist auch unschädlich, wenn der Arbeitnehmer innerhalb der Frist von drei Wochen die Kündigungsschutzklage bei einem unzuständigen Arbeitsgericht oder einem ordentlichen Gericht erhoben hat und der Rechtsstreit erst an das zuständige Arbeitsgericht nach §§ 17 ff. GVG verwiesen werden musste (Hesse, Ascheid/Preis/Schmidt, § 4 KSchG, Rn 92).

Eine **verspätet eingereichte Kündigungsschutzklage** ist nicht als unzulässig, sondern als unbegründet abzuweisen. Es handelt sich um eine prozessuale Frist, deren **Versäumung materiellrechtliche Folgen** hat (BAG NZA 1986, 761).

17.4 Zulassung verspäteter Klagen / Verlängerte Anrufungsfrist

In **Ausnahmefällen** kann bei Versäumung der Ausschlussfrist des § 4 S. 1 KSchG die Kündigungsschutzklage **nachträglich zugelassen** werden (§ 5 KSchG). Dies setzt voraus, dass ein Arbeitnehmer nach erfolgter Kündigung **trotz Anwendung aller ihm nach Lage der Umstände zuzumutenden Sorgfalt** verhindert war, die Klage innerhalb von drei Wochen nach Zugang der schriftlichen Kündigung zu erheben. Nach § 5 Abs. 3 KSchG ist der Antrag auf nachträgliche Klagezulassung nur innerhalb von zwei Wochen nach Behebung des Hindernisses zulässig. Nach Ablauf von sechs Monaten, vom Ende des Ablaufs der Ausschlussfrist des § 4 S. 1 KSchG an gerechnet, kann der Antrag nicht mehr gestellt werden.

§ 6 KSchG verlängert die Ausschlussfrist des § 4 S. 1 KSchG für den Fall, dass der Arbeitnehmer **innerhalb von drei Wochen** nach Zugang der schriftlichen Kündigung deren Rechtswirksamkeit angegriffen hat. Der Arbeitnehmer kann sich dann bis zum Schluss der mündlichen Verhandlung erster Instanz zur Begründung der Unwirksamkeit der Kündigung auch auf innerhalb der Klagefrist nicht geltend gemachte Gründe berufen. Der Arbeitnehmer kann sich daher bei Wahrung der Drei-Wochenfrist noch **nachträglich auf die Sozialwidrigkeit** der Kündigung **berufen** (Ascheid/Hesse, Ascheid/Preis/Schmidt, § 6 KSchG, Rn 2).

17.5 Klageform

An die **Form der Klageschrift** zur Erhebung der Kündigungsschutzklage sind keine strengen Anforderungen zu stellen. Grund hierfür ist, dass vor den Arbeitsgerichten kein Anwaltszwang herrscht (§ 11 ArbGG), d. h. der Arbeitnehmer kann die Kündigungsschutzklage ohne Hinzuziehung eines Rechtsanwalts erheben. Es ist daher ausreichend, wenn sich aus der Klage Name und Anschrift der Prozessparteien, die Tatsache einer erfolgten Kündigung und der Wille des Arbeitnehmers, dagegen vorzugehen, ergeben. Die Klage muss **schriftlich** eingereicht oder **zu Protokoll der Geschäftsstelle** des Arbeitsgerichts erklärt werden (§ 46 Abs. 2 ArbGG, § 496 ZPO).

17.6 Auflösungsurteil des Gerichts; Abfindung des Arbeitnehmers

Die meisten an den Arbeitnehmer gezahlten Abfindungen im Zusammenhang mit der Auflösung des Arbeitsverhältnisses beruhen nicht auf §§ 9, 10 KSchG, sondern auf einem **Vergleich** (§ 794 Abs. 1 Nr. 1 ZPO; § 779 BGB) im Rahmen des Güteverfahrens nach § 54 ArbGG oder in der Hauptverhandlung.

Der Vergleich ist nach der in § 779 Abs. 1 BGB enthaltenen Legaldefinition ein Vertrag, durch den der Streit oder die Ungewissheit der Parteien über ein Rechtsverhältnis im Wege des **gegenseitigen Nachgebens** beseitigt wird.

Bei der vorbeschriebenen Fallkonstellation zahlt der Arbeitgeber an den Arbeitnehmer eine Abfindung, weil er sich nicht sicher ist, ob die gegenüber dem Arbeitnehmer ausgesprochene Kündigung wirksam ist oder nicht. Der Arbeitnehmer willigt im Gegenzug in die Beendigung des Arbeitsverhältnisses ein, indem er die Kündigung hinnimmt oder einen Auflösungsvertrag abschließt. Der Aufhebungsvertrag muss nach § 623 BGB schriftlich erfolgen, um wirksam zu sein. Die Aufnahme der Erklärungen von Arbeitgeber und Arbeitnehmer zum Abschluss eines Aufhebungsvertrages in den gerichtlichen Vergleich genügt dem Schriftformerfordernis (§ 126 Abs. 4 BGB i. V. m. § 127a BGB; Näheres zur Auflösung des Arbeitsverhältnisses durch Auflösungsvertrag in Kapitel 18).

Beispiel: B beschäftigt 50 Arbeitnehmer. A ist seit drei Jahren bei ihm beschäftigt. B spricht am 02.04. gegenüber A nach ordnungsgemäßer Anhörung des Betriebsrates schriftlich die ordentliche verhaltensbedingte Kündigung zum 31.05. aus, weil A erneut eine Erkrankung entgegen der Verpflichtung aus § 5 Abs. 1 S. 1 EFZG nicht unverzüglich angezeigt hat. B hatte das Fehlverhalten bereits abgemahnt. Im Rahmen des Güteverfahrens nach § 54 ArbGG weist der Richter daraufhin, dass genau geprüft werden müsse, ob die einmalige Abmahnung des Fehlverhaltens vor Ausspruch der Kündigung mit Blick auf das Verhältnismäßigkeitsprinzip ausreiche. B kann also nicht sicher sein, ob die verhaltensbedingte Kündigung wirksam ist, die A nach § 4 S. 1 KSchG rechtzeitig angegriffen hat. Andererseits sieht sich A auch dem Risiko ausgesetzt, dass das Gericht zur Überzeugung gelangt, die verhaltensbedingte ordentliche Kündigung sei wirksam. Außerdem ist das Arbeitsverhältnis zwischen A und B zerrüttet. Vor diesem Hintergrund schließen A und B im Gütetermin (§ 54 ArbGG) einen Vergleich folgenden Inhalts:

„Das zwischen den Parteien bestehende Arbeitsverhältnis ist durch ordentliche Kündigung vom … mit Ablauf des 31.05 aufgelöst. B zahlt an A für den Verlust des Arbeitsplatzes eine Abfindung in Höhe von 10 000 € spätestens zum 15.06. durch Überweisung."

§ 9 KSchG ist im vorangegangenen Beispiel nicht einschlägig, weil das Gericht nicht festgestellt hat, dass das Arbeitsverhältnis durch die Kündigung nicht aufgelöst ist. § 9 KSchG beschreibt die Fallkonstellation, dass der Arbeitnehmer das Kündigungsschutzverfahren gewinnt, das Arbeitsgericht also feststellt, dass das Arbeitsverhältnis durch die Kündigung nicht aufgelöst ist und der Arbeitnehmer den Antrag stellt, das Arbeitsverhältnis aufzulösen, weil ihm die Fortsetzung des Arbeitsverhältnisses nicht zuzumuten ist. In diesem Falle hat das Gericht den Arbeitgeber zur Zahlung einer angemessenen Abfindung zu verurteilen. Einen entsprechenden Auflösungsantrag kann nach § 9 Abs. 1 S. 2 KSchG auch der Arbeitgeber stellen, wenn Gründe vorliegen, die eine den Betriebszwecken dienliche weitere Zusammenarbeit zwischen Arbeitgeber und Arbeitnehmer nicht erwarten lassen. Die Höhe der Abfindung ist für den Fall des § 9 KSchG in § 10 KSchG geregelt. Als Abfindung ist ein Betrag bis zu zwölf Monatsverdiensten festzusetzen (§ 10 Abs. 1 KSchG). Hat der Arbeitnehmer das fünfzigste Lebensjahr vollendet und hat das Arbeitsverhältnis mindestens fünfzehn Jahre bestanden, ist ein Betrag bis zu fünfzehn Monatsverdiensten, hat der Arbeitnehmer das fünfundfünfzigste Lebensjahr vollendet und hat das Arbeitsverhältnis mindestens zwanzig Jahre bestanden, so ist ein Betrag bis zu achtzehn Monatsverdiensten festzusetzen (§ 10 Abs. 2 S. 1 KSchG).

Beispiel: Beispiel wie oben, es wird aber kein Vergleich geschlossen. A und B lassen sich auf den Haupttermin ein. Am Ende der Hauptverhandlung stellt das Arbeitsgericht fest, dass das Arbeitsverhältnis durch die verhaltensbedingte Kündigung nicht aufgelöst ist. A hat den Antrag an das Arbeitsgericht gestellt, das Arbeitsverhältnis aufzulösen, da es ihm nicht zumutbar ist, das Arbeitsverhältnis mit B fortzusetzen. Zum Beweis hierfür hat A seinen Arbeitskollegen C als Zeugen angeboten, der gehört hat, wie B gesagt hat, wenn A den Prozess gewinnt, werde er ihn schon anders „weich kochen". Auch hat A den Antrag gestellt, B zur Zahlung einer angemessenen Abfindung zu verurteilen. Vorliegende Fallkonstellation fällt unter § 9 Abs. 1 KSchG. Die Höhe der Abfindung bemisst sich nach § 10 KSchG.

17.7 Neues Arbeitsverhältnis; Auflösung des alten Arbeitsverhältnisses

Wird ein Arbeitnehmer gekündigt und wehrt er sich mit einer Kündigungs-schutzklage mit Erfolg gegen die Kündigung, kann es sein, dass der Arbeitneh-mer zwei Arbeitsverhältnisse hat, wenn er zwischenzeitlich ein **neues Arbeits-verhältnis eingegangen** ist. Der Arbeitnehmer wird beide Arbeitsverhältnisse aber nicht erfüllen können.

Dieser Fallkonstellation trägt § 12 KSchG Rechnung, indem er dem Arbeitneh-mer das Recht einräumt, beim alten Arbeitgeber die **Fortsetzung des Arbeitsver-hältnisses zu verweigern**, wenn der Arbeitnehmer das **Kündigungsschutzver-fahren gewinnt** und **zwischenzeitlich ein neues Arbeitsverhältnis eingegangen** ist. Der Arbeitnehmer muss die Verweigerungserklärung innerhalb von einer Woche nach Rechtskraft des Urteils abgeben, aus dem sich ergibt, dass die an-gegriffene Kündigung das Arbeitsverhältnis mit dem alten Arbeitgeber nicht aufgelöst hat.

17.8 Klagemuster

An das

Arbeitsgericht München

Klage

in Sachen

Hans Müller, Sonnenblumenweg 2, 81927 München

Kläger

Prozessbevollmächtigter Rechtsanwalt Herbert Schulz, Brunnenweg 10, 81677 München

gegen

Herbert Schuler GmbH, Tannenweg 5, 81927 München, vertreten durch den Geschäftsführer Herbert Schuler

Beklagte

Anträge

I. Es wird beantragt festzustellen, dass das zwischen den Parteien bestehende Arbeitsverhältnis durch die ordentliche Kündigung vom 20.09.13, zugegangen am 21.09.13, nicht aufgelöst ist.

II. Es wird beantragt, dass das Arbeitsverhältnis auch nicht durch andere Be-endigungsgründe endet, sondern dass es über den 31.10.13 hinaus fortbesteht.

Begründung:

Die Beklagte betreibt unter o. g. Adresse einen Kfz-Handel. Sie beschäftigt 20 Arbeitnehmer. Der Kläger ist bei der Beklagten seit 01.01.03 beschäftigt. Der

Kläger wurde mit Schreiben vom 20.9.13 ordentlich zum 31.10.13 verhaltensbedingt gekündigt. Ihm wird vorgeworfen, einen Kundentermin versäumt zu haben. Dies wird bestritten. Der Kunde war auch zwanzig Minuten nach dem vereinbarten Termin immer noch nicht am verabredeten Ort. Auch telefonisch war dieser nicht erreichbar, so dass der Kläger nicht länger wartete. Die Kündigung ist damit sozial ungerechtfertigt. Der Betriebsrat wurde vor Ausspruch der Kündigung auch nicht angehört. Der Kläger hat bislang immer tadellos seine Arbeitspflichten erfüllt. Selbst wenn ein Fehlverhalten vorläge, was ausdrücklich bestritten wird, wäre dieses vorher abzumahnen gewesen.

Der Klageantrag in Ziff. II ist eine selbständige Feststellungsklage nach § 256 ZPO. Dem Kläger sind zwar derzeit keine anderen Beendigungstatbestände außer der mit Klageantrag in Ziff. I angegriffenen Kündigung vom 20.09.13. bekannt. Es besteht jedoch die Gefahr, dass die Beklagte im Laufe des Verfahrens weitere Kündigungen aussprechen wird, da sie dies mit weiterem Schreiben vom 25.09.13 bereits angekündigt hat. Es wird deshalb mit dem Klageantrag zu II die Feststellung begehrt, dass das Arbeitsverhältnis auch durch solche weiteren Kündigungen nicht beendet wird.

....

Unterschrift

Anlagen: Arbeitsvertrag in Kopie, Kündigungsschreiben vom 20.09.13 sowie Schreiben vom 25.09.13 in Kopie, Prozessvollmacht.

(vgl. ähnliches Musterbeispiel bei Straube in Schaub, Arbeitsrechtliches Formular- und Verfahrenshandbuch, C Verfahrensrecht, Rn 14; Die mit der Kündigungsschutzklage kombinierte allgemeine Feststellungsklage ist besonders zu begründen).

17.9 Checkliste zum Kündigungsschutzverfahren

- Der Arbeitnehmer ist gehalten, eine ihm gegenüber ausgesprochene Kündigung innerhalb von **drei Wochen nach Zugang der schriftlichen Kündigung** mit einer Kündigungsschutzklage anzugreifen (§ 4 S. 1 KSchG, §§ 13 Abs. 1 S. 2 i. V. m. § 4 S. 1 KSchG). Versäumt der Arbeitnehmer die Frist, wird die Wirksamkeit der Kündigung nach § 7 KSchG fingiert.
- Die Frist des § 4 S. 1 KSchG ist **auch zu wahren**, wenn das **Kündigungsschutzgesetz nicht anwendbar** ist (vgl. § 23 Abs. 1 S. 3 KSchG).
- Bei § 4 S. 1 KSchG handelt es sich um eine **prozessuale Frist**, deren Versäumung **materiell-rechtliche Folgen** hat.
- Es gilt die **punktuelle Streitgegenstandstheorie**, d. h., **jede einzelne Kündigung** muss gesondert mit einer Kündigungsschutzklage angegriffen werden.
- Wird eine Kündigungsschutzklage in **objektiver Klagenhäufung** mit einer allgemeinen Feststellungsklage (§§ 256, 260 ZPO) verbunden, sind später ausgesprochene Arbeitgeberkündigungen automatisch in den Prozess ein-

bezogen. Der Arbeitnehmer muss allerdings, wenn auch erst im weiteren Prozessverlauf **andere Kündigungen** oder **sonstige Beendigungsgründe** für das Arbeitsverhältnis **glaubhaft machen.**

- §§ 9, 10 KSchG enthalten ein **gesetzliches Abfindungsmodell.** Voraussetzung ist, dass der Arbeitnehmer den Kündigungsschutzprozess gewinnt und dass ihm die Fortsetzung des Arbeitsverhältnisses nicht zumutbar ist.

18. Beendigung des Arbeitsverhältnisses durch Auflösungsvertrag

18.1 Form des Auflösungsvertrages

Nach § 623 BGB bedarf die Beendigung von Arbeitsverhältnissen durch **Auflösungsvertrag** der **Schriftform**. Dem Schriftformerfordernis kommt wie bei der Kündigung Warn-, Klarstellungs- und Beweisfunktion zu (BAG BeckRS 2005, 40052). Nach § 126 Abs. 2 S. 1 BGB muss der **gesamte Vertragsinhalt** von **beiden Parteien auf einer Urkunde** unterzeichnet sein. Von § 623 BGB sind Änderungsverträge nicht erfasst, da diese nicht auf die Beendigung des Arbeitsverhältnisses abzielen. Auch die Aufhebung eines Berufsausbildungsverhältnisses bedarf nach § 10 Abs. 2 BBiG i. V. m. § 623 BGB der Schriftform. Ebenso gilt für die Aufhebung der Vertragsverhältnisse mit Praktikanten und Volontären nach §§ 26, 10 Abs. 2 BBiG i. V. m. § 623 BGB das Schriftformgebot. **Formlose Nebenabreden**, die für den Auflösungsvertrag **wesentliche Bedeutung** haben, führen nach § 139 BGB zur kompletten Unwirksamkeit des Auflösungsvertrages (Preis/Gotthard NZA 2000, 348, 355).

> **Beispiel:** Arbeitnehmer A schließt mit seinem Arbeitgeber U einen schriftlichen Auflösungsvertrag. Hiernach soll das Arbeitsverhältnis einvernehmlich zum 31.5. enden. In diesem Zusammenhang sagt U dem A mündlich zu, er erhalte wegen der einvernehmlichen Beendigung des Arbeitsverhältnisses eine Abfindung i. H. v. 10 000 €. Die mündliche Vereinbarung der Abfindungszahlung hat hier für den Auflösungsvertrag wesentliche Bedeutung, so dass der Auflösungsvertrag nach §§ 125 S. 1, 623, 139 BGB unwirksam ist.

18.2 Auflösungsvertrag, Kündigungsschutz, Anfechtung

Ein Arbeitsverhältnis kann durch **Auflösungsvertrag**, **ohne dass der allgemeine Kündigungsschutz** nach dem Kündigungsschutzgesetz (§§ 1 ff. KSchG) oder **ein besonderer Kündigungsschutz** nach § 9 MuSchG, § 18 BEEG, § 5 PflegeZG, §§ 85, 91 SGB IX, § 15 KSchG zu beachten wäre, geschlossen werden. Schließt der Arbeitnehmer in Verkennung des Umstandes, dass er Kündigungsschutz genießt, einen Auflösungsvertrag, kann er diesen grundsätzlich nicht nach § 119 BGB anfechten, da er einem unbeachtlichen Motivirrtum unterlag.

> **Beispiel:** Arbeitnehmerin A ist schwanger. Ihr Arbeitgeber, dem die Schwangerschaft nicht bekannt ist, teilt A mit, er müsse sie in den nächsten Tagen wegen eines dauerhaften Auftragsrückgangs betriebsbedingt kündigen. Eine Kündigung

werde aber nicht erfolgen, wenn A bereit sei, einen Auflösungsvertrag gegen Zahlung einer Abfindung i.H.v. 3000 € zu schließen. A nimmt das Angebot an und schließt mit ihrem Arbeitgeber einen entsprechenden Auflösungsvertrag. Als A später erfährt, dass sie als Schwangere nach § 9 Abs.1 S.1 MuSchG in den besonderen Kündigungsschutz für werdende Mütter gekommen wäre, erklärt sie die Anfechtung des Auflösungsvertrages. Eine Anfechtung nach §§ 119 ff. BGB ist nicht möglich. Ein Anfechtungsrecht für A ist weder aus § 119 BGB noch aus § 123 BGB ersichtlich. A unterlag beim Abschluss des Auflösungsvertrages einem unbeachtlichen Motivirrtum.

Hat der Arbeitgeber den Arbeitnehmer mit der Androhung einer ordentlichen oder außerordentlichen Kündigung zum Abschluss des Auflösungsvertrages bewogen, ist eine Anfechtung des Auflösungsvertrages wegen **widerrechtlicher Drohung** nach § 123 Abs.1 2. Alt. BGB möglich, wenn ein **verständiger Arbeitgeber die angedrohte Kündigung ernsthaft nicht in Erwägung ziehen durfte** (BAG NZA 2000, 27; BAG NZA 2004, 597).

Beispiel: Arbeitnehmer A, 51 Jahre alt, ist seit 30 Jahren bei B beschäftigt. Am 01.06. nahm A um 16.00 Uhr einen Arzttermin wahr. Er verließ daher seinen Arbeitsplatz um 15.52 Uhr, ohne dass trotz Ausstempelns das Zeiterfassungsgerät den Zeitpunkt des Verlassens des Arbeitsplatzes durch A registrierte. A gab später im manuellen Nacherfassungsbogen an, er habe den Arbeitsplatz um 15.55 Uhr verlassen. Als B erfuhr, dass A am 01.06. um 16.00 Uhr einen Arzttermin hatte, stellte er A zur Rede und meinte, das richtige Arbeitszeitende könne nicht 15.55 Uhr sein. Es gebe einen Zeugen, der bestätigen könne, dass A den Arbeitsplatz bereits um 15.52 Uhr verlassen habe. B legte A daraufhin einen vorgefertigten Auflösungsvertrag vor und drohte an, A wegen des Vorfalls zu kündigen, wenn er den Auflösungsvertrag nicht unterschreibe. A tat dies schließlich. Nach Rücksprache mit seinem Rechtsanwalt erklärte A die Anfechtung des Auflösungsvertrages wegen widerrechtlicher Drohung nach § 123 Abs.1 2. Alt. BGB. Hier erscheint es vertretbar, von der Wirksamkeit der Anfechtung auszugehen. Zwar liegt ein Fehlverhalten des A vor (Falschmeldung des Arbeitszeitendes). Es erscheint aber fraglich, ob mit Blick auf die geringfügige Zeitabweichung, die lange Betriebszugehörigkeit des A und sein bislang tadelloses Verhalten eine Kündigung gerechtfertigt wäre.

18.3 Auflösungsvertrag und Abwicklungsvertrag

Zweck von **Auflösungs-** und **Abwicklungsvertrag** ist die einvernehmliche Beendigung des Arbeitsverhältnisses (Hümmerich NJW 2004, 2921). Dennoch besteht zwischen beiden Modellen ein **erheblicher Unterschied**. Der **Auflösungsvertrag** führt zur **Auflösung des Arbeitsverhältnisses** und bedarf daher der Schriftform nach § 623 BGB. Der **Abwicklungsvertrag** regelt hingegen die **Modalitäten einer durch Kündigung herbeigeführten Beendigung des Arbeitsverhältnisses**. Gegenstand eines Abwicklungsvertrages kann insbesondere die Höhe einer zu zahlenden Abfindung sein, der Wortlaut eines auszustellenden

Arbeitszeugnisses oder der Verzicht auf die Erhebung einer Kündigungsschutzklage (Gotthardt, BeckOK § 623 BGB, Rn 54 ff.). Der Abwicklungsvertrag unterliegt grundsätzlich nicht dem Schriftformerfordernis nach § 623 BGB. Nach Ansicht des BAG sind **Klageverzichtsvereinbarungen**, die im **unmittelbaren zeitlichen** und **sachlichen Zusammenhang mit dem Ausspruch einer Kündigung** getroffen werden, **Auflösungsverträge** i.S.d. § 623 BGB und bedürfen daher der Schriftform (BAG NZA 2007, 1227).

18.4 Auflösungsvertrag und Steuer-, Sozialversicherungsrecht

Abfindungszahlungen sind **in voller Höhe steuerpflichtig** (vgl. §§ 24, 34 EStG).

Für die Frage, ob Abfindungszahlungen der **Sozialversicherungspflicht** unterliegen, ist § 14 Abs. 1 SGB IV zu beachten. Hiernach gehören zum Arbeitsentgelt auch alle einmaligen Bezüge, welche in § 23a SGB IV näher beschrieben sind. Nach der Rechtsprechung des Bundessozialgerichts greift die **Sozialversicherungspflicht** dann aber **nicht**, wenn eine Abfindung gegeben ist, die **wegen Beendigung** einer sozialversicherungspflichtigen Beschäftigung als **Entschädigung für die Zeit danach** gezahlt wird. (BSG NZA 1990, 751). Entscheidend für die Sozialversicherungspflicht ist also, dass sich die Abfindungszahlung der versicherungspflichtigen Beschäftigung zeitlich zuordnen lässt. Dies ist nicht der Fall, wenn die Abfindungszahlung **wegen Beendigung** der versicherungspflichtigen Beschäftigung bezahlt wird. Erfolgt die Zahlung der Abfindung bspw. aufgrund eines gerichtlichen Vergleichs, sollte, um die Sozialversicherungspflicht sicher nicht entstehen zu lassen, klargestellt werden, dass die Abfindungszahlung nicht für geleistete Dienste, sondern wegen der Beendigung des Arbeitsverhältnisses bzw. des Verlusts des Arbeitsplatzes geleistet wird (vgl. auch BSG NZA 1990, 751).

18.5 Auflösungsvertrag und Sperrzeit

Nach § 159 Abs. 1 S. 1 SGB III **ruht** der **Anspruch auf Arbeitslosengeld** für die Dauer einer **Sperrzeit** von i.d.R. zwölf Wochen (§ 159 Abs. 3 SGB III), wenn sich der Arbeitnehmer versicherungswidrig verhalten hat, ohne dafür einen wichtigen Grund zu haben. Versicherungswidriges Verhalten liegt nach § 159 Abs. 1 S. 2 Nr. 1 SGB III vor, wenn der Arbeitslose das **Beschäftigungsverhältnis gelöst** hat. Der Abschluss eines Auflösungsvertrages kann damit grundsätzlich eine Sperrzeit beim Bezug von Arbeitslosengeld auslösen. Eine Sperrzeit wird jedoch **nicht verhängt**, wenn der Arbeitnehmer **durch den Abschluss eines Aufhebungsvertrages einer wirksamen Arbeitgeberkündigung aus nicht verhaltensbedingten Gründen zuvorkommt** (BSG NJW-Spezial 2007, 35, 36; BSG NJW 2006, 3514). Der Nachweis des Zuvorkommens einer rechtmäßigen Arbeitgeberkündigung aus **nicht verhaltensbedingten Gründen** durch den Arbeitnehmer soll entbehrlich sein, wenn im Zusammenhang mit einem Auflösungsvertrag eine Abfindung **im Rahmen des § 1a Abs. 2 KSchG** bezahlt wird (BSG NJW 2006, 3514).

> **Beispiel:** Arbeitnehmer A ist bei B angestellt. B teilt A mit, dass er ihn wegen eines dauerhaften Auftragsmangels betriebsbedingt kündigen müsse. Vor diesem Hintergrund schließt A mit B zur Vermeidung einer betriebsbedingten Kündigung einen schriftlichen Auflösungsvertrag, der eine Abfindungszahlung im Rahmen des § 1a Abs. 2 KSchG vorsieht. Gegenüber A wird nach § 159 Abs. 1 S. 1 und 2 Nr. 1 SGB III keine Sperrzeit wegen Arbeitsaufgabe verhängt, unabhängig von der Frage, ob die betriebsbedingte Arbeitgeberkündigung tatsächlich rechtmäßig gewesen wäre oder nicht.

18.6 Checkliste zum Auflösungsvertrag

- Der **Auflösungsvertrag** bedarf nach § 623 BGB der **Schriftform**. Ob das Schriftformerfordernis gewahrt ist, ist anhand § 126 Abs. 1 und 2 BGB zu prüfen.
- Der Auflösungsvertrag **unterliegt nicht** dem **allgemeinen** oder dem **besonderen Kündigungsschutz**. Wird dem Arbeitnehmer vom Arbeitgeber mit einer Kündigung für den Fall des Nichtabschlusses eines Auflösungsvertrages gedroht, kann der Arbeitnehmer den Auflösungsvertrag nach § 123 Abs. 1 2. Alt. BGB anfechten, wenn ein verständiger Arbeitgeber die angedrohte Kündigung nicht ernsthaft in Erwägung ziehen durfte.
- Der **Abwicklungsvertrag löst** selbst das Arbeitsverhältnis **nicht** auf. Er regelt die Abwicklung des Arbeitsverhältnisses nach erfolgter Kündigung.
- Der Abschluss eines Auflösungsvertrages löst **keine Sperrzeit** nach § 159 Abs. 1 S. 2 Nr. 1 SGB III aus, wenn der Arbeitnehmer durch den Abschluss des Auflösungsvertrages **einer nicht verhaltensbedingten Arbeitgeberkündigung zuvorkommt** und dem Arbeitnehmer im Zusammenhang mit dem Auflösungsvertrag eine **Abfindung im Rahmen des § 1a Abs. 2 KSchG** gezahlt wird.

19. Das Arbeitszeugnis

19.1 Pflicht des Arbeitgebers zur Zeugniserteilung

Der **Zeugniserteilungsanspruch** des Arbeitnehmers ergibt sich aus § 630 S. 4 BGB i. V. m. § 109 GewO. § 630 BGB und § 109 GewO sind Ausfluss der **allgemeinen Fürsorgepflicht** des Arbeitgebers (BGH NJW 1979, 1882). Für den Zeugniserteilungsanspruch eines Auszubildenden enthält § 16 BBiG eine Spezialvorschrift. Im Gegensatz zu § 630 BGB enthält § 109 GewO nicht das Tatbestandsmerkmal des „dauernden" Arbeitsverhältnisses. Somit haben auch Arbeitnehmer, die lediglich für einen Tag beschäftigt waren, einen Anspruch auf ein wahlweise einfaches oder qualifiziertes Zeugnis (Henssler, MüKo zum BGB, § 630, Rn 10). Das Zeugnis hat eine **rechtsgeschäftliche Komponente** (BGH NJW 1979, 1882; Hunold NZA-RR 2001, 113). Sie liegt in der für den Aussteller zumutbaren Übernahme der Mindestgewähr für die Richtigkeit des Zeugnisinhalts (Henssler, MüKo BGB, § 630, Rn 6).

19.2 Entstehung des Anspruchs

Der **Anspruch auf Zeugniserteilung** entsteht **bei Beendigung des Arbeitsverhältnisses** (§ 109 Abs. 1 S. 1 GewO; BAG NZA 1987, 628). Würde man auf den Zeitpunkt des Ausscheidens des Arbeitnehmers aus dem Arbeitsverhältnis abstellen, wäre dies im Allgemeinen für den Arbeitnehmer zu spät, da er das Arbeitszeugnis benötigt, um sich für eine andere Stelle zu bewerben. Nach Treu und Glauben ist § 109 Abs. 1 S. 1 GewO so zu verstehen, dass der Anspruch auf Zeugniserteilung **nicht erst mit der rechtlichen Beendigung** des Arbeitsverhältnisses, sondern bereits **angemessene Zeit vorher** erwächst (BAG NZA 1987, 628, 629). Der Anspruch auf Erteilung eines vorläufigen Zeugnisses entsteht somit bereits mit der Kündigung des Arbeitsverhältnisses, und zwar unabhängig von dem Lauf der Kündigungsfrist (Kölsch NZA 1985, 382, 383; Henssler, MüKo zum BGB, § 630, Rn 13). Endet das Arbeitsverhältnis ohne Ausspruch einer Kündigung, ist das Zeugnis ab dem Zeitpunkt auf Verlangen des Arbeitnehmers zu erteilen, der der gesetzlichen Kündigungsfrist entspricht (§ 622 Abs. 1 und 2 BGB; Müller-Glöge in ErfKA, § 109 GewO, Rn 9). Hat der Arbeitnehmer die ihm gegenüber ausgesprochene Kündigung mit der Kündigungsschutzklage angegriffen, hat er dennoch ab dem Zeitpunkt des Ausspruchs der Kündigung einen Anspruch auf Erteilung eines Arbeitszeugnisses (BAG NZA 1987, 628, 629).

§ 16 Abs. 1 BBiG normiert für den Arbeitgeber die Pflicht, bei Beendigung des Berufsausbildungsverhältnisses **unaufgefordert ein Ausbildungszeugnis** auszustellen. Das Ausbildungszeugnis muss Angaben enthalten über Art, Dauer und Ziel der Berufsausbildung sowie über die erworbenen Fertigkeiten und Kenntnisse des Auszubildenden (§ 16 Abs. 2 S. 1 BBiG).

19.3 Durchsetzung, Verjährung, Verwirkung des Zeugniserteilungsanspruchs

Der Arbeitnehmer kann seinen **Anspruch auf Zeugniserteilung** bzw. **Zeugnisberichtigung** durch **Leistungsklage** vor den Arbeitsgerichten durchsetzen. Der Rechtsweg zu den Arbeitsgerichten ergibt sich für die Streitigkeit aus § 2 Abs. 1 Nr. 3 lit. e ArbGG. Die Verpflichtung des Arbeitgebers, ein Zeugnis zu erteilen, ist nach § 269 Abs. 1 BGB eine **Holschuld** (BAG NZA 1995, 671). Aufgrund der nachwirkenden Fürsorgepflicht ist der Arbeitgeber aber verpflichtet, das Arbeitszeugnis zu übersenden, wenn die Abholung des Zeugnisses einen unverhältnismäßig hohen Aufwand auslösen würde (BAG NZA 1995, 671).

Ein **Zurückbehaltungsrecht** aus § 273 BGB wegen anderer Ansprüche aus dem Arbeitsverhältnis kann der Arbeitgeber **nicht geltend** machen, weil dies das Fortkommen des Arbeitnehmers übermäßig erschweren würde (Müller-Glöge, ErfKA, § 109 GewO, Rn 48).

Der Anspruch auf Zeugniserteilung unterliegt der regelmäßigen **Verjährungsfrist von drei Jahren** nach § 195 BGB.

Der Zeugniserteilungsanspruch kann allerdings bereits vor Verjährungseintritt im Einzelfall wegen **Verwirkung** nicht mehr durchsetzbar sein. Dies ist insbesondere bei qualifizierten Arbeitszeugnissen der Fall, wenn der Arbeitnehmer den Zeugniserteilungsanspruch zunächst nicht erhoben hat, sich der Arbeitgeber später bei Einforderung des qualifizierten Zeugnisses an Leistung und Führung des Arbeitnehmers nicht mehr erinnern kann. Als unterer Richtwert für den Eintritt der Verwirkung wird teils ein Zeitraum von fünf bis acht Monaten herangezogen (Henssler, MüKo BGB, § 630, Rn 61; LAG Köln NZA-RR 2001, 130 – 12 Monate; LAG Hamm NZA-RR 2003, 73 – 15 Monate). Den Arbeitnehmern ist daher anzuraten, den Anspruch auf Erteilung eines qualifizierten Zeugnisses möglichst umgehend geltend zu machen.

Nicht eindeutig zu beantworten ist, ob mit Ablauf **tariflicher Ausschlussfristen** der Anspruch auf Zeugniserteilung entfällt. Dies ist eine Frage der **Auslegung**. Die Frage ist nicht vorschnell zu bejahen, da tarifliche Verfallfristen i. d. R. die kurzfristige Abwicklung von Entgeltansprüchen bezwecken, nicht aber den Zeugniserteilungsanspruch beschneiden wollen (Henssler, MüKo BGB, § 630 BGB, Rn 60).

19.4 Form des Zeugnisses

Nach § 109 Abs. 1 S. 1 BGB ist das Zeugnis **schriftlich** zu erteilen. Die Erteilung in elektronischer Form ist ausgeschlossen (§ 109 Abs. 3 GewO). Demnach muss das Arbeitszeugnis vom Arbeitgeber **eigenhändig unterschrieben** werden (§ 126

Abs. 1 BGB). Nicht ausreichend ist die Übermittlung des Zeugnisses per Telefax (LAG Hamm NZA 2001, 576). Werden vom Arbeitgeber im Geschäftsverkehr üblicherweise **Firmenbögen** verwendet, ist eine Zeugniserteilung nur dann ordnungsgemäß, wenn es auf Firmenpapier geschrieben ist (Henssler, MüKo BGB, § 630 BGB, Rn 47). Ein Zeugnis mit Flecken, Durchstreichungen und Radierungen kann der Arbeitnehmer zurückweisen. Im Allgemeinen darf das Zeugnis auch **nicht geknickt** erteilt werden (LAG Hamburg NZA 1994, 890). Der Arbeitgeber erfüllt den Anspruch des Arbeitnehmers auf Erteilung eines Arbeitszeugnisses jedoch auch mit einem Zeugnis, das er zweimal faltet, um den Zeugnisbogen in einen Geschäftsumschlag üblicher Größe unterzubringen, wenn das Originalzeugnis **kopierfähig** ist und die Knicke im Zeugnisbogen sich nicht auf den Kopien abzeichnen, zum Beispiel durch Schwärzungen (BAG NZA 2000, 257). Zu einer **Schlussformulierung mit Dankesformel** ist der Arbeitgeber **nicht verpflichtet** (BAG NZA 2001, 843).

19.5 Zeugnisarten

Folgende Zeugnisarten sind zu unterscheiden:

- **Vorläufiges Zeugnis,**
- **Zwischenzeugnis,**
- **Endgültiges Zeugnis,**
- **Einfaches Zeugnis,**
- **Qualifiziertes Zeugnis,**
- **Ausbildungszeugnis.**

Ein **vorläufiges Arbeitszeugnis** ist auf Verlangen des Arbeitnehmers nach Ausspruch der Kündigung zu erteilen, damit sich der Arbeitnehmer **für einen neuen Arbeitsplatz bewerben** kann. Der Inhalt des vorläufigen Arbeitszeugnisses ist mit dem des endgültigen Arbeitszeugnisses identisch, wenn sich nicht innerhalb der Kündigungsfrist bisher unbekannte, besondere Gesichtspunkte ergeben, die Änderungen im endgültigen Arbeitszeugnis erforderlich machen. Ein vorläufiges Arbeitszeugnis ist durch eine entsprechende Angabe in der Überschrift sowie im Inhalt als solches zu kennzeichnen (Müller-Glöge, ErfKA, § 109 GewO, Rn 8). Der Anspruch auf ein **endgültiges Arbeitszeugnis** entsteht spätestens mit der tatsächlichen Beendigung des Arbeitsverhältnisses.

In Ausnahmefällen kann der Arbeitnehmer, auch wenn eine Kündigung des Arbeitsverhältnisses nicht ausgesprochen wurde, ein Zwischenzeugnis verlangen (Müller-Glöge, ErfKA, § 109 GewO, Rn 50). Der Anspruch auf Erteilung eines **Zwischenzeugnisses** wird aus der **Fürsorgepflicht des Arbeitgebers** gegenüber dem Arbeitnehmer abgeleitet. Teils findet sich ein solcher Anspruch auch in Tarifverträgen. Ein Beispiel, das zu einem Anspruch auf Erteilung eines Zwischenzeugnisses führt, ist das Ausscheiden eines Vorgesetzten, dem der Arbeitnehmer mehrere Jahre unterstellt war (BAG 01.10.1998 AP BAT § 61

Nr. 2). Ein Anspruch wird auch dann bejaht, wenn eine **Versetzung** innerhalb eines Unternehmens oder Konzerns bevorsteht und der Vorgesetzte wechselt oder bei einer Änderung des Konzern-/Unternehmensgefüges (Henssler, MüKo BGB, § 630, Rn 17 ff.).

Die vorgenannten Zeugnisse können in Form von **einfachen** oder **qualifizierten** Zeugnissen verlangt werden (§ 109 Abs. 1 S. 2 GewO).

Das **einfache Zeugnis** gibt lediglich Auskunft über **Art und Dauer** des Beschäftigungsverhältnisses. Die Tätigkeitsbeschreibung muss exakt und umfassend sein und sich in chronologischer Reihenfolge auf die Gesamtdauer des Arbeitsverhältnisses erstrecken. Zur **Tätigkeitsbeschreibung** gehören die übertragenen Arbeitsplätze, besondere Leitungsbefugnisse, die Dauer des Bestandes einer Prokura sowie durchgeführte Fortbildungsmaßnahmen (vgl. Henssler, MüKo BGB, § 630 BGB, Rn 35 ff.). Bei der Beendigung eines Arbeitsverhältnisses darf die Betriebsratstätigkeit in dem nach § 109 GewO zu erteilenden Zeugnis nicht erwähnt werden. Hierin würde eine verbotene Benachteiligung des Betriebsratsmitglieds wegen seiner Amtstätigkeit liegen (§ 78 S. 2 BetrVG), weil die Angabe geeignet sein kann, das weitere Fortkommen des Arbeitnehmers zu behindern (Henssler, MüKo BGB, § 630 BGB, Rn 44).

Ein **qualifiziertes Zeugnis** erstreckt sich neben der Art und Dauer des Beschäftigungsverhältnisses auch auf **Leistung** und **Verhalten** im Arbeitsverhältnis. Ein qualifiziertes Zeugnis wird **nur auf Verlangen des Arbeitnehmers** ausgestellt. Der Arbeitnehmer kann ein qualifiziertes Zeugnis auch dann noch verlangen, wenn bereits ein einfaches Zeugnis ausgestellt wurde. Wurde jedoch ein qualifiziertes Zeugnis auf Verlangen des Arbeitnehmers erteilt, kann er nicht mehr ein nur einfaches Zeugnis verlangen, da der Arbeitgeber den Zeugniserteilungsanspruch erfüllt hat (§ 362 Abs. 1 BGB; Henssler, MüKo BGB, § 630 BGB, Rn 23). Die Beurteilung des Verhaltens hat sich nur auf die **Führung im Dienst**, nicht auf das Privatleben zu erstrecken (Henssler, MüKo BGB, § 630 BGB, Rn 31). Das dienstliche Verhalten umfasst das gesamte Sozialverhalten des Arbeitnehmers, seine Kooperations- und Kompromissbereitschaft gegenüber Vorgesetzten, Kollegen und Kunden (Henssler in MüKo zum BGB, § 630 BGB, Rn 38). Die **Leistungen** des Arbeitnehmers bestimmen sich anhand folgender sechs Hauptmerkmale (Henssler, MüKo BGB, § 630 BGB, Rn 35):

- **Arbeitsbefähigung** (Können),
- **Arbeitsbereitschaft** (Wollen),
- **Arbeitsvermögen** (Ausdauer und Arbeitstempo),
- **Arbeitsweise** (Einsatz),
- **Arbeitsergebnis** (Erfolg),
- **Arbeitserwartung** (Potential).

Beispiel: A wurde von seinem Arbeitgeber B ordentlich gekündigt. A bittet B, ihm ein qualifiziertes Arbeitszeugnis auszustellen. Als A das Zeugnis erhält, erkennt er, dass seine Führung und Leistung im Arbeitsverhältnis nicht allzu gut bewertet sind. Er sieht keine Chance, den Inhalt des Zeugnisses vor dem Arbeitsgericht anzugreifen, da er nicht der leistungsstärkste Arbeitnehmer war. Zudem zeigte er sich gegenüber Kollegen und Vorgesetzten nicht immer kompromissbereit. A bittet B, ihm statt des qualifizierten Zeugnisses nur ein einfaches Arbeitszeugnis auszustellen. B verweigert dies. Er meint, A hätte sich vorher überlegen müssen, ob er ein einfaches oder qualifiziertes Arbeitszeugnis haben will. B hat Recht. Mit der Ausstellung des qualifizierten Arbeitszeugnisses hat er den Anspruch des A aus § 109 Abs. 1 S. 1 und 3 GewO auf Zeugniserteilung erfüllt. B muss dem Verlangen des A nicht nachkommen. Nach anderer Ansicht wird die Qualifikation der Zeugnisschuld als Wahlschuld der arbeitsrechtlichen Interessenlage nicht gerecht. Der Arbeitnehmer könne jederzeit, wenn ein einfaches Zeugnis ausgestellt wurde, noch ein qualifiziertes verlangen und umgekehrt (so Henssler, MüKo BGB, § 630 BGB, Rn 24).

19.6 Zeugnissprache

Die **Formulierung** des Zeugnisses steht im **Ermessen des Arbeitgebers**. Der Arbeitnehmer hat keinen Anspruch auf die Verwendung bestimmter Formulierungen (ArbG Bayreuth NZA 1992, 799). Das Zeugnis muss der **Wahrheit** entsprechen. Es darf daher nur auf Tatsachen, nicht dagegen auf Behauptungen, Annahmen oder Verdachtsmomente gestützt werden (BAG AP HGB § 73 Nr. 1; LAG Düsseldorf NZA 1988, 399). Die Würdigung von Führung und Leistung des Arbeitnehmers muss die eines wohlwollenden verständigen Arbeitgebers sein. Das **Fortkommen des Arbeitnehmers** soll durch die im Arbeitszeugnis gewählten Formulierungen **nicht unnötig erschwert** werden (BAG NJW 1960, 1973). Vor diesem Hintergrund hat sich eine spezielle Zeugnissprache entwickelt.

Zur abgestuften **Bewertung der Führung** des Arbeitnehmers werden folgende Formulierungen verwendet:

- Das Verhalten gegenüber Vorgesetzten und Mitarbeitern war stets vorbildlich; stets sehr gut; Benehmen und Haltung waren **hervorragend** = Note **sehr gut**,

- Das Verhalten gegenüber Vorgesetzten und Mitarbeitern war stets gut, **stets höflich und korrekt** = Note **gut**,

- Das Verhalten gegenüber Vorgesetzten und Mitarbeitern war **gut, höflich und korrekt** = Note **befriedigend**,

- Das Verhalten gegenüber Vorgesetzten und Mitarbeitern war **zufriedenstellend; reibungslos und ungetrübt** = Note **ausreichend**,

- Das Verhalten gegenüber Vorgesetzten und Mitarbeitern war **insgesamt zufriedenstellend, im Wesentlichen einwandfrei** = Note **mangelhaft**.

Bei Mitarbeitern **mit Kundenkontakt** ist das **Führungsverhalten** um diesen Punkt zu erweitern.

Zur abgestuften **Bewertung der Leistung** des Arbeitnehmers werden folgende Formulierungen verwendet:

- Er hat die ihm übertragenen Aufgaben **stets zu unserer vollsten Zufriedenheit** erledigt = Note **sehr gut**,

- Er hat die ihm übertragenen Aufgaben **stets zu unserer vollen Zufriedenheit** erledigt = Note **gut,**

- Er hat die ihm übertragenen Aufgaben **zu unserer vollen Zufriedenheit** erledigt = Note **befriedigend,**

- Er hat die ihm übertragenen Leistungen **zu unserer Zufriedenheit** erledigt = Note **ausreichend,**

- Er hat die ihm übertragenen Leistungen **im Großen und Ganzen zur Zufriedenheit** erledigt = Note **mangelhaft.**

(vgl. Linck in Schaub, Arbeitsrechtshandbuch, § 147 Rn 18 ff.; Hoefs in Hofmann-Becking Rawert, Beck'sches Formularbuch BGB, HGB und Wirtschaftsrecht, 22. Zeugnis; weiterführende Hinweise in Schleßmann, Das Arbeitszeugnis, und in Vogel, Geheimcode Arbeitszeugnis).

Bei Mitarbeitern **höherer Hierarchieebenen** und **leitenden Angestellten** muss auf deren Verlangen neben der Gesamtbeurteilung eine Einzelbeurteilung insbesondere der Arbeitsweise, Arbeitsbereitschaft, Arbeitsbefähigung, des Arbeitserfolges und des Verhaltens als Vorgesetzter erfolgen (vgl. Linck in Schaub, Arbeitsrechtshandbuch, § 147 Rn 18 ff.; Hoefs in Hofmann-Becking Rawert, Beck'sches Formularbuch BGB, HGB und Wirtschaftsrecht, 22. Zeugnis; weiterführende Hinweise in Schleßmann, Das Arbeitszeugnis, und in Vogel, Geheimcode Arbeitszeugnis).

Schlechte Leistungen können auch **durch Schweigen** des Arbeitgebers im Zeugnis zu diesem Punkt zum Ausdruck gebracht werden. Hatte der Arbeitnehmer bspw. eine Vorgesetztenstellung und wird im qualifizierten Zeugnis zum Führungsverhalten nicht Stellung genommen, wird dies negativ zu bewerten sein (= sog. **beredtes Schweigen**). Wesentliche negative Umstände sind jedoch zu erwähnen, damit nicht durch Auslassungen ein unzureichendes Bild über den Arbeitnehmer hervorgerufen wird (Henssler, MüKo BGB, § 630 BGB, Rn 34).

19.7 Haftung des Arbeitgebers im Zusammenhang mit der Zeugniserteilung

Wird der **Anspruch auf Zeugniserteilung nicht** bzw. **nicht rechtzeitig** erfüllt, können dem Arbeitnehmer **Schäden** entstehen. Sobald der Anspruch auf Zeugniserteilung entstanden ist, kann der Arbeitnehmer die Ausstellung des Zeugnisses verlangen. Dem Arbeitgeber ist für die Zeugniserstellung eine **angemessene Bearbeitungszeit** zuzugestehen. Für die Erstellung eines einfachen Zeugnisses reichen i. d. R. ein bis zwei Tage aus. Für die Erstellung eines qualifizierten Zeugnisses kann sich der Arbeitgeber zwei bis drei Wochen Zeit nehmen (vgl. Sabel, Arbeitszeugnisse richtig schreiben und bewerten, S. 11). Erteilt der Arbeitgeber das Arbeitszeugnis unzutreffend, nicht bzw. nicht rechtzeitig, kann dies Schadensersatzansprüche des Arbeitnehmers nach §§ 280 ff. BGB auslösen. Schadensersatzansprüche wegen verspäteter Zeugniserteilung können nach § 280 Abs. 2 BGB nur unter den zusätzlichen Voraussetzungen des

§ 286 BGB (vorherige Anmahnung der Zeugniserteilung erforderlich) geltend gemacht werden. Der Arbeitnehmer kann Ersatz des Vermögensschadens verlangen, der ihm durch die Nichterteilung bzw. die verspätete Erteilung des Arbeitszeugnisses entstanden ist. Im Allgemeinen wird der Arbeitnehmer geltend machen, er habe aufgrund der Pflichtverletzung des Arbeitgebers keine neue Arbeitsstelle gefunden. Daher sei ihm der Verdienstausfall zu ersetzen. Der Arbeitnehmer muss glaubhaft darlegen, dass ihn ein bestimmter Arbeitgeber **nur aufgrund des fehlenden bzw. unzutreffenden Zeugnisses nicht eingestellt** hat. Dies wird für den Arbeitnehmer meist nicht leicht sein (Henssler MüKo BGB, § 630 BGB, Rn 71).

> **Beispiel:** A wurde von seinem Arbeitgeber B gekündigt. A bewirbt sich bei C für eine Stelle. C fordert A auf, ein Arbeitszeugnis vorzulegen. A kann dies nicht, da B trotz mehrmaliger Aufforderung der Zeugniserteilungspflicht nicht nachgekommen ist. C stellt schließlich den Bewerber D ein. Neben A hatten sich fünf weitere Kandidaten um die Stelle bei C beworben. A kann von B aus §§ 280 Abs. 1 und 2, 286 BGB Schadensersatz in Form des entgangenen Verdienstes nur verlangen, wenn es ihm gelingt darzulegen, dass er bei rechtzeitiger Zeugniserteilung die Stelle bekommen hätte. Dies ist in der Regel jedoch nicht sicher, da die Einstellung nicht nur vom Zeugnisinhalt abhängt, sondern auch von weiteren Faktoren wie bspw. dem Verlauf des Vorstellungsgesprächs (Kölsch NZA 1985, 382, 384).

Entsteht dem **neuen Arbeitgeber** aufgrund einer unrichtigen Zeugnisausstellung ein **Schaden**, hat er unter den Voraussetzungen des § 826 BGB einen Anspruch auf Schadensersatz (BGH NJW 1979, 1882). Erforderlich ist, dass der Zeugnisaussteller **wissentlich unwahre Aussagen** im Zeugnis getroffen hat. Zudem muss sich der Zeugnisaussteller über die möglichen schädlichen Folgen bewusst gewesen sein und dies billigend in Kauf genommen haben. Der Tatbestand des § 826 BGB (Vorsätzliche Schadenszufügung in einer gegen die guten Sitten verstoßenden Weise) ist allerdings nur selten erfüllt, da das Zeugnis i. d. R. im Interesse des Arbeitnehmers erteilt wird und der Zeugnisaussteller häufig berechtige Hoffnung haben kann, negative Vorkommnisse seien einmalig gewesen und würden sich so nicht wiederholen (Henssler, MüKo BGB, § 630 BGB, Rn 73 ff.).

Der BGH vertritt die Auffassung, der neue Arbeitgeber könne einen Schadensersatzanspruch gegen den Zeugnisaussteller nicht nur auf § 826 BGB stützen, sondern auch auf § 280 Abs. 1 BGB. Denn der Zeugnisaussteller gäbe mit der Erteilung des Zeugnisses gegenüber dem neuen Arbeitgeber eine **rechtsgeschäftliche Erklärung** ab, die zur Schadensersatzpflicht führen kann, wenn die Erklärung bewusst unrichtig ist (BGH NJW 1979, 1882). Nach Treu und Glauben ergibt sich eine Einstandspflicht des Zeugnisausstellers dafür, dass der Dritte keinen Schaden erleidet, auch wenn die Unrichtigkeit des Zeugnisses erst nachträglich entdeckt wird. § 109 Abs. 2 GewO unterstreicht die schuldrechtliche Verpflichtung des Zeugnisausstellers, indem in der Gesetzesbegründung auf das „schutzwürdige Interesse" des einstellenden Arbeitgebers und die damit einhergehende Verpflichtung zur sorgfältigen Abfassung eines schriftlichen Zeugnisses hingewiesen wird (Henssler, MüKo BGB, § 630 BGB, Rn 6).

19.8 Checkliste zum Arbeitszeugnis

- Insbesondere die folgenden **Zeugnisarten** gibt es: Vorläufiges Zeugnis, Zwischenzeugnis, Endgültiges Zeugnis, Einfaches Zeugnis, Qualifiziertes Zeugnis, Ausbildungszeugnis.

- Der **Zeugniserteilungsanspruch** entsteht schon **mit der Kündigung des Arbeitsverhältnisses**, damit sich der Arbeitnehmer bewerben kann. Die Wendung „bei Beendigung eines Arbeitsverhältnisses" in § 109 Abs. 1 S. 1 GewO meint nicht das tatsächliche Ausscheiden des Arbeitnehmers aus dem Betrieb.

- Die Zeugniserteilungsschuld ist eine **Holschuld** (§ 269 BGB).

- **Gegen den Zeugniserteilungsanspruch** kann der Arbeitgeber **kein Zurückbehaltungsrecht** nach § 273 BGB ausüben.

- Der Anspruch auf Erteilung eines qualifizierten Zeugnisses unterliegt der **Verwirkung**, wenn sich der Arbeitgeber nach Ablauf einer gewissen Zeit den Umständen nach an Leistung und Führung des Arbeitnehmers nicht mehr erinnern kann.

- Das Zeugnis muss der **Wahrheit entsprechen**, muss aber, um das **Fortkommen des Arbeitnehmers nicht unnötig zu erschweren**, wohlwollend formuliert sein.

- Der Arbeitnehmer hat **keinen Anspruch auf die Verwendung bestimmter Formulierungen**.

- Der Arbeitgeber muss das Zeugnis **eigenhändig unterschreiben**. Das Arbeitszeugnis muss der **geschäftsüblichen Form** entsprechen.

- Erkennt der Zeugnisaussteller, dass das Zeugnis falsch ist und berichtigt er es nicht, kann er dem neuen Arbeitgeber gegenüber nach **rechtsgeschäftlichen Grundsätzen** haften (§ 280 BGB).

20. Fragen des Betriebsverfassungsgesetzes

20.1 Bildung von Betriebsräten

Nach § 1 BetrVG werden in Betrieben mit in der Regel **mindestens fünf ständigen wahlberechtigten Arbeitnehmern**, von denen **drei wählbar** sind, **Betriebsräte** gewählt. Die Wahl eines Betriebsrates ist allerdings **nicht zwingend**, sondern liegt in der Hand der im Betrieb beschäftigten Arbeitnehmer. Wahlberechtigt sind nach § 7 BetrVG alle Arbeitnehmer, die das 18. Lebensjahr vollendet haben. Wählbar sind nach § 8 Abs. 1 BetrVG alle Wahlberechtigten, die sechs Monate dem Betrieb angehören, wobei auf die sechsmonatige Betriebszugehörigkeit Zeiten angerechnet werden, in denen der Arbeitnehmer unmittelbar vorher einem anderen Betrieb desselben Unternehmens oder Konzerns (§ 18 Abs. 1 AktG) angehört hat. Die Betriebsräte werden für den konkreten Betrieb gewählt. Hat ein Unternehmen mehrere Betriebe, werden mehrere Betriebsräte gewählt. Betrieb ist die **organisatorische Einheit**, innerhalb derer der Unternehmer allein oder zusammen mit seinen Mitarbeitern mit Hilfe sächlicher und immaterieller Mittel bestimmte arbeitstechnische Zwecke verfolgt (BAG 14.9.1988, AP BetrVG 1972 § 1 Nr. 9). Der arbeitstechnische Zweck grenzt den Betrieb vom Unternehmen ab, das i. d. R. wirtschaftliche Zwecke verfolgt (Koch, ErfKA, § 1 BetrVG, Rn 9).

Ein **Gesamtbetriebsrat** ist zwingend zu bilden (§ 47 Abs. 1 BetrVG), wenn in einem Unternehmen mehrere Betriebsräte bestehen. Nach § 50 Abs. 1 BetrVG ist der Gesamtbetriebsrat zuständig für die Behandlung von Angelegenheiten, die das Gesamtunternehmen betreffen und nicht durch die einzelnen Betriebsräte innerhalb ihrer Betriebe geregelt werden können. Der Gesamtbetriebsrat ist den einzelnen Betriebsräten **nicht übergeordnet** (§ 50 Abs. 1 S. 2 BetrVG).

Originäre Mitbestimmungsrechte des Gesamtbetriebsrates und entsprechende Mitbestimmungsrechte der Einzelbetriebsräte schließen sich gegenseitig aus (BAG 3.5.1984 AP BetrVG 1972 § 95 Nr. 5). Im **Zweifelsfall** liegt die **Zuständigkeit** bei den **Einzelbetriebsräten** (Koch, ErfKA, § 50 BetrVG, Rn 2).

Für einen Konzern (§ 18 Abs. 1 AktG) kann durch Beschlüsse der einzelnen Gesamtbetriebsräte ein **Konzernbetriebsrat** errichtet werden (§ 54 Abs. 1 BetrVG). Der Konzernbetriebsrat ist zuständig für die Behandlung von Angelegenheiten, die den Konzern oder mehrere Konzernunternehmen betreffen und nicht durch die einzelnen Gesamtbetriebsräte innerhalb ihrer Unternehmen geregelt werden können (§ 58 Abs. 1 BetrVG).

Zur Stärkung des Rechts auf grenzüberschreitende Unterrichtung und Anhörung der Arbeitnehmer in gemeinschaftsweit tätigen Unternehmen und Unternehmensgruppen werden **Europäische Betriebsräte** oder Verfahren zur Unterrichtung und Anhörung der Arbeitnehmer vereinbart. Kommt es nicht zu einer Vereinbarung, wird ein Europäischer Betriebsrat kraft Gesetzes errichtet (§ 1 EBRG). Das Europäische Betriebsräte-Gesetz gilt für gemeinschaftsweit tätige Unternehmen mit Sitz im Inland und für gemeinschaftsweit tätige Unternehmensgruppen mit Sitz des herrschenden Unternehmens im Inland (§ 2 Abs. 1 EBRG), sofern die Mitarbeiterzahlen des § 3 EBRG erreicht werden. Hiernach ist ein Unternehmen gemeinschaftsweit tätig, wenn es mindestens 1000 Arbeitnehmer in den Mitgliedstaaten beschäftigt, davon jeweils mindestens 150 in mindestens zwei Mitgliedstaaten.

Leitbild des Betriebsverfassungsgesetzes ist nach § 2 Abs. 1 BetrVG, dass Arbeitgeber und Betriebsrat unter Beachtung der geltenden Tarifverträge **vertrauensvoll** und im Zusammenwirken mit den im Betrieb vertretenen Gewerkschaften und Arbeitgebervereinigungen **zum Wohl der Arbeitnehmer und des Betriebes** zusammenarbeiten. Der Betriebsrat ist die Arbeitnehmervertretung des konkreten Betriebes. Er hat insbesondere Mitbestimmungsrechte in **sozialen Angelegenheiten** (§ 87 ff. BetrVG) sowie Beteiligungsrechte bei **allgemeinen personellen Angelegenheiten** (§§ 92 ff. BetrVG) bzw. bei **personellen Einzelmaßnahmen** wie Einstellung, Eingruppierung, Umgruppierung, Versetzung und Kündigung eines Arbeitnehmers (§§ 99 ff. BetrVG). Die Mitwirkungsrechte des Betriebsrates in **wirtschaftlichen Angelegenheiten** ergeben sich aus §§ 106 ff. BetrVG. Eine Zuständigkeit des Gesamt- bzw. des Konzernbetriebsrates kann sich nur ergeben, wenn eine Regelung unternehmens- bzw. konzerneinheitlich gelten soll.

20.2 Errichtung von Sprecherausschüssen

Nach § 1 SprAuG werden in Betrieben mit in der Regel mindestens **zehn leitenden Angestellten** Sprecherausschüsse der leitenden Angestellten gewählt. **Leitender Angestellter** ist nach § 5 Abs. 3 BetrVG, wer

- nach Arbeitsvertrag oder Stellung im Unternehmen oder im Betrieb **zur selbständigen Einstellung und Entlassung von Arbeitnehmern** berechtigt ist,
- **Generalvollmacht** oder **Prokura** hat oder
- regelmäßig sonstige Aufgaben wahrnimmt, die für den Bestand und die Entwicklung des Unternehmens oder eines Betriebes **von Bedeutung** sind und deren Erfüllung besondere Erfahrungen und Kenntnisse voraussetzt, wenn er dabei entweder die Entscheidungen **im Wesentlichen frei von Weisungen** trifft oder sie maßgeblich beeinflusst.

Der Sprecherausschuss arbeitet mit dem Arbeitgeber **vertrauensvoll** unter Beachtung der geltenden Tarifverträge **zum Wohl der leitenden Angestellten und des Betriebes** zusammen (§ 2 Abs. 1 S. 1 SprAuG). Hat das Unternehmen mehrere Betriebe, kann ein Unternehmenssprecherausschuss gegründet werden (§ 20 SprAuG). In Konzernen kann ein Konzernsprecherausschuss eingerichtet werden (§ 21 SprAuG).

Der Sprecherausschuss hat bei **personellen Maßnahmen** (§ 31 SprAuG) und **wirtschaftlichen Angelegenheiten** (§ 32 SprAuG) Mitwirkungsrechte. Nach § 31

Abs. 1 SprAuG ist eine beabsichtigte Einstellung oder personelle Veränderung eines leitenden Angestellten dem Sprecherausschuss rechtzeitig mitzuteilen. Der Sprecherausschuss ist **vor jeder Kündigung** eines leitenden Angestellten **zu hören** (§ 31 Abs. 2 S. 1 SprAuG). Eine ohne Anhörung des Sprecherausschusses ausgesprochene Kündigung ist unwirksam (§ 31 Abs. 2 S. 3 SprAuG). Auf leitende Angestellte findet der soziale **Kündigungsschutz** nach §§ 1 ff. KSchG nach § 14 Abs. 2 KSchG im Allgemeinen **Anwendung**. Der Arbeitgeber kann sich wegen § 14 Abs. 2 S. 2 KSchG jedoch insofern unter erleichterten Voraussetzungen von seinem leitenden Angestellten trennen, als der **Antrag** des Arbeitgebers bei Gericht **auf Auflösung des Arbeitsverhältnisses** nach einem vom leitenden Arbeitnehmer gewonnen Kündigungsschutzverfahrens **keiner Begründung** bedarf (vgl. § 14 Abs. 2 S. 2 KSchG i. V. m. § 9 Abs. 1 S. 2 KSchG). Für Angelegenheiten, die leitende Angestellte betreffen, besteht nach § 105 BetrVG gegenüber dem Betriebsrat eine Mitteilungspflicht.

20.3 Betriebsverfassungsrecht im Normengefüge

Insbesondere § 77 Abs. 3 S. 1 BetrVG, § 87 Abs. 1 BetrVG und § 4 Abs. 1 TVG lässt sich ein **Rangverhältnis von Tarif- und Betriebsverfassungsrecht** entnehmen. Nach § 77 Abs. 3 S. 1 BetrVG können **Arbeitsentgelte** und **sonstige Arbeitsbedingungen**, die **durch Tarifvertrag geregelt** sind oder **üblicherweise geregelt** werden, **nicht Gegenstand einer Betriebsvereinbarung** sein. Nach § 77 Abs. 3 S. 2 BetrVG gilt dies nicht, wenn ein Tarifvertrag den Abschluss ergänzender Betriebsvereinbarungen ausdrücklich zulässt. § 77 Abs. 3 BetrVG dient dem Schutz der verfassungsrechtlich gewährleisteten Tarifautonomie (Art. 9 Abs. 3 GG), indem die Norm den Tarifvertragsparteien den Vorrang zur Regelung von Arbeitsbedingungen einräumt (Kania, ErfKA, § 77 BetrVG, Rn 43). Die Betriebsvereinbarung ist die gesetzlich vorgesehene Form für die Ausübung des Mitbestimmungsrechts des Betriebsrates (BAG 24.2.1987, AP BetrVG 1972 § 77 Nr. 21). Nach § 77 Abs. 4 S. 1 BetrVG gelten **Betriebsvereinbarungen unmittelbar und zwingend**. Nach der sog. **Vorrangtheorie** hat § 87 Abs. 1 BetrVG vor § 77 Abs. 3 S. 1 BetrVG Vorrang, so dass unter § 77 Abs. 3 S. 1 BetrVG keine Arbeitsbedingungen fallen, für die nach § 87 Abs. 1 BetrVG ein Mitbestimmungsrecht besteht (Richardi, BetrVG, § 77 Rn 248 ff.). Der Vorrangtheorie folgt auch das BAG, wonach der **Tarifvorbehalt des § 77 Abs. 3 S. 1 BetrVG nicht gilt**, soweit es sich um Angelegenheiten handelt, die **nach § 87 Abs. 1 BetrVG der erzwingbaren Mitbestimmung des Betriebsrates unterliegen** (BAG 24.1.1996 und 5.3.1997 AP BetrVG 1972 § 77 Tarifvorbehalt Nr. 21). § 77 Abs. 3 S. 1 BetrVG entfaltet gegenüber den Angelegenheiten, die der erzwingbaren Mitbestimmung des § 87 Abs. 1 BetrVG unterliegen, **jedenfalls dann keine Sperrwirkung**, wenn die Angelegenheit zwar üblicherweise im Tarifvertrag geregelt wird, eine entsprechende tarifvertragliche Regelung aber **tatsächlich nicht** besteht. Die Rechtsprechung geht davon aus, dass der durch den Eingangssatz von § 87 Abs. 1 BetrVG begründete Vorrang einer tariflichen vor einer betrieblichen Regelung **nur eingreift**, wenn durch Tarifvertrag, an den der Arbeitgeber gebunden sein muss, die nach § 87 Abs. 1

BetrVG mitbestimmungspflichtige Angelegenheit selbst **abschließend** geregelt ist (Kania, ErfKA, §77 BetrVG, Rn 54). Der Tarifvorbehalt des §77 Abs. 3 S. 1 BetrVG gilt auch nicht für den zwischen Unternehmer und Betriebsrat geschlossenen **Sozialplan** (§ 112 Abs. 1 S. 4 BetrVG).

§4 Abs. 1 TVG sieht vor, dass die **Rechtsnormen des Tarifvertrages**, die den Inhalt, den Abschluss oder die Beendigung von Arbeitsverhältnissen ordnen, **unmittelbar und zwingend zwischen den beiderseits Tarifgebundenen**, die unter den Geltungsbereich des Tarifvertrages fallen, gelten.

Rechtsnormen des Tarifvertrages über **betriebliche** und **betriebsverfassungsrechtliche Fragen** gelten nach §3 Abs. 2 TVG für alle Betriebe, deren Arbeitgeber tarifgebunden ist. Diese Norm trägt dem Umstand Rechnung, dass solche Normen **nur einheitlich im Betrieb** geregelt werden können, deren Anwendung **nicht von der Mitgliedschaft** der Arbeitnehmer **im tarifschließenden Verband abhängig** gemacht werden kann (Franzen, ErfKA, §3 TVG, Rn 16). Für die Geltung von tariflichen **Betriebsnormen** reicht es aus, wenn **nur der Arbeitgeber tarifgebunden** ist. Betriebsnormen gehen **über den Inhalt des einzelnen individuellen Arbeitsverhältnisses hinaus** und regeln das **betriebliche Rechtsverhältnis** zwischen Arbeitgeber und Belegschaft. Es muss sich um Bestimmungen handeln, „die in der sozialen Wirklichkeit aus tatsächlichen oder rechtlichen Gründen **nur einheitlich** gelten können (BAG 26.4.1990 AP GG Art. 9 Nr. 57, BAG NZA 2011, 808; Franzen, ErfKA, §1 TVG, Rn 45). **Beispiele** für tarifliche Betriebsnormen sind Auswahlrichtlinien nach §1 Abs. 4 KSchG, Torkontrollen, technische Überwachungseinrichtungen, Kleiderordnungen, Rauchverbote, Lage der Schichtzeiten, etc. (Franzen, ErfKA, §1 TVG, Rn 46). Denn bei den vorgenannten Beispielen handelt es sich um Arbeitsbedingungen, die in einer Wechselbeziehung zu den Arbeitsbedingungen der Arbeitnehmer untereinander stehen und daher **nur in dieser Wechselbezüglichkeit** geregelt werden können (Franzen, ErfKA, §1 TVG, Rn 47).

§77 Abs. 3 S. 1 BetrVG, §87 Abs. 1 BetrVG und §4 Abs. 1 TVG lassen erkennen, dass für die Frage, welche Regelungskompetenz der Betriebsrat hat, eine **Normenhierarchie** zu beachten ist, die Mitwirkungsrechten des Betriebsrates entgegenstehen kann. Diese Normenhierarchie ist auch entscheidend für die Frage, welche Regelungen im Einzelarbeitsvertrag überhaupt getroffen werden können.

Für die arbeitsrechtlichen Rechtsquellen gilt **folgende Normenhierarchie** (Linck in Schaub, Arbeitsrechtshandbuch, §2 Gestaltungsfaktoren und Rechtsquellen des Arbeitsrechts, Rn 3 ff.):

Rang 1: Unmittelbar geltendes EU- Recht

Rang 2: Zwingendes Gesetzesrecht

Rang 3: Zwingende Tarifvertragsnormen

Rang 4: Zwingende Regelungen einer Betriebsvereinbarung

Rang 5: Regelungen im Arbeitsvertrag

Aus vorstehender Normenhierarchie kann man ablesen, dass die Regelungskompetenz des Betriebsrates durch unmittelbar geltendes Europarecht, zwingendes Gesetzes- oder Tarifvertragsrecht eingeschränkt ist. Nach § 77 Abs. 3 S. 1 BetrVG wird die Regelungskompetenz des Betriebsrates sogar noch weiter zurückgedrängt, indem § 77 Abs. 3 S. 1 BetrVG eine **Sperrwirkung gegenüber Betriebsvereinbarungen** sogar für Arbeitsentgelte und sonstige Arbeitsbedingungen entstehen lässt, die zwar nicht durch **Tarifvertrag** geregelt sind, dort aber **üblicherweise** geregelt werden. Im Rahmen des § 87 Abs. 1 BetrVG entfaltet § 77 Abs. 3 S. 1 BetrVG allerdings keine Sperrwirkung (sog. **Vorrangtheorie**; vgl. Nachweise bei Richardi, § 77 BetrVG, Rn 249, 250). Unzulässig ist in einer Betriebsvereinbarung eine Vereinbarung über die Höhe der bisherigen Vergütung (BAG NZA 1996, 948) oder die Regelung der wöchentlichen/jährlichen Arbeitszeit, die im Widerspruch zu einem Tarifvertrag stehen. Denn weder die Lohnhöhe noch die wöchentliche/jährliche Arbeitszeit gehören zur erzwingbaren Mitbestimmung nach § 87 Abs. 1 BetrVG. Wird in einem Tarifvertrag nur der Grundlohn geregelt, können in einer Betriebsvereinbarung Regelungen über Lohnzulagen für einen bestimmten Zweck wie Leistungs-, Schmutzzulagen und Weihnachtsgratifikationen getroffen werden.

> **Beispiel:** Die X-AG ist Mitglied im Arbeitgeberverband der Automobilindustrie. Der einschlägige Tarifvertrag sieht eine 37,5-Stunden-Woche vor. Das Management der X-AG möchte für das Werk in X-Burg mit dem dortigen Betriebsrat eine Betriebsvereinbarung über die dauerhafte Erhöhung der wöchentlichen Arbeitszeit auf 40 Stunden schließen.
>
> Der einschlägige Tarifvertrag entfaltet hier nach § 77 Abs. 3 BetrVG Sperrwirkung. Der Mitbestimmung des Betriebsrates nach § 87 Abs. 1 Nr. 2 BetrVG unterliegt nur die Lage, nicht die Dauer der Arbeitszeit (Richardi, § 87 BetrVG, Rn 262). § 87 Abs. 1 Nr. 3 BetrVG gibt dem Betriebsrat nur ein Mitbestimmungsrecht zur vorübergehenden Verlängerung der betriebsüblichen Arbeitszeit. Hier soll aber die betriebsübliche Arbeitszeit dauerhaft erhöht werden. Hierfür wäre eine Änderung des Tarifvertrages notwendig.

Weiterhin stellt sich die Frage, **inwieweit Betriebsvereinbarungen** Einzelarbeitsverträge und Gesamtzusagen (gleiche Zusage an alle Arbeitnehmer des Betriebes) **abändern** können. Nach einer Entscheidung des Großen Senats des BAG (BAG GS NZA 1987, 168) gilt hierfür Folgendes:

- Eine **Betriebsvereinbarung verdrängt schlechtere Arbeitsvertragsbedingungen**, egal, ob sie auf einer Einzel- oder Gesamtzusage beruhen. Dies wäre bspw. der Fall, wenn die Betriebsvereinbarung ein höheres Weihnachtsgeld vorsieht als die einzelarbeitsvertraglichen Regelungen.

- **Günstigere Einzelzusagen** in einem Arbeitsvertrag können durch eine schlechtere Regelung in einer Betriebsvereinbarung **nicht verdrängt** werden (Günstigkeitsprinzip). Bspw. kann in einer Betriebsvereinbarung die laut Arbeitsvertrag bislang kostenlose Werksbusnutzung nicht kostenpflichtig gemacht werden.

- Arbeitsvertragliche Einheitsregelungen zu Sozialleistungen können durch schlechtere Regelungen einer Betriebsvereinbarung abgelöst werden, wenn bei einem **kollektiven Günstigkeitsvergleich** die Betriebsvereinbarung insgesamt für die Belegschaft nicht ungünstiger ist als die Einheitsregelung. In den Vergleich werden alle Regelungen einbezogen, die in einem Zusammenhang stehen. So könnte bspw. eine Neuregelung zur betrieblichen Altersvorsorge eingeführt werden, wenn die Neuregelung insgesamt bei kollektiver Betrachtung für die Belegschaft nicht ungünstiger ist (Richardi, §77 BetrVG, Rn 157).

20.4 Mitbestimmung des Betriebsrates in sozialen Angelegenheiten

Der Arbeitgeber kann die in §87 Abs.1 BetrVG genannten Angelegenheiten nur regeln, wenn der Betriebsrat in Form einer **Betriebsvereinbarung** oder **Regelungsabrede** zustimmt (Kania, ErfKA, Betriebsverfassungsgesetz, §77 BetrVG, Rn 127). Bei mitbestimmten Angelegenheiten nach §87 BetrVG haben Betriebsrat und Arbeitgeber aber zur Sicherung der Umsetzung der getroffenen Regelung einen Anspruch auf Abschluss einer Betriebsvereinbarung, da nur sie normativ wirkt (BAG NZA 1990, 322).

Die **Regelungsabrede** ist eine Übereinkunft mit dem Betriebsrat, die **nicht dem Schriftformerfordernis** des §77 Abs.2 S.1 BetrVG unterliegt. Regelungsabreden sind **keine Betriebsvereinbarungen** und haben daher **keine** normative, d.h. **unmittelbare und zwingende Wirkung** auf die Arbeitsverhältnisse (vgl. §77 Abs.4 S.1 BetrVG). Die Regelungsabrede wirkt nur zwischen Arbeitgeber und Betriebsrat, hat damit allenfalls gewisse Reflexwirkungen auf das Arbeitsverhältnis (Kania, ErfKA, §77 BetrVG, Rn 127 ff.).

Der **Mitbestimmung des Betriebsrates** unterliegen, soweit nicht eine gesetzliche oder tarifliche Regelung besteht:

- **§87 Abs.1 Nr.1 BetrVG: Fragen der Ordnung des Betriebes und des Verhaltens der Arbeitnehmer im Betrieb:** Fragen der Ordnung des Betriebes sind bspw. Torkontrollen und Stechuhren (BAG NZA 2000, 421), Rauchverbote (LAG München NZA 1991, 521), Alkoholverbote (BAG NJW 1988, 1687, 2324), Zuweisung von Betriebsparkplätzen (BAG NZA 1993, 912). Fragen des Verhaltens der Arbeitnehmer im Betrieb sind bspw. Kleiderordnungen (BAG NZA 1990, 320).

- **§87 Abs.1 Nr.2 BetrVG: Beginn und Ende der täglichen Arbeitszeit:** Hierzu gehört auch die Einführung der Fünf- oder Vier-Tage-Woche (BAG NZA 1989, 646) sowie der gleitenden oder flexiblen Arbeitszeit (BAG NZA 1991, 484), Einrichtung von Schichten (BAG NZA 1990, 35).

- **§87 Abs.1 Nr.3 BetrVG: Vorübergehende Verkürzung oder Verlängerung der betriebsüblichen Arbeitszeit:** Mitbestimmungspflichtig ist die Einführung von Kurzarbeit (LAG Hamm NZA-RR 2003, 422) sowie die Anordnung von Überstunden (BAG NZA 1992, 70).

- **§87 Abs.1 Nr.4 BetrVG: Zeit, Ort und Art der Auszahlung des Arbeitsentgelts:** Mitbestimmungspflichtig ist bspw. die Frage, ob die Auszahlung der Vergütung entgegen §614 BGB Anfang oder Mitte des Monats erfolgt. Die

Vergütungshöhe ist vom Mitbestimmungsrecht nicht erfasst (Kania, ErfKA, § 87 BetrVG, Rn 40).

- **§ 87 Abs. 1 Nr. 5 BetrVG: Aufstellung allgemeiner Urlaubsgrundsätze und des Urlaubsplans:** Zu den Urlaubsgrundsätzen gehört die Verteilung des Urlaubs innerhalb des Kalenderjahres, bspw. die Gewährung von Urlaub an Arbeitnehmer mit schulpflichtigen Kindern während der Schulferien, Einführung von Betriebsferien, etc. (BAG 16.3.1972 AP BUrlG § 9 Nr. 3). Auf der Basis der Urlaubsgrundsätze ist dann ein Urlaubsplan aufzustellen, in dem die zeitliche Lage des Urlaubs den einzelnen Arbeitnehmern konkret zugewiesen wird. Bei Meinungsverschiedenheiten zwischen Arbeitgeber und einzelnen Arbeitnehmern über die Festlegung des Urlaubs hat der Betriebsrat ein Mitbestimmungsrecht. Kommt zwischen Arbeitgeber und Betriebsrat eine Einigung nicht zustande, entscheidet die Einigungsstelle (§ 76 BetrVG).

- **§ 87 Abs. 1 Nr. 6 BetrVG: Die Einführung und Anwendung technischer Einrichtungen zur Durchführung von Verhaltens- und Leistungskontrollen** ist mitbestimmungspflichtig. Hierunter fallen Stechuhren (LAG Düsseldorf DB 1975, 556), Fernsehkameras, Geräte zum Mithören von Verkaufsgesprächen, Geräte zur Erfassung von Telefondaten oder -gebühren (BAG NJW 1987, 1509), Geräte zur Überwachung der Tätigkeit von Arbeitnehmern an Computern. Will der Arbeitgeber im Zusammenhang mit einer beabsichtigten Verdachtskündigung Ehrlichkeitskontrollen durch Kollegen des zu kündigenden Arbeitnehmers durchführen, sind diese nicht mitbestimmt, da es an der Zuhilfenahme technischer Einrichtungen fehlt (BAG NJW 2000, 1211). Auch die Überwachung der privaten Nutzung von betrieblichen Internetanschlüssen ist mitbestimmungspflichtig (Junker/Band/Feldmann, BB 2000, Beilage 10).

- **§ 87 Abs. 1 Nr. 7 BetrVG: Maßnahmen des Arbeitsunfallschutzes** sind mitbestimmungspflichtig. Gemeint sind hier Regelungen des Arbeitsunfallschutzes, die sich im Rahmen der gesetzlichen Vorschriften des Gesundheitsschutzes oder der Unfallverhütung halten. Der Anwendungsbereich von § 87 Abs. 1 Nr. 7 BetrVG ist nicht sehr groß, da zahlreiche konkrete Arbeitsschutzvorschriften existieren, die keinen Raum für konkretisierende Regelungen der Betriebspartner mehr lassen (bspw. Unfallverhütungsvorschriften der Berufsgenossenschaften nach § 15 SGB VII).

- **§ 87 Abs. 1 Nr. 8 BetrVG: Die Form, Ausgestaltung und Verwaltung von Sozialeinrichtungen** ist mitbestimmungspflichtig. Sozialeinrichtungen sind insbesondere Kantinen, Erholungsheime, betriebliche Sportanlagen und Kindergärten, Unterstützungs- und Pensionskassen (Kania, ErfKA, § 87 BetrVG, Rn 71). Die Errichtung einer Sozialeinrichtung kann vom Betriebsrat allerdings nicht erzwungen werden. Die Initiative zur Errichtung muss vom Arbeitgeber ausgehen.

- **§ 87 Abs. 1 Nr. 9 BetrVG: Die Zuweisung und Kündigung von an den Arbeitnehmer aufgrund eines Mietvertrages überlassenen Wohnräumen sowie die allgemeine Festlegung der Nutzungsbedingungen** ist mitbestimmungspflichtig. Die Frage, ob der Arbeitgeber Wohnraum überhaupt zur Verfügung stellt, ist mitbestimmungsfrei (BAG 23.3.1993 AP BetrVG 1972 § 87 Werkmietwohnungen Nr. 8).

- **§ 87 Abs. 1 Nr. 10 BetrVG: Fragen der betrieblichen Lohngestaltung** sind mitbestimmungspflichtig. Hierunter fällt bspw. die Einführung von Lohngruppen zur Vergütung nach Zeitlohn. Da in diesem Bereich meist tarifliche Regelungen bestehen, bezieht sich das Mitbestimmungsrecht regelmäßig auf die Ausgestaltung zusätzlicher freiwilliger Leistungen des Arbeitgebers wie Boni oder Weihnachtsgratifikationen. Der Arbeitgeber kann frei entscheiden, in welchem Umfang und zu welchem Zweck er die finanziellen Mittel zur Verfügung stellen will. Das Mitbestimmungsrecht des Betriebsrates bezieht sich nur auf die Ausgestaltung der Leistung, also bspw. die Festlegung der einzelnen Anspruchsvoraussetzungen (Kania, ErfKA, § 87 BetrVG, Rn 107 ff.).

- **§ 87 Abs. 1 Nr. 11 BetrVG: Leistungsentgelte** sind mitbestimmungspflichtig. Die Norm unterstellt leistungsbezogene Entgelte einem verstärkten Mitbestimmungsrecht, indem der Betriebsrat über alle Bezugsgrößen des Lohns einschließlich des Geldfaktors und damit über die Lohnhöhe mitzubestimmen hat (Kania, ErfKA, § 87 BetrVG, Rn 117 ff.).

- **§ 87 Abs. 1 Nr. 12 BetrVG: Grundsätze des betrieblichen Vorschlagswesens** sind mitbestimmungspflichtig. Dem Betriebsrat steht hier ein Initiativrecht zu, sobald für eine allgemeine Regelung ein betriebliches Bedürfnis erwächst. Nicht mitbestimmt ist die Entscheidung des Arbeitgebers, ob Verbesserungsvorschläge vergütet werden sollen (BAG 28.4.1981 AP BetrVG 1972 § 87 Vorschlagswesen Nr. 1).

- **§ 87 Abs. 1 Nr. 13 BetrVG: Grundsätze über die Durchführung von Gruppenarbeit** (Preis/Elert NZA 2001, 371).

Missachtet der Arbeitgeber in den in § 87 Abs. 1 BetrVG genannten Fällen das Mitbestimmungsrecht des Betriebsrates, führt dies oft zur **Unwirksamkeit** der getroffenen Maßnahme. Jedenfalls sind **einseitige, den Arbeitnehmer belastende Maßnahmen unwirksam** (Kania, ErfKA, § 87 BetrVG, Rn 136). Dies folgt daraus, dass das Recht des Arbeitgebers, auf vorgenannten Gebieten aufgrund des Direktionsrechts nach § 106 GewO und § 315 Abs. 1 BGB tätig zu werden, eingeschränkt werden sollte (BAG NZA 1989, 219; BAG NZA 1986, 824). Eine schematische Lösung für eine Sanktion der Verletzung des Mitbestimmungsrechts ist nicht möglich. Entscheidend für die Auswirkungen auf das Arbeitsverhältnis ist dabei der Rechtsgedanke, dass eine **betriebsverfassungsrechtliche Pflichtwidrigkeit** dem Arbeitgeber im Rahmen des Einzelarbeitsverhältnisses **keinen Rechtsvorteil** geben kann (Richardi ZfA 1976, 1, 37; BAG GS 16.9.1986 AP BetrVG 1972 § 77 Nr. 17).

§ 88 BetrVG sieht für weitere soziale Angelegenheiten die Möglichkeit **freiwilliger Betriebsvereinbarungen** vor.

20.5 Beteiligung des Betriebsrates bei personellen Maßnahmen

In zahlreichen Fällen ist der Betriebsrat bei **personellen Maßnahmen** zu beteiligen. Zu unterscheiden ist zwischen **allgemeinen personellen Maßnahmen** und **personellen Einzelmaßnahmen**. Zu beachten ist allerdings, dass ein Beteiligungsrecht des Betriebsrates nicht für Angelegenheiten gilt, die leitende Angestellte betreffen (§ 5 Abs. 3 S. 1 BetrVG).

20.5.1 Beteiligung des Betriebsrates bei allgemeinen personellen Maßnahmen

Bei folgenden **allgemeinen personellen Angelegenheiten** hat der Betriebsrat ein Beteiligungsrecht:

- Nach § 92 Abs. 1 BetrVG hat der Arbeitgeber den Betriebsrat über die **Personalplanung**, insbesondere über den gegenwärtigen und künftigen Personalbedarf sowie über die sich daraus ergebenden personellen Maßnahmen und Maßnahmen der Berufsbildung anhand von Unterlagen rechtzeitig und umfassend zu unterrichten. Der Arbeitgeber hat mit dem Betriebsrat über Art und Umfang der erforderlichen Maßnahmen und über die Vermeidung von Härten zu beraten. Aus § 92 Abs. 2 BetrVG ergibt sich, dass der Betriebsrat ein Initiativrecht hat und von sich aus Vorschläge für die Einführung und die Durchführung einer Personalplanung machen kann. Auch zur Förderung und Sicherung der Beschäftigung hat der Betriebsrat nach § 92a BetrVG ein umfassendes Vorschlagsrecht.

- Gemäß § 93 BetrVG kann der Betriebsrat verlangen, dass Arbeitsplätze, die besetzt werden sollen, allgemein oder für bestimmte Tätigkeiten vor ihrer Besetzung **innerhalb des Betriebes ausgeschrieben** werden. Hat der Betriebsrat eine interne Stellenausschreibung verlangt, hat der Arbeitgeber sich aber hierüber hinweggesetzt und die Stelle extern ausgeschrieben, kann der Betriebsrat seine Zustimmung zur Einstellung des externen Bewerbers nach § 99 Abs. 2 Nr. 5 BetrVG verweigern.

- Die **Gestaltung von Personalfragebögen** und die **Aufstellung allgemeiner Beurteilungsgrundsätze** bedürfen der Zustimmung des Betriebsrates (§ 94 BetrVG). Allgemeine Beurteilungsgrundsätze werden auch bei Assessment-Center-Verfahren oder psychologischen Testverfahren angewandt, die das Leistungsvermögen bzw. Defizite von Arbeitnehmern aufdecken sollen, so dass sie der Mitbestimmungspflicht unterliegen (Thüsing in Richardi, BetrVG, § 94 BetrVG, Rn 54 ff.).

- **Richtlinien über die personelle Auswahl bei Einstellungen**, Versetzungen, **Umgruppierungen** und **Kündigungen** bedürfen nach § 95 Abs. 1 BetrVG der Zustimmung des Betriebsrates. In Betrieben mit mehr als 500 Arbeitnehmern hat der Betriebsrat bei der Aufstellung von Auswahlrichtlinien ein Initiativrecht (§ 95 Abs. 2 BetrVG).

- Hat der Arbeitgeber Maßnahmen geplant oder ergriffen, die dazu führen, dass sich die Tätigkeit der betroffenen Arbeitnehmer ändert und ihre beruflichen Kenntnisse und Fähigkeiten zur Erfüllung ihrer Aufgaben nicht mehr ausreichen, hat der Betriebsrat nach § 97 Abs. 2 BetrVG bei der **Einführung von Maßnahmen der betrieblichen Berufsbildung** mitzubestimmen.

- Weiterhin besteht ein Mitbestimmungsrecht des Betriebsrates bei der **Durchführung von Maßnahmen der betrieblichen Berufsbildung** (§ 98 BetrVG).

20.5.2 Beteiligung des Betriebsrates bei personellen Einzelmaßnahmen

In Betrieben mit in der Regel **mehr als zwanzig wahlberechtigten Arbeitnehmern** hat der Arbeitgeber den Betriebsrat **vor jeder Einstellung, Eingruppierung, Umgruppierung und Versetzung** zu **unterrichten** und die **Zustimmung des Betriebsrates** zu der geplanten Maßnahme einzuholen (§ 99 Abs. 1 BetrVG). Unter Einstellung sind sämtliche Einstellungen zu verstehen, also unbefristete, befristete, zur Probe, Aushilfe oder Ausbildung (Kania, ErfKA, § 99 BetrVG, Rn 4–9). Mitwirkungspflichtig nach § 99 BetrVG ist auch die Umwandlung eines befristeten in ein unbefristetes Arbeitsverhältnis, da sich die Beziehung zur Belegschaft ändert (Kania, ErfKA, § 99 BetrVG, Rn 6). Gleiches gilt für die Übernahme eines Arbeitnehmers in ein Arbeitsverhältnis nach Vollendung des Berufsausbildungsverhältnisses. Auch die Beschäftigung von Leiharbeitnehmern nach dem Arbeitnehmerüberlassungsgesetz durch den Entleiher ist mitwirkungspflichtig (BAG 14.5.1974 AP BetrVG 1972 § 99 Nr. 2). Zwar besteht zwischen Entleiher und Leiharbeitnehmer kein Arbeitsvertrag, doch kommt es für den **Begriff der Einstellung nicht auf den Abschluss eines Arbeitsvertrages, sondern auf die tatsächliche Beschäftigung des Arbeitnehmers an,** da nur durch die tatsächliche Beschäftigung bislang betriebsfremder Personen die Interessen der Arbeitnehmer berührt werden, nicht aber durch den Abschluss des Arbeitsvertrages (BAG NZA 1997, 1297). Allein entscheidend ist, ob Personen in den Betrieb **eingegliedert** werden, um zusammen mit den im Betrieb schon beschäftigten Arbeitnehmern den arbeitstechnischen Zweck des Betriebes durch weisungsgebundene Tätigkeit zu verwirklichen (BAG 20.4.1993 AP BetrVG 1972, § 99 Nr. 106).

Eine Einstellung i. S. d. § 99 Abs. 1 BetrVG löst die Mitwirkungspflicht des Betriebsrates nach § 99 Abs. 1 BetrVG nur aus, wenn die Einstellung auf eine Willensentscheidung des Arbeitgebers zurückzuführen ist. Dies ist im Falle des Übergangs eines Arbeitsverhältnisses nach § 613a BGB nicht der Fall. Die Arbeitsverhältnisse gehen hier automatisch von Gesetzes wegen auf den Erwerber des Betriebes über.

§ 99 Abs. 1 BetrVG verlangt vom Arbeitgeber nur, dass er dem Betriebsrat die **Bewerbungsunterlagen vorzulegen** hat, damit dieser sein Mitwirkungsrecht ausüben kann. Demnach hat der Betriebsrat keinen Anspruch darauf, beim Einstellungsgespräch anwesend zu sein. Der Arbeitgeber muss aber auch Auskünfte über die Bewerber geben, die der Arbeitgeber nicht berücksichtigen will (BAG 18.7.1978 AP BetrVG 1972 § 99 Nr. 7).

Beispiel: Im Unternehmen X arbeiten fünfzig Mitarbeiter. Es besteht ein Betriebsrat. Diesem wurden vor der Einstellung des S die Bewerbungsunterlagen sämtlicher Bewerber mit der Bitte um Zustimmung zur Einstellung von S vorgelegt. Da der Betriebsrat keine Einwendungen gegen die Einstellung des S vorbringen konnte, stimmte er der Einstellung von S zu. Der schriftlich geschlossene Arbeitsvertrag von S sieht eine Probezeit von sechs Monaten vor. S hat die Probezeit bestanden. P fragt sich, ob er nun nach Ablauf der Probezeit des S erneut die Zustimmung des Betriebsrates einholen muss. Der Betriebsrat meint, er müsse auf jeden Fall gefragt werden, da S nun ja nach Ablauf der Probezeit offiziell in die

Betriebsgemeinschaft aufgenommen werde. Der Betriebsrat kündigt an, er werde sich gegen eine Fortsetzung des Arbeitsverhältnisses mit S aussprechen, da sich dieser zu viel auf seinen Hochschulabschluss einbilde. Im Übrigen sei die Stelle jetzt intern auszuschreiben, da nicht ausgeschlossen werden könne, dass sich ein Mitarbeiter intern auf die Stelle des S bewerben möchte.

Frage:

Wie ist die Rechtslage?

Lösung:

In Betrieben mit mehr als zwanzig wahlberechtigten Arbeitnehmern hat der Arbeitgeber nach § 99 Abs. 1 BetrVG den Betriebsrat vor jeder Einstellung zu unterrichten und seine Zustimmung einzuholen. Die Frage, ob die Zustimmung des Betriebsrates einzuholen ist, hängt u. U. davon ab, in welcher Form die Probezeit vereinbart wird. Die Probezeit kann auf zwei Arten vereinbart werden. Entweder wird von Anfang an ein unbefristetes Arbeitsverhältnis mit einer Probezeit abgeschlossen. Folge ist, dass während der Probezeit bis zu maximal sechs Monaten (§ 622 Abs. 3 BGB) nach § 1 Abs. 1 KSchG die Kündigungsschutzbestimmungen nicht anwendbar sind. Oder es wird zunächst ein befristetes Arbeitsverhältnis abgeschlossen und erst im Anschluss daran ein unbefristetes. Die Befristungsabrede bedarf nach § 14 Abs. 4 TzBfG der Schriftform. Ein sachlicher Befristungsgrund liegt nach § 14 Abs. 1 S. 2 Nr. 5 TzBfG vor. Wurde der zweite Weg gewählt, könnte der Abschluss des unbefristeten Arbeitsverhältnisses als erneute Einstellung i. S. d. § 99 Abs. 1 BetrVG zu qualifizieren sein, die zustimmungspflichtig ist. Dies ist aber zu verneinen. Die Eingliederung des Arbeitnehmers in den Betrieb erfolgte bereits mit dem Abschluss des befristeten Probearbeitsverhältnisses, wenn der Arbeitgeber von Anfang an plante, einen freien Arbeitsplatz auf unbestimmte Zeit zu besetzen (Kania, ErfKA, § 99 BetrVG, Rn 6). Selbst wenn man von einer zustimmungspflichtigen Einstellung ausginge, könnte der Betriebsrat seine Zustimmung nicht verweigern. Die in § 99 Abs. 2 BetrVG aufgezählten Ablehnungsgründe sind abschließend. Der Ablehnungsgrund des § 99 Abs. 2 Nr. 6 BetrVG (Störung des Betriebsfriedens) liegt nicht vor. Fraglich ist, ob der Ablehnungsgrund des § 99 Abs. 2 Nr. 5 BetrVG vorliegt. Dies ist zu verneinen, da bezüglich der Ausschreibungspflicht auf den Zeitpunkt der Ersteinstellung des S abzustellen ist. Ansonsten wäre S zu stark in seinen Rechten beschnitten.

Unter **Ein- und Umgruppierung** i. S. d. § 99 Abs. 1 BetrVG ist die **Einordnung des Arbeitnehmers in ein bestimmte Vergütungsgruppe** (Lohn- oder Gehaltsgruppe) zu verstehen. Das Entgeltschema kann auf Tarifvertrag, Betriebsvereinbarung oder betrieblicher Übung oder sonstigen betrieblichen Regelungen beruhen (BAG NZA 1986, 536). Ist ein Entgeltschema nicht vorhanden, kann eine mitwirkungspflichtige Ein- oder Umgruppierung nicht erfolgen. Es muss eine kollektiv gestaltete Regelung bestehen (Kania, ErfKA, § 99 BetrVG, Rn 10 ff.).

Was unter **Versetzung** i. S. d. § 99 Abs. 1 BetrVG zu verstehen ist, ist § 95 Abs. 3 BetrVG zu entnehmen. Hiernach ist Versetzung die Zuweisung eines anderen Arbeitsbereichs, die voraussichtlich die **Dauer von einem Monat** überschreitet, oder die mit einer erheblichen Änderung der Umstände verbunden ist, unter denen die Arbeit zu leisten ist. Werden Arbeitnehmer nach der Eigenart ihres Arbeitsverhältnisses üblicherweise nicht ständig an einem bestimmten Arbeitsplatz beschäftigt, gilt die Festlegung des jeweiligen Arbeitsplatzes nicht als Versetzung. Eine Versetzung ist gegeben, wenn der Arbeitnehmer länger als einen Monat an einem anderen als dem gewöhnlichen Arbeitsort eingesetzt wird, auch wenn sich seine Arbeitsaufgabe nicht ändert (BAG NZA 1989, 402). Eine Versetzung kann aber auch vorliegen, wenn bislang wahrgenommene Aufgaben entzogen werden (BAG NZA 1997, 112). Bei Versetzungen im Rahmen eines Betriebes, Unternehmens oder Konzerns kommt eine Versetzung aufgrund des **Direktionsrechts** des Arbeitgebers nach § 106 GewO, § 315 Abs. 1 BGB oder aufgrund einer **Änderungskündigung** (§ 2 KSchG) in Betracht. Ob die Versetzung aufgrund des Direktionsrechts oder einer Änderungskündigung durchzuführen ist, hängt davon ab, ob der Arbeitgeber im Rahmen arbeits- oder tarifvertraglicher Regelungen das Recht hat, den Einsatzort des Arbeitnehmers durch Weisung festzulegen oder ob eine Änderung des arbeitsvertraglich festgelegten Arbeitsinhalts oder Einsatzortes durch Änderungskündigung herbeigeführt werden muss. Ist die Versetzung nur im Wege der Änderungskündigung möglich, ist der Betriebsrat des abgebenden Betriebes nach § 102 Abs. 1 BetrVG anzuhören und der Betriebsrat des aufnehmenden Betriebes nach § 99 Abs. 1 BetrVG zu beteiligen. Kann die Versetzung auf das Direktionsrecht des Arbeitgeber gestützt werden, ist nur der Betriebsrat des aufnehmenden, nicht des abgebenden Betriebes zu beteiligen, da in § 99 Abs. 1 BetrVG auf das Ausscheiden nicht abgestellt wird (BAG NJW 1981, 2375). Der Betriebsrat des abgebenden Betriebes soll aber zu beteiligen sein, wenn der Arbeitnehmer mit der Versetzung nicht einverstanden ist oder die Versetzung mit einer erheblichen Änderung der Umstände verbunden ist, unter denen die Arbeit zu leisten ist (BAG NZA 1987, 424; BAG NZA 1993, 714).

Aus § 99 Abs. 1 BetrVG ergibt sich für den Arbeitgeber die Pflicht, den Betriebsrat vor jeder geplanten Einstellung, Ein-, Umgruppierung oder Versetzung zu **unterrichten**. Bei Einstellungen und Versetzungen hat der Arbeitgeber insbesondere den in Aussicht genommenen Arbeitsplatz und die vorgesehene Eingruppierung mitzuteilen (§ 99 Abs. 1 S. 2 BetrVG). Der Arbeitgeber hat insbesondere bei Einstellungen im Rahmen der Unterrichtung die **erforderlichen Bewerbungsunterlagen** vorzulegen. Die Unterlagen sämtlicher Bewerber sind vorzulegen. Eine Vorauswahl seitens des Arbeitgebers ist unzulässig. (BAG NJW 1986, 1709).

Hat der Arbeitgeber den Betriebsrat über eine personelle Einzelmaßnahme unterrichtet, kann der Betriebsrat

- **zustimmen,**
- die **Widerspruchsfrist** von einer Woche **verstreichen lassen**, so dass seine Zustimmung nach § 99 Abs. 3 S. 2 BetrVG als erteilt gilt,
- seine **Zustimmung** wegen der in § 99 Abs. 2 BetrVG genannten Gründe **verweigern**.

Verweigert der Betriebsrat seine Zustimmung zur personellen Einzelmaßnahme, kann der Arbeitgeber beim Arbeitsgericht nach § 99 Abs. 4 BetrVG beantragen, dass die fehlende **Zustimmung des Betriebsrates im Beschlussverfahren** nach §2a Abs.1 Nr.1, Abs.2 ArbGG **ersetzt** wird. Wird die Zustimmung des Betriebsrates durch das Arbeitsgericht nicht ersetzt, weil der Betriebsrat seine Zustimmungsverweigerung auf einen der in §99 Abs.2 BetrVG genannten Gründe stützen konnte, hat die personelle Einzelmaßnahme zu unterbleiben. Führt der Arbeitgeber **trotz der fehlenden Zustimmung des Betriebsrates** die personelle Einzelmaßnahme dennoch aus, gilt **Folgendes**:

- Ein ohne Zustimmung des Betriebsrates geschlossener **Arbeitsvertrag ist wirksam**. §101 S.1 BetrVG sieht nur die Verpflichtung des Arbeitgebers zur Aufhebung der Maßnahme vor. Es gilt das **Prinzip der Trennung** von personeller Einzelmaßnahme einerseits und zugrundeliegender Arbeitsvertragsgestaltung andererseits (Kania, ErfKA, §99 BetrVG, Rn 44). Bei der Einstellung bedeutet dies, dass der Arbeitnehmer im Betrieb nicht eingesetzt werden könnte, obwohl er einen wirksamen Arbeitsvertrag hat (Kania, ErfKA, §99 BetrVG, Rn 44).

- Bei einer **Versetzung** ist danach zu differenzieren, ob die Versetzung aufgrund des Direktionsrechts des Arbeitgebers erfolgt ist oder auf eine Änderungskündigung gestützt wurde. Wurde die Versetzung im Wege des Direktionsrechts durchgeführt, ist sie bei fehlender Zustimmung des Betriebsrates unwirksam (BAG NZA 1988, 476). Weigert sich in diesem Falle der Arbeitnehmer, die Arbeitsleistung an dem Arbeitsort zu erbringen, an den er versetzt wurde, kann der Arbeitgeber hierauf keine rechtswirksame Kündigung stützen. Der Arbeitnehmer verweigert die Erbringung der Arbeitsleistung an dem neuen Arbeitsort zu Recht, da die Versetzung unwirksam ist. Wurde die Versetzung auf eine Änderungskündigung gestützt, muss vor Ausspruch der Änderungskündigung nach §102 Abs.1 S.1 BetrVG eine Betriebsratsanhörung erfolgen. Ist die Betriebsratsanhörung unterblieben, ist die Änderungskündigung nach §102 Abs.1 S.3 BetrVG unwirksam. Das dem Arbeitnehmer im Zusammenhang mit der Änderungskündigung unterbreitete Änderungsangebot ist bei Annahme durch den Arbeitnehmer ohne Zustimmung des Betriebsrates (§99 Abs.1 BetrVG) wirksam. Der Betriebsrat hat Rechte aus §§100, 101 BetrVG. Er kann insbesondere nach §101 S.1 BetrVG die Aufhebung des Änderungsvertrages verlangen, so dass der Arbeitnehmer wieder zu den alten Konditionen zu beschäftigen ist.

Für **besonders dringende Fälle** sieht §100 BetrVG die **Möglichkeit vorläufiger personeller Maßnahmen** vor. Der Arbeitgeber kann, wenn dies aus sachlichen Gründen dringend erforderlich ist, die personelle Maßnahme im Sinne des §99 Abs.1 BetrVG vorläufig durchführen, und zwar bevor sich der Betriebsrat geäußert hat oder wenn der Betriebsrat die Zustimmung verweigert hat. §100 BetrVG findet auf **Ein- und Umgruppierungen keine Anwendung** (Thüsing in Richardi, BetrVG, §100 BetrVG, Rn 3). Beispiele für ein dringendes Erfordernis sind die Erledigung unbedingt notwendiger Arbeiten, die Gefahr des Abspringens eines Bewerbers oder ein großes Interesse an der Gewinnung eines für den Betrieb erforderlichen Spezialisten (Thüsing in Richardi, BetrVG, §100 BetrVG, Rn 7). Nach §100 Abs.2 S.1 BetrVG hat der Arbeitgeber den Betriebsrat unverzüglich von der vorläufigen personellen Maßnahme zu unterrichten. Bestreitet der Betriebsrat, dass die Maßnahme aus sachlichen Gründen dringend erforderlich war, darf der Arbeitgeber die personelle Maßnahme nur aufrechterhalten, wenn er innerhalb von drei Tagen beim Arbeitsgericht die Ersetzung der Zustimmung des Betriebsrates und die Feststellung beantragt, dass die Maßnahme aus sachlichen Gründen dringend erforderlich war (§ 100 Abs. 2 S. 3 BetrVG). Folgt das Arbeitsgericht dem Antrag des Arbeitgebers nicht, endet die vorläufige personelle Maßnahme mit Ablauf von zwei Wochen nach Rechtskraft der Entscheidung (§ 100 Abs. 3 BetrVG).

20.5.3 Beteiligung des Betriebsrates bei Kündigungen

Nach § 102 Abs. 1 S. 1 BetrVG ist der **Betriebsrat**, sofern ein solcher besteht, **vor jeder Kündigung zu hören**. Eine Betriebsratsanhörung ist demnach vor Ausspruch einer ordentlichen, einer außerordentlichen Beendigungskündigung oder einer Änderungskündigung erforderlich. Vor der **Kündigung leitender Angestellter** ist nach § 31 Abs. 2 S. 1 SprAuG jedoch der **Sprecherausschuss** zu hören.

Die Anhörung des Betriebsrates soll dazu dienen, dass sich der Arbeitgeber vor Ausspruch der Kündigung nochmals **mit den Argumenten des Betriebsrates** zur Kündigung **auseinandersetzt**. Der Arbeitgeber muss also für die Argumente des Betriebsrates **offen** sein. Ansonsten wäre die Anhörung nach § 102 Abs. 1 S. 1 BetrVG bloßer Formalismus. Die Anhörungspflicht besteht auch, wenn das Kündigungsschutzgesetz keine Anwendung findet (Thüsing in Richardi, BetrVG, § 102 BetrVG, Rn 14).

> **Beispiel:** B will gegenüber dem Arbeitnehmer A eine verhaltensbedingte ordentliche Kündigung aussprechen. Er überreicht dem Betriebsrat alle für die Kündigung erforderlichen Unterlagen mit den Worten „A ist ein hoffnungsloser Fall. Ich habe das Kündigungsschreiben schon zur Post gegeben. Es wird A in den nächsten Tagen zugehen". Hier liegt eine unwirksame Anhörung des Betriebsrates nach § 102 Abs. 1 S. 1 BetrVG vor, da B mit seinen Worten zu erkennen gegeben hat, er sei für die Argumente des Betriebsrates nicht mehr offen.

Im Rahmen des Anhörungsverfahrens hat der Arbeitgeber dem Betriebsrat gemäß § 102 Abs. 1 S. 2 BetrVG die **Gründe für die Kündigung mitzuteilen**. Alle vom Arbeitgeber in Erwägung gezogenen und in Betracht kommenden Kündigungsgründe sind dem Betriebsrat mitzuteilen. Eine bloß pauschale Angabe des Kündigungsgrundes reicht nicht (Thüsing in Richardi, BetrVG, § 102 BetrVG Rn 48 ff.). Die Unterrichtung soll dem Betriebsrat den erforderlichen Kenntnisstand vermitteln, damit er zu der konkret beabsichtigten Kündigung eine Stellungnahme abgeben kann.

> **Beispiel** (nach BAG NJW 1983, 2047): Der Arbeitgeber A teilt dem Betriebsrat mit, er wolle den Arbeitnehmer B ordentlich verhaltensbedingt kündigen, weil dieser ein Fehlverhalten angekündigt habe. Hier liegt keine ordnungsgemäße Betriebsratsanhörung vor, weil der Arbeitgeber dem Betriebsrat nicht mitgeteilt hat, welches Fehlverhalten der Arbeitnehmer B in Aussicht gestellt hat. Der Arbeitgeber

müsste beispielsweise mitteilen, dass B angekündigt hat, er werde eigenmächtig in Urlaub gehen.

Das Anhörungsverfahren kann nur dann sinnvoll durchgeführt werden, wenn dem Betriebsrat neben den in Betracht kommenden konkreten Kündigungsgründen mitgeteilt wird, wem gekündigt werden, welche Kündigungsart erfolgen und zu welchem Zeitpunkt das Arbeitsverhältnis beendet werden soll. Auch **alle Sozialdaten des Arbeitnehmers** wie Alter, Familienstand, Schwerbehinderung, Unterhaltspflichten sowie die Betriebszugehörigkeit sind dem Betriebsrat mitzuteilen. Bei einer **betriebsbedingten Kündigung** sind **auch die Sozialdaten der anderen in die Auswahl miteinbezogenen Arbeitnehmer** (§ 1 Abs. 3 KSchG) mitzuteilen (LAG Hamm NZA 1988, 554). Weiterhin hat der Arbeitgeber, sofern das Kündigungsschutzgesetz anwendbar ist, dem Betriebsrat auch Auskunft darüber zu erteilen, ob aus seiner Sicht eine Möglichkeit besteht, den zu kündigenden Arbeitnehmer auf einem anderen Arbeitsplatz **weiterzubeschäftigen** (§ 1 Abs. 2 S. 2 Nr. 1 lit. b u. Nr. 2 lit. b KSchG). Besteht aus Sicht des Arbeitgebers keine Möglichkeit, den zu kündigenden Arbeitnehmer auf einem anderen Arbeitsplatz weiterzubeschäftigen, genügt der Arbeitgeber seiner Anhörungspflicht nach § 102 Abs. 1 BetrVG in der Regel schon durch den ausdrücklichen oder konkludenten Hinweis auf fehlende Weiterbeschäftigungsmöglichkeiten. Hat jedoch der Betriebsrat vor Einleitung des Anhörungsverfahrens Auskunft über Weiterbeschäftigungsmöglichkeiten für den zu kündigenden Arbeitnehmer auf einem konkreten, kürzlich frei gewordenen Arbeitsplatz verlangt, muss der Arbeitgeber dem Betriebsrat nach § 102 Abs. 1 S. 2 BetrVG mitteilen, warum aus seiner Sicht eine Weiterbeschäftigung des Arbeitnehmers auf diesem Arbeitsplatz nicht möglich ist. Der lediglich pauschale Hinweis auf fehlende Weiterbeschäftigungsmöglichkeiten im Betrieb reicht dann nicht aus (Thüsing in Richardi, BetrVG, § 102 BetrVG, Rn 66).

Wurde die Kündigung **ohne vorherige Anhörung des Betriebsrates** ausgesprochen, ist sie nach § 102 Abs. 1 S. 3 BetrVG **unwirksam**.

> **Beispiel:** Der Arbeitgeber B spricht gegenüber A die außerordentliche Kündigung aus. Noch vor Zugang (§ 130 BGB) des Kündigungsschreibens bei A (Postlaufzeit zwei Tage), aber nach dem Absenden des Schreibens, führt B das Anhörungsverfahren nach § 102 Abs. 1 BetrVG durch. Hier fehlt es an einer ordnungsgemäßen Anhörung des Betriebsrates vor Ausspruch der Kündigung. Grund hierfür ist, dass sich B mit der Stellungnahme des Betriebsrates zur Kündigung gar nicht mehr auseinandersetzen konnte.

Eine **nachträgliche Zustimmung des Betriebsrates** zur Kündigung kann die nach § 102 Abs. 1 S. 1 BetrVG fehlende vorherige Anhörung **nicht heilen**.

Eine vorherige Anhörung des Betriebsrates ist auch bei der außerordentlichen Kündigung erforderlich. Die kurze Ausschlussfrist des § 626 Abs. 2 BGB zum Ausspruch der außerordentlichen Kündigung ändert hieran nichts. Dies lässt sich § 102 Abs. 2 S. 3 BetrVG entnehmen, der dem Betriebsrat im Falle einer

außerordentlichen Kündigung eine **kurze Äußerungsfrist von drei Tagen** setzt, damit der Arbeitgeber die Frist des § 626 Abs. 2 BGB wahren kann.

Hat der Betriebsrat gegen eine **ordentliche Kündigung** Bedenken, hat er diese unter Angabe der Gründe dem Arbeitgeber **spätestens innerhalb von einer Woche** schriftlich mitzuteilen (§ 102 Abs. 2 S. 1 BetrVG).

Wird der Betriebsrat zu einer außerordentlichen, hilfsweise zu einer ordentlichen Kündigung angehört, wird für die Äußerung des Betriebsrates die Wochenfrist heranzuziehen sein, da beide Kündigungen im Zusammenhang stehen.

Äußert sich der Betriebsrat nicht innerhalb der vorgenannten Fristen, gilt seine Zustimmung zur Kündigung als erteilt (§ 102 Abs. 2 S. 2 BetrVG). Der Betriebsrat kann **alle Bedenken**, die er gegen eine Kündigung hat, **vorbringen**, ohne an die in § 102 Abs. 3 BetrVG für die ordentliche Kündigung aufgelisteten Widerspruchsgründe gebunden zu sein. Die in § 102 Abs. 3 BetrVG genannten **Widerspruchsgründe** haben jedoch für den in § 102 Abs. 5 BetrVG genannten **Weiterbeschäftigungsanspruch** des gekündigten Arbeitnehmers Bedeutung. Hat der Betriebsrat aus den in § 102 Abs. 3 BetrVG aufgezählten Gründen der ordentlichen Kündigung **form- und fristgemäß widersprochen** und hat der Arbeitnehmer innerhalb der Frist des § 4 S. 1 KSchG Kündigungsschutzklage erhoben, muss der Arbeitgeber den Arbeitnehmer auf dessen Verlangen nach Ablauf der Kündigungsfrist bis zum rechtskräftigen Abschluss des Rechtsstreits bei unveränderten Arbeitsbedingungen weiterbeschäftigen. Der Weiterbeschäftigungsanspruch des Arbeitnehmers besteht nur im Falle einer ordentlichen Kündigung. Im Falle einer außerordentlichen Kündigung ist es dem Arbeitgeber mit Blick auf den wichtigen Grund i. S. d. § 626 Abs. 1 BGB generell nicht zumutbar, den Arbeitnehmer bis zum rechtskräftigen Abschluss des Rechtsstreits weiterzubeschäftigen.

Beispiel (nach BAG NJW 2000, 3587 ff.): Die Arbeitnehmerin A war seit 2008 als Verpackerin im Betrieb des B zu einem Bruttomonatslohn in Höhe von 1 400 € beschäftigt. Mit Schreiben vom 26.07.2013 kündigte B das Arbeitsverhältnis mit A aus betriebsbedingten Gründen zum 31.08.2013. A erhob hiergegen Kündigungsschutzklage innerhalb der Ausschlussfrist des § 4 S. 1 KSchG. Der Betriebsrat hatte der Kündigung mit Schreiben vom 21.07.2013 fristgerecht widersprochen. Das Schreiben des Betriebsrates hat folgenden Wortlaut:

„Der Betriebsrat hat beschlossen, der geplanten Kündigung von A nach § 102 Abs. 3 Nr. 3 BetrVG zu widersprechen. A ist eine junge dynamische Mitarbeiterin, die man in mehreren Bereichen des Betriebes einsetzen kann. Daher kann man sie auch an ihr nicht vertrauten Arbeitsplätzen anlernen. A ist alleinstehend und muss ihren Unterhalt selbst bestreiten. Durch den Verlust des Arbeitsplatzes wird A zum Sozialfall. Der Betriebsrat ist auch der Meinung, da in den letzten drei Jahren 21 Belegschaftsmitglieder ausgeschieden sind, dass während der Urlaubszeit oder bei Krankheit in den einzelnen Abteilungen Personalmangel besteht. Dies führt immer wieder zu Terminschwierigkeiten gegenüber unseren Großkunden, auch müssen dadurch mehrfach Überstunden abgeleistet werden. Dies ist sehr kritisch, da wir eine alternde Belegschaft haben. Hinzu kommt, dass Sie einen

Subunternehmer unter Vertrag genommen haben, der circa 30 bis 40 Personen beschäftigt. Dieser bringt dann ohne Zustimmung des Betriebsrates nach Feierabend die angefallenen Arbeiten zu Ende (dies manchmal bis zu fünf Stunden täglich). Der Betriebsrat meint, es ist nicht richtig, dass die Belegschaft immer mehr schrumpft und der Subunternehmer im Hause immer stärker vertreten ist. A könnte auch im Tätigkeitsbereich des Subunternehmers eingesetzt werden." Trotz des Widerspruchs des Betriebsrates lehnte B eine Weiterbeschäftigung von A ab dem 01.09.2013 ab. A macht ab 01.09.2013 gegenüber B Annahmeverzugslohn nach §§ 611, 615 BGB geltend, da B ihre Arbeitsleistung nicht angenommen hat, obwohl er zur Weiterbeschäftigung nach § 102 Abs. 5 BetrVG verpflichtet war.

Frage:

Wie ist die Rechtslage?

Lösung:

Der Anspruch von A ist hier nicht gegeben, da eine Weiterbeschäftigungspflicht nicht bestand. Der Widerspruch des Betriebsrates gegen die Kündigung nach § 102 Abs. 3 Nr. 3 BetrVG war nicht ordnungsgemäß i. S. d. § 102 Abs. 5 BetrVG. Für einen ordnungsgemäßen Widerspruch des Betriebsrates gegen eine ordentliche Kündigung nach § 102 Abs. 3 Nr. 3 BetrVG, der Voraussetzung für einen Weiterbeschäftigungsanspruch nach § 102 Abs. 5 BetrVG ist, reicht es nicht aus, wenn der Betriebsrat auf Personalengpässe bei Arbeiten hinweist, die im Betrieb von einem Subunternehmer aufgrund eines Werkvertrages erledigt werden. Soweit der Betriebsrat geltend macht, teilweise würden nach Feierabend die angefallenen Arbeiten zu Ende gebracht, weist dies nicht hinreichend konkret auf die Möglichkeit hin, A auf einem anderen freien Arbeitsplatz im Betrieb weiterzubeschäftigen. Der bloße, weder nach Abteilung noch nach Zeitraum näher konkretisierte Hinweis auf Personalengpässe, die auf der Grundlage eines Werkvertrages mit einem Subunternehmer überbrückt worden sind, spricht noch nicht dafür, dass an irgendeiner Stelle im Betrieb ein freier Arbeitsplatz bestand, auf dem A hätte eingesetzt werden können. Auch ist es nicht zu beanstanden, wenn sich ein Unternehmer, gestützt auf die unternehmerische Freiheit, dazu entschließt, Arbeiten durch einen Subunternehmer erledigen zu lassen. Der Annahmeverzugslohnanspruch der A besteht somit nicht.

Für den Arbeitgeber besteht nach § 102 Abs. 5 S. 2 BetrVG die Möglichkeit, beim Arbeitsgericht einen **Antrag auf Entbindung** von der Verpflichtung zur Weiterbeschäftigung des gekündigten Arbeitnehmers zu stellen. Hierbei handelt es sich um ein einstweiliges Verfügungsverfahren nach §§ 935 ff. ZPO.

Exkurs zum allgemeinen Weiterbeschäftigungsanspruch:

Von dem in § 102 Abs. 5 BetrVG vorgesehenen Weiterbeschäftigungsanspruch des Arbeitnehmers ist der **allgemeine Beschäftigungsanspruch** des Arbeitnehmers zu unterscheiden. Die Rechtsprechung sieht in § 611 BGB nicht nur einen Vergütungsanspruch des Arbeitnehmers geregelt, sondern auch einen Beschäftigungsanspruch des Arbeitnehmers gegenüber dem Arbeitgeber. Der allgemeine Beschäftigungsanspruch besteht nur, wenn eine **Kündigung offensichtlich**

unwirksam ist oder aber nach Ablauf der Kündigungsfrist, bei einer fristlosen Kündigung nach deren Zugang, wenn ein im Kündigungsrechtsstreit ergangenes Urteil die Unwirksamkeit der Kündigung festgestellt hat (BAG GS NJW 1985, 2968). Ein allgemeiner Beschäftigungsanspruch des Arbeitnehmers ist demnach i. d. R. bis zum Abschluss eines Kündigungsschutzprozesses vor dem Arbeitsgericht (1. Instanz) nicht gegeben. Stellt das Arbeitsgericht fest, dass das Arbeitsverhältnis durch die streitgegenständliche Kündigung nicht aufgelöst wurde und legt der Arbeitgeber gegen das Urteil des Arbeitsgerichts Berufung zum Landesarbeitsgericht ein, besteht i.d.R ein allgemeiner Beschäftigungsanspruch des Arbeitnehmers, bis im Kündigungsschutzprozess das Urteil des Arbeitsgerichts aufgehoben wird. Der Weiterbeschäftigungsanspruch aus § 102 Abs. 5 BetrVG besteht hingegen unter den in § 102 Abs. 5 BetrVG genannten Voraussetzungen bereits ab dem Zeitpunkt des Ablaufs der ordentlichen Kündigungsfrist, also u. U. bereits während des Kündigungsschutzprozesses vor dem Arbeitsgericht (1. Instanz).

Schließlich sei noch darauf hingewiesen, dass nach § 102 Abs. 6 BetrVG Arbeitgeber und Arbeitnehmer **vereinbaren** können, dass die Kündigungen der **Zustimmung des Betriebsrates** bedürfen und dass bei Meinungsverschiedenheiten über die Berechtigung der Nichterteilung der Zustimmung die Einigungsstelle entscheidet. Die Vereinbarung muss in Form einer **Betriebsvereinbarung** erfolgen. Allerdings können ordentliche und außerordentliche Kündigungen auch im Wege des Tarifvertrages von der Zustimmung des Betriebsrates abhängig gemacht werden, da nach § 1 Abs. 1 TVG im Tarifvertrag betriebliche und betriebsverfassungsrechtliche Fragen einer Regelung zugeführt werden können.

20.6 Beteiligung des Betriebsrates in wirtschaftlichen Angelegenheiten

Die Beteiligung des Betriebsrates in **wirtschaftlichen Angelegenheiten** ist in §§ 106 ff. BetrVG geregelt.

20.6.1 Bildung eines Wirtschaftsausschusses

In Unternehmen mit i. d. R. **mehr als 100 ständig beschäftigten Arbeitnehmern** ist ein **Wirtschaftsausschuss** zu bilden (§ 106 Abs. 1 S. 1 BetrVG). Er hat die Aufgabe, wirtschaftliche Angelegenheiten mit dem Unternehmer zu beraten und den Betriebsrat zu unterrichten. Was unter wirtschaftlichen Angelegenheiten zu verstehen ist, ergibt sich aus § 106 Abs. 3 BetrVG. Die Mitglieder des Wirtschaftsausschusses werden nach § 107 Abs. 2 BetrVG ausschließlich vom Betriebsrat bzw. vom Gesamtbetriebsrat bestimmt (Annuß in Richardi, BetrVG, § 106 Rn 1 ff.). Der Wirtschaftsausschuss ist als **Informations- und Beratungsgremium** für die in § 106 Abs. 3 BetrVG genannten wirtschaftlichen Angelegenheiten Hilfsorgan des Betriebsrates (BAG 18.7.1978 AP BetrVG 1972 § 108 Nr. 1). Der

Wirtschaftsausschuss soll in wirtschaftlichen Angelegenheiten die Kooperation zwischen der Unternehmensleitung und dem Betriebsrat fördern.

20.6.2 Beteiligung des Betriebsrates bei Betriebsänderungen

Ein **unmittelbares Beteiligungsrecht** hat der Betriebsrat in wirtschaftlichen Angelegenheiten bei **Betriebsänderungen** i. S. d. § 111 Abs. 1 S. 3 BetrVG, vorausgesetzt, im Unternehmen werden i. d. R. mehr als 20 wahlberechtigte Arbeitnehmer beschäftigt. Der Betriebsrat ist über geplante Betriebsänderungen **rechtzeitig und umfassend zu unterrichten**. Die geplanten Betriebsänderungen sind mit dem Betriebsrat zu beraten (§ 111 Abs. 1 S. 1 BetrVG). Betriebsänderungen sind nach § 111 Abs. 1 S. 3 BetrVG:

- Die **Einschränkung** und **Stilllegung** des ganzen Betriebes oder von wesentlichen Betriebsteilen. Eine Betriebseinschränkung liegt vor, wenn die Leistungsfähigkeit des Betriebs durch eine Verringerung der Betriebsmittel auf Dauer herabgesetzt wird, bspw. durch die Stilllegung oder Veräußerung von Betriebsanlagen (Annuß in Richardi, BetrVG, § 111, Rn 69). Die **Einführung von Kurzarbeit** ist **keine beteiligungspflichtige Betriebseinschränkung** i. S. d. § 111 S. 3 Nr. 1 BetrVG. Der Betriebsrat hat nur nach § 87 Abs. 1 Nr. 3 BetrVG mitzubestimmen (Annuß, Richardi, BetrVG, § 111 BetrVG, Rn 69). Eine **Betriebseinschränkung** kann auch im **bloßen Personalabbau** unter Beibehaltung der sächlichen Betriebsmittel liegen (BAG 22.5.1979 AP BetrVG 1972 § 111 Nr. 4). Als **Richtschnur** für die Betroffenheit erheblicher Teile der Belegschaft hat das BAG die Zahlen- und Prozentangaben des § 17 Abs. 1 KSchG über die **Anzeigepflicht bei Massenentlassungen** herangezogen (BAG NZA 1997, 787, 788; BAG NZA 2002, 1304). In Betrieben mit **mehr als 1000 Arbeitnehmern** ist eine Personalreduzierung erst erheblich, wenn sie **mindestens fünf Prozent** der Gesamtbelegschaft ausmacht (BAG 22.1.1988 AP BetrVG 1972 § 111 Nr. 7).

- Die **Verlegung des ganzen Betriebes** oder **von wesentlichen Betriebsteilen**: Unter Verlegung eines Betriebs ist eine **Veränderung der örtlichen Lage** zu verstehen (Annuß in Richardi, BetrVG, § 111, Rn 91).

- Der **Zusammenschluss** mit anderen Betrieben oder die **Spaltung** von Betrieben.

- **Grundlegende Änderungen** der **Betriebsorganisation**, des **Betriebszwecks** oder der **Betriebsanlagen**: Bei einem Produktionsbetrieb ändert sich der Betriebszweck bei der Umgestaltung der konkreten Produktion, z. B. beim Übergang von der Herstellung von Personenwagen zur Produktion von Motorrädern (Annuß in Richardi, BetrVG, § 111, Rn 111). Der Betriebszweck eines Dienstleistungsbetriebs ändert sich, wenn andere Dienstleistungen als bisher angeboten werden sollen (BAG 17.12.1985 AP BetrVG 1972 § 111 Nr. 15).

- Die **Einführung grundlegend neuer Arbeitsmethoden** und **Fertigungsverfahren**: Der Tatbestand ist als **Ergänzung** zu § 111 S. 3 Nr. 4 BetrVG zu verstehen (Annuß in Richardi, BetrVG, § 111, Rn 119).

20.6.3 Interessenausgleich und Sozialplan

Kommt über die geplante Betriebsänderung zwischen Unternehmer und Betriebsrat eine Einigung zustande, nennt man dies **Interessenausgleich** (§ 112 Abs. 1 S. 1 BetrVG). Der **Interessenausgleich** bezieht sich **ausschließlich auf die geplante Betriebsänderung**. Der **Sozialplan** befasst sich mit dem **Ausgleich** oder der **Milderung der wirtschaftlichen Nachteile** der Betriebsänderung (§ 112 Abs. 1 S. 2 BetrVG). Die Einigung über den Interessenausgleich und Sozialplan ist schriftlich niederzulegen und vom Unternehmer und Betriebsrat zu unterschreiben (§ 112 Abs. 1 S. 1 u. 2 BetrVG). Kommt zwischen Unternehmer und Betriebsrat eine Einigung nicht zustande, ist **zwischen Interessenausgleich und Sozialplan strikt zu differenzieren**. Beim Interessenausgleich, also der Frage, ob und wie die Betriebsänderung durchgeführt wird, hat der Betriebsrat nur ein Mitwirkungsrecht. Beim Sozialplan hat der Betriebsrat hingegen ein Mitbestimmungsrecht. Denn **im Gegensatz zum Sozialplan ist der Interessenausgleich nicht erzwingbar** (§ 112 Abs. 4 S. 1 BetrVG; beachte aber die Ausnahme des § 112a Abs. 2 BetrVG zur Erzwingbarkeit des Sozialplans). Besteht die Betriebsänderung aus einem **reinen Personalabbau**, ist ein Sozialplan **nur unter den Voraussetzungen des § 112a Abs. 1 BetrVG** erzwingbar. Der Unternehmer kann also, ohne dass der Betriebsrat dies verhindern könnte, eine Betriebsänderung beschließen. Er muss aber damit rechnen, dass der Betriebsrat unter den Voraussetzungen des §§ 112 Abs. 4, 112a BetrVG einen Sozialplan erzwingt. Durch die Erzwingbarkeit des Sozialplans erhält die Betriebsratsbeteiligung bei Betriebsänderungen eine Steuerungsfunktion für unternehmerisch-wirtschaftliche Entscheidungen (Annuß in Richardi, BetrVG, § 111 BetrVG, Rn 16). Die Bedeutung eines **Interessenausgleichs mit Namensliste** zeigt sich in § 1 Abs. 5 KSchG. Hiernach wird **vermutet**, dass die Kündigung durch dringende betriebliche Erfordernisse bedingt ist. Außerdem kann die soziale Auswahl nach § 1 Abs. 3 KSchG **nur auf grobe Fehlerhaftigkeit** überprüft werden.

Beispiel: Unternehmer U möchte in seinem Betrieb, in welchem 300 Arbeitnehmer beschäftigt sind, 70 Mitarbeiter entlassen. Es liegt eine Betriebsänderung in Form der Betriebseinschränkung nach § 111 S. 3 Nr. 1 BetrVG vor, da der Schwellenwert des § 17 Abs. 1 Nr. 2 KSchG überschritten ist. U muss versuchen, mit dem Betriebsrat einen Interessenausgleich über die geplante Betriebsänderung herbeizuführen. Ansonsten greift § 113 Abs. 3 BetrVG, wonach die von der betriebsverfassungswidrig durchgeführten Maßnahme betroffenen Arbeitnehmer einen umfassenden Anspruch auf Nachteilsausgleich haben. Ist der Betriebsrat mit den Entlassungen nicht einverstanden, kann die Betriebsänderung von U dennoch durchgeführt werden. Dies ergibt sich aus der unternehmerischen Freiheit des U. Für die Frage, ob der Betriebsrat einen Sozialplan zur Abmilderung der sozialen Folgen erzwingen kann, ist auf § 112a Abs. 1 Nr. 3 BetrVG abzustellen, da eine Betriebsänderung in Form des reinen Personalabbaus vorliegt. Ein Sozialplan kann hier erzwungen werden, da die Schwellenwerte des § 112a Abs. 1 Nr. 3 BetrVG überschritten sind. Einigt sich U mit dem Betriebsrat in einem Interessenausgleich auf eine Namensliste zur Bestimmung der Mitarbeiter, die betriebsbedingt gekündigt werden sollen, kommt U in den Genuss der Vorteile des § 1 Abs. 5 KSchG.

Der **Tarifvorbehalt** des § 77 Abs. 3 BetrVG ist auf den Sozialplan **nicht** anzuwenden (vgl. § 112 Abs. 1 S. 4 BetrVG). Im betrieblichen Sozialplan können demnach auch Arbeitsentgelte und sonstige Arbeitsbedingungen vereinbart werden, die durch Tarifvertrag geregelt sind oder üblicherweise geregelt werden. Das Mitbestimmungsrecht und damit auch das Gestaltungsrecht des Betriebsrates bei der Aufstellung eines Sozialplans werden also nicht dadurch beschränkt, dass Tarifverträge bestehen. Andererseits ist mit Blick auf Art. 9 Abs. 3 GG auch der **auf einen sozialplanähnlichen Firmentarifvertrag gerichtete Streik**, um die für die Arbeitnehmer aus geplanten Standortverlagerungen resultierenden Nachteile abzufedern, **nicht ausgeschlossen** (Annuß, Richardi, BetrVG, § 112 BetrVG, Rn 179; BAG 24.4.2007 AP § 1 TVG § 1 Sozialplan Nr. 2). Der **betriebliche Sozialplan** hat **nicht Vorrang** vor einem Tarifvertrag. Das **Konkurrenzverhältnis** bestimmt sich nach dem **Günstigkeitsprinzip** (Annuß, Richardi, BetrVG, § 112 BetrVG, Rn 181). Zu beachten ist dabei, dass der Tarifvertrag, der einen sozialplanähnlichen Inhalt hat, im Gegensatz zum betrieblichen Sozialplan (§§ 77 Abs. 4 S. 1, 112 Abs. 1 S. 3 BetrVG) aber nur für gewerkschaftlich organisierte Arbeitnehmer gelten kann (§ 4 Abs. 1 TVG).

20.7 Checkliste zu Fragen des Betriebsverfassungsrechts

- Das Tarifrecht steht hierarchisch über dem Betriebsverfassungsrecht. § 77 Abs. 3 S. 1 BetrVG entfaltet gegenüber den Angelegenheiten, die der erzwingbaren Mitbestimmung des § 87 Abs. 1 BetrVG unterliegen **dann keine Sperrwirkung**, wenn die Angelegenheit zwar üblicherweise im Tarifvertrag geregelt wird, eine entsprechende tarifvertragliche Regelung aber **tatsächlich nicht** besteht. Die Rechtsprechung geht davon aus, dass der durch den Eingangssatz von § 87 Abs. 1 BetrVG begründete Vorrang einer tariflichen vor einer betrieblichen Regelung **nur eingreift**, wenn durch Tarifvertrag, an den der Arbeitgeber gebunden sein muss, die nach § 87 Abs. 1 BetrVG mitbestimmungspflichtige Angelegenheit selbst **abschließend** geregelt ist.

- Der Betriebsrat hat ein **Beteiligungsrecht** in **personellen, sozialen** und **wirtschaftlichen Angelegenheiten**. Es ist immer im Einzelfall zu prüfen, ob ein Mitbestimmungsrecht (Zustimmung des Betriebsrates erforderlich) oder nur ein Mitwirkungsrecht besteht.

- **Einstellung** i. S. d. § 99 Abs. 1 S. 1 BetrVG ist nicht der Abschluss des Arbeitsvertrages, sondern die **Eingliederung** des Arbeitnehmers **in die Betriebsgemeinschaft**.

- Beim Interessenausgleich-/Sozialplanverfahren ist zu beachten, dass **nur der Sozialplan, nicht aber der Interessenausgleich, erzwingbar** ist (§§ 112 Abs. 4 S. 1, 112a BetrVG). Der **Interessenausgleich mit Namensliste** hat für den Unternehmer die Vorteile des § 1 Abs. 5 KSchG.

- Die Mitbestimmung der Arbeitnehmer in **Unternehmensorganen** (Aufsichtsrat) wird nicht über das Betriebsverfassungsgesetz sichergestellt. Für die Mitbestimmung im Unternehmen sind folgende Regelwerke zu beachten: Montanmitbestimmungsgesetz, Mitbestimmungsgesetz, Drittelbeteiligungsgesetz und SE-Beteiligungsgesetz.

21. Tarif- und Arbeitskampfrechtrecht

21.1 Funktion des Tarifvertrages

Tarifverträge dienen dazu, die **strukturelle Unterlegenheit** des einzelnen Arbeitnehmers auszugleichen und damit in etwa ein gleichgewichtiges Aushandeln der Arbeitsbedingungen zu ermöglichen. Tarifverträge haben für die Arbeitnehmer damit **Schutzfunktion** (BVerfG 26.6.1991 AP GG Art. 9 Arbeitskampfrecht Nr. 117). Tarifverträge haben auch **Friedensfunktion**, indem sie Arbeitskonflikte institutionalisieren und damit gesamtgesellschaftlich zur Befriedung des Arbeitslebens beitragen (Franzen, ErfKA, § 1 TVG, Rn 2).

21.2 Tarifautonomie

Die **verfassungsrechtliche Grundlage** für die Koalitionsfreiheit ist in Art. 9 Abs. 3 GG geregelt. Die Tarifautonomie gestattet es den Tarifvertragsparteien, die Arbeits- und Wirtschaftsbedingungen ihrer Mitglieder in kollektiven Verträgen autonom zu gestalten. Im Rahmen eines funktionierenden Tarifsystems können Gewerkschaften und Arbeitgeber bzw. Arbeitgeberverbände auf den jeweiligen Gegenspieler Druck und Gegendruck ausüben, um zu einem Tarifabschluss zu gelangen. Die **Tarifautonomie** umfasst daher auch den **Arbeitskampf** als Betätigungsfreiheit der Koalitionen (BVerfG 26.6.1991 AP GG Art. 9 Arbeitskampf Nr. 117). Im Rahmen ihrer Tarifautonomie haben die Tarifvertragsparteien auch ein **Normsetzungsrecht** (§ 4 Abs. 1 TVG).

21.3 Hierarchische Einordnung des Tarifrechts

Der **Tarifvertrag** geht als höherrangige Rechtsquelle vorbehaltlich des **Günstigkeitsprinzips** oder sog. **Öffnungsklauseln** Betriebsvereinbarungen oder Regelungen in Arbeitsverträgen vor (§ 4 Abs. 3 TVG). **Zwingendes Gesetzesrecht** kann durch tarifvertragliche Regelungen **nicht** abgeändert werden. Ob Gesetzesrecht zwingend ist oder nicht, kann sich aus einer ausdrücklichen Regelung im Gesetz selbst ergeben (§ 13 BUrlG, § 12 EFZG) oder muss durch Auslegung ermittelt werden. § 77 Abs. 3 BetrVG **schließt Betriebsvereinbarungen** über Arbeitsbedingungen **aus**, die **tarifvertraglich geregelt sind** oder **üblicherweise dort geregelt werden** (vgl. hierzu bereits die Ausführungen in Gliederungspunkt 20.3). § 77 Abs. 3 BetrVG ist nach § 112 Abs. 1 S. 4 BetrVG auf den Sozialplan **nicht** anzuwenden (Franzen, ErfKA, § 1 TVG, Rn 17).

21.4 Tarifvertragsparteien

Tarifvertragsparteien sind nach § 2 Abs. 1 TVG **Gewerkschaften, einzelne Arbeitgeber** sowie **Vereinigungen von Arbeitgebern**. Eine Tarifvertragspartei kann einen Tarifvertrag nur wirksam abschließen, wenn sie tariffähig ist. **Tariffähigkeit** ist die Fähigkeit, durch Vereinbarung mit dem sozialen Gegenspieler u. a. die Arbeitsbedingungen des Einzelarbeitsvertrages mit der Wirkung zu regeln, dass sie für die tarifgebundenen Personen unmittelbar und unabdingbar wie Rechtsnormen gelten (BVerfG 19.10.1966 AP TVG § 2 Nr. 24; Franzen, ErfKA § 2 TVG, Rn 4). Gewerkschaften und Vereinigungen von Arbeitgebern i. S. d. § 2 Abs. 1 TVG können tariffähige Verbände unter folgenden Voraussetzungen sein:

Ein **tariffähiger Verband** ist ein Zusammenschluss mehrerer Personen auf freiwilliger privatrechtlicher Grundlage, der **vom Wechsel der Mitglieder unabhängig** und **zur organisierten Willensbildung fähig** ist. Außerdem muss die Vereinigung den Zweck verfolgen, die Arbeits- und Wirtschaftsbedingungen seiner Mitglieder zu wahren und zu fördern. Die Vereinigung muss **vom sozialen Gegenspieler oder Dritten** wie Staat, Parteien und Kirchen **unabhängig** sein (BVerfG 18.11.1954 GG AP Art. 9 Nr. 1).

Jeder einzelne Arbeitgeber ist selbst tariffähig. Er kann, auch wenn er einem Arbeitgeberverband angehört, trotz eines für ihn geltenden Verbandstarifvertrages wirksam einen konkurrierenden oder ergänzenden Firmentarifvertrag abschließen (BAG 4.4.2001 AP TVG § 4 Tarifkonkurrenz Nr. 26). Die **Tariffähigkeit** regelt generell die Befugnis zum Abschluss eines Tarifvertrages. Im Gegensatz hierzu bestimmt die **Tarifzuständigkeit**, die sich aus der Satzung des jeweiligen Verbandes ergibt, den Geschäftsbereich, innerhalb dessen der Verband Tarifverträge abschließen kann (BAG 25.9.1996 AP TVG § 2 Tarifzuständigkeit Nr. 10). Fehlt die Tarifzuständigkeit, ist der Tarifvertrag unwirksam (BAG 24.7.1990 AP TVG § 2 Tarifzuständigkeit Nr. 7).

21.5 Tarifgebundenheit

Tarifgebunden sind die Mitglieder der Tarifvertragsparteien und der Arbeitgeber, der selbst Partei des Tarifvertrages ist (§ 3 Abs. 1 TVG). Die Tarifbindung der Mitglieder des Berufsverbandes erfolgt aufgrund ihrer Mitgliedschaft. Als Partei des Firmentarifvertrages (Abschluss des Tarifvertrages durch einen einzelnen Arbeitgeber) unterliegt der einzelne Arbeitgeber der Tarifbindung. Für die Arbeitnehmerseite ist zu beachten, dass **nur die Mitglieder der Gewerkschaft**, die den Tarifvertrag im Rahmen ihrer Tarifzuständigkeit abgeschlossen hat, tarifgebunden sind. In der Praxis wird aber durch **Bezugnahmevereinbarungen** in Arbeitsverträgen oft sichergestellt, dass einheitliche Arbeitsbedingungen für alle Arbeitnehmer ungeachtet ihrer Gewerkschaftszugehörigkeit geschaffen werden (BAG 4.9.1996 AP TVG § 1 Bezugnahme auf Tarifvertrag Nr. 5). Mit Bezugnahmeklauseln in Arbeitsverträgen können außerdem Anreize der Arbeitnehmer zum Gewerkschaftsbeitritt vermieden werden (Franzen, ErfKA,

§3 TVG, Rn 29). Für **betriebliche und betriebsverfassungsrechtliche** Fragen, die in Tarifverträgen behandelt werden, wird nach §3 Abs. 2 TVG allerdings der Grundsatz **durchbrochen**, dass nur die Mitglieder der Tarifvertragsparteien der Tarifbindung unterliegen. Rechtsnormen des Tarifvertrages über betriebliche und betriebsverfassungsrechtliche Fragen gelten für **alle Betriebe, deren Arbeitgeber** tarifgebunden ist. Damit wird dem Umstand Rechnung getragen, dass **Normen über betriebliche und betriebsverfassungsrechtliche Fragen** nur **einheitlich** im Betrieb gelten können und deren Anwendung **nicht von der Mitgliedschaft der Arbeitnehmer** in einer tarifschließenden Gewerkschaft abhängig gemacht werden kann (Franzen, ErfKA, §3 TVG, Rn 16). **Betriebsnormen** gehen **über den Inhalt des einzelnen Arbeitsverhältnisses hinaus** und regeln das betriebliche Rechtsverhältnis zwischen Arbeitgeber und Belegschaft, wie bspw. Regelungen zu Torkontrollen, technischen Überwachungseinrichtungen, Kleiderordnungen, etc. (Franzen, ErfKA, §1 TVG, Rn 45, 45a).

Gemäß §3 Abs. 3 TVG **bleibt die Tarifgebundenheit bestehen**, bis der Tarifvertrag **endet.** Damit wird verhindert, dass sich die Arbeitsvertragsparteien durch einen Verbandsaustritt der Tarifbindung entziehen. §3 Abs. 3 TVG ist insofern Ausdruck des Grundsatzes *„pacta sunt servanda"* (Büdenbender NZA 2000, 509, 513).

Nach §5 Abs. 1 TVG kann das Bundesministerium für Arbeit und Soziales einen Tarifvertrag unter bestimmten Voraussetzungen für **allgemeinverbindlich** erklären. In der Praxis wird von diesem Instrument allerdings nur selten Gebrauch gemacht (Quote 0,75 %, Franzen, ErfKA, §5 TVG, Rn 3).

21.6 Wirkung der Rechtsnormen des Tarifvertrages

Nach §1 Abs. 1 TVG besteht der Tarifvertrag aus **zwei Teilen.** Im **schuldrechtlichen Teil** regelt er die Rechte und Pflichten der vertragsschließenden Parteien. Daneben enthält er im **normativen Teil** Rechtsnormen über den **Inhalt**, den **Abschluss** und die **Beendigung** von Arbeitsverhältnissen sowie über betriebliche und betriebsverfassungsrechtliche Fragen (Franzen, ErfKA, §1 TVG, Rn 19). Die **Rechtsnormen** des Tarifvertrages, die den Inhalt, den Abschluss oder die Beendigung von Arbeitsverhältnissen ordnen, gelten **unmittelbar und zwingend** zwischen den beiderseits Tarifgebundenen, die unter den Geltungsbereich des Tarifvertrages fallen (§4 Abs. 1 S. 1 TVG). Die zwingende Wirkung der Rechtsnormen des Tarifvertrages kann aber durch **Tariföffnungsklauseln** aufgehoben werden (§4 Abs. 3 TVG). Auch das in §4 Abs. 3 TVG geregelte **Günstigkeitsprinzip** hebt die zwingende Wirkung der Rechtsnormen des Tarifvertrages auf. Die Frage, wann die Änderung einer Regelung für den Arbeitnehmer günstig ist, ist differenziert zu betrachten. Der **Günstigkeitsvergleich** wird bei Individualnormen (Inhalts-, Abschluss-, Beendigungsnormen) des Arbeitsvertrages bezogen auf das einzelne Arbeitsverhältnis durchgeführt. Bei Betriebsnormen kommt es hingegen darauf an, ob die Belegschaft insgesamt besser gestellt wird (sog. kollektiver Günstigkeitsvergleich; Franzen, ErfKA, §4 TVG, Rn 35). Mit welchem Regelungsgegenstand die Änderungsregelung i. S. d. §4 Abs. 3 TVG zu vergleichen ist, beurteilt sich nach dem **Sachgruppenvergleich**. Maßgebend ist demnach, ob die Regelungen im Tarifvertrag und die der abweichenden Abmachung nach der Verkehrsanschauung denselben Regelungsgegenstand betreffen (BAG 23.5.1984 AP BGB § 339 Nr. 9; Franzen, ErfKA, § 4 TVG, Rn 38).

> **Beispiel:** Unternehmer U und Arbeitnehmer A sind tarifgebunden. Der einschlägige Tarifvertrag sieht einen Jahresurlaub von 30 Tagen, aber kein Urlaubsgeld vor. U und A vereinbaren im Arbeitsvertrag einen Jahresurlaubsanspruch von 29 Tagen und ein jährliches Urlaubsgeld i. H. v. 1 500 €. Die Abweichung vom Tarifvertrag kann nach § 4 Abs. 3 TVG nur über das Günstigkeitsprinzip erfolgen. Ob die abweichende Regelung im Arbeitsvertrag für A günstiger ist, beurteilt sich nach dem Sachgruppenvergleich. Der Sachgruppenvergleich führt hier zur Vergleichbarkeit, da die Urlaubsdauer und die Höhe des Urlaubsgeldes miteinander im sachlichen Zusammenhang stehen (Franzen, ErfKA, § 4 TVG, Rn 38).

Ob die abweichende Regelung für den Arbeitnehmer tatsächlich günstiger ist, ist anhand einer **Gesamtbetrachtung** zu beurteilen. Es ist danach zu fragen, wie ein verständiger Arbeitnehmer unter Berücksichtigung der Umstände des Einzelfalles die Bestimmung im Arbeitsvertrag im Vergleich zu der des Tarifvertrages einschätzen würde (Franzen, ErfKA, § 4 TVG, Rn 39).

> **Beispiel** wie oben: Sieht man die abweichende Regelung für A im Arbeitsvertrag als günstiger an (ein Tag weniger Urlaub, dafür 1 500 € jährliches Urlaubsgeld), würde die abweichende Regelung gelten (§ 4 Abs. 3 TVG). Lässt sich nicht eindeutig beantworten, ob die abweichende Regelung günstiger ist als die Bestimmung im Tarifvertrag, bleibt es bei der tariflichen Regelung (BAG 12.4.1972 AP TVG § 4 Günstigkeitsprinzip Nr. 13; a. A. Buchner NZA 1999, 897, 901; Heinze NZA 1991, 329: Dem Arbeitsvertrag sei der Vorzug einzuräumen).

Ein Verzicht auf entstandene tarifliche Rechte ist regelmäßig nicht erlaubt (§ 4 Abs. 4 S. 1 TVG). Nach § 4 Abs. 4 S. 3 TVG können die Tarifvertragsparteien Ausschlussfristen für die Geltendmachung tariflicher Rechte vereinbaren. Zweck tariflicher Verfallfristen ist es, schnell Rechtsklarheit herbeizuführen.

> **Beispiel:** Im Tarifvertrag ist folgende Regelung enthalten: Die Arbeitsvertragsparteien haben innerhalb von zwei Monaten nach Beendigung des Arbeitsverhältnisses alle Ansprüche aus dem Arbeitsverhältnis gegenüber der anderen Vertragspartei schriftlich geltend zu machen. Wird der Anspruch vom Arbeitgeber zurückgewiesen, ist der Anspruch vom Arbeitnehmer innerhalb von vier Wochen nach Zugang des schriftlichen Ablehnungsschreibens gerichtlich geltend zu machen (sog. zweistufige Ausschlussfrist).

Nach § 4 Abs. 5 TVG gelten die Tarifnormen weiter, bis sie durch eine andere Abmachung ersetzt werden. Man spricht von der **Nachwirkung** der Tarifnormen. Im Nachwirkungsstadium verlieren die Tarifnormen ihre zwingende Wirkung, da sie abgeändert werden können (BAG 17.5.2000 AP TVG § 3 Verbandsaustritt Nr. 8).

> **Beispiel:** Unternehmer U hatte mit der Gewerkschaft G einen Firmentarifvertrag mit einer Laufzeit von 24 Monaten geschlossen. Nach Ablauf der Laufzeit weigert sich U, einen neuen Tarifvertrag zu schließen. Die Rechtsnormen des ausgelaufenen Tarifvertrages wirken nach § 4 Abs. 5 TVG nach. Will U die nachwirkenden Regelungen abändern, müsste er mit den Arbeitnehmern Änderungsverträge schließen oder Änderungskündigungen aussprechen.

21.7 Tarifkonkurrenz und Tarifpluralität

Sind für **ein Arbeitsverhältnis** Rechtsnormen unterschiedlicher Tarifverträge einschlägig, spricht man von **Tarifkonkurrenz**. Tarifkonkurrenz kann auftreten, wenn der Arbeitgeber an einen Verbandstarifvertrag gebunden ist und mit derselben Gewerkschaft einen Firmentarifvertrag mit demselben Regelungsbereich abschließt. Auch bei einem Verbandswechsel des Arbeitgebers kann eine Tarifkonkurrenz auftreten. Das BAG löst die Konkurrenz nach folgendem Grundsatz: Der Tarifvertrag setzt sich durch, der dem Betrieb **räumlich, betrieblich, fachlich und persönlich** am nächsten steht und deshalb den Erfordernissen und Eigenarten des Betriebes am ehesten gerecht wird (BAG 20.3.1991 AP TVG § 4 Tarifkonkurrenz Nr. 20; BAG 23.3.2005 AP TVG § 4 Tarifkonkurrenz Nr. 29). Der Firmentarifvertrag geht demnach dem Verbandstarifvertrag i. d. R. vor (BAG 4.4.2001 AP TVG § 4 Tarifkonkurrenz Nr. 26). **Tarifpluralität** liegt vor, wenn ein Arbeitgeber an mehrere Tarifverträge gebunden ist. Die Tarifpluralität in Form einer **bloßen Tarifmehrheit** führt nicht zu einer echten Tarifkonkurrenz, wenn **zwar der Arbeitgeber mehrere Tarifverträge** geschlossen hat, für seine Arbeitnehmer aber **jeweils nur ein Tarifvertrag** gilt. Der Arbeitgeber muss dann gemäß §§ 3 Abs. 1, 4 Abs. 1 TVG entsprechend der Gewerkschaftszugehörigkeit der Arbeitnehmer mehrere Tarifverträge in seinem Unternehmen anwenden (Franzen, ErfKA, § 4 TVG, Rn 70).

> **Beispiel:** Bei der Lufthansa AG gilt für die Piloten der von der Gewerkschaft Cockpit geschlossene Tarifvertrag. Für das Flugbegleitpersonal wäre der Tarifvertrag von Ufo (Unabhängige Flugbegleiterorganisation) zu beachten.

Das BAG löste früher die Fälle der Tarifpluralität mit den zur Tarifkonkurrenz entwickelten Grundsätzen und begründete dies mit dem Prinzip der **Tarifeinheit**. Aus Praktikabilitätsgründen sollte der Arbeitgeber im Betrieb **nur einen Tarifvertrag** anwenden müssen (BAG 5.9.1990 AP TVG § 4 Tarifkonkurrenz Nr. 19). Das BAG hat für die **Tarifpluralität** den **Grundsatz der Tarifeinheit** mit folgender Begründung **aufgegeben:**

„Die Rechtsnormen eines Tarifvertrages, die den Inhalt, den Abschluss und die Beendigung von Arbeitsverhältnissen ordnen, gelten für Beschäftigte kraft Koalitionsmitgliedschaft nach §§ 3 Abs. 1, 4 Abs. 1 TVG unmittelbar. Dies wird nicht dadurch ausgeschlossen, dass für den Betrieb kraft Tarifbindung des Arbeitgebers (Verbandsmitgliedschaft oder eigener Abschluss des Tarifvertrages) mehr als ein Tarifvertrag Anwendung findet, wenn für den einzelnen Arbeitnehmer jeweils nur ein Tarifvertrag gilt (sog. Tarifpluralität). Es gibt keinen übergeordneten Grundsatz, dass für verschiedene Arbeitsverhältnisse derselben Art in einem Betrieb nur einheitliche Tarifregelungen zur Anwendung kommen können" (BAG Pressemitteilung Nr. 46/10; Beschluss des 10. Senats v. 23.6.2010-10AS2/10; Beschluss des 10.Senats v. 23.6.2010-10AS3/10).

21.8 Allgemeines zu Streik und Aussperrung

Streik und **Aussperrung** sind Arbeitskampfmaßnahmen. Der Arbeitskampf ist in Art. 9 Abs. 3 GG verfassungsrechtlich gesichert. Zu den geschützten Mitteln zählen jedenfalls die Arbeitskampfmaßnahmen, die erforderlich sind, um eine funktionierende **Tarifautonomie** sicherzustellen (BVerfG NJW 1993, 1379, 1380). Streik ist die von einer größeren Anzahl von Arbeitnehmern planmäßig und gemeinsam durchgeführte Arbeitseinstellung zur Erreichung eines gemeinsamen Ziels (Dieterich/Linsenmaier, ErfKA, Art. 9 GG, Rn 161). Die Arbeitseinstellung erfolgt ohne Einverständnis des Arbeitgebers und ohne vorherige Kündigung.

Folgende ausgewählte **Streikarten** seien genannt (vgl. Dieterich/Linsenmaier, ErfKA, Art. 9 GG, Rn 162):

- **Vollstreik oder Flächenstreik:** Alle Arbeitgeber eines Wirtschaftszweiges werden bestreikt oder einzelne Arbeitgeber von allen ihren Arbeitnehmern.

- **Teil-/Schwerpunktstreik:** Nur einzelne Betriebe oder Betriebsteile bzw. Teilbereiche eines Tarifgebietes werden bestreikt. Mit einem Mindestmaß an eigenen gewerkschaftlichen Aufwendungen soll ein Höchstmaß an belastendem Druck ausgeübt werden (z. B. Streik gegen Schlüsselbetriebe). Zugespitzt wird diese Kampftaktik durch den Wellenstreik.

- **Wilder Streik/Gewerkschaftsstreik:** Beim Gewerkschaftsstreik wird der Streik der Arbeitnehmer von der Gewerkschaft getragen. Der wilde Streik wird nicht von einer Gewerkschaft getragen und kann wegen seiner Rechtswidrigkeit Unterlassungs- und Schadensersatzansprüche der Arbeitgeberseite auslösen (§ 280 Abs. 1 BGB i. V. m. § 611 BGB bzw. § 823 Abs. 1 BGB „Eingriff in den eingerichteten und ausgeübten Gewerbebetrieb").

- **Warnstreik:** Der in der Praxis verwendete Begriff „Warnstreik" ist irreführend. Der Warnstreik (= kurzzeitige Arbeitsniederlegungen) ist wie die vorgenannten Streikarten ein Erzwingungsstreik. Der Warnstreik bedeutet, wie jeder andere Streik auch, dass die Versuche druckfreier Verhandlungen als gescheitert angesehen werden (BAG 31.10.1995 AP GG Art. 9 Arbeitskampf Nr. 140).

Aussperrung ist die von einem oder mehreren Arbeitgebern planmäßig erfolgte **Arbeitsausschließung mehrerer Arbeitnehmer** unter Verweigerung der Vergütungsfortzahlung zur Erreichung eines Tarifziels (Dieterich/Linsenmaier, ErfKA, Art. 9 GG, Rn 236). Die Aussperrung bedarf einer **eindeutigen Erklärung** seitens des Arbeitgebers (BAG NZA 1996, 212). Nicht ausreichend ist es, wenn der Arbeitgeber die Arbeitnehmer nur nach Hause schickt. Eine **Ab-**

wehraussperrung liegt vor, wenn der Arbeitgeber auf eine Kampfmaßnahme der Gewerkschaft durch Aussperrung reagiert. Die Abwehraussperrung ist rechtmäßig, wenn ohne sie das Kräftegleichgewicht der Tarifvertragsparteien nicht mehr gegeben wäre. Mit der **Angriffsaussperrung** leitet der Arbeitgeber im Gegensatz zur Abwehraussperrung die Arbeitskampfmaßnahme ein, ohne dass bislang eine solche der Gegenseite vorliegt. Die Angriffsaussperrung ist mit Blick auf den Paritätsgrundsatz grundsätzlich als rechtmäßig anzusehen (BAG 23, 292, 308). Insbesondere bei einschneidenden Rezessionen muss es der Arbeitgeberseite möglich sein, mit Angriffsaussperrungen den Abbau tariflicher Leistungen zu erreichen. Allerdings darf das Kampfmittel der Aussperrung **nicht** die grundrechtliche **Gewährleistung des Streikrechts beeinträchtigen** und muss daher das **Übermaßverbot** wahren. Eine zeitlich begrenzte Abwehraussperrung ist daher möglich. Die Voraussetzungen und Grenzen einer Angriffsaussperrung sind noch ungeklärt (Dieterich/Linsenmaier, ErfKA, Art. 9 GG, Rn 237). Nur die **suspendierende Aussperrung** gilt als zulässig. Sie steht unter dem Gebot der Verhältnismäßigkeit (BAG 7.6.1988 AP GG Art. 9 Arbeitskampf Nr. 64).

21.9 Auswirkungen von Streik und Aussperrung

Nach der **Suspendierungstheorie** werden durch die Teilnahme an einem rechtmäßigen Streik die **Hauptpflichten** aus dem Arbeitsverhältnis **suspendiert**. Ansonsten wären die Arbeitnehmer gehalten, zur Teilnahme am Streik ihre Arbeitsverhältnisse zu kündigen. Dadurch wäre das Streikrecht erheblich ausgehöhlt (Dieterich/Linsenmaier, ErfKA, Art. 9 GG, Rn 192). Die Suspendierung der Hauptpflichten aus dem Arbeitsverhältnis tritt nur ein, wenn der Streik **rechtmäßig** ist, also nicht beim wilden Streik. Die Beteiligung nicht organisierter Arbeitnehmer an einem gewerkschaftlich organisierten Streik ist rechtmäßig. Während des Streiks haben die Streikenden keinen Anspruch auf Vergütung und Beschäftigung, da die Hauptpflichten aus dem Arbeitsvertrag suspendiert sind (BAG 22.3.1994 AP GG Art. 9 Arbeitskampf Nr. 130). Während der Streikteilnahme muss der Arbeitgeber auch keine Entgeltfortzahlung im Krankheitsfall nach § 3 Abs. 1 EFZG leisten. Die Arbeitsunfähigkeit ist in diesem Fall nicht mehr die alleinige Ursache für den Arbeitsausfall (BAG 1.10.1991 AP GG Art. 9 Arbeitskampf Nr. 121). Auch ein Anspruch des Arbeitnehmers auf Feiertagsbezahlung besteht nicht. Der Arbeitgeber kann das Arbeitsverhältnis während des Arbeitskampfes jederzeit kündigen. Die Kündigung kann allerdings nicht auf die Teilnahme am rechtmäßigen Arbeitskampf gestützt werden.

Auch die Aussperrung führt im Allgemeinen zur Suspendierung der Hauptpflichten aus dem Arbeitsverhältnis.

Beispiel: Die Arbeitnehmerin A verlangt für den Zeitraum vom 20.01. bis 16.02. Entgeltfortzahlung im Krankheitsfall. Vom 15.01. bis 25.02 wurde im Betrieb des Arbeitgebers gestreikt. Die Arbeitnehmerin A befand sich vom 10.01 bis 22.01. im Erholungsurlaub, wobei sie am 20.01. beim Skifahren einen Sportunfall erlitt, der zu ihrer Arbeitsunfähigkeit bis einschließlich 16.02. führte. Vom 17.02. bis 25.02.

nahm A am Streik teil, nachdem sie wieder gesund war. Der Arbeitgeber der A hält ihr entgegen, sie habe wegen der Suspendierung des Arbeitsverhältnisses während des Streiks keinen Anspruch auf Entgeltfortzahlung im Krankheitsfall.

Frage:

Wie ist die Rechtslage?

Lösung:

Ein Anspruch von A auf Entgeltfortzahlung im Krankheitsfall könnte sich hier aus § 3 Abs. 1 S. 1 EFZG i. V. m. § 611 BGB ergeben. Der Skiunfall von A führte zu ihrer Arbeitsunfähigkeit infolge Krankheit für den Zeitraum vom 20.01. bis 16.02. Der Umstand, dass A bis zum 22.01. Urlaub hatte, führt nicht dazu, dass ein eventueller Entgeltfortzahlungsanspruch im Krankheitsfall erst ab dem 23.01. entsteht. Nach § 9 BUrlG werden die durch ärztliches Zeugnis nachgewiesenen Tage der Arbeitsunfähigkeit auf den Jahresurlaub nicht angerechnet, wenn der Arbeitnehmer während des Urlaubs erkrankt. Der Anspruch auf Entgeltfortzahlung im Krankheitsfall setzt voraus, dass die Arbeitsunfähigkeit alleinige Ursache für den Arbeitsausfall ist. Dies könnte hier zu verneinen sein, weil während eines rechtmäßigen Streiks die Hauptpflichten aus dem Arbeitsverhältnis suspendiert werden. Dies würde allerdings voraussetzen, dass A am Streik auch teilgenommen hat. A nahm am Streik erst ab dem 17.02 teil, als sie wieder genesen war. Somit bestehen Zweifel, ob während des für die Entgeltfortzahlung im Krankheitsfall hier maßgebenden Zeitraums vom 20.01. bis 16.02 das Arbeitsverhältnis von A suspendiert war. A hat zu Beginn des Streiks am 15.01. gegenüber ihrem Arbeitgeber keine Streikteilnahmeerklärung abgegeben, so dass nicht sicher ist, dass A von Anfang an am Streik teilgenommen hätte. Zu Beginn des Streiks war A im Erholungsurlaub. Aus dem Umstand, dass A nach ihrer Genesung ab 17.02. am Streik teilnahm, kann nicht geschlossen werden, dass A von Anfang an am Streik teilgenommen hätte. Es kann daher nicht davon ausgegangen werden, dass während des hier in Frage stehenden Entgeltfortzahlungszeitraums die Hauptpflichten aus dem Arbeitsverhältnis der A suspendiert waren. Somit war die Arbeitsunfähigkeit alleinige Ursache für den Arbeitsausfall im Zeitraum vom 20.01. bis 16.02.

21.10 Betriebsstilllegung und Arbeitskampfrisiko

Neben der Abwehraussperrung kann der Arbeitgeber auch mit einer **Betriebsstilllegung** auf einen Streik reagieren. Der Arbeitgeber kann sich dem Streikbeschluss **beugen**, seine betriebliche Tätigkeit im Umfang und für die Dauer des Streiks einstellen und damit die Arbeitspflicht der streikwilligen Arbeitnehmer **suspendieren** (BAG 22.3.1994 AP GG Art. 9 Arbeitskampf Nr. 130). Im Gegensatz zur Aussperrung hat sich die Betriebsstilllegung **strikt im Rahmen des konkreten Streikbeschlusses** der Gewerkschaft zu halten, da sich andernfalls der Arbeitgeber einer Kampfmaßnahme der Arbeitnehmer nicht beugt, sondern seinerseits Kampfmaßnahmen ergreift (Ricken, Münchener Handbuch zum Arbeitsrecht, Bd. 2, § 193 Begriff und Arten des Arbeitskampfes, Betriebsstilllegung, Rn 13). Die Betriebsstilllegung durch den Arbeitgeber hat zur Folge, dass auch die arbeitswilligen, nicht streikenden Arbeitnehmer ihren Anspruch auf Arbeitslohn aus § 611 Abs. 1 BGB verlieren. Während einer Betriebsstilllegung werden die beiderseitigen Rechte und Pflichten aus dem Arbeitsverhältnis suspendiert (Dieterich/Linsenmaier, ErfKA, Art. 9 GG, Rn 217; BAG 22.3.1994 AP GG Art. 9 Arbeitskampf Nr. 130; BAG NZA 2012, 995).

> **Beispiel:** Im Unternehmen des U wird ein Teil des Betriebes B bestreikt. U beschließt, während des Streiks den kompletten Betrieb B stillzulegen. Die Betriebsstilllegung führt dazu, dass auch die arbeitswilligen Arbeitnehmer des Betriebes B keinen Anspruch auf Lohn aus § 611 Abs. 1 BGB haben, da ihre Arbeitsverhältnisse suspendiert werden.

Das **Arbeitskampfrisiko** befasst sich mit der Frage, ob der Arbeitgeber, auch wenn er auf einen Streik nicht mit einer Betriebsstilllegung reagiert, an die arbeitswilligen Arbeitnehmer **Annahmeverzugslohn** nach §§ 611 Abs. 1, 615 S. 1 u. 3 BGB bezahlen muss. Insbesondere bei der **Fernwirkung eines Streiks** kommt dieser Aspekt zum Tragen, wenn der Arbeitgeber aufgrund der Bestreikung anderer Unternehmen seine Produktion nicht aufrechterhalten kann. Für die Beantwortung der Frage, ob der Arbeitgeber das Arbeitskampfrisiko zu tragen hat oder die Arbeitnehmer, ist darauf abzustellen, ob die **Fernwirkung eines Streiks** geeignet ist, das Kräfteverhältnis der kampfführenden Parteien zu beeinflussen, z. B. wenn die für die betroffenen Betriebe zuständigen Gewerkschaften identisch oder **organisatorisch verbunden** sind, also ein **tarifpolitischer Zusammenhang** besteht. Besteht ein solcher Zusammenhang, **entfällt der Vergütungsanspruch** der arbeitswilligen Arbeitnehmer (BAG NJW 1981, 937).

21.11 Auswirkungen auf die Sozialversicherungspflicht

Die Mitgliedschaft Versicherungspflichtiger in der **Krankenversicherung** bleibt nach § 192 Abs. 1 Nr. 1 SGB V erhalten, solange sie sich in einem rechtmäßigen Arbeitskampf befinden. Erhalten bleibt demnach die Krankenversicherung nur für Pflichtversicherte (§ 5 SGB V), nicht aber für freiwillig Versicherte (§ 9 SGB V). Da während der Aufrechterhaltung der Pflichtmitgliedschaft kein Entgelt erzielt wird, von dem Beiträge errechnet werden können, besteht Beitragsfreiheit.

Während des Arbeitskampfes **entfällt die Versicherungspflicht in der gesetzlichen Rentenversicherung** nach § 1 Nr. 1 SGB VI, da streikende und rechtmäßig ausgesperrte Arbeitnehmer für die Dauer des Arbeitskampfes wegen der Suspendierung der Hauptpflichten aus dem Arbeitsverhältnis keinen Anspruch auf Arbeitsvergütung haben. Da für die Dauer des Arbeitskampfes keine Beiträge zu entrichten sind, handelt es sich nicht um Versicherungszeit. Nach § 122 Abs. 1 SGB VI zählt allerdings ein Kalendermonat, der nur zum Teil mit rentenrechtlichen Zeiten belegt ist, als voller Kalendermonat. Rentenversicherungsrechtliche Nachteile entstehen somit nur, wenn der Arbeitskampf länger als einen Kalendermonat dauert.

Beiträge zur Arbeitslosenversicherung sind während des Arbeitskampfes **nicht zu leisten**, da während des Arbeitskampfes keine Beschäftigung gegen Entgelt ausgeübt wird (§ 342 SGB III). Die unmittelbar am Arbeitskampf Beteiligten erhalten weder Arbeitslosen- noch Kurzarbeitergeld (§§ 100, 160 SGB III).

Der Arbeitskampf berührt die Beitragspflicht der Unternehmer (§ 150 SGB VII) zur gesetzlichen **Unfallversicherung** nicht.

21.12 Checkliste zum Tarif- und Arbeitskampfrecht

- Der Tarifvertrag hat **Schutz- und Friedensfunktion**. Er besteht aus zwei Teilen, dem **schuldrechtlichen** und dem **normativen Teil**.
- Nur **tariffähige Vereinigungen** können Tarifverträge schließen. Nach § 2 Abs. 1 TVG sind Tarifvertragsparteien Gewerkschaften, einzelne Arbeitgeber sowie Vereinigungen von Arbeitgebern. Tariffähigkeit ist die Fähigkeit, durch Vereinbarung mit dem sozialen Gegenspieler die Arbeitsbedingungen des Einzelarbeitsvertrages mit der Wirkung zu regeln, dass sie für die tarifgebundenen Personen unmittelbar und unabdingbar wie Rechtsnormen gelten.
- Die **Tarifzuständigkeit** befasst sich mit der Frage, innerhalb welchen Geschäftsbereichs der jeweilige Verband Tarifverträge abschließen kann.
- **Tarifgebunden** sind die Mitglieder der Tarifvertragsparteien und der Arbeitgeber, der selbst Partei des Tarifvertrages ist. Die Regelungen eines Tarifvertrages können auf nicht organisierte Arbeitnehmer durch Bezugnahmeklauseln angewendet werden.
- Rechtsnormen des Tarifvertrages, die den **Inhalt, den Abschluss oder die Beendigung von Arbeitsverhältnissen** ordnen, gelten **unmittelbar und zwingend** zwischen den beiderseits Tarifgebundenen, die unter den Geltungsbereich des Tarifvertrages fallen (§ 4 Abs. 1 S. 1 TVG).
- Die zwingende Wirkung der Rechtsnormen eines Tarifvertrages kann durch **Tariföffnungsklauseln oder das Günstigkeitsprinzip** aufgehoben werden (§ 4 Abs. 3 TVG). Wann eine vom Tarifvertrag abweichende Regelung für den Arbeitnehmer günstiger ist, ist durch einen **Günstigkeitsvergleich** zu ermitteln. Mit welcher Regelung die Änderungsregelung zu vergleichen ist, beurteilt sich nach dem **Sachgruppenvergleich**.
- **Tarifvertragliche Ausschlussfristen** für die Geltendmachung tariflicher Rechte sind nach § 4 Abs. 4 S. 3 TVG zulässig.
- Tarifnormen **wirken** auch nach dem Auslaufen eines Tarifvertrages **fort**, bis sie durch eine andere Abmachung ersetzt werden (§ 4 Abs. 5 TVG, **Nachwirkung** der Tarifnormen).
- Gelten für **ein Arbeitsverhältnis mehrere Tarifverträge**, spricht man von **Tarifkonkurrenz**. Bei Tarifkonkurrenz setzt sich der speziellere Tarifvertrag durch. **Tarifpluralität** liegt vor, wenn der **Arbeitgeber an mehrere Tarifverträge** gebunden ist, für die **jeweiligen Arbeitnehmer** im Betrieb aber **nur ein**

Tarifvertrag gilt. Im Falle der Tarifpluralität hat der Arbeitgeber für die jeweiligen Arbeitnehmer die für sie jeweils geltenden Tarifverträge anzuwenden.

- Ein **rechtmäßiger Streik** und die **rechtmäßige Aussperrung** führen zur **Suspendierung** der Hauptpflichten aus dem Arbeitsverhältnis.

- Der Arbeitgeber kann auf einen rechtmäßigen Streik auch mit einer **Betriebsstilllegung** reagieren. Sie hat zur Folge, dass die Arbeitnehmer ihren Anspruch auf Arbeitslohn aus § 611 Abs. 1 BGB verlieren, da die beiderseitigen Rechte und Pflichten aus dem Arbeitsverhältnis **suspendiert** werden. Im Gegensatz zur Aussperrung muss sich die Betriebsstilllegung strikt im Rahmen des konkreten Streikbeschlusses der Gewerkschaft halten.

- Das **Arbeitskampfrisiko** befasst sich mit der Frage, ob der Arbeitgeber, auch wenn er auf einen Streik nicht mit einer Betriebsstilllegung reagiert, an die arbeitswilligen Arbeitnehmer **Annahmeverzugslohn** nach §§ 611 Abs. 1, 615 S. 1 u. 3 BGB bezahlen muss. Besteht zwischen dem bestreikten Betrieb und dem Betrieb, in welchem sich der Streik zusätzlich auswirkt, ein tarifpolitischer Zusammenhang, entfällt der Vergütungsanspruch.

Literaturverzeichnis

Amtliche Sammlung der BAG-Entscheidungen (BAGE)

Arbeitsrechtliche Praxis (AP)

Arbeit und Recht (AuR)

Ascheid/Preis/Schmidt, Großkommentar zum Kündigungsrecht, 4. Auflage, Verlag C.H. Beck, München 2012

Bamberger/Roth, Beck'scher Online-Kommentar zum BGB, Edition 29, Verlag C.H. Beck, München 01.11.2013

Beck Rechtsprechung (BeckRS)

Betriebsberater (BB)

Der Betrieb (DB)

Deutsches Steuerrecht (DStR)

Germelmann/Matthes/Prütting, Arbeitsgerichtsgesetz Kommentar, 8. Auflage, Verlag C.H. Beck, München 2013

Giesen/Kreikebohm/Rolfs/Udsching, Beck'scher Online Kommentar, Sozialrecht, SGB VII, Verlag C.H. Beck, München 01.09.2013

Goette/Habersack, Münchener Kommentar zum Aktiengesetz, 3. Auflage, Verlag C.H. Beck u. Verlag Franz Vahlen, München 2008

Hofmann-Becking Rawert, Beck'sches Formularbuch Bürgerliches, Handels- und Wirtschaftsrecht, 11. Auflage, Verlag C.H. Beck, 2013

Hueck/Nipperdey, Lehrbuch des Arbeitsrechts, 7. Auflage, Verlag Franz Vahlen, 1963/1970

Jung, Personalwirtschaft, 8. Auflage, Oldenbourg Wissenschaftsverlag GmbH, München 2008

Kortstock, Nipperdey, Lexikon Arbeitsrecht, 18. Edition, Verlag C.H. Beck, München 2013

Moll, Münchener Anwaltshandbuch, Arbeitsrecht, 3. Auflage, Verlag C.H. Beck, München 2012

Müller-Glöge/Preis/Schmidt, Erfurter Kommentar zum Arbeitsrecht, 14. Auflage, C.H. Beck Verlag, München 2014

Neue Juristische Wochenschrift (NJW)

Neue Zeitschrift für Arbeits- und Sozialrecht (NZA)

Neue Zeitschrift für Strafrecht (NStZ)

Palandt, Kommentar zum BGB, 71. Auflage, Verlag C.H.Beck, München 2012

Recht der Arbeit (RdA)

Rechtsdepesche für das Gesundheitswesen (RDG)

Richardi, Kommentar Betriebsverfassungsgesetz, 13. Auflage, Verlag C.H. Beck, München 2013

Richardi/Oetker/Wißmann/Wlotzke, Münchener Handbuch zum Arbeitsrecht, 3. Auflage, Verlag C.H.Beck, München 2009

Röller, Küttner, Personalbuch, 20. Auflage, Verlag C.H. Beck, München 2013

Rolfs/Giesen/Kreikebohm/Udsching, Beck'scher Online-Kommentar zum Arbeitsrecht, Verlag C.H. Beck, München 01.06.2013

Rolfs/Giesen/Kreikebohm/Udsching, Beck'scher Online-Kommentar zum Sozialrecht, Verlag C.H. Beck, München 01.09.2013

Säcker/Rixecker, Münchener Kommentar zum BGB, 6. Auflage, Verlag C.H.Beck, München 2012

Schaub, Arbeitsrechtshandbuch, 15. Auflage, C.H. Beck Verlag München, 2013

Schaub/Schrader/Straube/Vogelsang, Arbeitsrechtliches Formular- und Verfahrenshandbuch, 10. Auflage, Verlag C.H. Beck, München, 2013

Schleßmann, Das Arbeitszeugnis, 19. Auflage, Verlag Recht und Wirtschaft, Frankfurt am Main, 2009

Zeitschrift für Arbeitsrecht (ZfA)

Vogel, Geheim-Code Arbeitszeugnis, 14. Auflage, Walhalla Fachverlag, 2009

Wank, Arbeitnehmer und Selbständige, 1988

Stichwortverzeichnis